·投资与估值丛书·

投资银行

估值与实践

[德] 简·菲比希 托尔斯滕·波迪格 阿明·瓦玛 等编著 郭平 译
(Jan Viebig) (Thorsten Poddig) (Armin Varmaz)

EQUITY VALUATION

Models from Leading Investment Banks

机械工业出版社
China Machine Press

图书在版编目（CIP）数据

投资银行：估值与实践 /（德）简・菲比希等编著；郭平译 . -- 北京：机械工业出版社，2022.7

（投资与估值丛书）

书名原文：Equity Valuation: Models from Leading Investment Banks

ISBN 978-7-111-71042-4

I. ① 投… II. ① 简… ② 郭… III. ① 投资银行 IV. ① F830.33

中国版本图书馆 CIP 数据核字（2022）第 108127 号

北京市版权局著作权合同登记 图字：01-2021-2718 号。

Jan Viebig, Thorsten Poddig, and Armin Varmaz. Equity Valuation: Models from Leading Investment Banks.

ISBN 978-0-470-03149-0

投资银行：估值与实践

出版发行：机械工业出版社（北京市西城区百万庄大街 22 号 邮政编码：100037）

责任编辑：殷嘉男　　责任校对：付方敏

印　刷：三河市国英印务有限公司　　版　次：2022 年 10 月第 1 版第 1 次印刷

开　本：170mm × 230mm 1/16　　印　张：30.75

书　号：ISBN 978-7-111-71042-4　　定　价：128.00 元

客服电话：（010）88361066 68326294

推荐序

每一位主修金融或应用经济学专业的学生，都会学习弗兰科·莫迪利亚尼和默顿·米勒的课程。此二位杰出学者于1958年发表了奠定现代金融根基的标志性论文，二人后来双双获颁诺贝尔经济学奖。简言之，公司所产生的回报须超过其成本才会创造价值。具体而言，成功型公司的投资回报率需要超过经风险调整的资本成本。更进一步讲，必须在不确定的背景下对潜在目标公司的此类回报率及其证券做出判断，以确保其经风险调整的预期回报率具有吸引力。

投资者都希望可以识别出这类成功型公司。至于证券定价多少才合适，他们会努力做出计算。那如何才能出色地完成这一工作呢？每位业内人士都知道，本段开始的两个简单陈述句掩盖了物色能为投资者提供有利前景的成功型公司和应用金融工具的复杂性。现实世界远比各种模型混乱，因为会计数据可能不可靠，经济状况可能发生变化，投资者的风险承受能力也可能变化，低概率情景可能会发生。

本书以业内人士视角写成，且本书的编辑也已甄选出该领域的领军人物来对书中各种估值方法背后的理论与实践进行讲述。本书由多位作者合作编著而成，他们还讲述了各类模型的潜在弱点。这一视角对于理解为何不存在单一的神奇解决方案来说至关重要。我们极力主张，投资者可将估值模型用作工具（通常是很强大的工具），但不可用模型取代合理的分析与常识。

成功的投资者大都认为：经济表现和公司业绩的基本面将最终决定金融资产的表现。诚然，构建模型通常是希望识别出实际价格与根据基本面确定的价值偏离较大的金融资产类别或是特定的证券。在第一部分中，本书两位主要作者简·菲比希和托尔斯滕·波迪格为我们讲述了许多与关键指标（如现金流、盈利及账面价值等）相关联的估值模型方面的基础知识。

作者所要表达的意思是：要是资产负债表和利润表数据真能始终做到准确，那公司估值就不会成为难事了。可实际情况是：资产负债表可能无法充分反映出资产、负债和股权的公允价值，而每股盈利（EPS）可能无法体现出公司的可持续盈利能力。即使企业并无欺骗意图，基于某一时点所生成的企业会计财务报表与现实持续的经济活动之间也会存在潜在冲突。

如果模型输入参量有误，那么，即使模型构建良好，也会导致结果错误。宏观经济背景发生如结构性技术转型等显著变化时，此类情形最容易发生。在此种情形下，模型输入参量仅仅是对历史的简单重复，而不是对未来的指引。第二部分讲述了“蒙特卡罗模拟”的方法。蒙特卡罗模拟特别适用于模型假设存在多种情景和基本结果的情况。在这种情况下，蒙特卡罗法通常会提供近乎正确的答案。在类似的情况下，单一情景模型所提供的答案往往是不准确的。

在第三部分中，汤姆·拉森和大卫·霍兰德讲述了两种用以调整会计衡量指标和强调长期回报率的方法。由斯特恩·斯图尔特开发的经济增加值（EVA）法和由霍尔特国际财务顾问公司（HOLT）开发的现金流投资回报率（CFROI）系统，均试图强调那些与公司长期表现最为相关的衡量指标。这些方法试图通过检查现金流和投入资本产生的回报来确定哪些公司的管理层是在真正地增加公司价值及股东价值。这一环节可能至关重要。例如，20 世纪 90 年代早期，高盛的金融分析师就运用 EVA 法来分析，并得出结论：日本大型公司动用资本所产生的回报大都令人失望。这导致他们对日本股市后续多年持（正确的）看空观点。

摩根士丹利的特雷弗·S. 哈里斯与他的同事开发出了旨在评估企业内在价值的 ModelWare 模型。该模型（将于第四部分讲述）首先以会计数据调整为切入点，力图使会计衡量指标更接近每家公司的实际经济状况。接着，他们运用了第一部分中所述现金流贴现（DCF）法的基本概念（如风险与回报之间的关系），并考量了股本回报率的构成要素（包括营业利润率、资产周转率和财务杠杆）。他们的探讨对专业投资者的估值建模应用做出了极其有益的评述。

第五部分由大卫·比安科执笔，讲述了由瑞银开发的被称为“经济增长商”（EGQ）的模型，该模型考量的是每家公司的增值潜力。该方法纳入了现金流贴现与经济利润分析（EPA）原则。此外，比安科还以投入资本回报率（ROIC）为例，运用回归分析来帮助解释市场上某些特定公司的估值要高于其他公司的原因。

在第六部分中，简·菲比希、丹尼尔·斯蒂里特和托尔斯滕·波迪格向读者简述了最适宜于杠杆收购（LBO）分析的另一类模型。不同于许多其他试图评估证券公开市场价值的方法，杠杆收购模型秉持私募股权投资者的视角。在此种情形下，回报率不仅与公司当前表现和推断表现相关联，还与控制权利益、公司经营结构和财务结构的重组可能性相关联。高盛已为我们的客户提供了这样一种模型，一种完全交互式的模型，允许用户变更关键输入参量和评估替代基准情景假设。

第七部分由阿斯沃思·达莫达兰执笔，该部分系对各种估值方法与替代方法的精彩总结。达莫达兰教授写过多本广为人知且深受好评的估值类教科书。他对本书的贡献，是对合理的估值方法基本原则进行了总述，并列出了投资人目前应用估值方法所面临的若干潜在问题。这些问题也包括影响利润表和资产负债表的会计方面的挑战。同时，达莫达兰还讲述了此类估值计算方法对新证券和新应用的逻辑扩展，其实例包括实物期权估值与相对估值评估。

本书内容翔实且可读性强，其中，第八部分以瓦玛、波迪格和菲比希就当前业内人士和相关学者热议的问题的最新探讨来作为本书的收尾。这些最新探讨包括：改进模型的方式、将模型扩展到其他资产类别的方式、将模型扩展到投资组合管理的方式以及证券筛选。本书将为你提供一种背景，你可以在其中对不同估值方法进行判断并了解这些模型成败的基础。本书参考文献书目臻善，学生和业内人士均可受用。

我们公司自用的估值方法是本书中所提到的方法之一，并且我们自豪于高度重视经济与投资理论及财务建模，但是，看待这一点时，读者必须结合常识，要认识到基础结构与所做假设可能会变化。约翰·梅纳德·凯恩斯因其对20世纪的经济理论的卓越贡献而颇负盛名，他同时也是一位成功的投资家。诚然，他于20世纪30年代所做有关资本边际效率的研究工作，奠定了现代金融学的基础，所以，最后我要向凯恩斯爵士说一句：他过度依赖于模型与理论，且未能认识到模型可能恰恰是一种精确的错误。即使模型的结果最终是正确的，时间点也是个变量。有一句常归功于他的引述："市场保持非理性状态的时间，可能比你保持不破产的时间更长。"

美国纽约州纽约市

高盛集团

特许金融分析师

艾比·约瑟夫·科恩

2007年9月

前 言

本书的目标是为我们的读者打开头部投资银行的神秘大门，以通俗易懂的方式向读者解释头部投资银行的投资组合经理与金融分析师分析公司的方法。本书揭秘了德意志银行、高盛、摩根士丹利、瑞士信贷和瑞银等头部投资银行的专家对公司进行估值的真实方法。本书不同于其他大多数出版物，并非只侧重于某一种估值模型，而是对当下投资行业所用的不同估值框架一一进行探讨。本书内容编排如下：

部分	标题	作者	单位
	推荐序	艾比·约瑟夫·科恩	高盛集团
一	现金流贴现模型	简·菲比希 托尔斯滕·波迪格	德意志投资股份有限公司 不来梅大学
二	蒙特卡罗企业自由现金流模型	简·菲比希 托尔斯滕·波迪格	德意志投资股份有限公司 不来梅大学
三	盈利探秘：超额回报模型与霍尔特现金流投资回报率框架	汤姆·拉森 大卫·霍兰德	哈丁·勒夫纳管理公司 瑞士信贷
四	摩根士丹利的 ModelWare 模型对内在价值的研究：风险－收益的权衡	特雷弗·S. 哈里斯 朱丽叶·埃斯特里奇 多伦·尼西姆	摩根士丹利 摩根士丹利 哥伦比亚大学商学院
五	瑞银基于价值创造分析模型与经济增长商回归的估值	大卫·比安科	瑞银

（续）

部分	标题	作者	单位
六	杠杆收购模型	简·菲比希 丹尼尔·斯蒂里特 托尔斯滕·波迪格	德意志投资股份有限公司 瑞银 不来梅大学
七	101 估值：方法与备选方法	阿斯沃思·达莫达兰	纽约大学斯特恩商学院
八	关于估值的最后一点思考	阿明·瓦玛 托尔斯滕·波迪格 简·菲比希	不来梅大学 不来梅大学 德意志投资股份有限公司

本前言系每部分主要内容概述及作者简介。

第一部分

内容	当前，各头部投资银行所用的每一种复杂的估值模型，几乎都是以现金流贴现法为基础。简·菲比希与托尔斯滕·波迪格对实践中所用到的最重要的现金流贴现模型做了系统的概述，并通过实例来对模型进行阐释。已熟悉基本估值模型的读者可直接略过第一部分内容
作者及其所在单位	简·菲比希系德意志投资股份有限公司董事总经理，为德国德意志投资股份有限公司管理对冲基金。德意志投资股份有限公司系德意志资产管理公司（德意志银行全球资产部）子公司。托尔斯滕·波迪格系不来梅大学金融学教授
主要概念	现金流贴现模型、股利贴现模型（DDM）、现金流量表、企业自由现金流（FCFF）模型、资本成本、资本资产定价模型（CAPM）、竞争优势期（CAP）、终值（TV）

第二部分

内容	有一句古谚说得好："预测凡涉及未来，皆尤为困难。"金融分析师在构建估值模型时，并不知道未来情形将是什么样的。简·菲比希和托尔斯滕·波迪格以百度公司为例，向读者分步介绍了 MC-FCFF 模型。将现代估值理论与统计分析相结合，可以使投资专业人士在一个充满不确定性的世界中构建出更切合实际的估值模型。
作者及其所在单位	简·菲比希系德意志投资股份有限公司董事总经理。托尔斯滕·波迪格系不来梅大学金融学教授
主要概念	蒙特卡罗企业自由现金流（MC-FCFF）模型、财务价值驱动因素法

第三部分

内容	在本书第三部分中，汤姆·拉森和大卫·霍兰德对两种应用最广的估值衡量指标（即由斯特恩·斯图尔特所开发的 EVA 法，以及由霍尔特国际财务顾问公司首创的现金流投资回报率框架）进行了比较。这两种模型均植根于由米勒与莫迪利亚尼首创的估值框架，并被全球各地的咨询人员、投资组合经理、投资银行家和企业管理者广泛运用。安然风波之后，投资人普遍认为会计数据可能会误导投资者。学习第三部分的内容，将有助于投资者、教育工作者及公众了解投资专业人士为了解公司的真实业绩而对会计数据进行调整的方法

（续）

作者及其所在单位	汤姆·拉森系美国新泽西州萨默维尔哈丁·勒夫纳管理公司的研究主管。汤姆·拉森在加盟哈丁·勒夫纳管理公司之前，曾于一家颇负盛名的特许金融分析师协会担任高级政策分析师。大卫·霍兰德系瑞士信贷的董事总经理兼霍尔特估值与分析集团的联席主管。霍尔特国际财务顾问公司是全球各地投资组合经理的现金流投资回报率估值模型的主开发商兼主提供商。该公司已被瑞士信贷收购
主要概念	现金流投资回报率、经济增加值（EVA）

第四部分

内容	ModelWare 模型的组织原理简单得令人叹服：将经营性活动与融资性活动分开，有助于更好地理解公司的价值创造（或破坏）方式。该模型的优点之一，就是它始终维持会计关系逻辑不变。ModelWare 模型的核心是一个被称为“盈利能力树状图”的新分析概念，它阐明了股本回报率系由财务杠杆和净经营性资产回报率影响所驱动。“盈利能力树状图”对重新调整的财务报表信息与业绩衡量指标二者进行了关联。投资者可用 ModelWare 模型来分析当前股价所隐含的营业利润率、资产周转率及其他业绩衡量指标。由摩根士丹利引入的另一个有用概念，是“盈利能力地图”，它显示了二维空间中营业利润率与经营性资产周转率随时间推移而变化的情况。由于利润率与效率的改善通常能够证明较高估值的合理性，所以，“盈利能力地图”是一种至为重要的估值工具
作者及其所在单位	特雷弗·S. 哈里斯系摩根士丹利董事总经理兼客户部副主席，他先前负责带领摩根士丹利股票研究部全球估值及会计团队。加入摩根士丹利之前，特雷弗·S. 哈里斯曾担任哥伦比亚大学商学院杰罗姆·A. 查森国际商务研究所副教授兼会计系主任。朱丽叶·埃斯特里奇系摩根士丹利的一位副总裁。多伦·尼西姆系哥伦比亚大学商学院会计系副教授兼主任
主要概念	ModelWare 模型、盈利能力树状图、盈利能力地图

第五部分

内容	大卫·比安科向读者介绍了瑞银价值创造分析模型（VCAM）及其经济增长商（EGQ）。VCAM 是一种标准化现金流贴现模型，该模型允许投资者分析公司价值增长潜力。基于回归模型的估值，是一个创新型分析新概念，它试图解释某些公司以高于其他公司的估值乘数交易的原因。瑞银基于回归的估值框架背后的经济逻辑令人叹服：公司相比于其经济账面价值（EBV）的预期增长潜力现值越高，其观察到的估值乘数就越高。大卫·比安科运用了一种线性回归模型，将估值乘数（企业价值 / 税后净营业利润）与一个特意开发出的名为经济增长商（EGQ）的解释变量之间的关系形象化
作者及其所在单位	大卫·比安科系瑞银首席美股策略师。《巴伦周刊》刊载内容显示，大卫·比安科系美国“顶级策略师”之一。瑞银是一家顶级投资银行暨一家头部全球资产管理公司
主要概念	价值创造分析模型、经济增长商

第六部分

内容	第六部分讲述了由瑞银、德意志银行、高盛、瑞士信贷和摩根士丹利等头部投资银行开发的杠杆收购（LBO）模型的方法和机制。杠杆收购模型不同于现金流贴现模型，它以私募股权投资者的视角来对公司进行估值。私募股权投资者会对公司的财务结构进行资本重组并对其经营业务进行重组，以提升公司盈利能力和资本效率。杠杆收购模型揭示出：从金融投资者的视角看，拥有公司控制权价值重大
作者及其所在单位	简·菲比希系德意志投资股份有限公司董事总经理。丹尼尔·斯蒂里特系瑞银（全球旗舰金融公司之一）的一名董事总经理，他负责重组与并购形势研究。托尔斯滕·波迪格系不来梅大学金融学教授
主要概念	杠杆收购模型、内部回报率（IRR）、乘数法

我们认为：第三部分、第四部分和第五部分的作者对霍尔特现金流投资回报率、ModelWare 模型和瑞银 VCAM 所做的讲述非常到位。这 3 种模型，可以说是当下金融分析师与投资组合经理用于股票估值的 3 种最复杂的专属模型。这几位作者均系股票估值专家，他们曾在开发或改进这些模型的过程中出力献策。余下两个部分的目的是从理论角度对估值展开探讨，而非厚此薄彼，支持一种方法而否定另一种方法。在第七部分中，由多本投资估值畅销教科书的作者阿斯沃思·达莫达兰对备选估值概念做出了精当的概述。对估值理论感兴趣的读者可能想先读第七部分的内容。

第七部分

内容	在第七部分中，阿斯沃思·达莫达兰探讨了 4 种基本估值法以及每种方法中价值提升的构建方法。首先，他考察了现金流贴现模型及其变体——确定性等价、超额回报模型和调整现值法（APV）模型。其次，他检查了会计估值模型——账面价值与清算价值。再次，他评估了相对估值模型，该模型以市场对同类资产的定价方式为基础来对资产进行定价。最后，他考量了实物期权模型，在该模型中，可通过增加弹性和未来潜在机会以及价值提升中企业战略与金融之间的相互作用来获得价值
作者及其所在单位	阿斯沃思·达莫达兰系纽约大学斯特恩商学院金融学教授兼大卫·马戈利斯教学研究员。他著有多本书籍，包括《达莫达兰谈估值》《投资估值》《估值：难点，解决方案及相关案例》等，皆备受好评。他曾于《金融与定量分析期刊》《金融期刊》《金融经济学期刊》和《金融研究评论》发表多篇论文
主要概念	现金流贴现模型、确定性等价、超额回报模型、会计估值模型、相对估值模型、实物期权模型

第八部分

内容	第八部分的目的是着重讲述本书前面几个部分中所探讨模型背后的理论。作者通过回顾文献，探讨了将风险纳入现金流贴现框架的替代方案，并展示了在实践中对资产配置与现金流贴现法估值进行关联的方法
作者及其所在单位	阿明·瓦玛在不来梅大学为托尔斯滕·波迪格工作，并取得了不来梅大学博士学位。托尔斯滕·波迪格系不来梅大学金融学教授。简·菲比希系德意志投资股份有限公司董事总经理
主要概念	风险溢价、基于效用的估值、确定性等价、风险中性概率、资产定价模型

在本书中，现实世界实例和动手实例极为丰富。通过将估值理论与实际见解相结合，我们希望：学生、投资专业人士、公司管理者以及其他任何想要了解股票估值的人都能阅读本书。

特别鸣谢

我们谨此特别鸣谢在本书撰写与编辑过程中给予我们协助的诸位人士。

首先感谢德意志投资股份有限公司董事会主席克劳斯·卡特摩根。非常感谢德意志投资股份有限公司为我们提供持续支持，并感谢克劳斯·卡特摩根对新想法和新估值概念持开放态度。收到我们的谢意，他十有八九会这样说："我总是乐于接受新想法，只要能帮我们为客户赚钱就行。"当然，这只是后话。感谢德意志投资股份有限公司所有的投资组合经理（包括马丁·琼科、马克·亚历山大·奈斯、汉斯·格帕克和托马斯·格哈特）为我们提供建议、分析与常识。

法兰克福的一位高盛合伙人彼得·霍尔曼，向我们引荐了华尔街最令人敬佩的策略师之一艾比·约瑟夫·科恩。非常感谢艾比·约瑟夫·科恩于 2007 年 8 ～ 9 月为本书撰写推荐序，当时正值金融市场极度动荡时期。摩根士丹利银行股份有限公司首席执行官达格玛·科尔曼、瑞士信贷的斯特凡·泰特曼和菲利普·萨尔泽、瑞银的克劳斯·芬克和延斯·沙勒，为我们打开了头部投资银行的神秘大门。为投资银行工作是极其耗时的苦差事。汤姆·拉森、大卫·霍兰德、特雷弗·S. 哈里斯、朱丽叶·埃斯特里奇、多伦·尼西姆、大卫·比安科和丹尼尔·斯蒂里特，忙里偷闲，挤出了许多夜间与周末时间来为本书撰文。与此述诸君共事乃我们的荣幸，同时也是很好的一段学习经历。若无德意志银行、高盛、摩根士丹利、瑞士信贷和瑞银鼎力相助，本书就无法写成。

非常感谢股票估值领域的顶级权威专家之一阿斯沃思·达莫达兰为本书贡献心力。同时，还感谢马格纳斯·冯·施利芬、美林证券、尼古拉·赖利和不来梅大学对我们的支持。非常感谢 @Risk 的开发商和提供商帕利塞德资本管理公司的斯蒂芬·比尤塞特和吉兹·阿米蒂奇对我们的支持。感谢 Wiley 的皮特·贝克、维夫·威克姆和克里斯·斯温为本书所做的努力、判断以及为推动本书顺利出版而给予我们的勉励。

简·菲比希

托尔斯滕·波迪格

阿明·瓦玛

2007 年 9 月

术语表

APV	调整现值法
ARPU	每用户平均收入
BV	账面价值
CAP	竞争优势期
CAPEX	资本支出
CAPM	资本资产定价模型
CEQ	确定性等价
CFBH	债券持有人现金流
CFROI	现金流投资回报率
COGS	销货成本
D&A	折旧与摊销
DCF	现金流贴现
DDM	股利贴现模型
DGM	股利增长模型
DPS	每股股利

EBIT	息税前利润
EBITDA	息税、折旧及摊销前利润
EBV	经济账面价值
EGQ	经济增长商
EP	经济利润
EPA	经济利润分析
EPS	每股盈利
EV	企业价值
EVA	经济增加值
FCF	自由现金流
FCFE	股权自由现金流
FCFF	企业自由现金流
FCFO	经营活动产生的自由现金流
FIFO	先进先出法
FV	终值
GAAP	一般公认会计原则
GDP	国内生产总值
IC	投入资本
INT	利息支付
IPO	首次公开发行
IRR	内部回报率
IVC	增量价值创造
LBO	杠杆收购
LIBOR	伦敦银行同业拆出利率
LIFO	后进先出法

MC-FCFF	蒙特卡罗企业自由现金流
NDA	不可折旧资产
NFO	净金融负债
NOA	非经营性资产（第一部分）
NOA	净经营性资产（第四部分）
NOPAT	税后净营业利润
NPV	净现值
OPEX	营业费用
P/E	市盈率
PEG	市盈率相对盈利增长比率
PP&E	物业、厂房及设备
PV	现值
PVGO	增长机会现值
R&D	研发费用
REV	营收
RI	剩余收入
RIV	剩余收入估值
ROE	股本回报率
ROIC	投入资本回报率
ROIIC	增量投入资本回报率
RONA	净资产回报率
RNOA	净经营性资产回报率
RP	债务偿还
SG&A	销售及行政开支
SPE	特殊目的实体

SM	服务商标
TAX_{adj}	税费（经调整）
TV	终值
VCAM	价值创造分析模型
VCH	价值创造期
WACC	加权平均资本成本

目录

第二部分　蒙特卡罗企业自由现金流模型

（案例：德意志银行 / 德意志投资股份有限公司）

第三部分　盈利探秘：超额回报模型与霍尔特现金流投资回报率框架

⊖ 参考文献参见华章网站 www.hzbook.com。

第一部分

现金流贴现模型[一]

简 · 菲比希[二] & 托尔斯滕 · 波迪格[三]

㊀ 德意志投资股份有限公司，© 2008 年简 · 菲比希。

㊁ 德意志投资股份有限公司董事总经理。

㊂ 不来梅大学金融学教授。

| 第 1 章 |

导　　读

每笔投资的基本价值[㊀]，都是用某一适当的风险贴现率进行贴现的未来现金流的现值。事实上，目前各头部投资银行所用的每一种复杂的股权估值模型都是以 DCF 法为基础的。这些模型的结构与名称可能各不相同，但究其基本理念，却并无二致。所有这些模型，均根植于默顿·米勒和弗兰科·莫迪利亚尼于 20 世纪 60 年代早期所创的股权现值估值框架。[㊁]

经济学家用模型来将复杂的现实问题简单化。好的估值模型，一定要简单，这样才有助于投资者做出明智的投资决策。当下，许多金融分析师都将“大道至简”原则抛之脑后，估值模型复杂化成了通病。金融经济学家在简化假设条件时，往往主观地将着眼点都集中在特定的估值方面，而忽略了其他方面。如此一来，导致了不同的 DCF 法泛滥成灾，并且每一种方法都用首字母进行缩写简称，本书中只列举学术文献中探讨最多的几种 DCF 模型，如 DDM、FCFF 模型、EVA® 模型。

各大头部投资银行的分析师也自创了专属 DCF 模型，且也有其各自

㊀ 在文献中，某笔投资的基本价值，通常又称“内在价值”或“公允价值”。

㊁ Miller and Modigliani (1961).

的首字母缩写新称法。我们认为，目前最复杂的 DCF 模型，当数瑞士信贷的 CFROI 模型、摩根士丹利的 ModelWare 模型和瑞银的 VCAM。在本书第四部分中，我们将探讨高盛、瑞士联合银行及其他头部投资银行所用的 LBO 模型。它们将由开发与优化模型的权威顶级专家在本书的稍后部分向你呈现。本部分内容仅进行 DCF 法的概述，以便读者为实际操作中可能遇到的问题做好准备。

本书第一部分的内容：第 2 章探讨现值计算和对基本价值的诠释；第 3 章对应用最广的 DCF 模型做出了概述，并对投资者如何对模型的输入参量进行估算做了讲解。

本书第二部分以百度公司为例，展示了投资者应用 MC-FCFF 模型的方法。蒙特卡罗模拟，使分析师能在股权估值时考量未来现金流和预期贴现率的不确定性。

| 第2章 |

股票与债券的基本价值

一笔投资的基本价值是其预期未来现金流现值 PV_0。假设：无风险利率 r_f 为 4%，且某笔投资 A 确定无疑地会于期末创出 100 000 美元的现金流 CF_A，那么，投资 A 的价值即为 96 154 美元。这是因为，如果以 4% 的无风险利率投资 96 154 美元，那么，投资者在期末将会得到 100 000 美元的回报：

$$PV_0 = CF_A \times \frac{1}{(1+i_A)^t} = \frac{100\,000}{1.04^1} = 96\,154 \Leftrightarrow$$

$$CF_A = PV_0 \times (1+i_A)^t = 96\,154 \times 1.04^1 = 100\,000$$

式中　i——机会成本率。

如果投资 A 当前交易价格（如 90 000 美元）低于其基本价值 96 154 美元，那么，套利交易者就可能按 4% 的利率借入 90 000 美元来投资于投资 A，从而实现无风险利润 6400 美元（100 000−90 000 × 1.04= 6400）。如果投资 A 的交易价格（如 105 000 美元）高于其基本价值 96 154 美元，那么，套利交易者就可能以很低的借款费用向资产所有者借入投资 A，随后再以 105 000 美元的价格在市场上将其售出，而后又将卖空投资 A 所得款项按此无风险利率做投资。那么，当该笔投资到期时，该投资者将实现（扣除借款费用与交易费用前）无风险利润 9200 美元（$105\ 000 \times 1.04 - 100\ 000 = 9200$）。此类套利交易的结果是：交易价格低于其基本价值的资产的价格将上涨，交易价格高于其基本价值的资产的价格将下降，直到消除所有套利机会并且市场价格等于其基本价值（无套利定价）。

通过投资某一资产而放弃其他可比投资机会的收益，即为“资本机会成本”。风险资产 B 的机会成本 i，即为无风险利率 r_f 与风险溢价 π 相加之和，它充分反映了资产 B 所产生的未来现金流的不确定性：

$$i_B = r_f + \pi_B$$

在大多数投资者眼里，同样是收到 1 美元、1 欧元或 1 日元，今天收到就是要比明天收到更值钱。投资者通常只有在收到投资利息时才愿意放弃当期消费并投资无风险资产。如果利率上升，通常人们更愿意将其消费延后。古典经济学家会假定利率是令消费和投资趋于平衡的价格，但是，投资者不但必须决定多少用来消费，多少用来储蓄，还必须决定他们是要持有现金财富，还是用这些钱来买入长期资产。凯恩斯认为，无风险利率 r_f 可视为因退出流动性而获得的报酬。[㊀]

常识告诉我们，无风险投资的回报要低于风险资产。对于那些风险厌恶型投资者而言，仅当其预期可以获得无风险利率的同时还可以获得一个风险溢价 π 时，他们才愿意投资于风险资产。根据定义，某风险资产 B 的风险溢价 π 为资产 B 的预期回报率 i 与无风险利率 r_f 相减之差。[㊁]

$$\pi_B = i_B - r_f$$

某风险资产的基本价值，取决于投资者在可比投资中实现的预期回报（机会成本）。如果某一资产的机会成本上升（或下降），那么，对应的

㊀ Keynes (1997), p. 167.

㊁ 1900 ～ 2004 年这 105 年间，股票相对于票据的风险溢价的年化历史几何平均值为：美国 5.5%，日本 6.4%，德国 3.6%，英国 4.3%。Dimson *et al.* (2005), p. 39.

风险投资的基本价值就会下降（或上升）。在竞争激烈的金融市场上，具有相同预期回报与风险的同类资产的价格也应相同。如果资产相同，价格却有差异，那么，套利交易者就会同时低价买入价格便宜的资产和卖空[㊀]价格偏贵但其他方面相同的资产来获取套利利润。套利可确保资产在均衡状态（即所有套利机会均被消除）下进行交易，价格接近于基本价值。

现金流与贴现率，必须保持对应统一：名义现金流，必须按名义贴现率进行贴现；实际现金流，必须按实际贴现率进行贴现。假设：实际无风险利率 $r_{f,\,real}$ 为 1.5%，预期通胀率 r_{inf} 为 2.5%，风险溢价 π 为 4%，资产 B 的期末现金流为 100 000 美元，资产 B 的名义机会成本 i 即为实际无风险利率 $r_{f,\,real}$、预期通胀率 r_{inf} 和风险溢价 π_B 三者相加之和[㊁]。那么，资产 B 的基本价值 $PV_{0,\,B}$ 为 92 593 美元：

$$PV_{0,B}=CF_{1,B}\times\frac{1}{1+(r_{f,\,real}+r_{inf}+\pi_B)}=\frac{100\,000}{1+(0.015+0.025+0.04)}=\frac{100\,000}{1.08}=92\,593$$

式中 $CF_{1,B}$——资产 B 从现在起计 1 年内产生的现金流。

我们假设：投资者会对资产进行特征比较，且偏好高回报、低风险和低流动性资产。换言之，投资决策通常会被贪婪、恐慌与急躁所支配。我们对金融市场上的债券定价方式做一下简单考察，就不难明白，现值法如实描述了资产在竞争激烈的金融市场中的定价方式。如果现值规则成立，债券价格 P_B 就等于其未来现金流 c_t 的现值：[㊂]

㊀ 卖空（建立空头仓位）某只股票与买进（建立多头仓位）该只股票正好完全相反：一只股票的卖空者，会向资产所有者融券借入股票并在市场上抛出，以期价格下跌后再于低位买回。股票的卖空者，不仅能实现买卖价差，而且还必须向股票所有者支付借股费用和股利（如有），并从卖空所得款项中获得利息。

㊁ 用（1 + 实际利率）×（1 + 通胀率）×（1 + 风险溢价）来对金额为 100 000 美元的预期现金流进行贴现，所得结果几乎相同：100 000 美元 /（1.015 × 1.025 × 1.04）= 92 422 美元。

㊂ Fabozzi (1997), pp. 25–105.

$$P_{\mathrm{B}}=\frac{c_{1,\mathrm{B}}}{(1+y_{\mathrm{B}})^1}+\frac{c_{2,\mathrm{B}}}{(1+y_{\mathrm{B}})^2}+\cdots+\frac{c_{T,\mathrm{B}}}{(1+y_{\mathrm{B}})^T}$$

收益率 y 是现值与债券价格相等时的利率。到期收益率是投资者持有债券至到期日时的收益率。按照惯例，某半年付息一次的债券的到期收益率（变现因子 $k=2$）以半年贴现率 i 的两倍来表示。表 2-1 显示的是一只每半年付息 2.5 美元、到期付息 100 美元的 5 年期债券（每年 2 期，共计 10 期），如果收益率（机会成本率）为 5%，那么，该债券的交易价格就应为 100 美元（票面价值）；如果收益率为 5.1%，那么，该债券的交易价格就应为 99.56 美元。

表 2-1　用于债券估值的现值计算

	情景 1：收益率 y = 5%			情景 2：收益率 y = 5.1%		
t	c	PV = c / (1 + i)^t	PV × t	c	PV = c / (1 + i)^t	PV × t
1	2.5	2.439 0	2.439 0	2.5	2.437 8	2.437 8
2	2.5	2.379 5	4.759 1	2.5	2.377 2	4.754 4
3	2.5	2.321 5	6.964 5	2.5	2.318 1	6.954 3
4	2.5	2.264 9	9.059 5	2.5	2.260 5	9.041 9
5	2.5	2.209 6	11.048 2	2.5	2.204 3	11.021 3
6	2.5	2.155 7	12.934 5	2.5	2.149 4	12.896 7
7	2.5	2.103 2	14.722 1	2.5	2.096 0	14.672 0
8	2.5	2.051 9	16.414 9	2.5	2.043 9	16.351 0
9	2.5	2.001 8	18.016 4	2.5	1.993 1	17.937 5
10	102.5	80.072 8	800.728 4	102.5	79.683 3	796.832 8
Σ		100.000 0	897.086 6		99.563 5	892.899 7

注：c 为现金流；PV 为现值；i 为机会成本率。

实际上，债券价格与持有人获得的未来现金流的现值之差通常都很小。否则，套利交易者就将试图通过同时买入价值被低估的债券和卖空价值被高估的债券来获取无风险套利利润。收益率的变化是债券的主要价值驱动因素。修正久期（又称“持续期”）是对债券因收益率变动的敏感度进行量化。情景 1 中，麦考利久期 D_{Macaulay} 与修正久期 D_{MOD} 分别为 4.485 和 4.37：

$$D_{\text{Macaulay}}=\frac{\sum_{t=1}^{n}t\frac{c_t}{(1+i)^t}}{k\sum_{t=1}^{n}\frac{c_t}{(1+i)^t}}=\frac{897.086\,6}{2\times100}=4.485\,433\Rightarrow$$

$$D_{\text{MOD}}=\frac{D_{\text{Macaulay}}}{1+i}=\frac{4.485\,433}{1.025}=4.376$$

如果到期收益率 y 从 5% 上升至 5.10%，即上升 10 个基点（0.1% 或 0.001），那么，该债券价格 P 就应下跌约 0.4376%，即从 100 美元跌至 99.56 美元：[⊖]

$$\frac{\Delta P}{P}=D_{\text{MOD}}\times\Delta y=-4.376\times0.001=-0.004\,376=-0.4376\%$$

同样，现值规则也适用于股权投资。股票的基本价值，即股东按股权投资的机会成本贴现的未来现金流之和，但股票和债券之间，存在着至少 4 个重要差异：

（1）股票的未来现金流比债券的未来现金流不确定性更大。债券息票支付通常恒定，人们可高度自信地对之做出预测；而对于股权持有者的未来现金流，人们无法自信地对之做出预测。在分析股权投资的未来现金流时，情景分析与蒙特卡罗模拟是必不可少的不确定性分析工具。

（2）股东不会像债券持有人那样获得到期赎回价值。他们本身就是一家公司的所有者，所以从理论上讲，他们有资格无限期地获得现金流。由于进行无限期现金流贴现并不切实可行，所以，股票分析师通常会对某一有限期间 t = 1，…，T（即竞争优势期）进行现金流贴现，并对竞争优势期后的预期现金流做终值计算。股票的基本价值，即持股人在竞争优势期的贴现现金流与终值贴现值之和。相比于债券的赎回价值，股票终值属于一种纯理论构造。

⊖ 修正久期仅给出了一个由小的收益率变动所导致的债券价格变动百分比的初始近似值。由于债券的价格与收益率的关系不是呈线性的，所以，如果考虑了大的收益率变动，投资者还须考虑二阶导数（凸性）。Fabozzi (1997), pp. 90–94.

（3）在金融市场上，相比于债务的机会成本，股权的机会成本不易计量。金融经济学家已构建出各种模型，来对股权投资的机会成本进行预估。应用最广的量化模型是 CAPM，它描述了均衡状态下的资产定价方法。

（4）股票的价值驱动因素远多于债券的价值驱动因素。显然，收益率变化是债券最重要的价值驱动因素，而久期是债券对收益率变化敏感度的量化。机会成本也是股权投资的一个重要价值驱动因素。除此之外，股权投资还有其他许多价值驱动因素，包括销售额增长、营业利润率、资本支出及营运资本变动。因此，构建一种股权投资估值模型，要比债券估值复杂得多。

基本价值是对未来现金流的现值量化，它表示某笔投资在均衡（即不存在套利机会）状态下的价格。有些投资者会辩称，由于在很长一段时间内，市场价格经常都会偏离其基本价值，所以在做投资决策时，股权投资估值模型并不管用。当然，市场价格可能在很长一段时间内都会偏离其基本价值。单纯只是挑选出那些价值被高估和低估的股票，是远远不够的。如果投资者有充分理由相信一只股票的价格将会随着时间推移而向其基本价值回归，那么，强烈建议投资者只买进价值被低估的股票并卖空价值被高估的股票。[⊖]有些投资者称，基本价值对高度主观的输入要素极其敏感。固然，他们言之有理，因为基本价值永远都无法达到客观，而是取决于对某一不确定未来的主观预期，但是，投资者也应意识到，分析师及他们的雇主也有着其自己的利益。

如果投资者有能力识别出股票的价格严重偏离其基本价值，且有充分理由相信这些股票的价格将会随着时间推移而向其基本价值回归，那么，估值模型就最为有用。有效市场理论信奉者通常会称，股价总能完

⊖ 这些原因通常被称为“催化剂”。在化学中，“催化剂”是一种加快反应的物质；在金融说法中的“催化剂”，通常是指触发或加速股价调整的消息。

全反映出全部既存信息。㊀但是，估值模型不仅对激进型基金经理管用，也对有效市场理论信奉者管用。如果市场价格等于其基本价值，有效市场理论信奉者就能运用DCF模型来分析目前市场价格所隐含的预期。㊁

计算基本价值的前提，是公司将用其资产来产生现金流，并持续经营其业务而不会进行资产清算。实际上，持续经营的假设并不总是成立。对于那些会牵涉并购或重组的公司而言，持续经营这一假设就不成立。如果某金融投资者或战略投资者买入某家公司的股票，并支付一笔大额控制权溢价，那么，因认为该只股票的交易价格远高于其基本价值而卖空该股票的对冲基金经理就会损失惨重。基本价值仅反映公司会产生现金的经营性资产的价值。通常，公司都会在其资产负债表中持有余量充足的、继续开展公司营运所不需要的现金。基本价值不反映超额现金和未被用以产生经营性现金流的其他非经营性资产的价值。DCF法估值是用来理解均衡状态下的投资价值的有效方法。DCF模型与其他所有模型一样，也是以简化的假设为基础。如果缺乏套利理论或者持续经营的假设不成立，那么，以基本价值分析为基础的交易就可能失败。综上所述：

（1）事实上，目前各大头部投资银行所用的每一种复杂的股权投资估值模型，都是DCF模型。通过DCF模型得出的某笔投资的基本价值，是其预期未来现金流的现值。

（2）投资者会对资产进行比较，并偏好高回报、低风险的低流动性资产。通过投资特定资产而放弃的可比投资的预期回报，称为“资本机会成本”。某一资产的基本价值，取决于它的机会成本。

㊀ 所谓的有效市场假说，不是一套由逻辑上相关的句子构成的理论体系，而是一个由尤金·F. 法玛提出的定义：“一个价格始终‘充分反映’可用信息的市场，称之为‘有效’市场。” Fama (1970), p. 383. 关于股价对新信息的反应速度快慢，以及投资者是否总是能理性地对信息进行解释，金融经济学家并未达成一致意见。有关有效资本市场的研究摘要，见Fama（1991）和Malkiel（2003）。

㊁ Rappaport and Mauboussin (2001), pp. 7–14.

（3）尽管现值规则同时适用于债券和股票，但这两者之间存在多个重要差异：股东的现金流不确定性更大；股东不会获得到期赎回价值，股权投资的机会成本，在金融市场内不易得到，所以必须对其建模；通过久期衡量的利率敏感度，是债券的主要价值驱动因素，而股票的价值驱动因素远多于债券。

（4）运用 DCF 模型时，投资者必须对竞争优势期的预期现金流、终值及资本机会成本进行预估。资本机会成本由无风险利率加上风险溢价组成，它充分反映出未来现金流的不确定性。现金流应与机会成本相对应。

（5）计算基本价值的前提是假设一家公司利用其资产来产生现金流，并持续经营而不会进行资产清算。如果公司牵涉并购或重组，持续经营假设就不成立。基本价值不反映那些不产生经营性现金流的非经营性资产的价值。

| 第3章 |

现金流贴现模型：

主要输入要素

3.1 分析性资产负债表与自由现金流贴现模型

从理论上讲，公司价值取决于因债务（D）融资和股权（E）融资而形成的资产（A）的价值：$A = D + E$；股权价值等于资产价值减债务价值：$E = A-D$。假设只有一类普通股在外流通，那么，其1股的价值s，可采用普通股的股权价值E除以流通股股数n来计算：$s = E/n$。

如果资产负债表能够准确反映出资产、负债和股权的公允价值，那么公司估值就会非常简单。不幸的是，会计师在编制财务报表时，必须遵循一般公认会计原则（GAAP）。美国一般公认会计原则（US GAAP）要求固定资产按历史成本减折旧来估值。通常，物业、厂房及设备（PP&E）（通常购置于几年前）的账面价值不等于其当前市场价值。流动资产的价值会受到会计惯例的严重影响。例如，公司可在核算存货时运用不同的方法。确认无形资产（包括商誉、商标和专利）尤其成问题。例如，美国一般公认会计原则通常要求研发费用在发生时计入当期费用。而一些金融经济学家则辩称，研发费用应作为无形资产予以资本化并进行摊销。公司通常倾向于少报债项，将债务隐匿于资产负债表外。租赁与特殊目的实体即为资产负债表表外债务的典例。如果租赁被作为经营性租赁而非资本性租赁处理，那么，承租人的资产负债表中就不会显示出任何债务。养老金负债金额，取决于各种非常主观的假设。⊖投资者可以有大量理由不信任公司资产负债表中报告的账面价值。

关于资产负债表，分析师与会计师的观点不同，主要有 3 个原因：

（1）公司资产负债表仅反映现有资产的价值，并不会反映未来投资的预期价值。

（2）资产负债表不会把产生经营性现金流的经营性资产与非经营性资产分开。

（3）资产负债表不会将长期债务与股权价值单独列报，流动负债于传统资产负债表右侧显示。

分析师通常都会重新整理会计师所创建的资产负债表。图 3-1 显示了一份重新整理的资产负债表。

资产	负债
A.1 现有经营性资产的基本价值 A.1.1 现有固定资产的基本价值 A.1.2 现有营运资本的基本价值 = 流动资产 − 流动负债	D. 长期债务的市场价值
A.2 未来投资的基本价值 A.2.1 现有固定资产投资的基本价值 A.2.2 未来营运资本投资的基本价值	E. 股权价值（$E=A-D$）
A.3 非经营性资产的价值	

图 3-1 分析性资产负债表

在重新整理的分析性资产负债表中，反映资产组成的长期债务与股权价值被单独列报。流动负债从资产负债表的右侧被移至左侧，并作为流动资产与流动负债之差计入营运资本。⊖由于资产的账面价值通常不

⊖ Kieso *et al.* (2004).

⊖ 在计算投入资本、现金流和 WACC 时，我们始终将流动负债计入净营运资本。在本书第一部分中，债务是指不包括流动负债的长期债务。

反映资产的公允价值，分析师会通过对现金流贴现来预估经营性资产的价值。为维持经营并产生未来现金流，公司必须投资于固定资产与营运资本。通常，在公司成长过程中，不仅物业、厂房及设备在增加，存货、应收账款及其他流动资产也在增加。通过对未来现金流的贴现计算，分析师可以预估图 3-1 中的现有经营性资产（A.1）与投资（A.2）的未来价值。要计算企业价值，就必须加上非经营性资产的价值（A.3）。未来现金流现值不包括非经营性资产的价值。

股权价值是经营性资产与非经营性资产的总价值减去债务公允价值之后的剩余索偿权（$E = A-D$）。自由现金流是公司在营运资本和固定资产支出后可以分配给资本提供者的经营活动所产生的现金流。扣除资本支出后的经营性现金流是一项重要的业绩衡量指标，因为它对维持和扩大资产基础后的经营活动产生的现金进行了量化。公司可运用自由现金流来派付股利、削减债务、回购股票或展开收购。如果公司不进行扩大再生产投资或向债权和股权持有人分配现金，而是将它留在资产负债表中不动用，那么，该现金就代表着一种非经营性资产。

总体而言，FCF 模型有两种类型：FCFF 贴现模型和 FCFE 贴现模型。[㊀]FCFF 是在扣除营运资本和固定资产投资之后、付息之前的 FCF，它可以被分配给长期资本（债务和股权）提供者。由于 FCFF 的无限期贴现并不切实可行，分析师通常会在一个有限的年限 $t = 1, \cdots, T$（竞争优势期）内，通过 WACC[㊁]对 FCFF 进行贴现。TV 是把竞争优势期之后 $t = T+1, \cdots, \infty$ 的现金流价值量化：[㊂]

$$\mathrm{EV} = \sum_{t=1}^{\infty} \frac{\mathrm{FCFF}_t}{(1+\mathrm{WACC})^t} = \sum_{t=1}^{T} \frac{\mathrm{FCFF}_t}{(1+\mathrm{WACC})^t} + \frac{\mathrm{TV}_{\mathrm{EV}}}{(1+\mathrm{WACC})^T}$$

式中　EV——企业价值；

$\mathrm{TV}_{\mathrm{EV}}$——企业价值终值。

㊀ Damodaran (2002), pp. 351–422.

㊁ 有关 WACC 计算的讲解，见 3.3.3 节。

㊂ 有关 TV 计算的探讨，见 3.3.4 节。

FCFF 贴现模型属于企业价值估值模型。如果需要计算股权的基本价值 $V_{E,0}$，分析师就必须从企业价值（EV）中减去债务的市场价值 D_M，即 $V_{E,0}$ = EV − D_M，或者，直接通过股权资本成本 i_E 对 FCFE 进行贴现计算：

$$V_{E,0}=\sum_{t=1}^{\infty}\frac{\mathrm{FCFE}_t}{(1+i_E)^t}=\sum_{t=1}^{T}\frac{\mathrm{FCFE}_t}{(1+i_E)^t}+\frac{\mathrm{TV}_E}{(1+i_E)^T}$$

式中　TV_E——股权价值终值。

FCFF 是扣除投资额和偿还利息及本金之后的自由现金流。FCFE 是股利派付的来源。如果分析师对未来股利（公司实际分配给股东的现金）而非 FCFE（公司可能分配给股东的现金流）贴现，那么，DCF 模型就称为 DDM。如果所采用的输入参量保持一致，那么，DCF 模型所得出的结果就会相同。现金流与贴现率必须保持一致：

（1）风险溢价与贴现率应充分反映预期未来现金流的不确定性。用低贴现率反映不确定性程度高的现金流，是分析师最易犯的错误之一。

（2）FCFF 必须按公司债权和股权持有人所提供资金的 WACC 进行贴现。FCFE 贴现是付息之后的现金流的量化，它必须用股权的资本成本进行贴现。

（3）现金流和贴现率必须对应统一。名义现金流应按名义贴现率进行贴现，实际现金流应按实际贴现率进行贴现。

在探讨最流行的 DCF 模型之前，请注意：一些金融经济学家认为，传统 DCF 模型缺乏扩大、推迟或放弃项目方面的灵活性，这样的灵活性可以应对意料之外的市场发展。采纳与修订未来决策权的选择，本身就具备期权属性，可以运用实物期权模型来预估价值。[⊖]用于公司财务和公司战略的实物期权模型通常很复杂，当前并未被分析师广泛应用。本书第二部分介绍了蒙特卡罗模拟，该模拟越来越受金融经济学家欢迎，它

⊖ Copeland and Antikarov (2001), pp. 3-27.

可以解决投资者在做投资决策时所面临的不确定性问题。[⊖]

3.2 股利贴现模型

股利贴现是现金流贴现模型的最简形式。股利是股东从公司获得的实际现金流。根据一致性规则，股利必须按股权资本成本进行贴现。股利贴现属于股权估值模型，而不是企业价值估值模型。股利贴现有若干版本，每一版本都以不同的简化型假设为基础。

最基本的形式是永续法版本，它基于两个极其简化的假设：

（1）投资者永续获得持续股利。

（2）股权资本成本恒定。

根据现值法则，股权基本价值 $V_{0,E}$ 是将未来每一年的股利 D_1 以恒定股权资本成本 i_E 进行贴现的现值。如果上述两个假设成立，且股利与股权资本成本保持不变，那么，该现值公式可简化如下：[⊜]

等式Ⅰ： $$V_{0,E}=\frac{\overline{D_1}}{(1+\overline{i_E})^1}+\frac{\overline{D_1}}{(1+\overline{i_E})^2}+\cdots+\frac{\overline{D_1}}{(1+\overline{i_E})^\infty}$$

上式左右两边乘以 $(1+\overline{i_E})$，得

等式Ⅱ： $$V_{0,E}(1+\overline{i_E})=\overline{D_1}+\frac{\overline{D_1}}{(1+\overline{i_E})^1}+\frac{\overline{D_1}}{(1+\overline{i_E})^2}+\cdots+\frac{\overline{D_1}}{(1+\overline{i_E})^{\infty-1}}$$

Ⅱ式减去Ⅰ式，对期间 $t\to\infty$ 而言，最终项将为 0，得

等式Ⅲ： $$V_{0,E}(1+\overline{i_E})-V_{0,E}=\overline{D_1}$$

可得永续法股利贴现模型（DDM）： $V_{0,E}=\dfrac{\overline{D_1}}{\overline{i_E}}\Leftrightarrow V_{0,\text{share}}=\dfrac{\overline{\text{DPS}_1}}{\overline{i_E}}$

式中 $V_{0,\text{share}}$——每股基本价值。

⊖ 在实践中，分析师用（1+ 经风险调整利率）来对预期现金流进行贴现。格林诺德和卡恩认为，应当用（1+ 无风险利率）来对经风险调整预期现金流进行贴现。引入经风险调整概率分布的构想非常复杂，且其并未广泛应用于实践，故此处不做探讨。Grinold and Kahn (2000), pp. 199–224.

⊜ Barker (2001), p. 35.

在重新整理现值方程之后，永续法股利贴现模型表明，股权的基本价值等于从现在起一年内支付给所有股东的常数股息 D_1 除以恒定的股权资本成本 i_E。如果公式两边都除以流通股数，一股的基本价值等于从现在开始一年内分配给股东的恒定每股股利 DPS_1 除以恒定股权资本成本 i_E。

DGM[⊖]是目前最为广泛使用的 DDM，它将上述假设条件（1）替换为更切合实际的假设，即股利随着时间推移以恒定增速 g 增长，并非恒定不变。而假设条件（2）的股权资本成本在一段时间内保持不变。以股利的增长速度 g 恒定不变为前提，按照现值公式，DGM 方程可推演如下：[⊜]

等式Ⅰ：$$V_{0,E}=\frac{D_0(1+\overline{g})^1}{(1+\overline{i_E})^1}+\frac{D_0(1+\overline{g})^2}{(1+\overline{i_E})^2}+\cdots+\frac{D_0(1+\overline{g})^\infty}{(1+\overline{i_E})^\infty}$$

上式左右两边乘以 $(1+\overline{g})$，再除以 $(1+\overline{i_E})$，得

等式Ⅱ：$$\frac{V_{0,E}(1+\overline{g})}{(1+\overline{i_E})}=\frac{D_0(1+\overline{g})^2}{(1+\overline{i_E})^2}+\frac{D_0(1+\overline{g})^3}{(1+\overline{i_E})^3}+\cdots+\frac{D_0(1+\overline{g})^{\infty+1}}{(1+\overline{i_E})^{\infty+1}}$$

Ⅱ式减去Ⅰ式，对期间 $t\to\infty$ 而言，最终项将为 0，得

等式Ⅲ：$$V_{0,E}-\frac{V_{0,E}(1+\overline{g})}{(1+\overline{i_E})}=\frac{D_0(1+\overline{g})^1}{(1+\overline{i_E})^1}$$

可得股利增长模型：$$V_{0,E}=\frac{D_0(1+\overline{g})}{\overline{i_E}-\overline{g}}\Leftrightarrow V_{0,\text{share}}=\frac{DPS_0(1+\overline{g})}{\overline{i_E}-\overline{g}}$$

根据 DGM，股权基本价值 $V_{0,E}$ 是将一年后的股利金额 $D_0(1+g)$ 除以股权资本成本 i_E 与增速 g 之差。根据 DGM，每股价值等于从现在起一年内预期每股股利 D 除以股权资本成本 i_E 与预期增速 g 之差。

德国电信是德国的一家电信运营商，该公司于 2005 年 4 月 26 日召开的股东大会上通过了为 2004 年每股派息 0.62 欧元的决议。2005 年 4 月 26 日，德国电信股票的收盘价为 15.33 欧元 / 股，次日早盘 10:30 除权后的交易价格为 14.70 欧元 / 股。彭博社报道称，德国电信股票过去 12 个月的每

⊖ DGM，通常以其创始人的名字被命名为“戈登增长模型”。

⊜ D_0 代表当前收到的上年度股利；$D_0(1+g)$ 代表预期将于明年今日收到的股利，所以，上述公式和巴克（2001）第 35 页的公式略有不同。

股盈利（EPS）为 1.10 欧元。而另一家金融信息提供商尼尔森报道称，有 31 名分析师预测，德国电信 2005 年全年的平均每股盈利为 1.30 欧元。

根据 CAPM（将于 3.3.3 节详述），德国电信的预估股权资本成本为 8.3%（见表 3-1）。㊀

表 3-1 德国电信 DGM 输入参量

2004 年每股股利	0.62 欧元
2004 年每股盈利	1.10 欧元
2005 年预估每股盈利	1.30 欧元
预估股权资本成本（CAPM）	8.3%
预估永续增速	4%

根据 DGM，假设增速 g 恒为 4%，那么，德国电信每股价值为 14.995 欧元：㊁

$$V_{0,E}=\frac{D_0(1+\bar{g})}{\bar{i}_E-\bar{g}}=\frac{0.62\times(1+0.04)}{0.083-0.04}=14.995$$

式中 D_0——当前收到的上年度股利。

采用 2005 年更为乐观的每股盈利 1.30 欧元进行预估，假设股利支付率为 56%（即 0.62 欧元 /1.10 欧元），那么，2005 财年的预期股利为 0.73 欧元（即 1.30 欧元 ×0.56）。假设 2005 年以后的股利增速 g 为 4%，那么，德国电信的每股基本价值 $V_{0,E}$ 为 16.98 欧元：

$$V_{0,E}=\frac{D_1}{\bar{i}_E-\bar{g}}=\frac{0.73}{0.083-0.04}=16.98$$

式中 D_1——从现在起计未来 1 年内分配给所有股东的股利。

该例讲解了投资者如何将分析师的每股盈利预估值纳入 DGM 的方法。同时，这一案例还表达了股利基本价值因股利变动的敏感度。股利增长率和（或）股权资本成本 i_E 若发生微小变化，都会对运用 DGM 得出

㊀ 应用 CAPM，设无风险利率为 3.5%，贝塔（β）为 0.72，风险溢价为 6.7%，则有：3.5% + 0.72 × 6.7% = 8.3%。

㊁ 请注意：我们将 2004 年用作基期 $t=0$。

的基本价值产生重大影响。例如，在第 2 个例子中，如果增速 g 从 4% 降至 3%，那么，每股基本价值 $V_{0,E}$ 将从 16.98 欧元跌至 13.77 欧元，跌幅近 19%。

金融经济学家往往会建议使用更切合实际的多阶段 DGM 来对股票进行估值。[㊀]在多阶段 DGM 中，分析师可将不同时期内的不同增长速度纳入模型。其中，两阶段 DDM 是应用最广的一类多阶段 DGM。以下两种情形下：两阶段 DGM 最适用：①在有限的预测期间内，未来股利有明确的预测值（通常由分析师制定）；②股利仅在初始期间以非正常增速增长，而后便以温和的增速增长。

在情形①中，因为在有限的时间段内具有明确的股利预测值，所以两阶段 DDM 的每股基本价值 $V_{0,\text{share}}$ 等于有限的时间段内的每股股利（DPS）现值加上 TV 的现值。TV 可用标准 DGM 来予以确定，它反映了在有限期间之后（$t = T + 1, \cdots, \infty$），股东永续收到的未来股利的价值。要确定终值现值 PV_{TV}，必须对终值进行贴现：

$$V_{0,\text{share}} = \frac{\text{DPS}_1}{(1+\overline{i_E})^1} + \frac{\text{DPS}_2}{(1+\overline{i_E})^2} + \cdots + \frac{\text{DPS}_T}{(1+\overline{i_E})^T} + \frac{\text{TV}}{(1+\overline{i_E})^T}$$

$$\text{TV} = \frac{\text{DPS}_T(1+\overline{g_{\text{TV}}})}{\overline{i_{E,\text{TV}}} - \overline{g_{\text{TV}}}}$$

式中 $i_{E,\text{TV}}$——终值期股权资本成本；

g_{TV}——终值期增速。

在情形②中，两阶段 DGM 具有一个高增速的初始阶段：股利在初始期内以高增速 g_{HG} 增长，而在终值或稳定期内以较慢增速 g_{TV} 增长。每股基本价值 $V_{0,\text{share}}$ 等于高速增长期间股利现值与由终值所反映出的高速增长期之后的股利现值之和。[㊁]

㊀ Damodaran (2005), pp. 536–547.

㊁ 期间 $t = 1$ 的股利或 $\text{DPS}_0\ (1 + g_{\text{HG}})$ 乘以因数 $1 - [(1 + g_{\text{HG}})^T / (1 + i_{E,\text{HG}})^T]$ 来计算于某一有限时期内以恒定增速 g_{HG} 增长的几何级数股利支付的价值。Damodaran (2002), p. 337.

$$V_{0,\text{share}}=\frac{\text{DPS}_0(1+g_{\text{HG}})\left(1-\dfrac{(1+g_{\text{HG}})^T}{(1+\overline{i_{E,\text{HG}}})^T}\right)}{\overline{i_{E,\text{HG}}}-\overline{g_{\text{HG}}}}+\frac{\dfrac{\text{DPS}_T(1+\overline{g_{\text{TV}}})}{\overline{i_{E,\text{TV}}}-\overline{g_{\text{TV}}}}}{(1+\overline{i_{E,\text{HG}}})^T}$$

（初始非正常增长期 $t=1,\cdots,T$ 每股股利现值）　（终值期 $t=T+1,\cdots,\infty$ 每股股利现值）

式中　$i_{E,\text{HG}}$——高速增长期股权资本成本。

高速增长期，通常被称为“竞争优势期”。根据定义，竞争优势期是资本回报率超过资本成本的期间。运用股权估值模型，竞争优势期是股本回报率高于股本成本 i_E 的时期：股本回报率 > 股本成本 i_E。具有高资本回报率的公司，会吸引许多竞争对手入场。投资者可运用基本增速方程而不是历史增速或分析师的预估值来预测未来增速。留存收益比率 b 是公司留存于其公司中以实现未来增长的净收益百分比。根据定义，留存收益比率（或称“再投资比率”）等于“1－股利支付率”。根据基本增速方程，预期增速 g 等于留存收益比率 b 乘以 ROE：[1]

$$g=b\times\text{ROE}\qquad b=1-\text{股利支付率}$$

估值是一门艺术，它的目的不是构建错综复杂的模型，而是要理解其他人的投资估值方式。约翰·梅纳德·凯恩斯曾在其著名的选美博弈论中拿选美比赛来比拟投资：

> ……选美，并不是根据个人判断准则，甚至也不是根据平均的判断准则来选出最美的佳丽。当我们运用智力来推测一般人的意见时，我们就已达到第 3 个推测层次。我相信，有人还会进行第 4、第 5 和更高层次的推测……[2]

现金流模型是一种用来分析其他投资者意见的绝佳工具。

达莫达兰（Damodaran，2005）采用了表 3-2 中的输入参量，运用了

[1] Damodaran (2005), p. 541.

[2] Keynes (1997), p. 156.

两阶段 DGM 来对德意志银行的股票进行估值。㊀

达莫达兰（Damodaran，2005）计算得出：高速增长期间股利现值为 7.22 欧元，贴现终值为 47.59 欧元，每股基本价值为 54.81 欧元。

表 3-2 德意志银行两阶段 DGM 输入参量

2003 年每股股利	1.50 欧元
2003 年每股盈利	4.33 欧元
竞争优势期留存收益比率 b①	65.36%
股本回报率	11.26%
竞争优势期股权资本成本②	8.76%
竞争优势期假设长度	5 年
终值期股权资本成本③	8.87%
终值期增速	4%

①竞争优势期留存收益比率为 0.6536（即 1−1.50/4.33）。

②为计算竞争优势期股权资本成本，达莫达兰（2005）应用了 CAPM，设：无风险利率 r_f 为 4.05%、贝塔（β）为 0.977、风险溢价 r_p 为 4.82%，则 4.05% + 0.977 × 4.82% = 8.76%。

③为计算终值期股权资本成本，达莫达兰（2005）应用了 CAPM，设：无风险利率 r_f 为 4.05%、贝塔（β）为 1、风险溢价 r_p 为 4.82%，则 4.05% + 1 × 4.82% = 8.87%。

$$V_{0,\text{share}}=\frac{1.50\times(1+0.073\,6)\left(1-\dfrac{(1+0.073\,6)^5}{(1+0.087\,6)^5}\right)}{0.087\,6-0.073\,6}+\frac{\dfrac{3.53}{0.088\,7-0.04}}{(1+0.087\,6)^5}$$
$$=7.22+47.59=54.81$$

式中 $V_{0,\text{share}}$——每股基本价值。

达莫达兰的某些输入参量需要进一步的讲解。高速增长期的增速 g_{HG} 可以通过应用基本增速方程计算得出：

$$g_{\text{HG}}=b_{\text{HG}}\times \text{ROE}_{\text{HG}}=0.653\,6\times 0.112\,6=0.073\,6$$

式中 b_{HG}——高速增长期留存收益比率；

ROE_{HG}——高速增长期股本回报率。

以 7.36% 的增速计算，2004 年、2005 年、2006 年、2007 年和 2008 年的每股盈利分别为 4.65 欧元、4.99 欧元、5.36 欧元、5.75 欧元和 6.18

㊀ 以下例子取自 Damodaran (2005), pp. 546f。

欧元。多数情况下，分析师都会采用 3 年、5 年或 10 年作为竞争优势期，甚至不做出解释。达莫达兰所采用的高速增长期为 5 年。分析师通常运用“杜邦公式”[⊖]对股本回报率进行分解：

$$\frac{净收益}{平均股本}=\frac{净收益}{净销售额}\times\frac{净销售额}{平均资产}\times\frac{平均资产}{平均股本}$$

$$股本回报率=利润率\times资产周转率\times财务杠杆率$$

股本回报率等于净收益减去优先股股利（如有）再除以平均股本。管理层不仅可以通过提高利润率和资产周转率来提高公司的股本回报率，还能够以高风险的财务杠杆为代价，通过增加负债（减少股权）来为其融资。[⊖]利润率反映了公司的成本管理效果。资产周转率对期间内公司运用平均资产产生销售额的效率进行量化。财务杠杆衡量了一定期间内资产组成中的债务和股权之间的量化关系。杜邦公式有助于投资者更好地了解股本回报率的来源。

贴现终值占德意志银行股票基本价值的 86% 以上，足见输入要素是多么重要。根据定义，股本回报率 ROE 等于终值期的股权资本成本 $i_{E,\,\mathrm{TV}}$：$\mathrm{ROE}_{\mathrm{TV}} = i_{E,\,\mathrm{TV}}$。可通过应用基本增速方程，来计算终值期的留存收益比率 b_{TV}。终值期增速 g_{TV} 采用 4%，那么，终值股利支付率为 54.9%，期间 $T + 1 = 6$ 内的股利为 3.53 欧元：

$$g_{\mathrm{TV}} = b_{\mathrm{TV}} \times \mathrm{ROE}_{\mathrm{TV}} \Rightarrow 0.04 = b_{\mathrm{TV}} \times 0.088\,7 \Rightarrow b_{\mathrm{TV}} = 0.451 \text{ 且 } (1-b_{\mathrm{TV}}) = 0.549$$

$$\mathrm{DPS}_6 = \mathrm{EPS}_5\ (1 + g)\ (1-b) = 6.18 \times 1.04 \times 0.549 = 3.53$$

式中 b——留存收益比率；

$\mathrm{ROE}_{\mathrm{TV}}$——终值期股本回报率。

达莫达兰得出结论：德意志银行在估值时的股票交易价格为 66 欧元 /

⊖ 在 20 世纪的头 10 年里，一位供职于杜邦公司财务部的工程师唐纳森 · 布朗开发出了一个投资回报率公式，以将杜邦的公司层面的投资回报率分解为盈利能力和资产效率。其公式的不同版本后来被用于分解投资回报率与股本回报率。股本回报率分解公式可能是运用最广的“杜邦公式”版本。

⊖ Ferris *et al.* (1992), pp. 233–235.

股，相比于基本价值 54.81 欧元 / 股，其股价被高估了。㊀2006 年初，德意志银行股价为 82 欧元 / 股。既然如此，估值练习是毫无用处的吗？表 3-3 反映了头部投资银行在 2006 年初对德意志银行的盈利与股利预期。㊁

表 3-3 德意志银行盈利与股利预期

年份	达莫达兰①			瑞银（2006 年 3 月 20 日）②			美林证券（2006 年 4 月 3 日）③			雷曼兄弟（2006 年 2 月 3 日）④		
	每股盈利	每股股利	股本回报率	每股盈利	每股股利	股本回报率	每股盈利	每股股利	股本回报率	每股盈利	每股股利	股本回报率
2004	4.65	1.61	11.26	4.68	1.70		4.35	1.70	9.5	4.65	1.70	
2005	4.99	1.73		6.64	2.50	12.5	7.42	2.50	14.1	7.44	2.50	
2006	5.36	1.86		8.89	3.20	14.3	7.67	2.69	13.5	7.11	2.75	11.9
2007	5.75	1.99		9.67	3.50	14.3	8.54	3.15	14.1	7.69	3.00	11.8
2008	6.18	2.14		10.43	3.80	14.6	9.38	3.56	14.4	8.24	3.25	11.8

① Damodaran (2005), p. 546f.

② UBS Investment Research (2006).

③ Merrill Lynch (2006).

④ Lehman Brothers (2006). 表 3-3 反映了列报（未经调整）的每股盈利，因为列报的盈利在报告中被用来计算股本回报率。

达莫达兰（2005）正确预测出，德意志银行已进入高速增长期，但并未预见德意志银行的盈利会全速增长。2005 年，德意志银行所得税前收入增加至 61 亿欧元，而 2004 年该项数据为 40 亿欧元，这主要归功于高盈利能力的投资银行业务。㊂德意志银行 2004 财年的每股股利为 1.70 欧元 (2005 年 5 月 19 日派息)，而其 2005 财年的每股股利为 2.50 欧元 (2006 年 6 月 2 日派息)，同比增长 47%。2006 年 3 月，以 DGM 为工具，瑞银投资研究部分析师称：

> ……我们对德意志银行给出的目标价格为 110 欧元 / 股，这

㊀ Damodaran (2005), p. 547.

㊁ 分析师对盈利所做的调整各不相同，因此在对不同分析师的盈利和股本回报率数据进行解释和比较时，须慎之又慎。

㊂ Deutsche Bank (2005), p. 50.

> 一目标价格，就是以戈登增长模型为基础而做出的。在该模型中，我们假设可持续股本回报率为14.6%，永续增速为4.0%，股本成本为10%……㊀

2006年初，因为分析师对每股盈利和股利的预估值，均明显高于达莫达兰早前的预测值，所以，德意志银行股票交易价格远远超出达莫达兰给出的基本价值（54.81欧元/股）也就不足为奇了。㊁DDM是将盈利预期转换成基本价值的有用工具，但是，结果取决于在不确定性情况下所做的主观假设。㊂该模型对输入参量变化极其敏感。预期股利为预期盈利与预期派息率相乘之积。如果公司在未来较长时间内不向股东分配盈利，那么，通常不可能应用DDM。

股利是公司实际分配给股东的现金。一方面，FCFE是扣除投资额并向债权持有人付息后的净现金流，公司可将其分配给股东。从理论上讲，FCFE模型与DDM等价，DDM的主要优点就是简单。另一方面，如果需要构建FCFE模型，那么，分析师就应该对公司盈利潜力做更深入的分析，分析营收、营业费用、投资需求以及影响FCFE的其他因素，这有助于投资者理解公司的盈利（自由现金流）方式。自由现金流是未来股利派付的最终来源。在上面的例子中，虽然我们运用了DDM对德国电信股票进行估值，但是，假如未来电信行业的价格压力继续增大，又或者德意志电信为了保持竞争力而进行基建投资，那么，德国电信未来就可能无法派付股利。分析师在使用DDM时，往往在没有认真分析真实盈利潜力的情况下就假设公司一定会派付股利。相比之下，在构建自由现金流模型时，分析师一般会仔细分析公司的营收潜力、成本结构和投资

㊀ UBS Investment Research (2006), p. 2.

㊁ 2006年3月20日，当瑞银投资研究部将德意志银行股票的目标价格从105欧元/股上调至110欧元/股时，德意志银行当时的股票交易价格为94.50欧元/股。UBS Investment Research (2006), p. 1.

㊂ 有关不确定性的一般性评论，见本书第八部分。

需求。

分析师往往会使用 FCFF 模型，而较少使用 FCFE 模型。FCFF 是扣除投资之后、付息之前的净现金流，可将它分配给债权和股权持有人（即所有的资本提供者）。FCFF 模型比 FCFE 模型更受业内人士欢迎，因为它首先需要对公司做整体估值，然后再减去债务价值，这样就更加便捷易懂，而非单纯分析股权价值。如果输入参量一致，那么 FCFF 模型与 FCFE 模型的所得结果就相同。

在下一章中，我们将着重讲述 FCF 模型，因为在这类模型中，一家企业从营收到经营盈利再到自由现金流的整个盈利产生过程会更加透明。

3.3 企业自由现金流模型

分析师往往会通过 FCFF 模型对企业进行整体估值，然后减去债务价值，从而得出股权价值，而不是使用 DDM 或 FCFE 模型来直接进行股权估值。与 FCFE 模型相比，分析师更加青睐 FCFF 模型，所以，我们着重讲解后者。FCFF 模型的构建可分 4 步完成：

（1）预估企业在竞争优势期的 FCFF。

（2）按 WACC 对 FCFF 进行贴现。

（3）计算 TV。

（4）确定企业价值与股权价值。

每股价值即（普通股）股权价值除以（普通股）流通股数。后续各章将对这 4 个步骤做详细讲解。我们在上文中提到，在 FCF 模型中，从营收到经营盈利再到自由现金流的整个盈利产生过程会更加透明。如果管理层运用会计技巧（粉饰账面，window dressing）来夸大盈利，那么，得出的公司估值结果就可能是错误的。在详述 FCFF 预估方法之前，我们需要先解释一下，投资者为什么应当关注现金流，且不信任报告盈利。

3.3.1 斯特林家乐居：为何说现金为王

投资者在物色“廉价”股票时，通常会计算和比较估值乘数。市盈率，即股票现价除以当前或未来每股盈利，是最受欢迎的估值乘数。不幸的是，净收益与每股盈利通常因会计解释而失真，具有误导性。利润表中显示的营收与费用科目未必会影响现金流变化。下列案例研究阐明了金融经济学家通常不信任报表中的净利润并建议将其调整为经营性现金流的原因。[一]

1970 年 2 月，由大卫·斯特林和威廉·斯特林兄弟二人创立的斯特林家乐居挂牌上市。[二]股票公开发售价格为 16.50 美元 / 股，而后股价于 3 月中旬飙升至 51 美元 / 股上方。[三]1972 年 7 月 10 日，斯特林家乐居做了破产备案。[四]当时《纽约人》撰稿人约翰·布鲁克斯曾称，20 世纪 60 年代是股市的“沸腾岁月”。根据他的观点，IPO 的成功取决于 3 样东西：一条三寸不烂之舌、一名足智多谋的会计师和一则故事。[五]斯特林家乐居是一家制造与安装模块化住宅的公司。“……其‘故事’就是即时住房。当时全美上下皆为之痴狂的……就是人人都能住上一套体面的住房……”[六]1971 年秋，斯特林家乐居公司的律师杰里·迪恩斯塔格告诉他的妻子埃莉诺说：“……至于这家公司的详细情况如何，你根本不知道！有一天，财务主管告诉我说，他很怕见到工资册，次日，我就发现大卫·斯特林又买了一架私人喷气式飞机……作为初创公司，我们尚欠银行 3500 万美元的贷款，公司开销奇高，而大卫却不断推出这些模块，

[一] 如欲对该案例进行更深入的研究，见 Ferris and Barrett (1985)。斯特林家乐居的案例也在哈佛商学院的两个案例研究中进行了探讨：Barrett (1983) and Wilson (1977)。

[二] Stirling Homex Corporation (1970).

[三] Ferris and Barrett (1985), p. 1.

[四] Wilson (1977), p. 1.

[五] Dienstag (1976), p. 28.

[六] Dienstag (1976), p. 29.

并将它们分配给所谓的项目，这些项目永远都动不了工……”[㊀]

问题出在前置营收或虚假营收。斯特林家乐居生产了数千个模块化住房单元，并用塑料密封，然后，在并无客户愿意且能够付款的情况下，就将它们确认为营收。“……当公司倒闭时，全美共发现用塑料封存的模块化住房单元约 1 万件之多，估值合约 3500 万美元。而在这些模块化住房单元中，全套购买并付款的仅有 900 件……”[㊁]斯特林兄弟作为企业法人，直到公司倒闭之前，一直都过着挥金如土的奢靡生活，包括享用豪华轿车服务与公司飞机。[㊂]公司破产备案时，股东血本无归。他们错误地相信了一则故事和报告盈利，而没有仔细分析现金流。1970 年夏天，对关注净利润的投资者而言，斯特林家乐居看似一家健康的成长型公司，报表中的净利润从 1970 财年的 200 万美元增加至 1971 财年的将近 330 万美元，同比增幅约 60%（见表 3-4）。

表 3-4 斯特林家乐居集团公司合并利润表 （单位：美元）

	1971 财年	1970 财年
营收		
制造部	29 482 271	16 492 770
安装部		
贸易	7 230 878	5 601 357
联属公司	—	459 941
于子公司未分配净收益的权益	134 579	—
总营收	**36 847 728**	**22 554 068**
成本与费用		
销货成本		
制造部	17 729 078	9 919 327
安装部	6 601 413	5 240 388
管理与销售费用	4 048 113	2 390 604
利息费用	1 838 461	648 181
总成本与费用	**30 217 065**	**18 198 500**
扣除联邦及州所得税前收益	**6 630 663**	**4 355 568**

㊀ Dienstag (1976), p. 138.

㊁ Wilson (1977), p. 1.

㊂ Wilson (1977).

（续）

	1971 财年	1970 财年
联邦及州所得税		
当前	368 000	1 965 982
递延	3 010 000	2 320 379 [㊀]
合计	3 378 000	2 320 379
净利润	**3 252 663**	**2 035 189**
普通股平均流通股数	8 881 938	8 649 483
普通股每股盈利	**0.37**	**0.24**

资料来源：Stirling Homex Corporation (1971).

最近，全美反舞弊性财务报告委员会发起组织（COSO）对美国在过去 11 年里所发生的上市公司所涉嫌的会计欺诈行为做了分析，得出如下结论：在过半的欺诈行为中，销售收入前置或夸大都是决定性肇因。[㊁]强烈建议投资者不要信任报告盈利，而应对公司报告做细致研究。对投资者来说，最有意义的做法之一就是研究财务报表脚注。1971 财年合并财务报表脚注 3 对斯特林家乐居的营收确认政策做出了解释："……在模块化住房单元制成并分配到特定合同时，确认模块销售额（制造部）……"斯特林家乐居令投资者相信，这些合同系由美国住房和城市发展部担保。事实上，这些由当地住房管理机构出具的建筑施工任命函并无法律约束力，不受美国住房和城市发展部担保。[㊂]斯特林家乐居在利润表中对未交付给客户的模块做了盈利确认，尽管这些款项不大可能收回，但仍在资产负债表中计入了应收账款。

比率分析有助于投资者更好地了解财报中净利润的质量。通过计算应收账款周转率与应收账款收款期，可以更好地识别出销售收入的期初费用。应收账款收款期可以衡量应收账款变现之前的未付天数：

$$（平均）应收账款周转率 = \frac{净销售额}{（平均）应收账款}$$

㊀ 英文原书此处数据有误，应为 354397。——编者注

㊁ The Committee of Sponsoring Organizations of the Treadway Commission (1999), p. 6.

㊂ Barrett (1983), p. 2.

$$(平均)应收账款收款期 = 365天 / (平均)应收账款周转率$$

$$= 365天 \times \frac{(平均)应收账款}{净销售额}$$

斯特林家乐居 1971 财年合并财务报表的脚注 3 显示，公司应收账款已大幅增加（见表 3-5）。

表 3-5 斯特林家乐居集团公司应收账款 （单位：美元）

	1971 年 7 月 31 日	1970 年 7 月 31 日
合同应收账款：		
已开票	10 382 626	10 559 145
未开票	24 633 799	4 626 370
合计	35 016 425	15 185 515
所得税退税应收账款	2 498 672	—
长期应收账款的当前部分	12 500	17 500
其他应收账款	317 975	283 104
	37 845 572	**15 486 119**

资料来源：Stirling Homex (1970, 1971).

如果投资者仔细研究了脚注就会获知：1971 财年，公司应收账款已大幅增加；更糟糕的是，在所有应收账款中，有 65%（即约 2460 万美元 / 约 3780 万美元）都被归入了“未开票应收账款”一类。斯特林家乐居在其资产负债表中确认了销售额，并作为应收账款列报，但未向其大多数客户寄送账单。1971 年，其应收账款周转率从约 1.46 降至约 0.97。[⊖]其后果是：应收账款回款周期从 1970 财年的约 251 天（365 天 / 约 1.46）增加至 1971 财年的约 375 天（365 天 / 约 0.97）。回款周期变长反映出应收账款与所报营收的质量正在恶化。最终，斯特林家乐居未能收回现金，于 1972 年破产。

⊖ 1971 财年应收账款周转率约为 0.97（即净销售额约 3690 万美元 ÷ 应收账款约 3780 万美元）；1970 财年应收账款周转率约为 1.46（即约 2260 万美元 ÷ 约 1550 万美元）。金融经济学家通常用净销售额除以平均应收账款，因为净销售额是在某一段时期（报告期）内实现的，而应收账款则是于某一具体时间点（报告期期末）衡量的。1971 财年的平均应收账款周转率为 1.38（即约 3680 万美元 / 约 2670 万美元）。

现金流量表分析有助于投资者发现营收前置或虚假营收。如今，财务会计准则公告第 95 号（FAS 95）要求：根据美国一般公认会计原则进行报告的公司，须将现金流分为经营活动所产生的现金流、投资活动所产生的现金流和融资活动所产生的现金流三大类。公司在报告现金流时，采用直接法、间接法均可。采用直接法的公司，对于现金收支，无论是经营活动、融资活动所产生的，还是投资活动所产生的，都必须（直接）对其进行归类。为了避开烦琐的现金流入和流出的归类工作，绝大多数公司都会采用间接法，即将净收益（间接）重新调整为经营活动所产生的现金流。间接法会迫使公司通过消除递延科目与应计科目的影响，来揭示经营活动所产生的净利润与现金流之间的差异。[⊖]通过资产负债表与利润表，我们可以间接编制出现金流量表。分析师的第一步工作就是计算资产负债表的头寸变化，并对这些变动是产生于经营性活动、投资性活动还是融资性活动，做出明确归类（见表 3-6）。

表 3-6 斯特林家乐居集团公司合并资产负债表 （单位：美元）

	1971 财年	1970 财年	变动**	活动
资产				
现金	3 196 457	2 778 077	418 380	支票：现金变动额 = 经营活动所产生的现金流 + 投资活动所产生的现金流 + 融资活动所产生的现金流
优先股应收账款	19 000 000		19 000 000	融资性
应收账款	37 845 572	15 486 119	22 359 453	经营性
存货	4 492 543	3 751 224	741 319	经营性
预付费用及其他流动资产	226 530	124 765	101 765	经营性
投资于未合并报表子公司	1 134 579		1 134 579	投资性
长期应收账款	4 225 349	541 124	3 684 225	经营性
物业、厂房及设备（按成本计）– 累计折旧与摊销	9 426 941	5 245 745	4 710 312	投资性（** 新增 529 116 美元折旧费用）
递延费用 – 累计摊销	2 558 792	944 109	2 046 800	投资性（** 新增 432 117 美元递延费用摊销）
总资产	**82 106 763**	**28 871 163**		

⊖ Financial Accounting Standards Board (1987), p. 4.

（续）

	1971 财年	1970 财年	变动 **	活动
负债与股东权益				
长期债务的当前部分	295 630	333 036	−37 406	融资性
应付银行票据（无担保）	37 700 000	11 700 000	26 000 000	融资性
应付账款	4 025 254	2 480 834	1 544 420	经营性
应欠未合并报表子公司款项	76 894		76 894	融资性
应计费用及其他负债	577 377	232 819	344 558	经营性
当期及递延所得税	3 528 125	1 387 338	2 140 787	经营性
长期债务	236 588	496 489	−259 901	融资性
递延所得税	2 098 767	587 265	1 511 502	经营性
地契期权保证金	235 000		235 000	经营性
累积可转换优先股	500 000		500 000	融资性
普通股	89 092	88 974	118	融资性
补缴资本	26 554 452	8 446 738	18 107 714	融资性
留存盈利	6 370 333	3 117 670	3 252 663	核对利润表：净收益
– 库存股（按成本计）	−180 750		−180 750	融资性
总股东权益	33 333 127	11 653 382		
总负债与股东权益	**82 106 762**	**28 871 163**		

注：总资产等于总负债与股东权益，表中因数据四舍五入，会有 82106763 和 82106762 的细微差异。

资料来源：Stirling Homex Corporation (1971).

计算了资产负债表的头寸变动之后，可通过“加回折旧与摊销”和“消除递延科目与应计科目的影响”⊖，来将净利润重新调整为经营活动所产生的现金流（见表 3-7）。

表 3-7 斯特林家乐居集团公司现金流量表 （单位：美元）

净利润	**3 252 663**
折旧费用	+ 529 116
递延费用摊销	+ 432 117
应收账款变动	−22 359 453
长期应收账款变动	−3 684 225
存货变动	−741 319
地契期权保证金变动	+ 235 000
预付费用及其他流动资产变动	−101 765

⊖ 对应表 3-6 中带 ** 的项。——译者注

（续）

应付账款变动	+ 1 544 420
应计费用及其他负债变动	+ 344 558
当期及递延所得税变动	+ 2 140 787
递延所得税变动	+ 1 511 502
经营活动所产生的现金流	**−16 896 599**
物业、厂房及设备（按成本计）变动	−4 710 312
递延费用变动	−2 046 800
于未合并报表子公司投资变动	−1 134 579
投资活动所产生的现金流	**−7 891 691**
长期债务的当前部分变动	−37 406
应付银行票据（无担保）变动	+26 000 000
应欠未合并报表子公司款项变动	+76 894
长期债务变动	−259 901
累积可转换优先股变动	+500 000
普通股变动	+118
补缴资本变动	+18 107 714
优先股应收账款变动	−19 000 000
库存股（按成本计）变动	−180 750
融资活动所产生的现金流	**25 206 669**
经营活动所产生的现金流 + 投资活动所产生的现金流 + 融资活动所产生的现金流	**418 380**

注：表中数据因四舍五入，会有 418379 和 418380 的细微差异。

资料来源：Stirling Homex Corporation (1971).

斯特林家乐居 1971 财年的净利润为 325 万美元。如果投资者不过分关注净收益，而是仔细分析 1971 财年末的经营性现金流就会发现：斯特林家乐居不但未产生现金，反而动用了大量现金——1971 财年经营活动所产生的现金流为 −1690 万美元！该公司经营活动（−1690 万美元）与投资活动（−789 万美元）烧掉了大量现金。融资活动所产生的现金流反映出：公司已向股权投资者募集了 1900 万美元的资金，这样一家无中生有、虚构客户的公司，只因银行向其注入了巨额资金（2600 万美元）才得以幸存。斯特林家乐居的案例展示了在所报销售额和盈利质量低的情况下，净利润可能误导投资者（进而也令市盈率产生误导）的方式。分析现金流量表，以及研究财报脚注和计算财务比率有助于投资者识别出会计问题，并避免在投资决策时犯错。

斯特林家乐居的案例研究说明了为什么投资者不应过分信任财务报表中的净利润。表 3-7 解释了投资者将所报净利润重新调整为经营活动所产生的现金流的方式。将净利润重新调整为经营活动所产生的现金流有助于投资者了解经营活动所产生的现金流与所报净利润的区别。分析师应该具备编制与分析现金流量表的能力。经营活动所产生的现金流是经营活动所产生的现金收支额之差，为了扩大营收，公司必须投资于净营运资本与固定资产，最终使经营活动所产生的现金流增加。自由现金流的定义是扣除投资额之后的经营活动所产生的现金流。在下一节中，我们将探讨自由现金流的预估方法。

3.3.2 竞争优势期的 FCFF

FCFF 公式

企业自由现金流是公司在一个报告期内扣除投资额之后的经营活动所产生的净现金流。投资可分为物业、厂房及设备投资和净营运资本投资。公司投资于长期资产与流动资产以维持和扩大其资产基础，最终目的是增加未来营收与现金流。自由现金流中的“自由”一词，是指扣除投资额之后。FCFF 可在不危及公司未来经营的前提下分配给资本提供者。公司可以自行决定运用 FCFF 来支付股利、回购股票、偿还债务或展开并购。从理论上讲，可自由支配现金流有几个等级，不妨将它们区分开来（见表 3-8）。

表 3-8 企业自由现金流定义及可自由支配现金流

经营活动所产生的现金流
– 资本支出和净营运资本变动
= 企业自由现金流（或可自由支配现金流：1 级）
– 股利与股票回购
= 可自由支配现金流：2 级
– 债务偿还
= 可自由支配现金流：3 级
– 并购资金
= 可自由支配现金流：4 级

FCFF 的定义是经营活动所产生的现金流减去资本支出（CAPEX）和净营运资本变动（ΔNWC）之后的差值。分析师通常采用 EBIT 来

作为计算 FCFF 的依据：[1]

$$FCFF_t = EBIT \times (1-\tau_t) + D\&A_t - CAPEX_t - \Delta NWC_t \pm 调整_t$$

税费是大多数公司开展业务的主要成本，所以，息税前利润被乘以（$1-\tau$）。式中，τ 表示一家公司营业利润中所占百分比的现金税率。从现金流角度看，公司实际所纳的现金税费必须从营收中扣除。权责发生制下的所得税费用，通常不同于公司实纳税费。如果公司采用加速折旧法来计算应纳税所得额，并用直线折旧法来计算所报盈利，那么，账面税费与现金税费之间就会产生一个临时性差额。[2]

折旧与摊销必须加回到营收中，因为它代表了非现金费用。资本支出与净营运资本变动会导致现金流出，所以，要计算企业自由现金流，就须将其从营收中减去。分析师经常会对所报的净利润做额外调整，以消除会计失真。

EBIT 是一个应用广泛的“营业利润”定义。EBIT 为 REV 与 OPEX 之差。OPEX 包括：COGS、SG&A、R&D，以及经营活动所产生的其他费用（$OPEX_{其他}$）：

$$\begin{aligned} EBIT &= REV - OPEX \\ &= REV - (COGS + SG\&A + R\&D + OPEX_{其他}) \end{aligned}$$

表 3-9 展示的是一份简明利润表。营业利润（亏损）是公司其经营活动所产生的扣除利息收益（费用）及其他收益（费用）前的利润。请注意：净利润中不仅列报了经常性科目，也列报了非经常性科目。通常包括冲销以及其他一次性科目的重组费用就是非经常性科目的一个典型例子。非经常性科目分为 5 类：终止经营业务、非经常性特殊科目、非经常性

---

[1] Damodaran (1996), p. 237.

[2] 所得税费用（财务报告）与应纳所得税费（税务报告）之间的暂时性差异，导致了递延所得税负债或递延所得税资产的产生。递延所得税负债（资产）代表了未来各年度应纳（应退）税费的增加。Kieso *et al.* (2004), pp. 959–1015.

损益、会计准则变更与预估值变动。[⊖]虽然，分析师对由持续经营所产生的营业利润感兴趣，但是，由于公司经常试图将正常营业费用归入非经常性科目以夸大营业利润，所以，在分析非经常性科目时，他们不得不格外细心。

表 3-9 简明利润表

	英文缩写
销售收入	
– 销售折扣、销售退货及备抵	
– 营业税与附加费	
总营收净额	REV
– 营业成本与费用：	OPEX
营收成本（或销货成本）	COGS
销售及行政开支	SG&A
研发费用	R&D
股票薪酬	
营业利润（亏损）(或息税前利润)	EBIT
+ 利息收益（费用）	INT
+ 其他业务收入与利得（或非经常性收益）	
– 其他费用及损失（或非经常性费用）	
税前净收益（亏损）	
– 税项	
净收益（亏损）	NI

机构投资者通常会在管理层会议期间花费大量时间向公司高管层了解营收与营业利润率随着时间推移而变化的情况，以及未来投资的资本金情况。期间 t 内的预期营收通常用期间（t–1）内的营收乘以（1+ 预期营收增速 g^e）来进行建模。预期营业利润可表示为 REV 乘以预期营业利润率（即 $EBIT^e$/ REV^e）。经过重置，FCFF 公式包含了营收增速 g 与营业利润率，可用来预测未来企业自由现金流（$FCFF^e$）：

$$\mathrm{FCFF}_t^e=\left[(\mathrm{REV}_{t-1}\times(1+g_t^e))\times\left(\frac{\mathrm{EBIT}^e}{\mathrm{REV}^e}\right)_t\right]\times(1-\tau_t^e)$$
$$+\mathrm{D\&A}_t^e-\mathrm{CAPEX}_t^e-\Delta\mathrm{NWC}_t^e\pm\text{调整项}_t^e$$

⊖ Kieso *et al.* (2004), pp. 132–141.

FCFF、FCFE 和 NOPAT，都属于量化公司经营业绩的衡量指标。下列公式表明了这 3 项衡量指标之间的内在关系。FCFF 可表示为 FCFE 与 CFBH 之和：

$$\mathrm{FCFF} = \mathrm{FCFE} + \mathrm{CFBH}$$

CFBH 为 INT 与净债务发行（ΔD）之差。ΔD 等于新增借款 B 与 RP 的差值。

$$\mathrm{CFBH}_t = \mathrm{INT}_t - \Delta D_t$$
$$\Delta D_t = B_t - \mathrm{RP}_t$$

FCFE 是扣除 OPEX、INT、TAX、CAPEX、净营运资本变动 ΔNWC 后的自由现金流与折旧与摊销（D&A）和净债务发行（ΔD）之和：

$$\mathrm{FCFE}_t = (\mathrm{REV}_t - \mathrm{OPEX}_t - \mathrm{INT}_t - \mathrm{TAX}_t) + \mathrm{D\&A}_t - \mathrm{CAPEX}_t - \Delta\mathrm{NWC}_t + \Delta D_t$$

净债务发行使股东自由现金流增加，股利是股东实际收到的现金流。另外，股权自由现金流可视为扣除投资额之后公司可分配给股东的自由现金流。企业自由现金流是扣除投资额之后可分配给债务和股权持有人的自由现金流。

企业自由现金流公式可通过取消利息支付与净债务发行来简化，但是，利息支付可抵税。下列公式考量了利息支付的税盾收益。斯特恩 · 斯图尔特咨询公司首创了经济增加值[1]框架，用利润表中所报的预付所得税扣减递延所得税的变化净值来计算经调整税费（TAX_{adj}，即公司实际上并未缴纳的税费）。[2]经调整税后净利润通常被称为“税后净营业利润”。[3]企业自由现金流等于税后净营业利润加上折旧与摊销，再减去投资：

---

[1] 经济增加值的英文首字母缩写 EVA 为斯特恩 · 斯图尔特咨询公司的一个商标。

[2] Stewart (1999), p. 105.

[3] Stewart (1999), pp. 85–95.

$$\begin{aligned}\text{FCFF} &= [\text{REV}_t - \text{OPEX}_t - \text{TAX}_{\text{adj},\,t}] + \text{D\&A}_t - \text{CAPEX}_t - \Delta\text{NWC}_t \\ &= \text{NOPAT}_t + \text{D\&A}_t - \text{CAPEX}_t - \Delta\text{NWC}_t\end{aligned}$$

“税后净营业利润”中的“净”额是指扣除折旧之后的金额。㊀税后净营业利润和企业自由现金流均可衡量税后经营活动所产生的经济利润。两者的主要区别在于：为了得出税后净营业利润，计算时须从营业利润中扣除 D&A；而为了得出 FCFF，计算时须从营业利润中扣除 CAPEX 与 ΔNWC。㊁从融资角度看，可将优先股股利、少数股东权益准备金和税后利息费用加回到普通股中，来得出税后净营业利润。表 3-10 表明利润调整与资本调整必须保持一致。如果投资者想要计算出的资本回报率（即 NOPAT/IC）保持一致，就必须将优先股、少数股东权益和计息债务加回到投入资本中。

表 3-10　税后净营业利润与投入资本计算

税后净营业利润（NOPAT）	投入资本（IC）
= 普通股可得收益	= 普通股
+ 优先股股利	+ 优先股
+ 少数股东权益准备金	+ 少数股东权益
+ 税后利息费用	+ 计息债务
+ 股权等价物增加	+ 股权等价物

资料来源：Stewart (1999), pp. 87–92.

为消除会计失真，必须将递延税款增加额、后进先出（LIFO）法储备金和商誉摊销增加额等股权等价物增加额加进营业利润中。斯特恩·斯图尔特咨询公司已发现了逾 160 种潜在的再分类法及其他方法来对报告盈利进行调整。㊂例如，斯特恩·斯图尔特咨询公司将研发费用与其他“价值构建资本开销”归入投资而非费用。㊃请注意：将研发费用等营业

㊀ Stewart (1999), p. 86.

㊁ 请注意：折旧与摊销计入 COGS、SG&A 以及 R&D。

㊂ Ehrbar (1998), pp. 161–181.

㊃ Stewart (1999), pp. 28f, 60–62.

费用重新归类为投资，需要做额外的税收调整。

要建立 FCFF 模型，就需要对公司商业模式及其所属行业了如指掌。在构建 FCFF 模型时，应考量 4 个核心问题：

（1）规模经济。当营收增加时，公司的平均单位成本通常会降低。此类成本降低，被称为“规模经济”。例如，规模经济源自更低的每生产单位间接成本、学习效应以及对技术、资本与劳动力的更高效利用。当营收增长时，由于平均单位成本下降，预期营业利润率通常就会上升。对营业利润率的假设必须与预期营收增速保持一致。

（2）商业周期。金融经济学家已识别出不同周期性的商业周期。尼古拉·康德拉捷夫发现了持续逾 40 年的生产与价格长期波动曲线。克莱芒·朱格拉认为，每 8 ～ 10 年为一个商业周期。约瑟夫·熊彼特识别出基钦周期（以约瑟夫·基钦的名字命名）为 40 个月。繁荣期之后必现衰退。货币供应、消费、投资、市场情绪以及其他若干经济变量都会影响经济活动。信贷规模扩大与信贷紧缩必会令经济活动扭曲。过度投资会导致供过于求，从而导致存货清理，并最终导致经济衰退。消费不足会周期性地引发经济危机。[⊖]以线性方式推断价格与产量趋势的分析师会忽视经济活动随周期波动的规律。要预测 FCFF，需要熟谙商业周期，如果公司所属行业具有高周期性，尤需如此。

（3）竞争生命周期。公司同人类一样，都会经历出生、成长与衰亡的过程。竞争生命周期可分为 3 个程式化的阶段。[⊜]第 1 阶段：新成立的公司通常需要高额投资。在公司生命周期初期时，资本支出通常会超过折旧。公司以高投入资本回报率来作为其生命周期早期的创新奖励。第 2 阶段：ROIC 高的公司会吸引许多竞争对手入场。当竞争者进入暴利行业并模仿成功的创新者时，高回报率就会随着时间的推移而逐渐衰减至

⊖ Faber (2002), pp. 47–144.

⊜ 马登区分出 4 个阶段，即高创新阶段、现金流投资回报率衰退阶段、成熟阶段和商业模式失效阶段。Madden (2005), pp. 7f.

平均资本成本的水平。[⊖]只要投入资本回报率高于资本成本，公司就会产生正经济回报。那些会产生高现金流且几乎无投资需求的成熟型公司通常被称为“现金牛”。最后，到了第 3 阶段，竞争已将超出资本成本的经济回报侵蚀殆尽。这一阶段，公司通常会离开不赚钱的行业，关闭产能，出售不赚钱的资产，或者，试图通过引入新服务或新产品来寻求实现对企业的自我重塑。不愿意或无能力重组的公司通常都会在激烈的竞争中落败。相比于处于生命周期初期的公司，成熟型公司通常具有不同的增长前景与资本需求。当公司进入其生命周期的某个新阶段时，增速、利润率和资本需求通常都会相应发生变化。

（4）营收与投资的一致性。公司要想增加营收与自由现金流，通常就必须投资于固定资产与营运资本。营收的增速与固定资产、流动资产的预期投入不一致，可以说是在 FCFF 建模时容易犯的最严重错误之一。公司的投资需求因行业而异，目前，新建一座半导体工厂需投资逾 20 亿美元。另外，互联网公司的商业模式通常更具有可扩展性，且增加销售额所需要的资金也较少。分析师会研究各种比率以衡量公司的资产利用效率以及（某一行业）为实现增长（通常）所需的投资金额。分析历史资本支出 / 销售额比率和净营运资本 / 销售额比率变动有助于更好地理解营收与投资需求之间的关系。

实际上，FCFF 模型的输入参量是无法准确预估的。蒙特卡罗模拟（于第二部分中探讨）有助于使分析师在预估 FCFF 时纳入未来增速、息税前利润、现金税率及投资需求的不确定性。其中，关键输入要素之一就是竞争优势期的长度（将于下节探讨）。

竞争优势期与 EVA 模型的逻辑

只要投入资本回报率超过资本成本，公司就能创造经济价值。对投资者而言，最重要的问题就是确定资本成本低于资本回报率的时间有多

⊖ Madden (2002), pp. 13–63.

长。这一时间跨度通常被称为“竞争优势期”。斯特恩·斯图尔特咨询公司的合伙创办人乔·斯特恩与班尼特·斯图尔特制定了一个“绩效衡量指标”，用来对公司在某一期间内为股东增加的价值进行量化。如果IC回报率r高于投入资本机会成本率i，那么，EVA就为正：[一]

$$\text{EVA}=(r-i)\times \text{IC} \qquad r=\frac{\text{NOPAT}}{\text{IC}}$$

IC是投资于企业的现金金额。[二]投入资本回报率r等于NOPAT除以IC。换言之，EVA等于从NOPAT中扣减资本费用（即$i\times$IC）后的剩余金额：[三]

$$\text{EVA}=\text{NOPAT}-i\times \text{IC}$$

竞争优势期是公司产生正经济价值的时期。仅当投资回报率r高于投入资本的机会成本率i时，公司才会为股东创造经济价值：[四]

$$\text{竞争优势期：}\quad r>i\Rightarrow \text{EVA 为正}$$

另外，如果资本成本i超过投入资本回报率r，那么，公司经济价值就会被破坏。我们将资本回报低于资本成本的期间称为“资本劣势期”，列式如下：

$$\text{资本劣势期：}\quad r<i\Rightarrow \text{EVA 为负}$$

如果投入资本回报率r低于资本成本i，那么，管理层将被迫重组、剥离或关闭不赚钱的业务。创新型公司通常会在其生命周期早期阶段为投入资本带来高回报，但是，高投资回报率会吸引许多竞争对手入场。如果新的竞争者进入某一暴利行业或现有竞争者试图分一杯羹，那么，高投入资本回报率通常就会下降。例如，低成本生产企业进入某一行业，

[一] Stewart (1999), pp. 136–150.

[二] Dierks and Patel (1997), p. 52.

[三] Stewart (1999), p. 224.

[四] 从理论上讲，如果投入资本为负，那么这一说法是有误的；实际上，投入资本几乎从不为负。

价格压力就会增加。如此一来，投入资本回报率 r 就会下降。不考虑进入与退出壁垒时，投入资本回报率 r 就会随着时间的推移而逐渐衰减至资本成本 i 的水平：[⊖]

$$\text{竞争状态下：} r \xrightarrow{t} i \Rightarrow \text{EVA} \xrightarrow{t} 0$$

当资本回报率等于资本成本时，公司就不能为股东创造经济价值。根据定义，终值期是投入资本回报率 r 等于资本成本 i 的时期：

$$\text{终值期：} r = i \Rightarrow \text{EVA} = 0$$

EVA 是一个有用的业绩衡量指标，它侧重于投入资本回报率 r 与资本成本 i 之间的经济差幅，但是，这并非一个全新的概念。它只是对标准 DCF 公式的重置而已。假如一家公司按资本机会成本 i 为 12% 的水平向某一项目投资 20 万欧元，而该笔投资从现在起一年内能产生 24 万欧元的现金流 C。如果输入参量一致，则标准 DCF 法与 EVA 法得出的现值相同：

$$\text{PV}(C_t) = C_0 + \frac{C_1}{(1+i)} = -200\,000 + \frac{240\,000}{1.12} = 14\,286$$

$$\text{PV(EVA)} = \frac{(r-i)\times \text{IC}}{(1+i)} = \frac{\left(\left[\dfrac{240\,000}{200\,000} - 1\right] - 0.12\right)\times 200\,000}{1.12} = 14\,286$$

式中 PV (C_t) ——某笔投资的未来现金流现值；

PV (EVA) ——经济增加值现值。

EVA 模型不仅可以揭示出公司是否能够赚得超过资本成本的资本回报，而且还有助于投资者获得新的见解，但是，它始终只是一种重置的 DCF 模型，两者从根本上都表达出了同样的经济逻辑：每笔投资的价值等于未来现金流 C_t 的贴现价值。在制定 FCFF 模型时，强烈建议分析师对投入资本回报率 r、资本成本 i 和 IC 做出假设，并检查模型隐含的经

⊖ Madden (2002), pp. 13–63.

济增加值。

随着时间的推移，公司可赚得超过资本成本的资本回报，而且，仅当其具有可持续性竞争优势时，才能产生经济价值。沃伦·巴菲特是世界上最成功的投资家之一，他专门物色具有持久竞争优势的公司进行投资。他会问“经济护城河”对高资本回报的保护程度如何，他还说：“……在商业投资中，我会努力寻找那些受无法攻破的‘护城河’保护的经济城堡……”[一]

波特（Porter，1998）认为，公司获得的资本回报能否超过资本成本，取决于5种力量：

（1）现有公司间的竞争。

（2）潜在入场者的威胁。

（3）替代产品或服务的威胁。

（4）供应商的议价能力。

（5）买家的议价能力。

这5种竞争力量会影响价格、成本、资本支出，从而影响行业的盈利能力。如果公司面临着快速创新，并受到来自替代产品或服务、现有竞争对手及新入场者的威胁，则公司的竞争优势期较短。一方面，如果买家的议价能力较低，那么，公司对其产品与服务的要价就可能偏高；另一方面，如果供应商能够利用其议价能力占上风的优势，原材料成本及其他输入要素就会给盈利能力带来很大压力。企业竞争优势可否持续取决于这5种竞争力量。[二]

波特认为，竞争优势一般有3类：成本优势、差异化和专注度。[三]如果公司是其所属行业中成本最低的生产商，那么，它就具有竞争优势。沃伦·巴菲特称：“……但是，公司成功的最终关键在于营业成本最低化，

[一] Buffett (1995).

[二] Porter (1998), pp. 4–11, Mauboussin *et al.* (2001).

[三] Porter (1998), pp. 11–26.

实际上，低成本优势会使所有竞争对手都无法超越……”㊀欧洲最大的廉价航空公司瑞安航空就是低成本生产商的一个很好的例子，在严格控制成本的同时，2005 年为 2760 万名乘客提供了标准而又实惠的服务。㊁

公司也可通过遵循差异化战略来取得竞争优势。借助卓越的产品特性、卓越的技术或颇具吸引力的品牌，公司可实现真正的或感知性的差异化。例如，苹果公司之所以可获得溢价，正是因为它推出了 Mac 台式电脑和笔记本电脑、iPod 音乐播放器以及 iTunes 音乐商店等创新型产品，树立了独特品牌，从而从众多竞争者中脱颖而出。㊂最后，公司可通过“深挖一口井”的方式，专注于某一细分市场来寻求竞争优势，这一点也同样重要。专注型公司不是在产品方面求多、求全，而是在大公司所忽视的细分市场中发掘差异化或成本优势。㊃欧洲最大的导航系统供应商 Tomtom 公司就是单一产品公司的一个成功的典型案例。该公司早期专注于大型消费电子公司所忽视的小众市场，并受益于消费者对汽车导航设备的需求快速增长。㊄

竞争优势期是竞争战略与估值之间的智能联结。㊅虽然投资者可使用波特的 5 种竞争力理论来分析公司竞争优势的可持续性，但是，竞争优势期的长度是无法准确预估的。投资者只能用历史数据对特定行业的竞争优势期进行分析。㊆分析师可运用上文探讨的 EVA 公式来衡量可比公司，以更好地了解行业动态，而具有类似竞争优势的公司即为可比公司。由于竞争优势期的长度不具有确定性和稳定性，强烈建议投资者依据不同长度的竞争优势期进行估值模拟。公司估值的一个最大陷阱就是假设公司可以永续地获得超额资本回报。获得竞争优势并取得高回报的

㊀ Buffett (1995).

㊁ Ryanair Holdings, plc (2005).

㊂ Apple Computer, Inc. (2005).

㊃ Porter (1998), pp. 11–26.

㊄ Tomtom (2006).

㊅ Mauboussin *et al.* (2001).

㊆ Madden (2002), pp. 13–63.

公司（如瑞安航空、苹果公司和 Tomtom 公司）会吸引许多竞争对手入场。成功的投资者（如沃伦·巴菲特）会问“经济护城河”对竞争优势的保护期限有多久，并试图预测当前股价所不能反映出的公司竞争地位的变化。

3.3.3 WACC

WACC 公式

公司可同时运用债务与股权来为其资产进行融资，并利用资产来产生营收，并最终形成现金流。FCFF 的贴现率是总资本（债务与股权）的 WACC。FCFE 是投资支出和付息后的自由现金流。FCFE 与股利必须按股权资本成本进行贴现（见表 3-11）。

表 3-11 现金流与贴现率一致性规则

模型	现金流定义	现金流可分配对象	适当的贴现率
企业价值模型 FCFF 模型	FCFF	债务与股权提供者（向债权人付息之前）	加权平均资本（债务与股权）成本
股权模型（DDM 或 FCFE 模型）	股利或股权自由现金流	股东（向债权人付息之后）	股权资本成本

在计算 WACC 时，债务（D）与股权（E）的成本必须按长期债务与股权在长期资本中的占比进行加权。WACC 是为公司资产进行融资所形成的长期债务占比 ω_D 与股权占比 ω_E 通过加权后形成的长期债务资本成本 i_D 与股权资本成本 i_E 的平均成本。与股权资本成本相反，利息支付可以抵税，因此需要为利息费用的税盾调整 WACC，税前债务资本成本 i_D 必须乘以（1− 税率 τ）。

权重值 ω_D 和 ω_E 可以通过长期债务和股权的市场价值 D_M、E_M 分别除以公司所形成的长期债务与股权的总市场价值计算得出：[⊖]

⊖ 股权的市场价值 = 当前股价 × 流通股股数。如果存在多个（普通股、优先股）股票类别，那么，当前股价须分别乘以每一类别的流通股股数。

$$\omega_D = \frac{D_M}{D_M + E_M} \qquad \omega_E = \frac{E_M}{D_M + E_M}$$

分析师在计算债务（D）与股权（E）占总资本的权重 ω_D 与 ω_E 时，通常会采用长期债务的账面价值（BV）而非债务的市场价值 D_M。通常，高于或低于面值发行的债券，其账面价值等于债券面值加上（或减去）任何未摊销溢价或贴现值。面值贴现与溢价通常会被摊销，并计入利息费用。[⊖]由于债券的账面价值与其市场价值之差通常可以忽略不计，所以，分析师可以在计算权重 ω_E 和 ω_D 时采用债券的账面价值。

虽然分析师通常采用长期债务的账面价值，但是，在衡量公司的真实债务时会面临诸多挑战：公司经常运用各种形式的表外融资来规避债务在资产负债表中的出现。在母公司的资产负债表中，通常不会显示无控股权的子公司的债务。自安然公司轰然倒塌以来，大多数投资者都对特殊目的实体（SPE）感到熟悉，安然公司过去就曾向投资者隐瞒了债务。同样，根据美国一般公认会计原则，符合某一特定标准、被归入经营性租赁的租赁债务不必报告。[⊜]此外，投资者应仔细分析所报的养老金债务是否反映了净现值（NPV），对定额养老金的会计处理尤成问题。[⊜]资产负债表中未充分反映的债务必须要加进所报债务中。

股权的市场价值通常与资产负债表中所显示的股权账面价值大相径庭。普通股的市场价值等于普通股流通股股数乘以普通股的当前股价。如果优先股在外流通，那么，优先股的市场价值必须用优先股流通股股数乘以优先股的当前股价来做单独计算。

债务资本成本与股权资本成本

债务的机会成本无非是无风险国家利率加上充分反映了公司未偿付

⊖ Kieso *et al.* (2004), pp.669–723.

⊜ Kieso *et al.* (2004), pp.1085–1147.

⊜ Kieso *et al.* (2004), pp.1017–1084.

债券风险的风险溢价。例如，如果一家公司获得了标准普尔信用评级，[㊀] 那么分析师在计算债务资本成本 i_D 时，只需添加特定的无风险利率 r_f 和评级溢价 r_p 即可。[㊁]假设 10 年期美国政府债券收益率为 4.78%，BBB 级公司债券的风险溢价 $r_{p,\ BBB}$ 为 3%。那么，基于这些假设，一家税率 τ 为 28% 的 BBB 级公司的税后债务资本成本 $i_{D,\ ex}$ 为 5.60%：

$$i_{D,\ ex} = (1-\tau)\ (r_f + r_{p,\ BBB}) = (1.00-0.28)\ (4.78\% + 3.00\%) = 5.60\%$$

无风险利率与公司债券收益率之间的差幅可以从市场上获得。相比之下，股权资本成本 i_E 却不易通过路透社、彭博社获得，也无法见诸报端。分析师必须使用风险因子模型来预估股权资本成本。用以计算股权机会成本的标准模型仍然是 CAPM。[㊂]根据 CAPM，资产 j 的股权机会成本 $i_{E,\ j}$ 等于无违约证券的预期无风险利率 r_f 加上资产 j 的贝塔值 β_j 与市场风险溢价之积。市场风险溢价或股票风险溢价为市场投资组合回报率 r_m 的预期值 $E(r_m)$ 与无风险利率 r_f 之差。

$$i_{E,j} = r_f + \beta_j\ [E\ (r_m) - r_f]$$

投资者只有在可以获得超过无风险利率的风险溢价时，才会选择投资股权。CAPM 假设，投资者仅仅因为分散投资无法消除的系统性风险而获得回报。CAPM 被分析师广泛接受的原因之一，就是它只需要很少的输入要素：

（1）无风险利率是无违约风险证券的预期回报率。根据定义，无风险证券的预期回报率与风险资产的回报率无关。分析师通常会采用 10 年

㊀ 标准普尔 4 个最高的长期信用评级等级（AAA、AA、A 和 BBB）被称为“投资级”，债务评级等级 BB、B、CCC、CC 和 C 则被称为“投机级”或“垃圾债券”。债务评级等级为 D 表示已违约。Standard & Poor’s (2003), pp. 7–10.

㊁ 如果一家公司未获得评级机构评级，那么，分析师通常会运用具有可比利息偿付比率的被评级公司的评级溢价。分析师在对利息偿付比率（经调整营收 / 经调整利息费用）进行比较之前，通常会将折旧与摊销费用加回所报的营收中，并将租赁支付加回利息费用中。McKinsey & Company, Inc. (2000), p. 174.

㊂ Sharpe (1964), Lintner (1965), and Mossin (1966).

期国库券利率来对无风险利率进行量化。

（2）一只证券的 β_j 是证券（超额）回报率 r_j 与市场投资组合（超额）回报率 r_m 之间的线性回归系数。它反映了资产 j 的回报率对市场投资组合回报率 r_m 的敏感度。分析师通常会采用交易活跃的市场指数（如标准普尔 500 指数）来作为市场投资组合的代表性指标。β 等于资产回报率 r_j 与市场投资组合回报率 r_m 之间的协方差除以市场投资组合回报率 r_m 的方差：

$$\beta_j = \frac{Cov(r_j, r_m)}{Var(r_m)} = \frac{E([r_j - E(r_j)][r_m - E(r_m)])}{E([r_m - E(r_m)]^2)}$$

式中 E——预期值。

$$\beta_2 = 0.34 + 0.66\beta_1$$

夏普在早期研究中运用了 60 个月的回报率来计算回归贝塔值（β）。[㊀] 图 3-2 显示了英特尔 60 个月的回报率与标准普尔 500 指数 60 个月的回报率之间的关系。β 为 2.23 表明：当标准普尔 500 指数上涨（下跌）1% 时，英特尔股票将上涨（下跌）2.23%。股票的 β 可衡量一只股票对整体市场走势做出的反应是属于“进攻型”的还是“防守型”的。英特尔公司的 β 为 2.23 反映出，英特尔股票对广泛股票市场走势的敏感度要高于市场投资组合（根据定义，市场投资组合的 β 为 1）。由于英特尔公司这样的半导体公司属于资本密集型行业，且具有高周期性，所以，它的系统性风险高于市场平均水平。

因为 t 统计量为 7.77[㊁]，所以，我们否定了英特尔公司 β 为 0 的假设 H_0。根据经验，只有当 t 统计量大于 2 时，β 才会处于 0.05 的显著性水平。可决系数 R^2 表明，整体市场变化是英特尔公司回报率方差为 51% 的原因所在。历史 β 是对未来 β 的有偏估计：较高的历史 β 通常会高估未来的

㊀ Sharpe (1971)，p. 10 and Sharpe and Cooper (1971)，p. 11. 今天，分析师最常使用 60 或 36 个月的回报率或 52 周的回报率来计算回归贝塔（β）。当然，回归贝塔取决于所选时期。

㊁ t 统计量 $= \beta \div$ 标准误差。

β，而较低的历史 β 会低估未来的 β。布卢姆（Blume，1971）发现，历史 β_1 往往随时间的推移而向均值回归，并建议采用对历史回归率做出修正的调整 β_2：[⊖]

与 FCFF 模型的其他输入变量一样，β 随时间的变化而变化。在不确定性中估算 β 的前提条件是统计误差。95% 的置信上限和下限之间的 β 差异通常很大，例如，在英特尔公司的回归中，该差值高达 1.15（即 2.81−1.66）。强烈建议谨慎型的投资者进行数据的压力测试，在计算股权成本时，除了运用预期 β 外，还应运用置信度 95% 的 β。

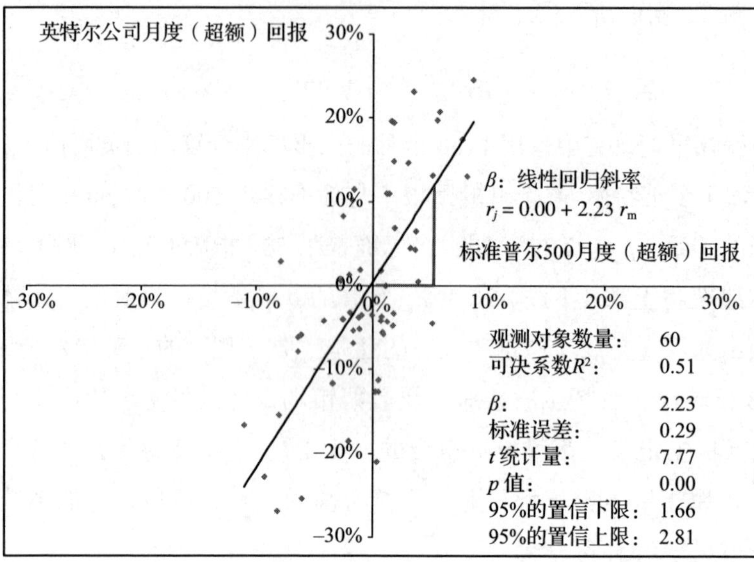

图 3-2 英特尔 / 标准普尔 500 指数回归 β

（3）市场风险溢价或股票风险溢价等于多元化股权投资组合的预期回报率与无风险利率之间的差额。股票风险通常高于政府债券，所以，股权投资者往往要求获得一个超过无风险利率的风险溢价也就不足

⊖ Blume (1971), pp. 8f. 使用马歇尔的修正方法，2.0 和 0.5 的历史 β 将换算为 1.66（即 $0.34 + 0.66 \times 2.0$）和 0.67（即 $0.34 + 0.66 \times 0.5$）的经调整 β。例如，彭博社就是用马歇尔的修正方法来计算经调整 β 的。

为奇了。虽然股票溢价是一个前瞻性数值，但金融经济学家通常会分析股票与债券的历史回报率，以便更好地了解股票的未来超额回报。金融经济学家发现：在不同时期，股票的平均回报率都高于短期政府债券的平均回报率。西格尔（Siegel，2005）的分析数据表明，股权溢价从 1802 ～ 1870 年的 1.90% 上升至 1871 ～ 1925 年的 3.46%，并最终上升至 1926 ～ 2004 年的 6.09%。[㊀]相对于债券，股票较高的平均超额回报创造了股票溢价之谜：投资者必须极力规避风险，才能接受回报率较低的固定收益证券。[㊁]迪姆松等（Dimson *et al.*，2006）计算了 1900 ～ 2005 年期间美国和几个国外股票市场的历史股票风险溢价：相比于短期政府债券的风险溢价，美国股市的（几何）平均风险溢价为 5.5%，日本股市的（几何）平均风险溢价为 6.7%，英国股市的（几何）平均风险溢价为 4.4%，德国股市的（几何）平均风险溢价为 3.8%（见表 3-12）。历史数据表明，股票风险溢价会随着时间变得极不稳定。1900 ～ 2005 年，美国股市的标准差为 19.6%，而其他大型股票市场的标准差甚至更高。[㊂]金融分析师可以运用第二部分中探讨的蒙特卡罗法将高波动性纳入企业自由现金流模型中。

综上所述，虽然很容易在金融市场上得到债务的资本成本，但是投资者只能通过金融模型来预估资本成本。金融分析师大都会用 CAPM 对股权成本进行预估，因为 CAPM 所需的输入参量（无风险利率、证券的 β 和股票风险溢价）甚少。鉴于其在金融分析师中的广泛应用，CAPM 将在后文详细阐述。

㊀ 3 个期间内股票风险溢价增加的主要原因是短期政府债券回报率下降，美国股票的（几何）平均实际回报率分别为 7.02%、6.62% 和 6.78%，而短期政府债券的实际回报率分别为 5.12%、3.16% 和 0.69%。西格尔认为，股票溢价自 1926 年以来就一直居高不下，其未来可能会向 3% 的历史标准靠近。Siegel (2005) and Siegel (1992).

㊁ Mehra and Prescott (1985).

㊂ Dimson *et al.* (2006), pp. 40–43. 就德国而言，未计 1922 ～ 1923 年数据。归因于长期复合回报率影响，金融经济学家计算股权溢价时通常采用几何平均而非算术平均。

表 3-12 1900 ～ 2005 年期间相比于短期票据的股票风险溢价（%）

国家	等比中项	等差中项	标准差
法国	6.8	9.3	24.2
德国	3.8	9.1	33.5
意大利	6.6	10.5	32.1
日本	6.7	9.8	27.8
英国	4.4	6.1	19.8
美国	5.5	7.4	19.6

资料来源：Dimson *et al.* (2006).

杠杆与股权成本

单家公司的 β 通常无法预估。而由于历史数据不足，无法计算新发行股票的 β。如果一家公司的商业模式或财务结构发生了实质性改变，那么，它的历史回报率数据就失去了意义。金融分析师通常将一组同业公司或某一行业的平均股权成本作为单家公司的股权成本指标。金融分析师在计算同业公司的平均股权成本时，必须考虑财务杠杆对股权成本的影响。

如果公司提高其负债 / 股权比率，那么，其股权 β 及其股权成本就会上升（影响 1）。另外，公司增加财务杠杆就意味着其负债比例的提高，负债成本通常低于股权成本（影响 2）。如果资本市场完善，那么，这两种影响就会完全相互抵消。根据米勒与莫迪利亚尼的观点，公司不能通过改变其资本结构来增加其价值。[⊖]下列例子论证了米勒与莫迪利亚尼的这一命题：假设公司 j 的负债 / 股权比率为 1 ∶ 1，股权的 β_E 为 1.4，无风险利率 r_f 为 5%，市场风险溢价 π 为 5.5%。资产的 β_A 即为用股权 E_M 和负债 D_M 占比进行加权后的股权 β_E 和负债 β_D 的平均值。[⊜]假设资本市场完善，投资者可按无风险利率 r_f 借款，则根据定义，负债 β_D 为零，方程可简化为

$$\beta_A = \frac{E_M}{(E_M + D_M)}\beta_E + \frac{D_M}{(E_M + D_M)}\beta_D \xrightarrow{\beta_D=0} \beta_A = \frac{\beta_E}{\left(1+\dfrac{D_M}{E_M}\right)} = \frac{1.4}{\left(1+\dfrac{1}{1}\right)} = 0.7$$

⊖ Modigliani and Miller (1958), pp. 268–271.

⊜ 如前所述，E_M 和 D_M 代表的是市场价值，而不是权益和债务的账面价值。

运用 CAPM，公司 j 的股权成本 $i_{E,j}$ 等于：

$$i_{E,j} = r_f + \beta_{E,j}\pi = 5\% + 1.4 \times 5.5\% = 12.7\%$$

由于我们假设负债与股权之比为 1 ： 1，所以公司 j 的加权平均资本成本（$WACC_j$）为

$$WACC_j = \left(\frac{E_M}{(E_M + D_M)}\right)i_{E,j} + \left(\frac{D_M}{(E_M + D_M)}\right)i_{D,j} = \frac{1}{2}\times 12.7\% + \frac{1}{2}\times 5\% = 8.85\%$$

金融分析师可能会辩称：由于负债成本 $i_{D,j}$ 低于股权成本 $i_{E,j}$，所以公司应提高负债与股权之比（如 2 ： 1），如果增加财务杠杆，那么，股权的 $\beta_{E,j}$ 和股权成本 $i_{E,j}$ 就会上升，从而 WACC 保持不变：[⊖]

$$\beta_{E,j} = \beta_A \times \left(1 + \frac{D_{M,j}}{E_{M,j}}\right) = 0.7 \times \left(1 + \frac{2}{1}\right) = 2.1$$

$$i_{E,j} = r_f + \beta_{E,j}\pi = 5\% + 2.1 \times 5.5\% = 16.55\%$$

$$WACC_j = \left(\frac{E_{M,j}}{E_{M,j} + D_{M,j}}\right)i_{E,j} + \left(\frac{D_{M,j}}{E_{M,j} + D_{M,j}}\right)i_{D,j}$$

$$= \frac{1}{3}\times 16.55\% + \frac{2}{3}\times 5\% = 8.85\%$$

式中 $D_{M,j}$——公司 j 的负债市场价值；

$E_{M,j}$——公司 j 的股权市场价值。

在上述两种情景中，WACC 均为 8.85%。为了阐明财务杠杆的影响，可以假设资本市场完善，财务杠杆不会影响加权平均资本成本，即市场中税费无关紧要。实际上，利息费用可抵税，但股权成本却不行，税费确实会对加权平均资本成本产生影响，原因是股东可获得税盾收益。为了简化问题，我们假设：杠杆比率不影响借贷成本。实际上，特别是在公司陷入困境时，财务杠杆会影响公司评级从而影响到负债成本。我们可通过这一例子得出两个重要结论：

⊖ Modigliani and Miller (1958), Miller and Modigliani (1961).

（1）财务杠杆会同时影响到股权的 β 和股权成本。

（2）如果资本市场完善，加权平均资本成本就不会依赖公司的资本结构。

金融分析师可将行业平均股权成本来代表公司股权成本。首先，找出一组具有类似市场风险的可比同业公司。其次，对同业公司的回归 β 进行预估和加权。假设 β 的算术平均值为 $\beta_{\text{pg, av}}$、负债 / 股权比率[⊖]为 $(D_M/E_M)_{\text{pg, av}}$、同业公司 pg 的税率为 $t_{\text{pg, av}}$，同业公司 pg 的无杠杆 $\beta_{\text{pg, av, unlev}}$ 即[⊜]

$$\beta_{\text{pg, av, unlev}} = \frac{\beta_{\text{pg, av}}}{1+(1-t_{\text{pg, av}})\left(\frac{D_M}{E_M}\right)_{\text{pg, av}}}$$

如果公司 j 的当前负债 / 股权比率和现行税率分别为 $(D_M/E_M)_j$ 和 τ_j，则杠杆 $\beta_{j,\text{ lev}}$ 以及股权成本 $i_{E,j}$ 等于：

$$\beta_{j,\text{ lev}} = \beta_{\text{pg,av, unlev}}\left[1+(1-\tau_j)\left(\frac{D_M}{E_M}\right)_j\right]$$

$$i_{E,j} = r_f + \beta_{j,\text{lev}}\pi$$

用同业公司 β 预估股权成本有 3 个好处：

（1）对于历史回报率数据不足的公司，可预估其股权成本。

（2）如果选择了大量可比公司，就可得出回归系数的标准误差。

（3）β 反映了当前行业财务杠杆，而不是公司回归期间的财务杠杆。[⊜]

但是，当且仅当同业公司与预估公司具有相同的市场系统风险，并且资本资产定价模型成立时，股权成本 $i_{E,j}$ 才能真实地反映资本成本。下面，我们将详细讲述资本资产定价模型。

⊖ 同样，计算负债 / 权益比率时也必须采用负债和股权的市场价值而非账面价值。

⊜ Damodaran (2002), pp. 57–59, Copeland *et al.* (2000), p. 309.

⊜ Damodaran (2002), pp. 196–200.

CAPM

CAPM 由夏普、林特纳和莫森开发于 20 世纪 60 年代中期。[⊖]目前仍广泛应用于预估股权机会成本率 $i_{E,j}$。

$$i_{E,j} = r_f + \beta_j\,(E\,(r_M) - r_f)$$

如前所述，β_j 可解释为股票 j 的超额回报（因变量）与市场投资组合的超额回报（独立变量或解释变量）之间的线性回归斜率，衡量了某只个股 j 对整体市场走势的敏感度。CAPM 假设，投资者仅因系统性风险而获得回报，而系统性市场风险无法通过分散化投资而消除。[⊜]由于以一些简化性假设为基础，CAPM 是资本市场理论中最重要模型之一：

（1）所有投资者都遵循马科维茨理论，[⊜]偏好低方差 σ^2（风险）和高回报率 $E(R)$（报酬）。投资者可预估现有投资的均值和标准差。市场是完善的，税费和交易成本无关紧要。风险厌恶型投资者应在有效的投资组合之间进行合理选择，使获得最小预期回报的风险最低（最大预期回报的风险最高）。在投资组合回报率 R_P 的预期值 $E(R_P)$ 应等于特定目标回报率 E 的限制条件下，投资者可以通过最小化投资组合方差 σ_P^2 来确定有效投资组合：

$$\min \sigma_P^2 = \sum_{i=1}^{n}\sum_{j=1}^{n}\omega_i\omega_j \mathrm{Cov}_{i,j} \quad \text{受约束于} \quad E(R_P) = \sum_{i=1}^{n}\omega_i E(r_i) = E$$

$$\sum_{i=1}^{n}\omega_i = 1$$

ω_i 和 ω_j 代表权重，而 $\mathrm{Cov}_{i,j}$ 代表资产 i 的回报率和资产 j 的回报率之间的协方差。所谓的有效边界会对风险 – 回报二维空间中的所有有效投资组合进行关联。

（2）现有某一无风险资产。如果投资者不仅可以投资于风险证券投

⊖ Sharpe (1964), Lintner (1965), and Mossin (1966).

⊜ 有关 CAPM 的详细探讨，见 Sharpe and Alexander (1990), pp. 134-240。

⊜ Markowitz (1952).

资组合，还可以投资于无风险资产，由于无风险资产的回报率和风险资产的回报率之间的协方差为零，所以曲线有效边界就会成为线性有效市场线。最优投资组合涉及构建投资组合，包括风险证券和无风险资产的有效组合，而且这两种资产的权重取决于风险－回报预期以及个人偏好。

（3）所有投资者都具有类似的预期，他们可以按相同的无风险利率 r_{f} 进行投资和借贷，并有相同的期限。在均衡状态下，有效边界上存在一个被称为"市场投资组合 M"的独特有效切线投资组合，所有证券的比例都不为零。[⊖]对所有投资者而言，有效边界（现称资本市场线）相同。资本市场线的斜率即所谓的收益对风险比率[⊜]或夏普比率：[⊜]

$$\frac{E(R_M)-r_{\mathrm{f}}}{\sigma_M}$$

现在，我们可用数学方法来推演出资本资产定价模型。假设投资组合 P 仅由两种资产（权重为 ω_i 的风险资产 i 和权重为 $(1-\omega_i)$ 的市场投资组合 M）组成。双资产组合的回报率 R_P 的预期值 $E(R_P)$ 和标准差 σ_P 为

$$E(R_P)=\omega_i E(R_i)+(1-\omega_i)E(R_M)$$

$$\sigma_P=[\omega_i^2\sigma_i^2+(1-w_i)^2\sigma_M^2+2\omega_i(1-\omega_i)\mathrm{Cov}_{i,M}]^{0.5}$$

风险资产的权重 ω_i 的边际变化对双资产组合 P 的预期回报率 $E(R_P)$ 和标准差 σ_P 产生了以下影响：

$$\frac{\partial E(R_P)}{\partial \omega_i}=E(R_i)-E(R_M)$$

$$\frac{\partial \sigma_P}{\partial \omega_i}=0.5(\omega_i^2\sigma_i^2+(1-\omega_i)^2\sigma_M^2+2\omega_i(1-\omega_i)\mathrm{Cov}_{i,M})^{-0.5}$$

$$(2\omega_i\sigma_i^2-2\sigma_M^2+2\mathrm{Cov}_{i,M}-4\omega_i\mathrm{Cov}_{i,M})$$

⊖ 假设所有投资者对于各种资产的收益率、标准差、协方差都具有相同的预期（即齐次预期），若某一资产于市场投资组合中占比为零，则投资者不会对该资产有需求。由此一来，其价格就会下跌，而其预期回报率就会上升。所有投资者都会在某个时间点买进该资产，故在均衡状态下，它于市场投资组合中占比必然不为零。

⊜ Sharpe (1966), pp. 122f.

⊜ Sharpe (1994).

如果下述两个均衡条件均成立，我们可通过逻辑推演得出 CAPM：

（1）在均衡状态下，资产 i 没有超额需求：$\omega_i = 0$。

（2）根据杰文斯的一价定律（亦称“无差别规律”），均衡状态下只有一个风险价格。

双资产组合的边际收益 / 风险比率和资本市场线斜率、夏普比率必须相等：

$$\frac{\dfrac{\partial E(R_P)}{\partial \omega_i}}{\dfrac{\partial \sigma_P}{\partial \omega_i}} = \frac{E(R_i)-E(R_M)}{\dfrac{\text{Cov}_{i,M}-\sigma_M^2}{\sigma_M}} = \frac{E(R_M)-r_\text{f}}{\sigma_M} \Rightarrow E(R_i) = r_\text{f} + \beta_{i,M}(E(R_M)-r_\text{f})$$

我们已阐明，在均衡状态下，风险资产 i 的预期回报率与市场系统风险之间呈线性关系。CAPM 广遭非议有几个原因。虽然“这些假设不切实际”的说法是对的，但也无足轻重。因为所有经济模型都是以简化性假设为基础，而这些假设在现实中并未完全实现。重要的是罗尔提出的批评：如果不完全了解市场投资组合 M 的真实构成，就无法对 CAPM 进行检验。[一]实际上，我们不知道真正的市场投资组合的构成，根据定义，该投资组合包括所有的现有可利用资产。检验 CAPM 的市场指数未必就是有效的投资组合。最严厉的批评是声称 β 和预期回报率之间的线性关系并不成立。金融经济学家争议最多的问题之一，就是 CAPM 能否得到准确预测。[二]

法玛和弗伦奇分析了 1941 ～ 1990 年期间的股票平均回报率的横截面变化，并得出平均回报率与 β 之间的关联很弱。[三]法玛和弗伦奇认为，与资本资产定价模型相比，三因子模型的预测更准确：[四]

$$E(R_j) = r_\text{f} + \beta_j\,(E(R_M) - r_\text{f}) + s_j\,(F_\text{size}) + h_j\,(F_{B/M})$$

[一] Roll (1977).

[二] Fama and French (1992), Black (1993).

[三] Fama and French (1992).

[四] Fama and French (1996).

法玛和弗伦奇方程的前半部分与 CAPM 相同。β_j 衡量投资组合 j 对某一市场投资组合超额回报 R_M 的敏感度。系数 s_j 衡量投资组合 j 对小盘股投资组合回报率与大盘股投资组合回报率之间的差异敏感度。这种回报率差异通常被称为“规模因子”(F_{size})。h_j 代表投资组合 j 与具有高、低市账率（B/M）的股票投资组合之间的回报率差异敏感度。三因子模型假设，按规模和市账率形成的投资组合来解释预期回报率 $E(R)$。该模型的主要缺点是其无法进行逻辑推演。与其他多因子模型一样，三因子模型仅以历史回报率的实证研究为基础，容易出现数据偏差。[⊖]多因子模型能否对单只股票的回报率进行预估，仍值得怀疑。[⊜]

总之，CAPM 是一个在均衡状态下解释风险资产定价的模型。与以实证研究为基础的多因子模型正好相反，CAPM 可在简化的假设中推演得出，它仍然是预估单只股票机会成本的首选模型。因为需要输入的参量甚少，所以用 CAPM 比多因子模型更省时。但是系统的市场风险承受能力不是解释股价波动的唯一因素。虽然金融经济学家并不认同哪种因子模型最适合预估股权的机会成本率，但都会认同资本成本只能在不确定性的条件下进行预估。因此，我们建议将 CAPM 等因子模型和蒙特卡罗法相结合，以模拟出可能的股权溢价和资本机会成本。[⊜]

3.3.4 终值计算

从理论上讲，公司的基本价值是按适当的风险调整利率进行贴现的无限期未来现金流的现值。由于无限期现金流无法预估，金融分析师会在有限的预测期间 $t=1,\cdots,T$（即所谓的竞争优势期）预估无限期现金流。

⊖ Lo and MacKinlay (1990).

⊜ 虽然作为资本资产定价模型的备选方案的套利定价理论在理论上很有意思，但从业者却很少应用它。均值方差资本资产定价模型因其简单性而更受分析师青睐。Ross (1976); Roll and Ross (1980).

⊜ 本书第八部分也对 CAPM 进行了探讨。

公司价值或企业价值（EV）是竞争优势期内未来 FCFF 现值和明确预测期之后的现金流现值。

$$\text{EV}=\sum_{t=1}^{\infty}\frac{\text{FCFF}_t}{(1+\text{WACC})^t}=\sum_{t=1}^{T}\frac{\text{FCFF}_t}{(1+\text{WACC})^t}+\frac{\text{TV}_T}{(1+\text{WACC})^T}$$

明确预测期 $t=T+1$，…，∞ 之后的未来现金流被称为“终值”[一]“剩余价值”[二]或“续营价值”[三]。终值可被视为债券赎回价值的等价物，是一个纯理论概念。债券投资者将于到期时获得一系列的息票支付和赎回价值。相比之下，股东却无法在某一特定时间点获得赎回价值。公司通常不会在事前确定的时间点停止经营业务、清算所有资产和将现金收入分配给股东。

假设自由现金流在终值期或稳定增长期以恒定增速 g_{TV} 增长，得到永续性公式[四]：

$$\text{TV}_T=\frac{\text{FCFF}_T(1+\overline{g_{\text{TV}}})^1}{(1+\text{WACC}_{\text{TV}})^1}+\frac{\text{FCFF}_T(1+\overline{g_{\text{TV}}})^2}{(1+\text{WACC}_{\text{TV}})^2}+\cdots+\frac{\text{FCFF}_T(1+\overline{g_{\text{TV}}})^\infty}{(1+\text{WACC}_{\text{TV}})^\infty}$$

$$\text{TV}_T=\frac{\text{FCFF}_T(1+\overline{g_{\text{TV}}})}{\text{WACC}_{\text{TV}}-\overline{g_{\text{TV}}}}\Rightarrow\text{TV}_0=\frac{\text{TV}_T}{(1+\text{WACC}_T)^T}$$

终值准确记录了时间点 T 后的现金流值，必须按竞争优势期的加权平均资本成本对其进行贴现。终值占据企业总价值绝大部分的情形并不少见。估值模型对用于终值计算的输入要素（恒定增速 g_{TV}、期间 $t=T$ 的企业自由现金流 FCFF_T，以及终值期加权平均资本成本 WACC_{TV} 的变动）极其敏感。金融分析师在计算终值时经常弄错，采用不切实际的输入参量：

（1）终值期永续增速（g_{TV}）。将永续性与增长公式结合使用，假定自由现金流在终值期间以恒定增长率增长，终值期的增速不能超过整体经济的增速。例如，微软如果以高于美国 GDP 增速的速度增长，那么其价

[一] Damodaran (2002), pp. 303–321.

[二] Rappaport (1998), pp. 40–47.

[三] Copeland *et al.* (2000), pp. 267–288.

[四] 见 3.2 节。

值就会在某个时间点超出整个美国的经济价值。虽然微软既可在国内市场上增长，也可以在国际市场上增长，但即使是比尔·盖茨也不会认为微软将于未来某一时间点主宰美国经济。实际利率与实际经济增速之间的趋同是新古典经济学家的标准假设之一。[⊖]假设无风险利率和经济增长率从长远来看将趋于一致，那么金融分析师通常会使用无风险利率来代替稳态、终值时期的增长率。由于公司通常为负债和股权支付风险溢价，所以将无风险利率作为增速的代表性指标可以确保加权平均资本成本 $WACC_{TV}$ 与终值期增速 g_{TV} 的差幅为正。[⊜]我们前面已将投入资本回报率 r 定义为 NOPAT 除以 IC：

$$r=\frac{\text{NOPAT}}{\text{IC}}$$

根据定义，由于稳态下的投入资本回报率 r 和资本机会成本率 i 相等，所以公司不能通过在终值期增加 IC 来增加经济价值（即 EVA）：

$$\text{EVA}=(r-i)\times\text{IC}\xrightarrow{r_{\text{TV}}=i_{\text{TV}}}\text{EVA}_{\text{TV}}=0$$

式中 r_{TV}——终值期投入资本回报率；

i_{TV}——终值期资本机会成本率；

EVA_{TV}——终值期经济增加值。

FCFF 等于 NOPAT 乘以 $(1-b)$。式中，再投资比率 b 表示 NOPAT 再投资于净营运资本和长期资产的百分比。我们可用 NOPAT 来替换 FCFF，对 TV 公式进行重置：[⊜]

$$\text{FCFF}=\text{NOPAT}\times(1-b)\xrightarrow{g=rb\Rightarrow b=\frac{g}{r}}\text{FCFF}=\text{NOPAT}\times\left(1-\frac{g}{r}\right)$$

$$\text{TV}_T=\frac{\text{NOPAT}_T\times\left(1-\frac{\overline{g_{\text{TV}}}}{r_{\text{TV}}}\right)\times(1+\overline{g_{\text{TV}}})}{\text{WACC}_{\text{TV}}-\overline{g_{\text{TV}}}}$$

⊖ 有关经济增长理论的讨论，见 Samuelson and Nordhaus (1998), pp. 517–537。

⊜ Damodaran (2002), pp. 305–307.

⊜ Copeland *et al.* (1990), pp. 269–271.

经过重置的终值公式表达出：终值不仅取决于假设增速，还取决于假设的投入资本回报率。假设增速 g_{TV}、假设投入资本回报率 r_{TV} 和隐含利润再投资比率 b_{TV} 必须保持一致。虽然公司终值期的业务投资要少于高速增长期的业务投资，但为了实现稳态下的持续增长，仍然需要对物业、厂房及设备和净营运资本进行投资。金融分析师通常会采用不符合成熟型公司实际情况的高增速。

（2）终值期企业自由现金流（$FCFF_{TV}$）。FCFF 和税后净营业利润通常都具有周期性，由行业性质和公司商业模式而定。如果金融分析师使用期间 $t = T$ 的现金流或盈利峰值（谷值）而非正态化经济盈利，那么他们就容易高估（或低估）公司价值。使用具有增速的永续公式，要求金融分析师采用公司在整个稳定的业务周期中产生的企业自由现金流或税后净营业利润。增速 g_{TV} 代表了 FCFF 预期的长期增速趋势。现金流或盈利预估值反映出成熟型公司进入稳态后的现金生成能力。

（3）终值期加权平均资本成本（$WACC_{TV}$）。加权平均资本成本是资本的机会成本。根据现金流与资本机会成本率的一致性规则，加权平均资本成本必须充分反映终值期的公司风险。公司在高速增长期的风险概况通常不同于终值期。终值期加权平均资本成本 $WACC_{TV}$ 应反映公司进入了稳态：

$$WACC_{TV} = (1-\tau_{TV})\, i_{D,\,TV}\omega_{D,\,TV} + i_{E,\,TV}\omega_{E,\,TV}$$

τ_{TV}、$i_{D,\,TV}$、$i_{E,\,TV}$、$\omega_{D,\,TV}$ 和 $\omega_{E,\,TV}$ 分别代表了终值期预期税率、终值期预期负债机会成本、终值期预期股权机会成本，以及终值期用于为资产进行融资的负债和股权占比。虽然很难预测公司终值期的资本结构是否会明显不同于高速增长期，但成熟型公司对商业周期的敏感度通常要低于成长型公司。应用 CAPM 来预估股权成本时，金融分析师可采用较低的 β 来合并公司稳态下的不同风险。

终值通常占据公司整个价值的很大一部分。专业的组合投资经理常常怀疑买方的金融分析师操纵终值以提高预期目标的价格。操纵终值可以说是调整企业价值的最简单方法。如果金融分析师只公布终值，却对隐含增速、投入资本回报率、利润再投资比率和自由现金流的假设含糊其词，那么这些指标的帮助就会相当有限。强烈建议投资者仔细分析终值。

本书第二部分以百度公司为例，展示了构建MC-FCFF模型的方法。蒙特卡罗模拟可以让金融分析师在股票估值时考量未来现金流和预期贴现率的不确定性。

第二部分

蒙特卡罗企业自由现金流模型

（案例：德意志银行 / 德意志投资股份有限公司）[1]

简·菲比希[2] & 托尔斯滕·波迪格[3]

[1] 德意志投资股份有限公司，© 2008 年简·菲比希。

[2] 德意志投资股份有限公司董事总经理。

[3] 不来梅大学金融学教授。

| 第 4 章 |

内 容 介 绍

在第一部分中，我们探讨了 FCFF 模型的主要输入要素。在第二部分中，我们将介绍应用该模型的方法。表 4-1 和图 4-1 对企业自由现金流模型进行了绘制。我们将针对在美国纳斯达克上市的中国互联网公司百度公司应用这一模型。第二部分的内容如下：在第 5 章中，我们展示了头部投资银行金融分析师是如何制定标准的企业自由现金流模型的。金融分析师通常将各种输入要素的预期值纳入企业自由现金流模型，但企业自由现金流模型的输入参量高度不确定。在第 6 章中，我们介绍了蒙特卡罗法，并将主要价值驱动因素纳入企业自由现金流模型。

表 4-1　企业自由现金流模型

	第 0 年	第 1 年	第 2 年	…	第 T 年
营收增长驱动因素 1					
营收增长驱动因素 n					
营收增速 g					
净营收 REV_{net}	REV_0	$REV_1 = REV_0(1+g_1)$	$REV_2 = REV_1(1+g_2)$	…	$REV_{T-1}(1+g_T)$
− 销货成本					
− 销售及行政开支					
− 研发费用					

（续）

	第0年	第1年	第2年	…	第 *T* 年
－其他营业费用					
息税前利润（报告）					
± 调整					
息税前利润（经调整）					
应纳税所得额					
税率 t					
未来息税前利润×（1–t）		REV_1 ×（EBIT/REV）$_1$ ×（1–t_1）	REV_2 ×（EBIT/REV）$_2$ ×（1–t_2）	…	REV_T×（EBIT/REV）$_T$×（1–t_T）
＋折旧与摊销					
－资本支出					
－净营运资本变动					
企业自由现金流	$FCFF_0$	$FCFF_1$	$FCFF_2$	…	$FCFF_T$
竞争优势期企业自由现金流现值 PV		$PV_1 = FCFF_1$/（1 + $WACC_1$）	$PV_2 = FCFF_2$/（1 + $WACC_2$）^{2}		$PV_T = FCFF_T$/（1 + $WACC_2$）^{T}
投入资本回报率＝利润率 × 投入资本周转率					
加权平均资本成本					
经济增加值＝（投入资本回报率－加权平均资本成本）× 投入资本	（$ROIC_0$ – $WACC_0$）>0?	（$ROIC_1$ –$WACC_1$）>0?	（$ROIC_2$ – $WACC_2$）>0?	…	（$ROIC_T$ – $WACC_T$）>0?

$$EV=\sum_{t=1}^{T}\left(\frac{FCFF_t}{(1+WACC)^t}\right)+\left(\frac{TV_T}{(1+WACC)^T}\right)+NOA$$

$$WACC=w_D x i_D(1-t)+w_E x i_E$$

$$TV_T=\frac{FCFF_T(1+\overline{g_{TV}})}{WACC_{TV}-\overline{g_{TV}}}$$

股权价值 E ＝企业价值 EV－负债 ± 调整

$$每股基本价值=\frac{股权价值E}{流通股股数}$$

图 4-1　企业自由现金流模型

| 第 5 章 |

标准企业自由现金流模型

……一个炎炎夏日的早晨，烈日炙烤着华尔街，整个华尔街都在热议着百度公司。要是百度公司对你而言毫无意义，那你又怎么会如此关注它呢？被誉为“中国的谷歌”的百度公司于 8 月 5 日在纳斯达克挂牌上市，当日以 27 美元 / 股开盘，而后迅速飙升冲高至 151 美元 / 股……如此看来，百度是无效市场假说的强有力论据……⊖

2005 年 8 月 4 日，百度公司作为中文互联网搜索服务商正式上市。这家中国公司成立于 2000 年 1 月，主要业务是帮助用户在线查找信息，并允许线上营销客户利用百度公司的性能竞价付费服务，使自己出现在搜索结果的优先位置。首次公开发行（IPO）定价为 27 美元。美国存托股份（ADS）开盘价为 66 美元，首个交易日收盘价为 122.54 美元，按此转换成的市值约为 42 亿美元。这对于一家 2004 年净营收仅为 1340.1 万美元、营业利润仅为 133 万美元（见表 5-1）的公司而言，堪称奇高。

⊖ *BusinessWeek*, European Edition, October 3, 2005.

表 5-1 百度公司经营业务数据合并报表

	截至 12 月 31 日年度止				截至 3 月 31 日前 3 个月止		
	2002 年	2003 年	2004 年		2004 年	2005 年	
币种	RMB	RMB	RMB	USD	RMB	RMB	USD
净营收	10 542	36 638	110 909	13 401	17 150	42 628	5 151
营业成本与费用	（29 567）	（47 933）	（99 905）	（12 071）	（16 208）	（39 889）	（4 819）
营业利润 / 亏损	（19 043）	（9 295）	11 004	1 330	942	2 739	332
净利润 / 亏损	（18 577）	（8 885）	12 005	1 450	1 038	2 501	303
每单位美国存托股份净收益 / 亏损：稀释	（2.44）	（0.87）	0.43	0.05	0.04	0.08	0.01
用于每股计算的加权平均股数：稀释	7 622	10 189	28 124	28 124	26 930	29 808	29 808

注：表中数据系根据美国一般公认会计原则编制。RMB 为中国货币人民币的官方首字母缩写，单位为元，8.2 元人民币 ≈ 1 美元。USD 为美元。

资料来源：Baidu.com, Inc. (2005a), pp. 8–9.

媒体称百度公司为“中国的谷歌”。百度公司在其招股书中称：经艾瑞咨询公司（iResearch）预计，中国互联网用户群将从2005年的1.15亿人增长至2007年的1.87亿人。[一]围绕谷歌的媒体炒作和中国互联网市场的增长潜力也许就是百度股价在首个交易日上涨近五倍的主要原因。2005年9月13日，公司股价以112.25美元收盘。令市场感到惊讶的是，IPO后仅仅几周时间，承销商高盛和美国投资银行派杰（Piper Jaffray）却在2005年9月14日对百度给予“跑输大盘”的评级。2005年9月，高盛的互联网金融分析师称：[二]

> ……虽然我们认识到，这家拥有领先搜索技术的中国公司具有战略价值，并且可以采用激进的“蓝天”估值参量来证明当前股价的合理性，但我们还是建议客户不要采用这种激进的方法。用市盈率/增长率比率进行分析，公司股价的公允价值约为27美元，而现金流贴现分析表明，股价的公允价值为24美元……[三]

2005年9月22日，瑞士信贷第一波士顿银行首次公开报道，百度股票的交易价格为80.50美元：

> ……我们认为：百度公司在互联网付费搜索市场中拥有着强大的基础，但由于估值溢价，我们开始对百度公司给予“跑输大盘”的评级，12月目标价格为52.0美元……[四]

几周后，于2005年10月27日，摩根士丹利发布了一份“减持”报告，再度表明百度当时的股价81.05美元相比于现金流贴现价值被大幅高估：

[一] Baidu.com, Inc. (2005a), pp. 1–9.

[二] Goldman Sachs (2005), PiperJaffray (2005).

[三] Goldman Sachs (2005), p. 1.

[四] Credit Suisse First Boston (2005), p. 4.

> 采用 13% 的贴现率、11 倍的退出乘数（永久增速为 4%）进行计算，百度公司当前的股价高于现金流贴现价值。当前现金流贴现假设其未来 10 年营收的年均复合增长率为 35% 左右，利润率从 15% ～ 20% 扩大到 35% 左右。现金流贴现法为我们的首选估值方法，因为它体现了我们对公司经营发展的长期观点……[1]

2005 年秋季，高盛、派杰、摩根士丹利和瑞士信贷第一波士顿银行的金融分析师一致认为：百度在纳斯达克交易的代码为 BIDU 的股票交易价格相比于其基本价值或内在价值被高估。在后续各章中，我们将展示头部投资银行在 2005 年秋季运用现金流贴现模型对百度公司进行估值的方法。在 5.6 节中，我们将模型的结果与 2005 ～ 2007 年的股价进行对比。5.4 节中探讨的"财务价值驱动因素法"可以帮助投资者构建更切合实际的现金流贴现模型，并分析金融分析师构建的现金流贴现模型。在构建现金流贴现模型时，头部投资银行的金融分析师通常首先会分析历史及未来营收和营业利润率，这也是我们开始讨论百度基本价值的起点。

5.1 净营收

收入增长是公司最重要的价值驱动因素之一。在模型中预测未来收入，应该仔细分析利润表中的历史营收数据。美国一般公认会计原则要求上市公司披露有关经营情况的信息。百度公司是一家产品或服务单一的公司。2004 年，公司业务收入的 90% 来自线上营销服务，其余部分来自企业搜索软件及相关服务（7%）和门户搜索服务（2%）（见表 5-2）。由于初始基础很小，百度的净营收在 2003 年增长了 267%，在 2004 年增长了 187%。[2]

---

[1] Morgan Stanley (2005).

[2] Baidu.com, Inc. (2005a), pp. 68–74 and p. F-4.

表 5-2 百度公司净营收

（单位：千元人民币）

第 1 步：净营收模型

	第 t−1 年	第 0 年	第 1 年	第 2 年	第 3 年	第 4 年	第 5 年	第 6 年	第 7 年	第 8 年	第 9 年	第 10 年
截至 12 月 31 日止财年	2003 年	2004 年	2005 年末	2006 年末	2007 年末	2008 年末	2009 年末	2010 年末	2011 年末	2012 年末	2013 年末	2014 年末
营收：												
线上营销服务	31 775	106 854										
企业搜索软件及相关服务	2 803	7 958										
门户搜索服务	5 993	2 639										
总营收	40 571	117 451										
− 营业税和附加费	−1 933	−6 452										
净营收增速	267%	187%	149%	70%	58%	47%	36%	28%	21%	18%	12%	10%
高盛：2005 年 9 月 14 日			137%	71%	51%	35%	26%	21%	17%			
摩根士丹利：2005 年 10 月 27 日			160%	68%	64%	58%	46%	34%	25%	18%	12%	10%
瑞士信贷：2005 年 9 月 22 日			144%	89%	49%	37%	37%	22%				
净营收	38 638	110 909	275 609	467 157	735 772	1 077 906	1 465 953	1 869 090	2 261 599	2 668 686	2 988 929	3 287 822
净营收（千美元）		13 401	33 984	57 603	90 724	132 911	180 759	230 467	278 865	329 061	368 549	405 403

注：派杰（2005）未提供足够的本可用于企业自由现金流模型的长期预估数据。如有必要，增速可通过研究报告中所提供的绝对数值来进行计算。人民币金额均按 8.11 元兑 1 美元的汇率换算成美元金额。

资料来源：Baidu.com, Inc. (2005a), pp. F-1 to F-49, Morgan Stanley (2005), p. 15, Goldman Sachs (2005), p. 22, Credit Suisse First Boston (2005), p. 55.

金融分析师通常会认为，高增长公司的竞争优势期会持续 5～10 年。[㊀]但对竞争优势期的假设长度可能会差异很大。为了预测未来净营收，金融分析师通常会采用“收入增长驱动法”：例如，电信行业金融分析师通常就会通过用户数量和每用户平均收入（ARPU）来预测收入。半导体行业金融分析师会对未来产品的组合和单价进行预测。零售行业金融分析师会对同店销售额设定预期值。业务收入建模的艺术是识别和预测驱动因素，它们决定了公司未来的收入。公司收入增长的最重要的驱动因素因行业而异。金融分析师通常会采用下列方法来预测未来收入。

（1）每用户平均收入法。金融分析师可以用客户数量 n 乘以每用户平均收入来预测公司 j 的未来收入：

$$\mathrm{REV}_j = n_j \times \mathrm{ARPU}_j$$

这一方法在电信行业和互联网行业中被广泛采用。每用户平均收入是一个重要比率，反映了客户的购买力及购买意愿。过去投资过新兴电信运营商市场的投资组合经理会有这样的经验：更有钱的客户通常会早早注册，故其比新用户更赚钱。2005 年 9 月，高盛预测：2006 ～ 2009 年，百度公司将实现 37% 的年均复合增长率，且其 2005 年和 2006 年的营收增速会明显提高。高盛的收入增长预测主要受到广告客户数量增长超 30% 和每名广告客户收入增长超 4% 的推动。[㊁]2004 年，百度公司线上营销服务收入占其总收入的 91%。表 5-3 反映了 2005 年秋季高盛运用每用户平均收入法预测百度公司 2005 ～ 2007 年期间的线上营销收入。[㊂]

事后看来，我们今天知道，百度公司的线上营销收入增长比 2005 年秋季金融分析师所预测的增长要强劲得多。2005 年，百度公司在线上拥有逾 76 000 个活跃客户，并产生了 3810 万美元的线上收入，较 2004 年

㊀ 请注意：瑞士信贷第一波士顿银行假设竞争优势期为 10 年，但仅提供了 2005 ～ 2010 年的主营业务收入和利润率预测。Credit Suisse First Boston (2005), pp. 49 and 55.

㊁ Goldman Sachs (2005), p. 3 and pp. 15–19.

㊂ Goldman Sachs (2005), pp. 33–36.

增长了 187.6%。[一]2006 年，百度公司的线上收入较 2005 年同比增长了 169.5%，达到 1.062 亿美元。[二]表 5-3 反映了 2005 年秋季可能出现的情景。在第 6 章中，我们会讲解金融分析师是如何模拟成千上万种潜在情景，而不是仅仅关注一种不确定性的。

（2）市场份额法。金融分析师可以用公司 j 的预期市场份额 s_j 乘以公司 j 所属行业 i 的预期总收入 $REV_{i,j}$ 来预估未来收入 REV_j：

$$REV_j=s_j\times REV_{i,j}$$

根据艾瑞咨询公司和实力传播（ZenithOptimedia）的研究，高盛预测中国的线上广告市场将从 2004 年的 3.97 亿美元增长至 2009 年的 30.57 亿美元，按性能付费的搜索收入将从 2004 年的 6700 万美元增长至 2009 年的 11.57 亿美元。[三]

摩根士丹利分析称，2005 年，百度、雅虎和谷歌占中国搜索访问流量的份额分别为 37%、32% 和 19%，但对于中小企业客户有限的广告预算，百度公司不仅要与其他搜索引擎公司竞争，还要与新浪、搜狐和网易（均在纳斯达克上市[四]）等门户网站竞争。[五]

（3）价量比法。工业和消费品行业公司的金融分析师通常会使用每种产品的未来价格 p^* 和销量 v^* 来预测其未来收入 REV_j^*。我们假设一家公司生产 $l=1, \ldots, n$ 款产品，则其预期收入 REV_j 等于：

$$REV_j^*=\sum_{l=1}^{n} p_{j,l}^* \times v_{j,l}^*$$

应用价量比法，需要深入了解公司的商业模式以及所属行业的价格、销量趋势。

（4）趋势外推法。金融分析师的一个普遍做法是根据历史增长趋势

[一] Baidu.com, Inc. (2006c), pp. 29 and 55, Baidu.com, Inc. (2006a).

[二] Baidu.com, Inc. (2007a).

[三] Goldman Sachs (2005), p. 7.

[四] 股票代码分别为 SINA、SOHU 和 NTES。

[五] Morgan Stanley (2005), p. 5.

（线性法或幂数法）来推断未来收入。如前所述，增速受生命周期和商业周期影响。当营收基础增加（基础效应）[⊖]且公司进入成熟阶段时，初始的较高收入增速通常就会放缓。周期性公司的收入增速受商业周期的影响很大。根据历史增速推断未来，其结果往往不切实际。通常，只有少数公司（如公用事业公司）能在一个较长时期内，以一个更高或更低的恒定增速增长。

（5）短期指引法。有些金融分析师仅仅将公司预测数据纳入了对近期未来进行预测的模型。公司通常会滚动制定下一季度或财年的收入和利润预测。IPO 之后，百度公司便开始提供其下一季度的收入预测（见表 5-4）。

稍后，我们将会看到：当实际营收高于自己 2006 年第一季度的预测时，百度公司股价于 2006 年 5 月出现了明显攀升；而在公布了第二季度业绩仅仅与营收指引"一致"后，百度公司股价于 2006 年 7 月开始大幅下跌。如果一家公司"令投资者失望"或"超金融分析师预期"，那么金融分析师和媒体就会格外关注它。如果一家公司成功地指引了金融分析师，那么分析师的预测和公司营收指引应该几乎是相同的。2005 年 8 月 23 日，百度公司在季报中首次给出营收指引。

百度公司正处于其生命周期的最早期阶段，并在一个新兴经济体和一个新兴的行业中经营。[⊜]虽然成熟市场的广告收入具有周期性，但是金融分析师在 2005 年秋季却认为，百度公司将享有很高的非周期性增长率。三家投资银行预计：百度公司的业务收入将从 2004 年的 1300 万美元增长至 2014 年的 4.05 亿美元。目前为止，我们希望读者不仅了解了华尔街是如何对收入进行建模的，而且也了解了这些预估值是高度不确定的。我们建议通过蒙特卡罗法将不确定性纳入企业自由现金流模型，百度公司的案例就是一个很好的诠释。

⊖ 通常，使很低的主营业务收入基础按高增速增长比使数十亿美元的主营业务收入基础按高增速增长更容易。这种可观察到的现象通常被称为"基数效应"。主营业务收入基础接近零的初创公司的非正常高增速通常不可持续。

⊜ 2004 年，在线广告销售额占美、日、韩三国广告总支出的 3% ～ 4%，但仅占中国广告总支出的 1.6%。Morgan Stanley (2005), p. 4。

表 5-3 百度公司：每用户平均收入法

	2003 年	2004 年	2005 年末	2006 年末	2007 年末
平均活跃线上营销客户数	24 795	34 663	70 100	110 100	158 100
新增活跃线上营销客户数	14 828	9 868	35 437	40 000	48 000
每个线上营销客户的收入（美元，ARPU 法）	157	380	474	518	544
线上营销收入（百万美元）	3.9	13.2	33.2	57.0	86.0
隐含增速		236%	152%	72%	51%

表 5-4 百度公司：收入驱动因素与收入指引

	2002 年	2003 年	2004 年	2005 年第一季度	2005 年第二季度
报告日期	2005 年 8 月 4 日（招股书）	2005 年 8 月 4 日（招股书）	2005 年 8 月 4 日（招股书）	2005 年 8 月 4 日（招股书）	2005 年 8 月 23 日（2005 年第二季度业绩）
汇率：人民币 / 美元	8.227 0	8.277 2	8.276 8		
净总营收（百万美元）	1.3	4.7	13.4	5.2	8.4
线上营销收入（百万美元）	0.5	3.8	12.9	5.2	8.1
活跃线上营销客户数	9 960	24 700	34 600	31 768	41 248
每个线上营销客户的线上营销收入	52.4	154.9	372.8	163.6	196.4
下个季度营收指引（百万美元）					9.6 ～ 10.0

资料来源：Baidu.com, Inc. (2005a), pp. 68–76, Baidu.com, Inc. (2005b), p. 2.

5.2 成本结构与营业利润

根据定义，营业利润（息税前利润）等于净收入 REV_{net} 减去营业费用（OPEX）。利润表中的运营成本包括：经营成本或销货成本（COGS）、销售及行政开支（SG&A）、研发费用（R&D）及其他营业费用。

$$\text{EBIT}_{\text{adj}}(1-\tau)=[\text{REV}_{\text{net}}-(\text{COGS}+\text{SG\&A}+\text{R\&D}+\text{其他营业费用})\pm\text{调整项}](1-\tau)$$

如果公司想要持续经营，就必须纳税，因此税费可记为营业费用。公司必须为应税收入缴税，而构建未来应税收入和有效税率的模型几乎不可能。为使问题简化，金融分析师通常以营收的百分比来预测税率。经营利润和应税收入对应的税费有所不同。如 3.3.2 节所述，利息支付可以抵税。因为百度公司全靠股权融资，故无税盾收益一说。如果可抵税费用超过应纳税所得额，公司就会出于税收的目的而报告营业亏损。税收规则允许公司对特定时期内的净营业亏损进行退算。如果公司对营业亏损进行移前退算，就会获得对过去所得税的退税；反之，如果未来应纳税所得额超过了可抵税费，那么税损结转就会带来未来节税。[⊖]为简单起见，我们假设营业利润乘以税率充分反映了公司真实的现金税负。税收模型中不包含上述的税收亏损结转。

有些管理者会“别出心裁”，利用会计技巧来误报财务业绩。瞒骗投资者的方式基本上主要有 3 种：

（1）夸大营收。收入前置或收入报告造假是常见的利润操纵方式。对于那些无法出售给终端客户的产品，制造商经常会通过渠道优势强迫经销商订购，并在发货前确认业务收入。[⊜]在第一部分 3.3.1 节中探讨的斯特林家乐居案例就是一个收入前置的经典案例。

（2）少报负债。管理者经常通过隐匿负债来瞒骗投资者。安然就是

⊖ Kieso *et al.* (2004), pp. 974–980.

⊜ Mulford and Comiskey (2002), p. 171.

通过设置特殊目的实体来向投资者隐匿其不断增长的负债，直至其最终崩塌。[一]根据美国一般公认会计原则，如果租赁不符合资本化的4个标准，就满足经营性租赁的条件，那么承租人就无须报告负债。在资本密集型行业（如航空业），表外融资被广泛使用。公司通过隐藏资产和负债来降低资产负债率。[二]

（3）少报经营成本。公司可运用多种方法来少报经营成本。为了达到金融分析师的预期，公司通常会递延营业成本使其资本化，而非记入当期费用。[三]为降低经营成本，公司不仅可延迟冲销，而且还可大幅减记存货。[四]管理者还会把正常的经营成本归类为重组费用或其他特殊成本，以向投资者隐匿经营成本。新上任的管理者甚至可以大幅度减计资产，以美化公司的未来盈利，把问题归咎于前任。[五]

投资者应了解这些会计技巧，在预估未来营业利润之前调整营业利润，以消除会计失真。我们认为，仔细分析现金流是发现创造性会计行为的最佳方式。[六]在5.3节中，我们将向投资者介绍如何将营业利润调整为经营性现金流。金融分析师通常会调整营业利润，以更好地了解公司的“真实”经济成本和盈利能力。为了使成本和收入更好地匹配，一些金融经济学家认为，经营性租赁和研发费用不应被记为当期费用，而要将其资本化并进行摊销处理。例如，如果分析师将经营性租赁费用资本化，他们必须考虑到，不仅租金费用减少了，利息支出和摊销增加了，而且租赁负债也增加了。资本与权益的调整必须保持一致！

分析销货成本、销售及行政开支、研发费用和其他营业费用的历史

[一] Swartz (2004), pp. 380f.

[二] Kieso *et al.* (2004), pp. 1085–1147.

[三] 例如，20世纪90年代中期，美国在线公司将营销成本资本化为“递延用户购置成本”，后来还延长了摊销期。Schilit (2002), pp. 33–36 and 115–117.

[四] Mulford and Comiskey (2002), pp. 247–249.

[五] Mulford and Comiskey (2002), p. 81.

[六] 当然，不仅报告盈利可以被操纵，现金流也可以被操纵，但通常操纵盈利比操纵现金流更容易。

数据有助于投资者更好地了解公司的成本结构和商业模式。在实践中，几乎不可能准确预测竞争优势期内多年的不同的营业费用。金融分析师预测营业利润时，通常会用预期营业收入乘以预期营业利润率，而不是用预期营业收入减去预期经营性支出。下面，我们将用行业预期内领先的金融分析师估计的百度平均营业利润率和税率来演示华尔街对营业利润进行建模的方法。如果收入增长远超成本并且营业利润增长，那么高成长公司就会从规模经济中受益。2005 年秋季，金融分析师预测，百度公司调整后的息税前利润将从 2005 年的 22% 上升至 2014 年的 42%（见表 5-5）。

此处必须提醒注意：百度公司在过去发放了大量期权。㊀2004 年，股票薪酬分别约占息税前利润和销售额的 150%、15%。金融分析师大都加回了股票薪酬，因为发行期权不会导致授予日现金流出，但现有和未来期权代表了对股权的索偿权，所以在对公司股权进行估值时应予以考量。虽然发放期权不会导致授予日的现金流出，但是行使期权会对现金流造成诸多影响。首先，当员工行使期权时，公司从融资活动中获得的现金流入相当于执行价格。其次，如果公司回购股票，就会导致融资活动所产生的现金流流出。再次，非合格股票期权可以节省大量税费。㊁金融分析师大都会加回股票薪酬，并且只调整流通在外的股票以抵消期

㊀ Baidu.com, Inc. (2005a), pp. F-1 to F-49, Morgan Stanley (2005), p. 15, Goldman Sachs (2005), p. 22, Credit Suisse First Boston (2005), p. 55. 派杰（PiperJaffray，2005）未提供足够的本可用于企业自由现金流模型的长期预估数据。如有必要，通过研究报告中所提供的绝对数值来计算经调整营业利润率和税率，以使数据具有可比性。美元金额均按 8.11 元人民币兑 1 美元的汇率换算成人民币金额。Baidu.com, Inc. (2005a), pp. 62–66 and F-14.

㊁ Lang (2004), p. 5. 举个例子：2002 年，当戴尔的股票交易价格为 23.24 美元 / 股时，戴尔员工以 3.11 美元的行权价行使了 6300 万股股票期权。由此一来，戴尔通过融资获得的现金流入为 1.96 亿美元（即 3.11 美元 × 6300 万股）。假设戴尔回购股票以避免摊薄，则其须支付 14.64 亿美元（即 23.24 美元 × 6300 万股）。预估的税收减免金额也很大，为 3.55 亿美元，即（23.24 美元 − 3.11 美元）×6300 万股 × 税率 0.28。相比于戴尔 2002 年所报的 17.89 亿美元的营业利润，期权的净现金影响金额很大，为 −9.13 亿美元（即 1.96 亿美元 − 14.64 亿美元 + 3.55 亿美元）。Lang (2004), pp. 26, 18–20 and 62–64.

表 5-5　百度公司：营业利润与营业利润率　（单位：千元人民币）

第 2 步：营业利润模型

截至 12 月 31 日年度止	第 t–1 年	第 0 年	第 1 年	第 2 年	第 3 年	第 4 年	第 5 年	第 6 年	第 7 年	第 8 年	第 9 年	第 10 年
	2003 年	2004 年	2005 年末	2006 年末	2007 年末	2008 年末	2009 年末	2010 年末	2011 年末	2012 年末	2013 年末	2014 年末
总净营收：	38 638	110 909	275 609	467 157	735 772	1 077 906	1 465 953	1 869 090	2 261 599	2 668 686	2 988 929	3 287 822
－销货成本	−20 703	−32 985										
－销售及行政开支	−16 930	−39 004										
－研发费用	−5 191	−11 406										
－股票薪酬	−5 109	−16 510										
总营业成本与费用	−47 933	−99 905										
息税前利润（报告）	−9 295	11 004										
息税前利润（报告）率	−24%	10%										
调整：加股票薪酬	5 109	16 510										
息税前利润（经调整）	−4 186	27 514	60 648	137 451	244 564	369 666	550 279	736 613	889 957	1 082 337	1 237 254	1 392 015
息税前利润（经调整）利润率	−11%	25%	22%	29%	33%	34%	38%	39%	39%	41%	41%	42%
高盛：2005 年 9 月 14 日			20%	27%	32%	32%	33%	35%	39%			
摩根士丹利：2005 年 10 月 27 日			24%	27%	31%	35%	37%	39%	40%	41%	41%	42%
瑞士信贷：2005 年 9 月 22 日			22%	34%	36%	36%	43%	45%				

应纳税所得额												
税费	0	（481）										
税率（于应纳税所得额中所占的百分比）												
税率（于经调整息税前利润中所占的百分比）	0%	2%	9%	9%	9%	12%	12%	12%	10%	15%	13%	13%
高盛：2005 年 9 月 14 日			8%	9%	7%	7%	7%	7%	7%	16%		
摩根士丹利：2005 年 10 月 27 日			10%	9%	9%	12%	12%	13%	13%	13%	13%	13%
瑞士信贷：2005 年 9 月 22 日			8%	9%	11%	16%	16%	16%				
息税前利润 ×（1 − τ）（经调整）	−4 186	27 033	55 387	125 144	222 648	326 390	485 712	649 413	802 975	924 943	1 075 075	1 208 220
息税前利润 ×（1 − τ）（经调整，千美元）	−516	3 333	6 829	15 431	27 453	40 245	59 890	80 076	99 010	114 050	132 562	148 979

注：派杰（PiperJaffray，2005）未提供足够的本可用于企业自由现金流模型的长期预估数据。如有必要，经调整营业利润率和税率可以通过研究报告中所提供的绝对数值来进行计算，以使数据具有可比性。美元金额均按 8.11 元人民币兑 1 美元的汇率换算成人民币金额。

资料来源：Baidu.com, Inc. (2005a), pp. F-1 to F-49, Morgan Stanley (2005), p. 15, Goldman Sachs (2005), p. 22, Credit Suisse First Boston (2005), p.55.

权的稀释效应。[一]我们遵循当前的市场惯例，将基本股票的薪酬纳入营收，并在计算股本价值时使用已发行的稀释股数。从理论上讲，因为股票薪酬代表了对股权的索偿权，所以，不仅负债必须从预估企业价值中减去，现有和未来期权的预估价值也必须从预估企业价值中减去。[二]

在做出投资决策之前，投资者应对业务收入和利润率的预期值仔细分析，并质疑这些预期值是否切合实际。在5.4节中，我们将会向投资者讲述如何运用“财务价值驱动因素法”来预测和分析利润率。在探讨“财务价值驱动因素法”之前，我们需要理解如何将营收调整为企业自由现金流。

5.3 营业利润重新调整为企业自由现金流

在斯特林家乐居的案例[三]中，我们认为，对现金流量表做透彻的分析有助于投资者的投资决策。利润表中的收入和费用未必会导致现金流入和流出。为了将营业利润调整为经营性现金流，必须将折旧、摊销及其他非现金费用加进营收中。此外，必须消除应计科目和递延科目的影响。应收账款和应计费用的变化即为应计科目的典例，这些应计科目导致现金收支发生在未来而不是现在。存货、递延所得税资产和递延收入的变化是典型的递延科目。净营运资本增加会减少现金流，而净营运资本减少会释放现金。为了持续经营，公司不仅必须投资营运资本，还必须投资物业、厂房、设备或其他非流动资产。当收入增加时，净营运资金也

[一] 根据美国一般公认会计原则，公司必须报告基本每股盈利和摊薄后每股盈利。要计算摊薄后每股盈利，必须将该笔资金中的期权加到基本流通股中。对从员工收到的由融资活动所产生的现金流做出了调整，但未对期权的税务影响做出调整。假设有50张行权价为20美元的期权未行使，股票当前的交易价格为80美元/股，则公司可于这些期权被行使时获得1000美元（即20美元 ×50张期权）。有了这些期权行权所得款项，公司就可以回购12.5股股票（即1000美元/每股80美元）。由此一来，摊薄后每股盈利将不是基于50股，而是基于37.5股新股（即50股新股 − 12.5股回购股份）。Lang (2004), pp. 50f.

[二] Lang (2004), p. 6.

[三] 见本书第一部分3.3.1节菲比希和波迪格所述内容。

会增加，因为公司的存货、应收账款和其他流动资产也会同时增长。百度公司过去的营运资本下降，主要是由于客户定金的强劲增长。但是客户是否会为公司提供资金仍然值得怀疑。

从纯粹的现金流角度看，表 5-6 反映了百度公司是如何将调整后的息税前利润调整为企业自由现金流的。我们三思后决定不把研发费用和经营性租赁费用资本化。如果研发费用和业务收入相匹配，那么对研发费用资本化就有经济意义。对资本化费用进行摊销，需要对资本化资产的寿命做出主观假设。假设资产的可用寿命为 3 年，资本化就会令 2004 年息税前利润增加 709.1 万元（研发费用 1140.6 万元 − 摊销费用 431.5 万元）。此外，2004 年，资本支出将增加 709.1 万元。不仅息税前利润增加了，资本支出也增加了，所以，它们对企业自由现金流的影响为零，但研发费用资本化使资产增加了 1616.2 万元。

表 5-6 百度公司研发费用资本化 （单位：千元人民币）

		研发费用	摊销费用	未摊销研发资产	
				占比	总额
本年度 t_0	2004 年	11 406		1.00	11 406
第 t_{-1} 年	2003 年	5 191	1 730	0.67	3 461
第 t_{-2} 年	2002 年	3 885	1 295	0.33	1 295
第 t_{-3} 年	2001 年	3 868	1 289	0.00	0
总和	合计		4 315		16 162

资料来源：Baidu.com, Inc. (2005a), p. 68, Baidu.com, Inc. (2006c).

调整营收时，不能过于机械。在将研发费用资本化之前，金融分析师应质疑研发费用与业务收入的对应关系。这就要求资产的寿命能被可靠地预估。虽然我们展示了如何将研发费用资本化，但是，我们在计算百度公司的自由现金流时，将研发费用记作费用，这是一种更保守、更省力的方法。

有些公司的资产是通过租赁而形成的。如果租赁符合经营性租赁的条件，那么，根据美国一般公认会计原则，承租人就不必在其资产负债表中报告任何资产和负债。[⊖]我们建议：仅当公司租赁了大量的经营性资产时，才对经营性租赁进行资本化。请注意：经营性租赁费用的资本化会同时影响营业利润和负债。[⊜]在计算企业自由现金流和投入资本时，所做调整必须保持一致。表 5-7 反映了百度公司将息税前利润调整为企业自由现金流的方法。

头部投资银行的折旧与摊销、资本支出和净营运资本变动的平均预测值，被用来展示华尔街对企业自由现金流建模的方法。企业自由现金流按加权平均资本成本为 13% 进行贴现。投资银行大都会采用第一部分 3.3.3 节中所探讨的资本资产定价模型来预估公司的股权机会成本 $i_{E,j}$：

$$i_{E,j} = r_{\mathrm{f}} + \beta_j\,(E\,(r_{\mathrm{M}}) - r_{\mathrm{f}})$$

百度公司的资产完全通过股权融资而来，所以，其股权权重为 100%，股权成本和加权资本成本相同（见表 5-8）。

百度公司 IPO 招股书显示，美国评值公司（一家独立的评值机构）采用了明显偏高的加权平均资本成本（15%）来预估百度公司股票的基本价值。不同于三家投资银行，美国评值公司在预估百度公司的股权成本时运用了多因子模型，并计入了 1.11% 的国家风险溢价和 2.86% 的小规模风险溢价。如果加权平均资本成本为 13%，则百度公司在竞争优势期的企业自由现金流贴现总额略低于 3 亿美元，而竞争优势期的企业自由现金流现值为企业总价值的一部分。在 5.5 节中，我们将探讨华尔街在 2005 年秋季计算百度公司企业价值的方法，但在展示百度公司企业价值的计算过程之前，我们将探讨“财务价值驱动因素法”，该方法有助于投资者构建竞争优势期的企业自由现金流模型。

⊖ Kieso *et al.* (2004), pp. 1085–1147.

⊜ 我们三思后决定不对百度公司的经营性租赁支付进行资本化，因为其对百度公司企业价值的影响可忽略不计。百度公司 2005 年、2006 年、2007 年和 2008 年的未来最低经营性租赁支付分别为 1660 万元、500 万元、370 万元和 160 万元。按公司税前债务成本进行贴现的未来经营性租赁承担现值可视为长期债务。经调整营业利润 = 列报的营业利润 + 当期经营性租赁费用 − 承租资产折旧费用。折旧费用 = 未来租赁承担贴现值 ÷ 经资本化承租资产的假设寿命。Baidu.com, Inc. (2005a), pp. F-21f.

表 5-7 百度公司企业自由现金流

（单位：千元人民币）

第 3 步：将营业利润重新调整为企业自由现金流

截至 12 月 31 日年度止	第 t−1 年	第 0 年	第 1 年	第 2 年	第 3 年	第 4 年	第 5 年	第 6 年	第 7 年	第 8 年	第 9 年	第 10 年
	2003 年	2004 年	2005 年末	2006 年末	2007 年末	2008 年末	2009 年末	2010 年末	2011 年末	2012 年末	2013 年末	2014 年末
息税前利润 (1 − τ)（经调整）	（4 186）	27 033	55 387	125 144	222 648	326 390	485 712	649 413	802 975	924 943	1 075 075	1 208 220
折旧与摊销												
固定资产折旧	4 888	8 893										
无形资产摊销	0	1 050										
+ 折旧与摊销总额	4 888	9 943	30 667	42 000	52 333	56 000	60 333	65 667	64 500	60 000	62 000	64 000
高盛：2005 年 9 月 14 日			28 000	37 000	52 000	55 000	60 000	66 000	73 000			
摩根士丹利：2005 年 10 月 27 日			29 000	34 000	40 000	46 000	50 000	52 000	56 000	60 000	62 000	64 000
瑞士信贷：2005 年 9 月 22 日			35 000	55 000	65 000	67 000	71 000	79 000				
净营运资本变动 − 现金												
应收账款变动（包括可疑账备抵）	（1 518）	（8 381）										
存货变动	0	0										
预付费用及其他流动资产变动	250	（1 483）										
流动递延所得税资产变动	0	0										
非流动资产变动（流动资产增加：为负）	(1 268)	（9 864）										
客户定金变动	6 265	17 590										
应计费用及其他变动	1 580	10 713										
负债（来自现金流量表）												
递延营收变动	5 013	（1 158）										
递延收益变动	0	0										
总流动负债变动（流动负债增加：为正）	12 858	27 145										
− 净营运资本变动 − 现金（正数反映出净营运资本减现金在减少！）	11 590	17 281	41 667	46 333	65 000	75 667	78 667	82 667	107 000	113 000	79 000	63 000
高盛：2005 年 9 月 14 日			48 000	56 000	76 000	74 000	72 000	70 000	73 000			

（续）

第 3 步：将营业利润重新调整为企业自由现金流											
截至 12 月 31 日年度止	第 t−1 年	第 0 年	第 1 年	第 2 年	第 3 年	第 4 年	第 5 年	第 6 年	第 7 年	第 8 年	第 9 年	第 10 年
	2003 年	2004 年	2005 年末	2006 年末	2007 年末	2008 年末	2009 年末	2010 年末	2011 年末	2012 年末	2013 年末	2014 年末
摩根士丹利：2005 年 10 月 27 日			51 000	54 000	84 000	121 000	144 000	149 000	141 000	113 000	79 000	63 000
瑞士信贷：2005 年 9 月 22 日			26 000	29 000	35 000	32 000	20 000	29 000				
扣除资本支出前由经营活动所产生的现金流	12 292	54 257	127 720	213 478	339 981	458 057	624 712	797 746	974 475	1 097 943	1 216 075	1 335 220
资本支出												
固定资产购置	（6 402）	（25 415）										
无形资产购置	0	（11 905）										
内部使用软件的成本资本化	（1 556）	（2 155）										
研发费用资本化	0	0										
经营性租赁费用资本化	0	0										
− 总资本支出	（7 958）	（39 475）	（81 000）	（65 667）	（92 333）	（113 333）	（140 333）	（158 667）	（180 000）	（251 000）	（204 000）	（224 000）
高盛：2005 年 9 月 14 日			（81 000）	（35 000）	（51 000）	（59 000）	（69 000）	（76 000）	（85 000）			
摩根士丹利：2005 年 10 月 27 日			（81 000）	（101 000）	（142 000）	（187 000）	（237 000）	（269 000）	（275 000）	（251 000）	（204 000）	（224 000）
瑞士信贷：2005 年 9 月 22 日			（81 000）	（61 000）	（84 000）	（94 000）	（115 000）	（131 000）				
企业自由现金流	4 334	14 782	46 720	147 811	247 648	344 723	484 379	639 080	794 475	846 943	1 012 075	1 111 220
贴现因子			1.13[①]	1.28	1.44	1.63	1.84	2.08	2.35	2.66	3.00	3.39
预期企业自由现金流现值			41 345	115 758	171 632	211 425	262 901	306 962	337 700	318 586	336 904	327 352
企业自由现金流现值之和		2 430 567										
企业自由现金流现值之和（千美元）		299 700										

注：派杰（PiperJaffray，2005）未提供足够的本可用于企业自由现金流模型的长期预估数据。如必要，折旧与摊销以及净营运资本变动可通过研究报告中所提供的绝对数值来进行计算，以使数据具有可比性。人民币金额均按 8.11 元人民币兑 1 美元的汇率换算成美元金额。

① 即使是于年中或年末做出估值，大多数（但非所有）分析师都用（1+ 资本机会成本率）来对公司在当前报告年度所产生的自由现金流进行贴现。有人可能会争辩称：由于对百度公司的估值系于 2005 年秋季做出，用（1+0.25）年而非 1 年的贴现率来对其 2005 年所产生的预期企业自由现金流进行贴现将更为合适。将 2005 财年用作百度公司的“第 1 年”，因为其未于估值日期报告其 2005 年财务业绩。

资料来源：Baidu.com, Inc. (2005a), pp. F-1 to F-49, Morgan Stanley (2005), p. 15, Goldman Sachs (2005), p. 22, Credit Suisse First Boston (2005), p. 56.

表 5-8 百度公司的加权平均资本成本假设

	高盛	摩根士丹利	瑞士信贷
无风险利率 r_f	5%	—	4%
股票风险溢价 $(E(r_m)-r_f)$	4%	—	6.5%
β_j	2.0	—	1.5
股权加权 ω_E	100%	—	100%
股权成本 $i_{E,j}$	12%	—	13.8%
加权平均资本成本	12%	13%	13.8%

注：基于资本资产定价模型所计算出的股权成本。

资料来源：Goldman Sachs (2005)，p. 22，Morgan Stanley (2005)，p. 15，Credit Suisse First Boston (2005)，p. 49.

5.4 财务价值驱动因素法

20 世纪 60 年代，乔治 · J. 斯蒂格勒对美国制造业的回报率进行了分析，并注意到：

> ……在竞争状态下，所有行业的投资回报率都倾向于相等。在经济理论中，别无其他命题比这一命题更为重要。企业家将离开不赚钱的行业而进入相对赚钱的行业，而由于竞争的存在，这些行为既不会遭遇公共壁垒，也不会遭遇私人障碍……[⊖]

财务价值驱动因素法将 3 个重要经济命题结合在了一起：

（1）在竞争状态下，资本回报率均值回到资本成本水平。[⊜]一方面，取得高资本回报率的公司会吸引许多竞争对手入场；另一方面，那些未赚回资本成本的公司迟早会被迫重组，并将资金返还给其所有者，或者做破产备案。如此一来，在充分竞争状态下，资本回报率就会随着时间的推移而逐渐衰减至资本成本水平。如 3.3.2 节所述，企业获得超过资本

⊖ Stigler (1963), p. 54.

⊜ 实证证据支持资本回报率均值会随着时间推移而回复到资本成本水平的观点。Soliman (2004), p. 5.

成本的竞争优势期的长度，取决于其竞争优势的可持续性，换言之，取决于“经济护城河”的保护程度。

（2）根据定义，资本回报率、营业利润率和资本周转率相互影响。杜邦公式允许金融分析师将资本回报率分解为营业利润率和资本周转率。利润率、资本周转率的异常，或两者兼有，都会导致长期投资收益的异常。

（3）销售额预期和投入资本变动必须保持一致。公司只有增加物业、厂房及设备和营运资本的投资，才会使销售额增加。收入增速假设必须与资本支出、营运资本变动一致。为了解收入与投资需求之间的相互关系，金融分析师通常会监控资本支出与销售额以及“营运资本变动 / 销售额”的比率。

“财务价值驱动因素法”解释了资本成本、投入资本回报率、营业利润率、净销售额和长期投入资本之间的相互关系。实证证据表明，不同行业之间存在结构性差异。资本回报率、营业利润率和资本周转率通常因行业而异。[⊖]竞争实力取决于公司的所属行业。此外，同业公司的增长前景在某种程度上相似，所以，金融分析师通常会分析某一行业背景下的财务价值驱动因素，或对比同业公司的财务指标。

从概念上讲，有多种方法可以将财务比率的相互依赖纳入企业自由现金流模型。一个好的切入点，就是假设在竞争状态下，资本回报率均值将等于资本成本水平。如果资本回报率定义为企业自由现金流与投入资本的比值，那么就可用投资乘以资本回报率来预测未来企业自由现金流。（$t+1$）期末的长期投入资本等于期间 t 期末的长期投资加上（$t+1$）期末的投资变动。根据定义，投资变动为资本支出（减去折旧）加上营运资本净变动。资本回报率可分解为营业利润率和资本周转率（“净收入 / 长期投入资本”）。命题（3）要求，净销售额和资本变动必须保持一致。图 5-1 描绘了财务价值驱动因素之间的关系。

⊖ Soliman (2004), pp. 25f.

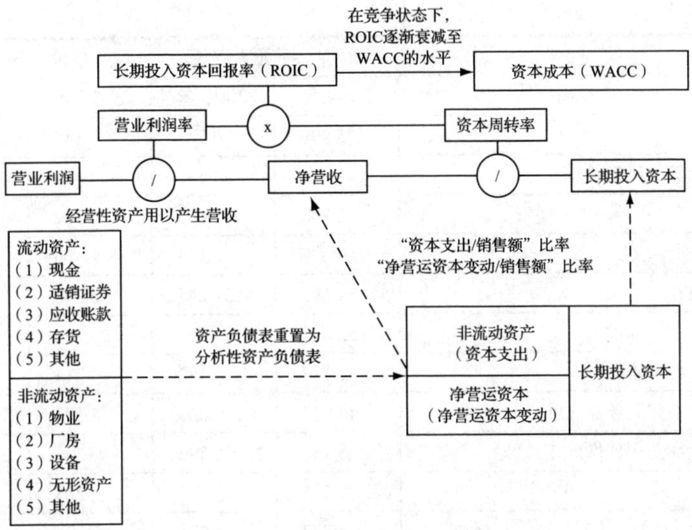

图 5-1 财务价值驱动因素法

要应用财务价值驱动因素法，就必须预估长期投入资本。如 3.1 节所述，预估长期资本，需将公司的资产负债表转换为分析性资产负债表。在实操中，金融分析师通常会将流动负债计入净营运资本，以将长期资本（长期负债和股权）提供者单独区分开来。表 5-9 反映了百度公司长期投入资本的计算过程。

表 5-9 百度公司长期投入资本

	单位：千元人民币		单位：千美元	
	2004 年	2005 年	2004 年	2005 年
现金及现金等价物	200 196	900 593	24 188	111 595
应收账款（扣除可疑账备抵）	9 645	22 353	1 165	2 770
+ 调整：可疑账备抵	627	（4 643）	76	（575）
存货	0	0	0	0
+ 调整：后进先出法（LIFO）储备金调整	0	0	0	0
预付费用及其他流动资产	2 421	10 957	292	1 358
递延所得税资产（扣除估值备抵）	0	1 449	0	179
总流动资产	212 889	930 709	25 721	115 327

（续）

	单位：千元人民币		单位：千美元	
	2004 年	2005 年	2004 年	2005 年
客户定金	25 990	70 327	3 140	8 715
应计费用及其他流动负债	21 900	53 137	2 646	6 584
递延营收	6 302	7 658	762	949
递延收益	0	124	0	15
总流动负债	54 192	131 246	6 548	16 263
净营运资本	158 697	799 463	19 173	99 064
租赁物改良（总）	1 774	6 782	214	840
计算机设备和服务器（总）	43 924	126 863	5 307	15 720
资本化内部使用软件成本（总）	5 783	6 392	699	792
办公设备（总）	2 345	3 423	283	424
机动车辆（总）	773	2 271	94	282
固定资产（总）	54 599	145 731	6 597	18 058
– 累计折旧	（18 667）	（49 311）	（2 255）	（6 110）
固定资产（净）	35 932	96 420	4 342	11 948
土地使用权支付	0	77 200	0	9 566
其他折旧资产（净）	1 059	0	128	0
无形资产（净）	12 953	13 303	1 565	1 648
加调整：通胀调整	0	0	0	0
商誉	0	9 287	0	1 151
投资	0	2 018	0	250
递延所得税资产（非流动）	0	2 843	0	352
+ 调整：估值备抵非流动递延所得税资产	0	1 598	0	199
+ 调整：资本化经营性租赁	0	0	0	0
+ 调整：资本化研发费用	0	0	0	0
非流动资产	49 944	202 669	6 035	25 114
长期投入资本	208 641	1 002 132	25 208	124 178
长期投入资本 – 现金及现金等价物	8 445	101 539	1 020	12 583

资料来源：Baidu.com, Inc. (2005a) , pp. F-1 to F-49, Baidu.com, Inc. (2006) , pp. F-1 to F-33.

如果一家公司收购了另一家公司，那么资本就可以分配到对应的有形资产和无形资产中（如果可能）。收购价款的其余部分以商誉计入无形资产。[一]根据定义，我们将商誉计入投入资本，因为它包括了收购一家企业的所有现金。

表 5-9 显示，百度公司资产负债表中的绝大部分营运资本都是现金。因于 2005 年 8 月通过 IPO 募集到大量款项，故其资产显著增加。仔细分析投入资本有助于更好地了解公司的商业模式。百度公司过去在固定资产上投资的资金很少。计算机设备和服务器是其最大的固定资产科目，公司 2004 年固定资产仅为 530 万美元。2005 年秋季，金融分析师发现这样一个问题：资产基础如此之小的一家公司能否产生足以证明其约 40 亿美元市值合理性的现金流。[二]

不同于资本投资回报率，股本回报率会因资本结构的不同而不同，因而不符合价值驱动因素的条件。股本回报率通常被定义为净收益除以（平均）普通股。[三]资本投资回报率的一个更适当的定义，是税后净营业利润除以长期投入资本。税后净营业利润中的“净”是指“扣除折旧”。投入资本的定义是投资于公司净资产的所有现金的总和。长期投入资本是由提供者所提供的长期资本。[四]从营收中扣除（非现金科目）折旧，并以累计折旧的方式对投入资本进行回收，最后得到税后净营业利润。斯图尔特是经济增加值法的发明者之一，他认为，在获得投资回报之前，必须对资产消耗予以补充，因此折旧代表了真正的经济支出。[五]表 5-10 中显示了两种资本回报率：“调整后的息税前利润（$1-\tau$）/ 长期投入资本”和“企业自由现金流 / 长期投入资本”。它们反映了公司利用长期投入资本获取利润和自由现金流的效率。

[一] Kieso *et al.* (2004), p. 578.

[二] 当然，百度公司很大一部分资产基础（如商标名称、技术和知识产权资本）均未于其资产负债表中得到充分反映。

[三] Modigliani and Miller (1958), pp. 268–271.

[四] 请注意：在计算（长期）投入资本、现金流和加权平均资本成本时，我们始终会将流动负债计入净营运资本。

[五] Stewart (1999), pp. 85f.

表 5-10 百度公司财务价值驱动因素 （单位：千元人民币）

第 4 步：运用财务价值驱动因素法										
	第 1 年	第 2 年	第 3 年	第 4 年	第 5 年	第 6 年	第 7 年	第 8 年	第 9 年	第 10 年
	2005 年末	2006 年末	2007 年末	2008 年末	2009 年末	2010 年末	2011 年末	2012 年末	2013 年末	2014 年末
预期净营收	275 609	467 157	735 772	1 077 906	1 465 953	1 869 090	2 261 599	2 668 686	2 988 929	3 287 822
预期息税前利润 ×（1 − τ）(经调整)	55 387	125 144	222 648	326 390	485 712	649 413	802 975	924 943	1 075 075	1 208 220
预期折旧与摊销	30 667	42 000	52 333	56 000	60 333	65 667	64 500	60 000	62 000	64 000
预期净营运资本变动 − 现金	41 667	46 333	65 000	75 667	78 667	82 667	107 000	113 000	79 000	63 000
预期资本支出	(81 000)	(65 667)	(92 333)	(113 333)	(140 333)	(158 667)	(180 000)	(251 000)	(204 000)	(224 000)
预期企业自由现金流	**46 720**	**147 811**	**247 648**	**344 723**	**484 379**	**639 080**	**794 475**	**846 943**	**1 012 075**	**1 111 220**
隐含营收增速	149%	70%	58%	47%	36%	28%	21%	18%	12%	10%
隐含资本支出 / 销售额比率	29%	14%	13%	11%	10%	8%	8%	9%	7%	7%
隐含净营运资本变动 / 销售额比率	15%	10%	9%	7%	5%	4%	5%	4%	3%	2%
预期净营运资本变动 − 现金	(41 667)	(46 333)	(65 000)	(75 667)	(78 667)	(82 667)	(107 000)	(113 000)	(79 000)	(63 000)
预期资本支出	81 000	65 667	92 333	113 333	140 333	158 667	180 000	251 000	204 000	224 000
预期折旧与摊销	(30 667)	(42 000)	(52 333)	(56 000)	(60 333)	(65 667)	(64 500)	(60 000)	(62 000)	(64 000)
长期投入资本变动	8 667	(22 667)	(25 000)	(18 333)	1 333	10 333	8 500	78 000	63 000	97 000
长期投入资本	**101 539**	**78 872**	**53 872**	**35 539**	**36 872**	**47 206**	**55 706**	**133 706**	**196 706**	**293 706**
平均长期投入资本	**54 992**	**90 206**	**66 372**	**44 706**	**36 206**	**42 039**	**51 456**	**94 706**	**165 206**	**245 206**
隐含利润率 [息税前利润 ×（1 − τ）(经调整) / 净营收]	20%	27%	30%	30%	33%	35%	36%	35%	36%	37%
隐含资本周转率（净营收 / 平均长期投入资本）	501%	518%	1 109%	2 411%	4 049%	4 446%	4 395%	2 818%	1 809%	1 341%
隐含资本回报率 1 [息税前利润 ×（1 − τ）/ 平均长期投入资本]	**101%**	**139%**	**335%**	**730%**	**1 342%**	**1 545%**	**1 561%**	**977%**	**651%**	**493%**
隐含利润率（企业自由现金流 / 净营收）	17%	32%	34%	32%	33%	34%	35%	32%	34%	34%
隐含资本周转率（净营收 / 平均长期投入资本）	501%	518%	1 109%	2 411%	4 049%	4 446%	4 395%	2 818%	1 809%	1 341%
隐含资本回报率 2（企业自由现金流 / 平均长期投入资本）	**85%**	**164%**	**373%**	**771%**	**1 338%**	**1 520%**	**1 544%**	**894%**	**613%**	**453%**

在百度公司的案例中，投入资本的定义是投资于经营性资产的所有现金的总和（扣除折旧与摊销）。物业、厂房及设备等长期资产在资产负债表中按历史成本减去折旧进行列报。对长期资产进行折旧，目的不是为了确定资产的公允价值，而是将其成本分配至整个寿命期间。[⊖]账面价值通常代表了金融分析师对固定资产估值的最佳预期。对金融分析师而言，知识产权、技术或品牌等无形资产的投资价值往往不好预估。如果金融分析师能够对投资进行优化，就能够对资产净值做出调整。例如在高通胀国家，金融分析师必须进行通胀调整，将历史资产价格转化成当前资产价格。而百度公司的案例并未对资产净值做出调整。

在估算长期投资时，金融分析师通常会做出诸多调整。营业利润的调整和长期资本的调整必须保持一致。在预估企业自由现金流时，由于我们不将研发支出和经营性租赁进行资本化处理，所以在估算资本投资时也不能将它们资本化。仅当“资本化资产”成为投入资本的重要部分时，才应将经营性租赁和研发支出资本化。

财务价值驱动因素法揭示了百度公司企业自由现金流估值中的隐含假设。2005 年秋季，高盛、摩根士丹利和瑞士信贷的金融分析师曾假设：未来 10 年，百度公司的营收将大幅增长，但增速会逐年下降。

营业利润率表明了管理层控制成本的严格程度。在线广告的“成本 / 销售额”这一比率颇具吸引力。资本需求和固定成本相对较低，所以，经营性杠杆率较高。2005 年秋季，金融分析师认为百度公司的税后营业利润率将从 2005 年的 20% 增加至 2014 年的 37%。营收和盈利能力之间的相互关系显而易见：百度公司如果用扩大销售队伍的方式来提高客户占有率，那么营业利润率就会下降。如果通过增加研发支出并以新产品和新服务来吸引或维护客户，那么营业利润率也会下降。

企业自由现金流的增长还取决于以下假设：资本支出的增长速度会远低于销售额的增长速度。“资本支出 / 销售额”这一比率将从 2005 年的

⊖ Kieso *et al.* (2004), p. 520.

29% 降至 2014 年的 7%。此外，金融分析师在 2005 年秋还假设，由于用户定金的强势增长，竞争优势期内每年的扣除现金后的净营运资本将会下降。对财务驱动因素的分析揭示出，资本投资回报率将在整个竞争优势期内保持高位。资本周转率衡量的是管理层利用投入资本产生销售额的效率。表 5-10 中的高隐含资本周转率意味着百度管理层对规模小且扩展性很强的资产基础的利用非常有效。

像谷歌这样的竞争对手，它们在信息技术基础设施方面进行了大量投资。为捍卫或扩大其市场份额，百度的资本支出可能被迫增加。如果竞争对手拥有更多的资源、更高的技术、更好的声誉或者中国广告市场的占有率更高，那么百度公司的高利润率就会面临风险。表 5-10 仅是一种可能的情况，它反映了头部投资银行在 2005 年秋的平均预期。使用下面讨论的蒙特卡罗方法，分析人员可以模拟成千上万种主要财务价值驱动因素。在运行蒙特卡罗模拟时，分析人员应考虑到各种主要的价值驱动因素是相关的。

5.5 基本企业价值和市场价值

竞争优势期内的自由现金流现值仅占企业总价值的一部分。预测期之后的现金流用终值表达。竞争优势期内的现金流现值与贴现终值之和反映了公司用以获取收入并生成自由现金流的经营性资产的基本价值。一些公司的资产负债表中含有大量的非经营性资产[⊖]（NOA）。企业价值（EV）包括经营性资产和非经营性资产的价值：

$$\mathrm{EV}=\left[\sum_{t=1}^{T}\left(\frac{\mathrm{FCFF}_t}{(1+\mathrm{WACC}_t)^t}\right)+\left(\frac{\mathrm{TV}_T}{(1+\mathrm{WACC}_t)^T}\right)\right]+\mathrm{NOA}$$

终值 TV 代表了竞争优势期之后的现金流的价值。如 3.3.4 节所述，

⊖ 为保持一致，非经营性资产的价值也应通过对其未来现金流进行贴现来确定，但在实践中，金融分析师通常将非经营性资产（若有）的市场价值加到企业自由现金流现值中。

如果假设竞争优势期之后，企业自由现金流以恒定的速度 g_{TV} 增长，则可用含有增速公式的永续法来计算终值：

$$\mathrm{TV}_T=\frac{\mathrm{FCFF}_T(1+\overline{g_{\mathrm{TV}}})}{\mathrm{WACC}_{\mathrm{TV}}-\overline{g_{\mathrm{TV}}}}\Rightarrow \mathrm{TV}_0=\frac{\mathrm{TV}_T}{(1+\mathrm{WACC}_T)^T}$$

假设竞争优势期最后一年的企业自由现金流 FCFF_T 为 11 亿元人民币，终值期增速 g_{TV} 为 4%，竞争优势期的资本机会成本为 13%，终值期的资本机会成本为 10%，则贴现终值为 56 亿元人民币，即 7 亿美元。在预估终值时，金融分析师通常会使用乘数法公式而非永续法公式。例如，高盛将竞争优势期最后一年的预期 FCFF_T 的现值 6 亿元人民币乘以终值乘数 16，得出终值 TV 为 95 亿元；[㊀]而摩根士丹利的金融分析师将竞争优势期最后一年的 FCFF_T 预期现值 5.17 亿元人民币[㊁]先乘以（1 + 终值增速 4%），再乘以乘数 11，得出贴现终值为 59 亿元人民币，即 7.28 亿美元，如表 5-11 所示。在很多情况下，终值占企业价值的很大一部分。

企业价值等于竞争优势期企业自由现金流现值、贴现终值及非经营性资产价值相加之和。基于上述假设，我们得出竞争优势期未来企业自由现金流现值为 2.997 亿美元（合 24.31 亿元人民币），终值为 7 亿美元（合 56.74 亿元人民币）。此外，百度公司 IPO 后，其资产负债表中的现金超过 1.11 亿美元（合 9 亿元人民币）。由于百度公司未投入现金以产生更高的营收并最终以更大的资产基础带来更高的经营活动所产生的现金流，所以，现金和现金等价物应被视为非经营性资产。如此一来，2005 年秋季，百度公司的预估企业价值约为 11 亿美元。表 5-12 显示了高盛、摩根士丹利和瑞士信贷计算出的企业价值。

㊀ Goldman Sachs (2005), p. 22.

㊁ 2014 年预估企业自由现金流现值 5.17 亿元人民币系通过按 13% 的加权平均资本成本对 2014 年预期值 15.53 亿元人民币进行贴现得出（即 15.53 亿元人民币 $\div 1.13^9$）。请注意：由于估值系于 2005 年秋季做出，摩根士丹利选择从 2006 年而非 2005 年开始对企业自由现金流进行贴现，故企业自由现金流贴现年数为 9 年。Morgan Stanley (2005), p. 15.

表 5-11 百度公司终值计算

	高盛	摩根士丹利	瑞士信贷	永续法
估值日期	2005 年 9 月 14 日	2005 年 10 月 27 日	2005 年 9 月 22 日	2005 年秋季
竞争优势期	2005 ～ 2011 年	2005 ～ 2014 年	2006 ～ 2015 年	2005 ～ 2014 年
竞争优势期长度（年数）	7	10	10	10
竞争优势期期末企业自由现金流 $FCFF_T$（百万元人民币）	600	1 553	1 331	1 111
终值退出乘数(企业自由现金流)	16	11		
终值增速		4%	6%	4%
竞争优势期加权平均资本成本 $WACC_T$	12%	13%	13.8%	13%
终值期加权平均资本成本 $WACC_{TV}$				10%
终值(百万元人民币)	9 551			19 261
终值现值(百万元人民币)	4 603	5 914	4 908	5 674
终值现值（百万美元，按 8.11 元人民币兑 1 美元的汇率计）	568	728	605	700
终值现值占企业价值的百分比	68%	56%	51%	64%

资料来源：Goldman Sachs (2005), p. 22, Morgan Stanley (2005), pp. 14f, Credit Suisse First Boston (2005), p. 49.

表 5-12 百度公司企业价值计算

	高盛	摩根士丹利	瑞士信贷
	2005 年 9 月 14 日	2005 年 10 月 27 日	2005 年 9 月 22 日
竞争优势期企业自由现金流现值（百万元人民币）	1 174	3 343	3 585
终值现值	4 603	5 914	4 908
竞争优势期企业自由现金流现值 + 终值现值（百万元人民币）	5 777	9 257	8 494
非经营性资产价值(现金及现金等价物)(百万元人民币)	957	1 225	1 082
企业价值（百万元人民币）	6 734	10 482	9 575
企业价值（百万美元）	830	1 292	1 179

资料来源：Goldman Sachs (2005), p. 22, Morgan Stanley (2005), pp. 14f, Credit Suisse First Boston (2005), p. 49.

股权价值等于企业价值减去长期负债的价值。在资产负债表中，长期负债不一定能反映出公司的所有负债。百度公司的长期负债为零。从企业价值中减去流动负债是因为从流动资产中减去了流动负债，以计算净营运资金。一些公司试图通过表外负债来隐匿负债并降低债务股本比。经营性租赁和特殊目的实体即为表外负债的典例。此外，所报养老金负债金额通常会少于真正的养老金负债。[㊀]百度不承诺固定的养老金福利，其除了定期向养老金固定供款计划供款外，别无其他经济义务。[㊁]优先股与负债一样，属于普通股的索偿权，为得出股权价值，必须将它从企业价值中减去。百度公司的可转换流通股于 2005 年 8 月 IPO 后自动转换为普通股。[㊂]IPO 后，优先股的价值为零。由于长期负债为零，所以，百度公司的企业价值和股权价值相同。

每股基本价值等于股权价值除以完全稀释后的流通普通股股数：

$$\text{股权价值} = \text{企业价值} - \text{负债} \pm \text{调整}$$

$$\text{每股基本价值} = \frac{\text{股权价值}}{\text{流通普通股股数}}$$

2005 年秋季，高盛、摩根士丹利和瑞士信贷的金融分析师认为，百度公司的股票定价堪称完美。当时，百度公司股价在 80 美元左右波动。表 5-13 反映出：高盛、摩根士丹利和瑞士信贷分别计算出的百度公司每股价值是 24 美元、40 美元和 36 美元。

表 5-13 百度公司每股基本价值

	高盛	摩根士丹利	瑞士信贷
	2005 年 9 月 14 日	2005 年 10 月 27 日	2005 年 9 月 22 日
企业价值（百万美元）	830	1 292	1 179
长期负债（百万美元）	0	0	0
股权价值（百万美元）	830	1 292	1 179
流通普通股股数（百万股）	34.5	32.3	32.8

㊀ Kieso *et al.* (2004), pp. 1017–1084.

㊁ Baidu.com, Inc. (2005a), p. F-21.

㊂ Baidu.com, Inc. (2006c), pp. F-27f.

（续）

	高盛	摩根士丹利	瑞士信贷
	2005 年 9 月 14 日	2005 年 10 月 27 日	2005 年 9 月 22 日
每股基本价值（美元）	24.1	40	36.0
估值日股价（美元，上一交易日收盘价）	112.25	81.05	80.50

资料来源：Goldman Sachs (2005), p. 22, Morgan Stanley (2005), pp. 14f, Credit Suisse First Boston (2005), p. 49.

5.6 百度公司在 2005 ～ 2007 年的股价表现

2005 年秋季，高盛、摩根士丹利和瑞士信贷计算出的百度公司每股基本价值分别为 24 美元、40 美元和 36 美元。由于股价远高于内在价值，百度公司的股票估值在当时显得相当高。三家投资银行建议客户在 2005 年秋季减持公司股票。对于那些在 IPO 后即时售出股票的投资者，或是融券借入股票并于 2006 年 2 月前卖空的投资者而言，这些建议被证明是宝贵的，因为在 2005 年 8 月～ 2006 年 2 月，百度公司的股价惨遭腰斩，其市值蒸发了约一半之多。在 2006 年 2 月之后，公司股价才大幅回升。2007 年 6 月 15 日，当我们在法兰克福与百度公司首席财务官王湛生碰面时，百度公司股价已高于 143 美元 / 股。

图 5-2 中的 K 线图显示了在新消息出现后，百度公司股价的快速调整。随后，百度宣布 2006 年第一季度业绩超出分析师预期，股价随即上涨 20%，创下了自 2005 年 8 月 5 日 IPO 以来的单日最大涨幅纪录。2006 年 5 月 9 日，彭博社报道称：

> ……中国最受欢迎的搜索网站百度公司表示：由于营收增长了 3 倍，第一季度利润飙升至 3520 万元人民币（合 440 万美元）。该公司的股价上涨了 24%……汤姆森金融公司的 5 位金融分析师预测，百度公司的利润将实现 326 万美元……[⊖]

2006 年 7 月 27 日，百度公司公布的 2006 年第二季度财务业绩令人

⊖ Bloomberg (2006a).

失望，公司股价由此大幅下跌。彭博社报道称：

> ……由于第三季度销售额预测不达预期，百度公司的股价下挫了 15%……[㊀]

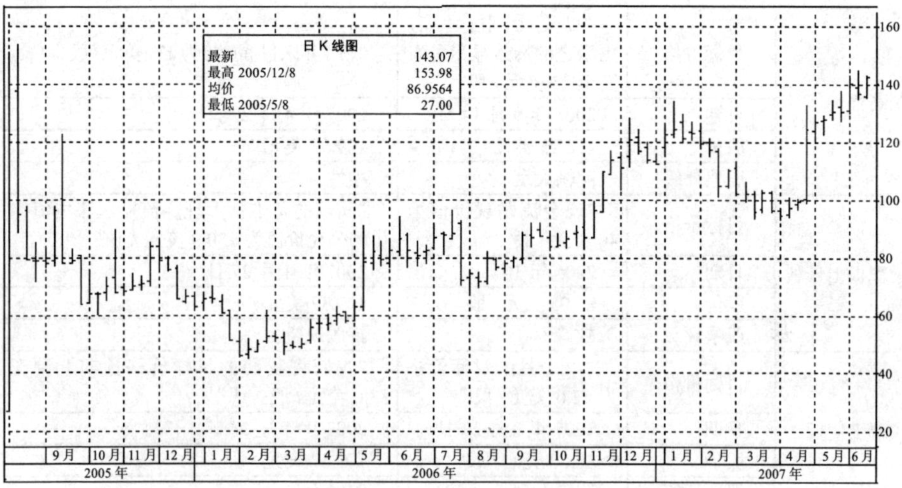

图 5-2 百度公司 2005 ～ 2007 年股价走势图

在公司公布 2006 年第三和第四季度业绩后，百度的股价仅略有变化，业绩与分析师的预期基本一致。[㊁]2007 年 4 月 26 日，百度公司公布了 2007 年第一季度业绩，并对第二季度的业绩发展给出了非常乐观的展望，股价因此而大幅上涨：

> ……百度公司（BIDU US）美国存托凭证（每一凭证代表一股股票）的交易价格，在美国交易所正式收盘后上涨了 23.13 美元（或 21%）至 132.50 美元。这家中国最受欢迎的互联网搜索网站预计第二季度的营收为 4890 万～ 5020 万美元，高于金融分析师之前的预估平均值 4350 万美元……[㊂]

可以肯定的是，当百度公司报告业绩时，股价会继续随之波动。每

㊀ Bloomberg (2006b).

㊁ Bloomberg (2006c, 2007a).

㊂ Bloomberg (2007b).

当新消息出现，金融分析师都会重新审视估值模型。将2005年的目标价格与2007年4月进行对比，如表5-14所示。

表5-14　头部投资银行的股价预测

		2005年秋季	2007年年中
高盛	目标价格	“27美元/股；一种更激进的情景显示可看高至45美元/股”	“新年年末目标价格为134美元/股”
	日期	2005年9月14日	2007年4月27日
	股价	112.25美元	109.37美元
	股票评级	跑输大盘	中性
摩根士丹利	目标价格	“现金流贴现价值为40美元/股”	“我们的基本情形现金流贴现法估值得出的公允价值为130.9美元/股”
	日期	2005年10月27日	2007年4月27日
	股价	81.05美元/股	109.37美元/股
	股票评级	减持	持股观望
瑞士信贷	目标价格	“12个月的目标价格为52.0美元/股”	“我们将我们的目标价格预期上调至83.0美元/股……”
	日期	2005年9月22日	2007年4月27日
	股价	80.50美元/股	109.37美元/股
	股票评级	跑输大盘	跑输大盘

资料来源：Goldman Sachs (2005, 2007), Morgan Stanley (2005), Credit Suisse (2005, 2007), Morgan Stanley (2007b).

2007年6月，百度公司股价远高于一些一流金融分析师2005年秋季所制定的目标价格。当然，公司股价的走势还取决于市场的整体环境。纳斯达克100指数从2005年9月1日的1589点上涨至2007年6月15日的1942点，涨幅为22%，但是，股价良好的主要原因是业务收入增长超预期。2005年秋，高盛、摩根士丹利和瑞士信贷的金融分析师分别对百度做了预估，称百度公司营收将于2005年增长137%、160%和144%，2006年增长71%、68%和89%。[㊀]事后看来，百度公司2005年的业务收入以171.8%的高速增长率扩大至3960万美元（合3.24亿元人民币，1美元=8.19人民币）；2006年的业务收入以162.5%的高速增长率扩大至1.074亿美元（合8.56亿元人民币，1美元=7.97人民币）。[㊁]

㊀ Goldman Sachs (2005), p. 22, Morgan Stanley (2005), p. 15, Credit Suisse (2005), p. 55.

㊁ Baidu.com, Inc. (2006d, 2007a).

公平而言，预测百度公司的业务收入会很困难，因为中国的在线搜索市场正处于一种萌芽阶段，而业务却处于迅猛增长阶段。2007 年 6 月，百度公司首席财务官王湛生向我们解释称，中国的许多公司还只是将互联网当作黄页使用。随着信用卡发卡量的增加，他首次注意到了中国电子商务发展的早期迹象。在下一章中，我们将演示分析师如何将可能的增长率范围纳入 FCFF 模型而不是点估计。

2006 年，百度公司并没有像大多数分析师所预期的那样丧失市场份额，而是巩固了其在中国互联网搜索领域的领头羊地位。2006 年，百度公司网页访问流量的市场份额从 48% 上升至 62%，而谷歌在中国的市场份额从 2005 年的 33% 下降至 2006 年的 25%。[㊀]在客户数量快速增长的同时，平均而言，客户广告费金额也在增加。表 5-15 显示，由于线上营销客户数的强劲增长和每个线上营销客户的线上营销营收的增长，百度的业务收入增长迅速。

可以说，专业投资者大都会认同营收和利润率预期是驱动股价的关键因素。百度公司的案例展示了预期销售额和利润是如何驱动股价的。竞争激烈的金融市场其美妙之处就在于，一旦新消息出现，市场参与者就会重新评估风险。这令金融市场上的交易如此令人兴奋，有时也会让你大额亏损。投资者在竞争激烈的金融市场上能够观察到，新消息一旦出现，股价就会立马调整。股价涨跌趋势通常不易把握，因为许多投资者并不会在新消息出现时立即调整自己的预估。有些投资者买卖股票单纯只是因为他们相信：当新消息出现时，其他投资者可能会改变他们的预期。[㊁]

当公司报告业绩数据时，有些投资者只看每股净收益数据（见表 5-16 下部）和市盈率。经验丰富的投资者大都应用现金流贴现模型分析收入变动、费用及投资需求变动对股价的影响。成熟的企业自由现金流模型使投资者能将预期转换为基本价值或内在价值。困难并不在构建模型本身，而在于将不确定性转化为确定性。在下一章中，我们将向投资者讲解如何将主要的、不确定的价值驱动因素纳入企业自由现金流模型。

㊀ Evolution Securities China (2007), p. 13, Morgan Stanley (2007a), p. 7.

㊁ Keynes (1997), p. 156.

表 5-15 百度公司的营收驱动因素和营收指引

	2005 年第二季度	2005 年第三季度	2005 年第四季度	2006 年第一季度	2006 年第二季度	2006 年第三季度	2006 年第四季度	2007 年第一季度
报告日期	2005 年 8 月 23 日	2005 年 10 月 26 日	2006 年 2 月 21 日	2006 年 5 月 9 日	2006 年 7 月 26 日	2006 年 10 月 31 日	2007 年 2 月 14 日	2007 年 4 月 26 日
总净营收（百万美元）	8.4	11.0	14.2	16.9	24.0	30.3	34.8	35.7
总营收同比增速	188.6%	174.4%	167.7%	196.8%	174.9%	169.1%	136.1%	103.3%
线上营销营收（百万美元）	8.1	10.6	13.8	16.5	23.7	30.1	34.6	35.6
活跃线上营销客户数	41 248	53 000	63 000	74 000	90 000	102 000	108 000	112 000
每个线上营销客户的线上营销营收（美元）	196.4	200.0	219.7	221.3	260.3	294.8	320.3	323.7
下季度营收指引（百万美元）	9.6 ～ 10.0	12.6 ～ 13.1	15.5 ～ 16.1	23.0 ～ 24.0	30.0 ～ 31.0	34.0 ～ 35.0	34.0 ～ 35.0	48.9 ～ 50.2

注：表中数据因四舍五入，会有细微差异。

资料来源：Baidu.com, Inc. (2005b, 2005c, 2006a, 2006b, 2006d, 2007a, 2007b).

2007年6月15日，我们在法兰克福与百度公司首席财务官王湛生碰面后，对上述标准的企业自由现金流模型进行了更新。需要注意，下一章的目的不是荐股，而是以百度公司作为实例，来讲解蒙特卡罗企业自由现金流模型的构建方法。

表 5-16 百度公司 2005 年和 2006 年全年业绩

（单位：千美元，股数及每股数据除外）

	2005 财年	2006 财年
	2006年6月21日 提交数据	2007年5月30日 提交数据
营收		
线上营销服务	38 086	106 160
其他服务	1 469	1 199
总营收	39 555	107 359
营收成本		
营业税和附加费	（2 574）	（6 642）
访问流量获取成本	（2 628）	（9 633）
带宽成本	（2 636）	（5 126）
服务器及其他设备折旧	（3 130）	（6 609）
营业成本	（1 848）	（3 265）
股票薪酬费用	—	（181）
营收总成本	（12 816）	（31 456）
销售及行政开支	（13 341）	（32 065）
研发费用	（4 263）	（10 153）
股票薪酬	（4 160）	—
可疑账准备金	（533）	—
总营业成本与费用	（35 113）	（73 674）
营业利润（亏损）	4 442	33 685
其他收入		
利息收益净额	1 683	5 438
汇兑损失净额	（82）	（12）
其他（净额）	93	537
其他收益（及费用）总额	1 694	5 963
税前及扣除会计准则变更累积影响前净收益（亏损）	6 136	39 648
所得税费用	（237）	（1 570）

（续）

	2005 财年 2006 年 6 月 21 日提交数据	2006 财年 2007 年 5 月 30 日提交数据
扣除会计准则变更累积影响前净收益（亏损）	5 899	38 078
会计准则变更累积影响	—	590
净收益	5 899	38 668
每股净收益（亏损）		
基本(美元)	0.30	1.14
稀释（美元）	0.18	1.10
加权平均流通普通股股数		
基本（股）	19 808 058	33 290 696
稀释（股）	32 043 888	34 506 594

注：1. 所报 2006 财年每股净收益（亏损）暂未计会计准则变更的累积影响金额 0.02 美元 / 股。

2. 表中数据因四舍五入，会有细微差异。

资料来源：Baidu.com, Inc. (2006c), p. F-4 and p. 46, Baidu.com, Inc. (2007c), p. F-4 and p. 65.

| 第 6 章 |

蒙特卡罗企业自由现金流模型

6.1 蒙特卡罗模拟

经济变量不随时间改变而变化的情形极其罕见。金融分析师必须在不确定性的模型中输入未来预期。由于经济变量（如未来增速和营业利润率）的不确定性，强烈建议经济学家对输入变量进行模拟，以了解不确定的未来可能出现的情况。蒙特卡罗模拟以摩纳哥的一座城市命名，这座城市以轮盘赌桌而闻名。其名虽为蒙特卡罗法，但其得到发展却是在洛斯阿拉莫斯。20 世纪 40 年代中期，诸如约翰·冯·诺依曼之类的科学家在洛斯阿拉莫斯从事原子弹研究工作，并首次利用了蒙特卡罗法来制定中子扩散问题及其他数学物理问题的解决方案。[⊖]蒙特卡罗法的创始人是当时与约翰·冯·诺依曼共事的斯塔尼斯拉夫·乌拉姆：

> ……被称为“蒙特卡罗法”的概念，是我在生病期间玩单人纸牌时想出来的。我注意到：在放下纸牌的一瞬间，提前知道一个纸牌游戏（甘菲德牌或其他不注重技巧的纸牌游戏）取胜的概

⊖ Metropolis (1987) and Eckhardt (1987).

率比尝试不同的出牌组合更有意义，也就是说我们需要注意成功的比例是多少，而不是试图计算出所有的组合。理性而言，这令人非常惊讶，让人对理性或传统思维进行深入思考。在面对某个足够复杂的问题时，抽样检测要好于检查所有可能性……[一]

蒙特卡罗模拟可用于求解高维微分方程和计算运气游戏（如单人纸牌）或现实中更普遍的不确定性的随机过程（如股市投资）的概率。[二]今天，蒙特卡罗法不仅被火箭科学家用于数学物理，蒙特卡罗模拟还被用来解决期权估值问题，因为这类问题十分复杂，仅用微积分解决非常耗时。[三]通常情况下，经济变量不仅仅依赖于经济过程，而且还具有随机性的成分。出于理性考虑，金融分析师仅可以确定基本价值的范围或分布，而无法确定股票的确切价格，因为收入增速、利润率以及其他输入参量都无法准确预测。不确定性是股市的主要特征之一。令人惊讶的是，大多数金融分析师至今并未将不确定性纳入估值模型。我们可以借鉴英国哲学家、政治家弗兰西斯·培根的智慧：

……如果一个人从确定性开始，那么其将以疑惑结束，但如果其满足于从怀疑开始，则其会以确定性结束……[四]

由于我们并不知道模型输入参量或（更一般意义上讲）未来会是什么样子，所以将现实世界的不确定性纳入现金流贴现模型会得到更现实的解决方案。金融分析师可通过应用蒙特卡罗模拟将不确定性纳入现金流贴现模型。蒙特卡罗法的最大优点在于概念简单。构建蒙特卡罗模拟只涉及两个基本步骤：

（1）生成（合理数量的）随机数字。今天，金融分析师不必为了生

[一] Ulam (1991), pp. 196f.

[二] Metropolis and Ulam (1949), pp. 335–337.

[三] Boyle (1977).

[四] Francis Bacon (1561–1626) quoted in Savage (1998), p. 52.

成随机数字而掷硬币、赌轮盘或进行其他物理实验。大部分统计软件都包含随机数字生成器，这些生成器能在短时间内产生大量的随机变量以反映实现情形。㊀理想的情形是：这些序列要尽量做到无法预测。约翰·冯·诺依曼曾经做出的一句经典评论称，任何运用算术方法产生随机数字的人都处于犯错状态，因为由计算机所生成的随机数字并非真正的随机数字，它被称为“伪随机数字”。㊁虽然数学家们已开发出统计测试方法来检查序列数据是否独立且均匀，但无法证明序列数据是否真正随机。㊂

根据伯努利的观点，无关联随机变量 X 的样本平均值具有相同的期望值和方差，它们几乎肯定收敛于预期值 μ。

$$\lim_{n\to\infty} P\ (\ |\ \overline{X_n} - \mu\ |\ < \tau) = 1$$

如果同一随机实验进行无限次，那么，样本平均值以一个非常小的距离 τ 偏离其真实预期值 μ 的概率 P 将为 1。梅特罗波利斯·黑斯廷斯和斯塔尼斯拉夫·乌拉姆都正确地注意到：预估值将永远不会被确定地限制在给定范围内，仅仅是概率极大罢了。㊃蒙特卡罗法因其收敛速度慢而经常受到批评。㊄蒙特卡罗模拟以 $O\ (N^{-1/2})$ 的速率收敛，其中，N 为一次蒙特卡罗模拟的运行次数。要将蒙特卡罗模拟的准确度提升至 2 倍，就需将计算工作量增加到 4 倍。㊅运行一次具有 5000 次迭代的蒙特卡罗模拟，通常才会产生准确的结果。将迭代次数从 5000 次增加至 20 000 次，只会将准确度提升 1 倍。在大多数情况下，通过增加额外的计算量来提高准确度是不值得的。

㊀ 随机变量是为每一基本事件分配一个实数的随机函数。

㊁ Jäckel (2002), p. 7.

㊂ McLeish (2005), pp. 86–92.

㊃ Metropolis and Ulam (1949), p. 336.

㊄ 例如，可通过方差缩减技巧来提高收敛速度。Caflisch (1998), pp. 13–42, Jäckel (2002), pp. 77–97 and 111–138.

㊅ Caflisch (1998), p. 2.

（2）用随机转换变量反映模型输入变量的统计特征。投资者通常无法为估值模型的所有输入要素提供准确的估计。业务收入增速、营业利润率、投资需求及其他输入要素具有不确定性，但是投资者可以通过分析输入要素的历史数据或据其过往经验来得出结论。如果输入要素的分布或多或少是已知的，则通常采用蒙特卡罗模拟。[⊖]投资者假设：某项输入要素（如公司收入增速）与均值 μ 和标准差 σ 呈正态分布（或常态分布），则正态分布的密度函数为：

$$f(x)=\frac{1}{\sigma\sqrt{2\pi}}\mathrm{e}^{-\frac{(x-\mu)^2}{2\sigma^2}}$$

金融经济学家广泛使用的正态分布是一种连续概率分布，由亚伯拉罕·德莫维尔和卡尔·弗里德里希·高斯在 18 ～ 19 世纪发明。正态分布呈钟形，其均值对称，有且仅有两个参数——其均值 μ 和其标准差 σ。平均值曲线的一个标准差包含 68.26% 的面积（概率），平均值曲线的两个标准差包含 95.44% 的面积（概率），三个标准差包含 99.74% 的面积（概率）。标准正态分布是均值 μ 为 0、标准差 σ 为 1 的正态分布。设 z_1，…，z_n 标准正态分布的随机数字系由随机生成器生成，则输入要素 I 的 n 种可能实现的正态分布可以被计算出来：

$$I_n=\mu+\sigma z_n$$

为简单起见，我们假设输入要素 I 的实现情形为正态分布，但是，先进的软件会允许投资者从类型广泛的分布（如正态分布、对数正态分布、均匀分布、指数分布、威布尔分布、泊松分布等）中进行选择。[⊜]通常，投资者无法估计来自（有限数量的）历史数据的分布参量，但可据其经验预测出最小的、最可能的和最大的实现情形。在此类情形下，通常强烈建议其运用简单的三角分布。蒙特卡罗企业自由现金流模型和标准企业

⊖ Jäckel (2002), p. 9

⊜ Jäckel (2002), pp. 9–17, McLeish (2005), pp. 77–162.

自由现金流模型之间的主要区别在于：在蒙特卡罗企业自由现金流模型中，可能的分布被用作输入参量；在标准企业自由现金流模型中，可能的数据被用作输入参量。标准企业自由现金流模型的结果仅反映预期公司基本价值。有时（但并非一直），除了其报告中最可能实现的情景外，金融分析师还会探讨最好情形和最坏情形。蒙特卡罗企业自由现金流模型与标准企业自由现金流模型恰恰相反，其会展示出完整的情景：蒙特卡罗模拟的结果不是单个预期基本价值，而是所有可能的基本价值的完整概率分布。[⊖]蒙特卡罗企业自由现金流模型的结果与其他任何模型的结果一样，也取决于其输入参量的质量。在下一节中，我们将向你展示如何用 @Risk 插件在 Excel 中构建蒙特卡罗企业自由现金流模型。

6.2 运用 @Risk 插件进行蒙特卡罗模拟

在本节中，我们将展示如何利用帕利塞德公司的 @Risk 软件进行百度公司股票估值的蒙特卡罗模拟。@Risk 是一款成熟的 Microsoft Excel 电子表格插件。用户能在熟悉的环境中运行该插件。要应用 @Risk，须先安装该软件。如果你没有 @Risk 4.5，可从帕利塞德公司网站轻松下载该软件。用户指南详尽地说明了 @Risk 的全部功能。我们强烈推荐阅读 @Risk 的在线教程。@Risk 装妥之后，你可按如下步骤启动在线教程：

开始菜单 / 程序 / 帕利塞德决策工具 / 教程 /@Risk 教程 /Risk45.html。

6.2.1 使用一个随机变量的蒙特卡罗模拟

在企业自由现金流模型中，我们采用了金融分析师 2005 年秋季所预估的平均收入增速 g、营业利润率 m、税率 τ 及其他输入要素。表 6-1 显示了我们为百度公司构建的、截至 2007 年 6 月的标准企业自由现金流模

⊖ Palisade Corporation (2005), p. 29.

型。我们于2007年6月15日在法兰克福同百度公司首席财务官王湛生碰面之后更新了数据，并采用了摩根士丹利金融分析师的预估数据。[1] 2006年全年，百度公司创造的总收入达到7.86亿元。与以往年度不同，百度公司将“营业税和附加”计入了主营业务成本，而未将这些费用从其2005年总营收中扣除。[2]百度公司2005年和2006年的收入增速轻松超出了2005年秋季的预估水平。如此一来，百度公司的内在价值从35美元大幅跃升至135美元左右。2005年秋季，金融分析师对这家年均营收1300万美元的公司进行了研究。2007年，百度公司每季度业务收入约为6000万美元。内在价值的巨大变化反映出公司已经彻底改变。该例表明了百度公司的公允价值对收入增速变动的敏感度。

请注意，股票薪酬被再次加回以调整营收。作为一家高新科技企业，百度公司享受了大量税收优惠。[3]过去的净营运资本减现金和现金等价物下降，主要是因为客户定金大幅增加。与摩根士丹利的观点一样，我们也认为百度公司的净营运资本在2015年之前会呈下降趋势。虽然净营运资本会随公司的成长而增加，但百度公司营收的增长主要来自稳定的市场客户。

如前所述，企业自由现金流在竞争优势期期末的现值受多个参数影响：

（1）预期收入增速 g_t；

（2）预期息税前利润率 m_t；

（3）预期税率 τ_t；

（4）预期折旧与摊销 $D\&A_t$；

---

[1] Morgan Stanley (2007b), p. 10, Morgan Stanley (2007a), p. 10.

[2] Baidu.com, Inc. (2006c), p. F-8 and p. 46.

[3] Baidu.com, Inc. (2006c), pp. F-24f.

表 6-1　百度公司截至 2007 年 6 月的企业自由现金流模型（经更新）　　（单位：百万元人民币）

截至 12 月 31 日年度止	第 0 年	第 1 年	第 2 年	第 3 年	第 4 年	第 5 年	第 6 年	第 7 年	第 8 年	第 9 年	第 10 年	
	2006 年	2007 年末	2008 年末	2009 年末	2010 年末	2011 年末	2012 年末	2013 年末	2014 年末	2015 年末	2016 年末	
净营收增速	163%	96%	64%	48%	36%	29%	25%	23%	21%	17%	13%	经纪预估值
净营收	786	1 541	2 527	3 739	5 085	6 560	8 200	10 086	12 204	14 279	16 135	
息税前利润率（占总营收的百分比）	33%	33%	33%	35%	36%	37%	38%	39%	39%	40%	40%	经纪预估值
息税前利润	259	508	834	1 309	1 831	2 427	3 116	3 934	4 760	5 712	6 454	
息税前利润课税	12	9	43	215	299	574	728	910	1 120	1 303	1 468	经纪预估值
税率（占息税前利润百分比）	5%	2%	5%	16%	16%	24%	23%	23%	24%	23%	23%	
息税前利润（$1-\tau$）	247	499	791	1 094	1 532	1 853	2 388	3 024	3 640	4 409	4 986	
+ 股票薪酬	48	63	116	168	269	346	432	531	641	747	847	经纪预估值
息税前利润（$1-\tau$）(经调整)	295	562	907	1 262	1 801	2 199	2 820	3 555	4 281	5 156	5 833	
折旧与摊销	63	164	245	315	368	430	491	554	616	675	729	经纪预估值
折旧与摊销 / 净营收比率	8%	11%	10%	8%	7%	7%	6%	5%	5%	5%	5%	
净营运资本变动 − 现金	90	131	111	100	109	85	64	47	16	（68）	（157）	经纪预估值
净营运资本变动 − 现金 / 净营收比率	11%	9%	4%	3%	2%	1%	1%	0%	0%	0%	−1%	
资本支出	（194）	（350）	（498）	（660）	（794）	（957）	（1 114）	（1 268）	（1 410）	（1 503）	（1 545）	经纪预估值
资本支出 / 净营收比率	−25%	−23%	−20%	−18%	−16%	−15%	−14%	−13%	−12%	−11%	−10%	
企业自由现金流	254	507	765	1 017	1 484	1 757	2 261	2 888	3 503	4 260	4 860	
贴现因子（加权平均资本成本）		1.13	1.28	1.44	1.63	1.63	2.08	2.35	2.66	3.00	3.39	

（续）

截至 12 月 31 日年度止	第 0 年	第 1 年	第 2 年	第 3 年	第 4 年	第 5 年	第 6 年	第 7 年	第 8 年	第 9 年	第 10 年	
	2006 年	2007 年末	2008 年末	2009 年末	2010 年末	2011 年末	2012 年末	2013 年末	2014 年末	2015 年末	2016 年末	
经贴现企业自由现金流		449	599	705	910	1 078	1 086	1 227	1 318	1 418	1 432	
（1）经贴现企业自由现金流之和		10 221										
（2）终值		24 817										
终值期企业自由现金流		1 432										
终值增速		4%										
终值贴现因子（加权平均资本成本）		10%										
（3）非经营性资产（2007 年第一季度现金）		1 169										
（4）长期负债		0										
企业价值（1）+（2）+（3）+（4）:		36 207										
汇率：人民币 / 美元		7.72										
企业价值（百万美元）		4 690										
流通股股数（稀释，百万股）		35										
每股价值（美元）		135										

（5）预期净营运资本变动 ΔNWC_t；

（6）预期资本支出 $Capex_t$；

（7）预期加权平均资本成本 $WACC_t$：

$$PV(FCFF_t) = \phi_1(g_t, m_t, \tau_t, D\&A_t, \Delta NWC_t, Capex_t, WACC_t)$$

终值 TV 表示竞争优势期之后的企业自由现金流价值。终值的现值 PV (TV) 是由竞争优势期最后期间 T 内的企业自由现金流 $FCFF_T$、竞争优势期加权平均资本成本 $WACC_t$、稳定增长期永久增速 g_{TV} 和 $WACC_{TV}$ 所构成的函数：

$$PV(TV) = \phi_2(FCFF_T, WACC_t, g_{TV}, WACC_{TV})$$

所有这些输入要素均高度不确定。为了将不确定性纳入企业自由现金流模型，我们首先假设收入增速 g_t 是随机的，而其他输入要素为确定性的（如表 6-1 所示）。在企业自由现金流中，2005 ～ 2014 年期间各年的收入增速分别为 149%、70%、58%、47%、36%、28%、21%、18%、12% 和 10%。当然，即使是最有见识的金融分析师，也无法知道收入在未来 10 年会增长多少。构建标准的企业自由现金流后，金融分析师就会运用点估计作为输入参量。蒙特卡罗企业自由现金流模型比标准的企业自由现金流模型更切合实际，因为它是将一系列可能值的概率分布（而不是点估计）输入模型。

金融分析师通常会使用 Excel 电子表格并应用离散时间模型，假设收入 Rev 会随着时间推移而以离散步长 ΔRev_t 增长：[⊖]

$$Rev_t = Rev_0 + \sum_{t=1}^{n} \Delta Rev_t$$

⊖ 在互联网泡沫见顶时，施瓦兹和穆恩（Schwartz and Moon，2000）以数学方式在连续时间内更优雅地对互联网公司的主营业务收入进行了建模，并得出结论："视所选参量，并假设主营业务收入增速足够高，一只互联网板块的股票的价值可能是合理的。" 此引述表明，制定过于复杂的模型也未必能得出正确结论。Moon and Schwartz (2000), pp. 62 and 74.

$$\Delta \text{Rev}_t = g_t \times \text{Rev}_{t-1}$$

收入增速 g_t 可看作一组独立的随机变量，代表均值为 μ_t^L、标准差为 σ_t^L 的正态分布：

$$g_t^L = N(\mu_t^L, \sigma_t^L)$$

竞争优势期 $t = 0, \cdots, T$ 被分解为企业生命周期的不同阶段 $L=1, \cdots, n$。高增长阶段之后是较为温和的增长阶段。

如已装有 @Risk，在 Excel 模型中输入概率分布就会非常容易：单击 Excel 电子表格中的任意单元格并按下鼠标右键，然后选择“@Risk—定义分布”。或者，用户可以直接单击“定义分布”图标。若我们在 Excel 电子表格中单击单元格并按下鼠标右键，然后选择“@Risk—定义分布”，则 @Risk 就会在单元格中自动输入一个“风险～正态（均值，标准差）”公式。用户可以在 @Risk 菜单中进行选择。为了便于阐明，我们假设收入增速呈正态分布，并输入均值 120% 和标准差 50%。@Risk 允许 Excel 电子表格用户在“定义分布”菜单左侧输入多个自变量。我们分别输入 95% 和 5% 作为向右的概率值和向左的概率值，@Risk 会显示：增速将在 37.8% ～ 202.2% 之间变化，概率为 90%（假设该正态分布均值为 120%，标准差为 50%）（见图 6-1）。

从概念上讲，定义分布有两种方法——统计法和分析法。

（1）统计法。数学家们已开发出用以检验数据样本是否来自某一特定分布的统计检验（如安德森－达林检验、柯尔莫哥洛夫－斯米尔诺夫检验和卡方检验），并可从彭博社、Datastream 等可靠来源下载历史数据、计算和检验历史增速是否遵循某一特定分布（如正态分布）。如果在给定的重要性下不拒绝基本正态分布的假设，那么，数学家将假定样本数据呈正态分布，并估计前两个参数（均值和标准差），它们可以完全描述正态分布。

不幸的是，金融分析师可获取的历史数据通常数量有限。例如，公司变更了商业模式，重组、合并或收购其他公司，则历史数据就会丧失意义。因为百度公司成立于 2000 年 1 月，所以它的历史数据很少。⊖由于业务收入、盈利和投资需求取决于公司的生命周期，历史数据未必能代表未来表现。百度公司正处于其生命周期的最早期阶段。认为百度公司销售额将会一直保持高速增长的想法很不现实。而且由于收入、盈利和投资需求还受商业周期影响，建议投资者按生命周期的不同阶段对百度公司进行划分，并在可能的情况下分析整个商业周期。

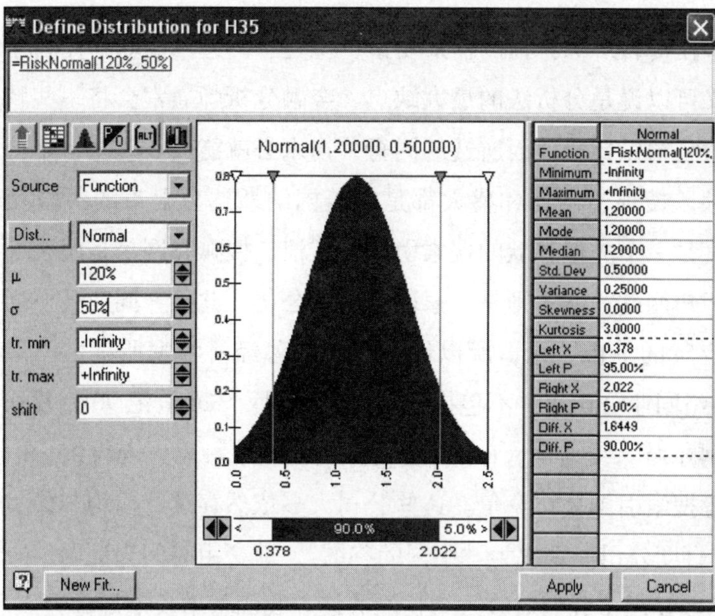

图 6-1 运用 @Risk 在 Excel 电子表格中定义正态分布

（2）分析法。除了历史数据之外，金融分析师还会将自己的经验和观点纳入其模型。金融分析师常常还采用图表将历史数据形象化，以方便展示未来可能的样子。表 6-2 显示了在纳斯达克上市的中国互联网公司的年收入增速情况。⊜

⊖ Baidu.com, Inc. (2005a), p. 1.

⊜ 在实践中，金融分析师也会监测季度数据。此处仅提供年度数据以节省空间。

为便于比较，我们也计入了谷歌和雅虎的收入增速。表 6-2 表明，高速增长期之后通常是温和增长期。所有公司的增速分散度都很高。

投资者通常不仅要分析历史数据，还要考量种类繁多的非样本信息，并分析影响模型的主要变量。为了理解商业模式和行业动态，机构投资者还会与管理层、投资银行专家沟通。在第 5 章中，我们探讨了收入增长驱动法。百度公司的收入增长受诸多因素影响，如在线活跃客户数量、客户平均在线营销收入、中国在线广告市场的预期增速以及公司市场份额等。

一些投资者辩称：预测输入要素更像是一门艺术而非一门科学。存在潜在歧义可以说是分析法的最大缺点。金融分析师通常会将一些特定的公司与同行公司做比较，而所选的同行公司未必就能代表这些特定公司。百度、新浪、搜狐、网易和盛大都是在美国纳斯达克上市的中国互联网公司。百度是一个类似谷歌的搜索引擎；新浪、搜狐和网易是属于综合的电子商务门户网站；盛大则是一家网络游戏公司。此外，同业公司通常还包括仍然存续的上市公司，所以经常出现金融经济学家所称之“幸存者偏差”。各组同业公司通常不包括已倒闭的公司。[㊀]20 世纪 90 年代初期，谷歌曾与阿尔塔・维斯塔、Excite、网页爬虫、莱科思、麦哲伦、信息搜寻和热搜等搜索引擎公司竞争。这些公司大多依然存续，但均未像谷歌那样成功。[㊁]百度公司能否成为“中国的谷歌”，就交由时间去证明。

表 6-3 显示了我们对收入增长的假设。我们将增长期划分为 3 个阶段，即增长初期（2007 ～ 2009 年）、高速增长期（2010 ～ 2012 年）和温和增长期（2013 ～ 2016 年）。当公司报告业绩或其他相关信息时，金融分析师通常会对他们的模型进行更新。在百度公司报告了 2007 年第一季度业绩之后，我们将收入预测与高盛、摩根士丹利的最新预测进行了比较。

㊀ 跑输大盘只是公司不再存续的若干原因之一。公司也常因收购或合并而被从证券交易所摘牌退市。

㊁ 戴维・怀斯所著《谷歌的故事》一书对谷歌的历史做了描述（Vise，2005）。

表 6-2 同业公司的收入增速

（单位：百万美元）

时间	百度（BIDU）		新浪（SINA）		搜狐（SOHU）		网易（NTES）		盛大（SNDA）		谷歌（GOOG）		雅虎（YHOO）	
	营收	营收增速	营收	营收增速	营收	营收增速	营收	营收增速	营收	营收增速	营收	营收增速	营收	营收增速
2006 年 12 月 31 日	105.1	166%	213	10%	134	28%	277	39%	212	−10%	10 605	73%	6 426	22%
2005 年 12 月 31 日	39.6	195%	194	−3%	105	1%	200	83%	235	50%	6 139	92%	5 258	47%
2004 年 12 月 31 日	13.4		200	75%	103	28%	109	67%	157	116%	3 189	118%	3 575	120%
2003 年 12 月 31 日			114	194%	80	180%	66	145%	72		1 466	234%	1 625	71%
2002 年 12 月 31 日			39	46%	29	121%	27	749%			440	409%	95 307	33%
2001 年 12 月 31 日			27	88%	13	118%	3	−15%			86	352%	717	−35%
2000 年 12 月 31 日			14	401%	6	268%	4	95%			19	8 585%	1 110	88%
1999 年 12 月 31 日			3	13%	2	243%	2				0		592	141%
1998 年 12 月 31 日			3		0	505%							245	248%
1997 年 12 月 31 日					0								70	258%
1996 年 12 月 31 日													20	1 345%
1995 年 12 月 31 日													1	

资料来源：彭博社。

表 6-3 营收增长预测

（单位：百万元人民币）

		高盛		摩根士丹利		分布	参量 1		自有预估参量 2		参量 3	
		2007 年 4 月 27 日		2007 年 4 月 27 日			类型	值	类型	值	类型	值
2007 ～ 2009 年	2007 年	1 545	97%	1 539	96%	三角分布	最小值	80%	最可能值	100%	最大值	120%
	2008 年	2 694	74%	2 526	64%	三角分布	最小值	30%	最可能值	70%	最大值	110%
	2009 年	3 921	46%	3 728	48%	三角分布	最小值	20%	最可能值	60%	最大值	100%
2010 ～ 2012 年	2010 年	—	—	5 057	36%							
	2011 年	—	—	6 504	29%							
	2012 年	—	—	8 125	25%	正态分布	均值	25%	标准差	25%		
2013 ～ 2016 年	2013 年	—	—	9 979	23%							
	2014 年	—	—	12 048	21%							
	2015 年	—	—	14 039	17%							
	2016 年	—	—	15 917	13%	正态分布	均值	20%	标准差	40%		

资料来源：Goldman Sachs (2006)，Morgan Stanley (2006).

投资银行的金融分析师通常会采用多年多期点估计。我们并不赞同这一做法。多年多期预测的不确定性很高。过去，互联网公司营收增速的历史分散度很高。互联网公司增速的标准差超出均值两倍的情形并不少见。

投资者通常不会用点估计来进行考量，而是考量可能值的范围，并凭直觉去理解最小值、最可能值和最大值。相比于正态分布，一些投资者更喜欢三角分布。要输入三角分布，@Risk 用户必须在“定义分布”菜单中选择“三角”而非“正态”，并定义最小值、最可能值和最大值。当用户选择“应用”时，@Risk 会将输入转换为函数“风险～三角（最小值，最可能值，最大值)”。

@Risk 要求所有单元格均能正确识别。蒙特卡罗模拟的输出单元格即为每股内在价值。要识别某一输出，请先选定输出单元格，单击“添加输出”图标并定义“输出单元格名称”，如“基本价值”。@Risk 会自动在所选单元格中输入一个函数：RiskOutput（“基本价值”)(见图 6-2）。

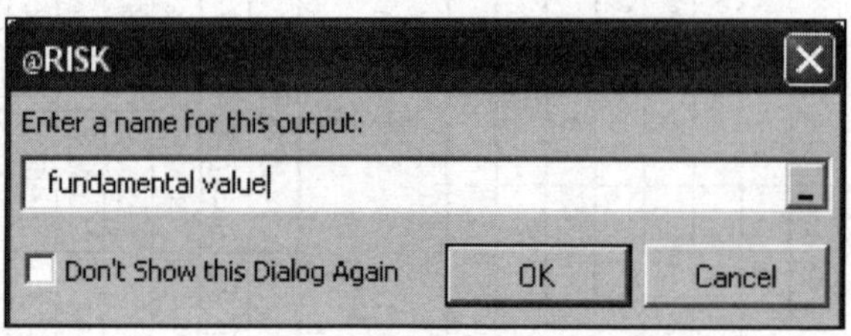

图 6-2 用 @Risk 在 Excel 电子表格中定义输出单元格

输入所有分布函数并识别出所有输出之后，就可以通过单击“模拟设置”对话框来指定模拟设置。例如，我们想运行一次 5000 次迭代的蒙特卡罗模拟（见图 6-3）。

在“模拟设置”菜单中激活蒙特卡罗模拟之后，每按一次 F9 键，Excel 电子表格都会重新计算。幸运的是，用户不必不停地按 F9 键，只需单击“开始模拟”图标即可。

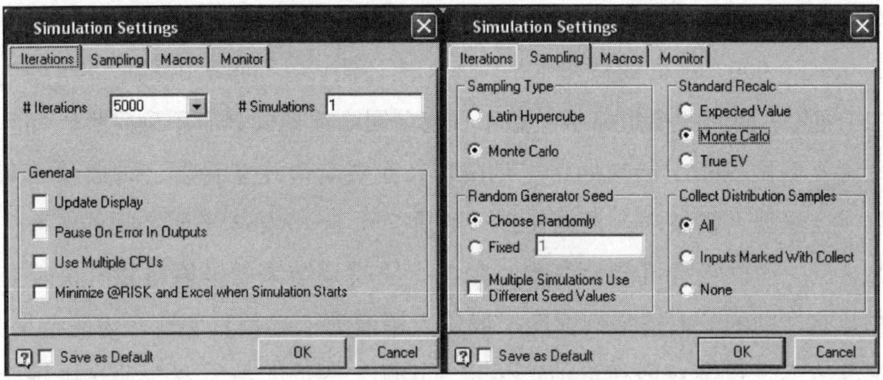

图 6-3 @Risk 模拟设置

@Risk 结果窗口提供了种类繁多的模拟结果显示选项。图 6-4 显示了 5000 次迭代的模拟结果。要绘制累积分布图，请在 @Risk 结果窗口中选择“图形”—“图形类型”—“升序累计”—“行”。

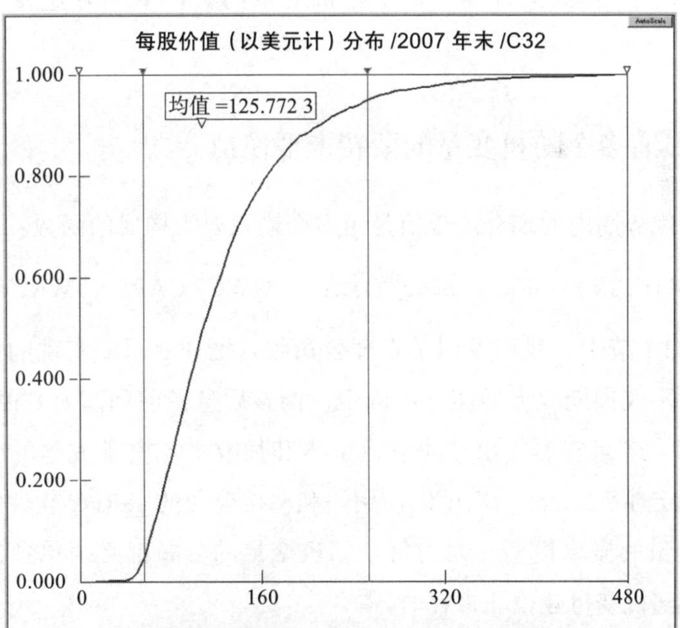

图 6-4 @Risk 结果窗口：单变量蒙特卡罗企业自由现金流模型

累积分布在 x 轴上显示可能的基本值，在 y 轴上显示 100%（1.000）到 0%（0.000）之间的概率水平。基于上述假设，百度公司的股票价值为 125 美元。我们的模拟显示：鉴于百度公司商业模式具有不确定性，而且中国互联网搜索市场尚处于早期阶段，投资者应注意百度公司股价未来可能会出现大幅波动。根据模拟，股价介于 56 ～ 253 美元之间的概率为 90%。一些投资者可能会发现，蒙特卡罗模拟结果的极值对投资决策是非常有帮助的。上述举例证明了股价大幅波动未必是非理性行为的结果。更改输入变量会对内在价值产生重大影响。因为蒙特卡罗企业自由现金流模型计入了所有可能实现的情形而非单一的“目标价格”，所以比标准现金流贴现模型更切合实际。蒙特卡罗企业自由现金流模型会使投资者用概率的思维思考并做出正确决策。实际上，不仅是收入增速具有不确定性，营业利润率、资本支出及其他输入变量也都具有不确定性，因此，我们将在下一节中探讨具有多个随机变量的蒙特卡罗企业自由现金流模型。

6.2.2 具有多个随机变量的蒙特卡罗模拟

竞争优势期内的现金流现值是由多个输入要素构成的函数：

$$\text{PV (FCFF)} = \phi_1 (g_t, m_t, \tau_t, \text{D\&A}_t, \Delta \text{NWC}_t, \text{CAPEX}_t, \text{WACC}_t)$$

在 6.2.1 节中，我们模拟了百度公司收入增速 g 可能实现的情形，但实际上，不仅预期收入增速 g 不确定，调整后息税前利润 m、税率 τ、折旧与摊销、未来资本支出、净营运资本和加权平均资本成本的变动也都具有不确定性。Excel 用户可以使用帕利塞德公司的 @Risk 软件来构建多个随机变量的概率模型。因为每个随机变量的分布都必须单独定义，所以用多个随机变量建模非常耗时。

不幸的是，随机变量通常不是独立的。构建切合实际的蒙特卡罗企业自由现金流模型，需要将输入变量之间的依赖关系纳入估值模型。前面我们曾提到，变量之间往往存在因果关系。下列两种关系最重要：

（1）增速与利润率之间的依赖关系。当收入增长时，由于单位平均成本下降，营业利润率就会上升。例如，规模经济源自更低的单位成本、学习效应以及对技术、资本和劳动力的高利用率。

（2）增速与投资需求之间的依赖关系。一家公司如果想增加收入，通常就必须投资于物业、厂房及设备和净营运资本（如存货和应收账款等）。如此一来，收入增速、资本支出和净营运资本变动通常就不是独立的。显然，投资需求取决于公司商业模式。一家半导体公司必须投资数十亿美元才能建成一座新工厂；而软件公司的商业模式通常更具可扩展性，同时需要更少的投资来增加收入。

构建切合实际的蒙特卡罗企业自由现金流模型，不仅取决于金融分析师评估所有变量分布的能力，也取决于评估这些变量间依赖关系的能力。金融分析师可以通过在散点图上绘制历史数据集（x_i, y_i），将两个随机变量 X 和 Y 之间可能存在的关系可视化。金融分析师大都熟悉相关系数。相关性和协方差衡量了两个随机变量 X 和 Y 之间的线性依赖程度。皮尔森积矩协方差的定义是：

$$\mathrm{Cov}(X, Y) = E(XY) - E(X)E(Y)$$

如果 $E(X)$、$E(Y)$ 和 $\mathrm{Var}(X)=\sigma_x^2$、$\mathrm{Var}(Y)=\sigma_y^2$ 分别是两个随机变量 X 和 Y 的预期值和方差，那么线性积矩相关性 r 就被定义为：

$$r=\frac{\mathrm{Cov}(X,\ Y)}{\sigma_x\sigma_y}=\frac{E[(X-E(X))(Y-E(Y))]}{\sqrt{E[(X-E(X))^2]E[(Y-E(Y))^2]}}$$

相关系数的取值范围为 $[-1, +1]$。如果两个变量完全正相关，则 $r=+1$；若两个变量完全负相关，则 $r=-1$。或者，相关系数 r 的绝对值可被作为可决系数 R^2（衡量通过 Y 对 X 的回归所解释的 Y 中的总变化占比）的平方根进行计算。如果线性回归 $Y=\alpha+\beta X$ 中的自变量 X 能解释因变量 Y（$R^2=1$）100% 的变化，那么，若 $\beta>0$，则 $r=+1$；若 $\beta<0$，则 $r=-1$。

相关系数 r 是衡量线性依赖的指标。皮尔森积矩相关性不反映非线性关系，不暗示因果关系。[1]

一个相关性数值，就是斯皮尔曼等级顺序相关性系数 r_S。斯皮尔曼等级相关通常是在无法获得准确数据时使用。设 n 为 x_i 值和对应 y_i 值的数量。为了计算斯皮尔曼等级相关，首先将 x 值和 y 值按其大小顺序排列。根据大小，向每个 x_i 和 y_i 赋值 $j = 1, \cdots, n$。若 $d_{ij} = j_x - j_y$ 是各（x_i, y_i）的集合偏差，那么，斯皮尔曼等级顺序相关性系数 r_S 可通过下式给出：[2]

$$r_S = 1 - \frac{6\sum d_{ij}^2}{n(n^2-1)}$$

科学家们认为，将相关性纳入蒙特卡罗模拟而非假设变量是独立的，这一点非常重要。如果线性依赖关系较弱，或者它们对结果的影响很小，或者变量具有确定性，那么相关性可以被忽略。[3]将相关性纳入企业自由现金流模型，需对相关系数做出可靠评估。相关系数可随着时间而变化。分析变量之间的因果关系是构建模型的先决条件。

金融分析师通常会预估“资本支出 / 销售额比率”“净营运资本变动 / 销售额比率”和“折旧与摊销 / 销售额比率”，而不是资本支出、净营运资本变动和折旧与摊销水平的绝对数值。通常，仅当公司投资于物业、厂房及设备和净营运资本时，销售额才会增加。如此一来，收入和投资（资本支出和净营运资本变动）通常相关，但是，“资本支出 / 销售额比率”“净营运资本变动 / 销售额比率”和“折旧与摊销 / 销售额比率”通常会随着时间的推移而趋于稳定，且对公司收入增长的依赖度越来越低。如此一来，“资本支出 / 销售额比率”“净营运资本变动 / 销售额比率”和“折旧与摊销 / 销售额比率”之间的相关性通常就会很低；另外，“资本支

---

[1] Spiegel *et al.* (2000), pp. 278–327.

[2] Spiegel *et al.* (2000), pp. 285 and 307–309.

[3] Clemen and Reilly (1999), p. 220.

出 / 销售额比率”“净营运资本变动 / 销售额比率”和“折旧与摊销 / 销售额比率”和收入增速 g 之间的相关性通常也会很低，所以，我们运用下列公式来预估企业自由现金流：

$$\mathrm{FCFF}_t^e=\left[(\mathrm{Rev}_{t-1}\times(1+g_t^e))\times\frac{\mathrm{EBIT}_t^e}{\mathrm{Rev}_t^e}\right]\times(1-\tau_t^e)+$$

$$\left[\frac{\mathrm{D\&A}_t^e}{\mathrm{Rev}_t}-\frac{\mathrm{Capex}_t^e}{\mathrm{Rev}_t}-\frac{\Delta\mathrm{NWC}_t^e}{\mathrm{Rev}_t}\right]\times(\mathrm{Rev}_{t-1}\times(1+g_t^e))\pm\text{调整项}$$

这一公式非常有用，因为它会“自动”反映收入增长与投资需求之间的依赖关系。运用修改后的企业自由现金流公式可节省大量时间，因为营收同“资本支出 / 销售额”“净营运资本变动 / 销售额”和“折旧与摊销 / 销售额”之间的相关性通常很低，所以，在构建蒙特卡罗企业自由现金流模型时可将其忽略。

企业自由现金流公式并未反映出收入和营业利润率之间的依赖关系。众所周知，当单位平均成本下降而使收入增长时，营业利润率就会增加（即“规模经济”）。@Risk 使 Excel 用户能够指定一个相关矩阵来反映随机变量之间的相关性。创建蒙特卡罗企业自由现金流模型通常需要两个步骤。第一步，必须定义每个随机变量的分布。@Risk 用户可在“定义—分布”菜单中定义分布。第二步，指定相关性。金融分析师可在“模型定义”窗口中对相关性进行指定。或者，直接将 RiskCorrmat () 函数添加到变量公式中。

@Risk 运用随机数据重置过程来反映斯皮尔曼等级相关。伊曼和康诺弗在 1982 年首次提出由独立随机变量的配对实现来推导斯皮尔曼等级相关的方法。运用重置的成对随机数据可确保从相关分布中提取假设参数。该方法可以在输入参量边际分布保持不变的情况下与任何类型的分布一起运用，即是一种自由分布法。[⊖]或者，可以运用连接函数来反映变量 X 和 Y 之间的关系。连接函数法允许用户为随机变量以及变量间的关

⊖ Palisade Corporation (2006), Iman and Conover (1982).

系进行量化。[一]

利用 @Risk 这款成熟的统计软件包，金融分析师就可以毫不费力地将输入变量之间的关系纳入企业自由现金流模型。但是，对于往往仅有极少历史数据的单只股票而言，它就很难发挥作用了。计算在同一行业运营的一组公司的相关系数，有助于金融分析师了解输入参量（如收入增速和营业利润率）之间的行业特定依赖关系。[二]

我们对所有随机变量的分布假设，并将预测数据同 2007 年 4 月摩根士丹利的数据进行了比较。[三]如果你的电脑已装有 @Risk，指定随机变量之间的相关性就会非常简单。输入相关矩阵的步骤如下：

（1）单击“显示输出和输入列表”图标，以打开 @Risk 模型窗口；

（2）按住 Ctrl 键并选定你想进行关联的输入参量；

（3）单击“定义关联”图标，或右键单击“关联分布”，以打开相关矩阵；

（4）在相关矩阵中输入你想要的相关系数。为矩阵命名（如“利润率_营收增速”），以便稍后在 @Risk 的模型窗口中识别出该矩阵。单击“应用”。

@Risk 会自动将 RiskCorrmat () 函数输入到所选随机变量的分布函数中。要编辑相关矩阵，请右键单击 @Risk 模型窗口中的相关矩阵（如图 6-5 所示）。[四]

[一] Jäckel (2002), pp. 42–57, Clemen and Reilly (1999), p. 209.

[二] 相关性通常不会随着时间推移而保持不变，且可被视为一个随着时间推移而演变的随机过程。金融分析师通常在金融衍生工具研究中应用多变量广义自回归条件异方差（GARCH）模型和类似的随机模型。从理论上讲，可使用同样的方法来对两组基本数据之间的相关性建模。Mezrich and Engle (1996).

[三] Morgan Stanley (2007b). 高盛并未在其 2007 年 4 月 27 日的公司更新中做出足够的本可用于比较的长期预测报告。Goldman Sachs (2007).

[四] 众所周知，归因于规模经济，主营业务收入和营业利润率并非彼此独立。我们预估了某一期间内主营业务收入增速与营业利润率之间的相关性，但假设了随着时间推移我们的两个输入要素的序列相关性为零。

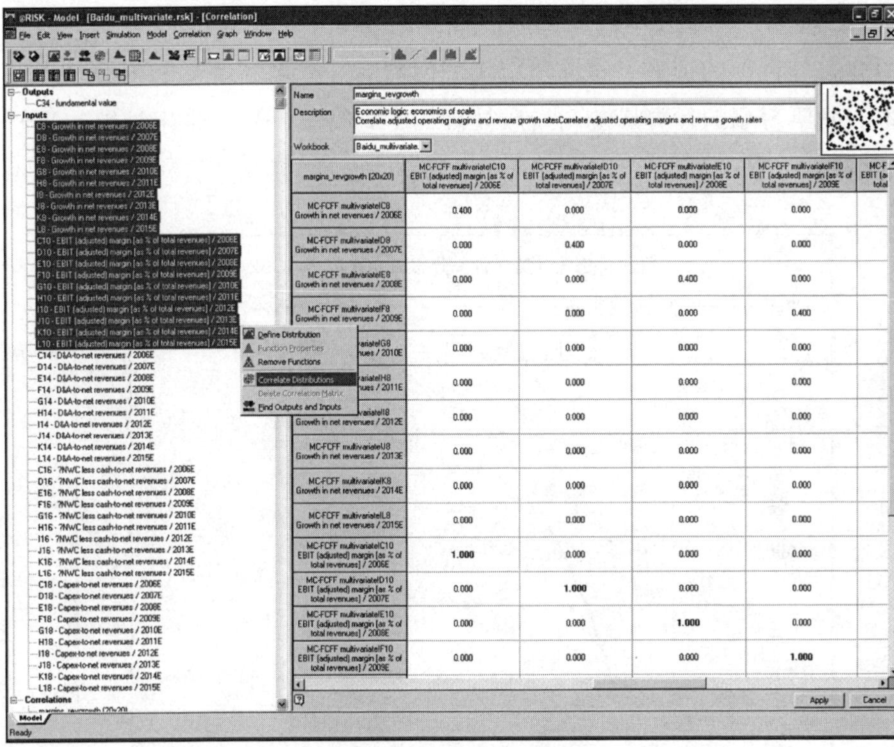

图 6-5 @Risk 模型窗口

“百度 .xls” 反映了我们的假设。在规模经济环境中，营业利润率会伴随着收入的增长而增长。由于其他随机变量的相关性可忽略不计，我们假设这些变量之间是相互独立的。图 6-6 显示了具有多个随机变量并进行了 5000 次迭代的蒙特卡罗模拟的结果。

基于我们的假设，百度公司股票的预期值为 152 美元，这一结果很有意思。图 6-6 表明，如果收入和营业利润率呈正相关，则极高值的实现情形就会出现得更加频繁。该图还显示出百度公司股价仍有巨大的上行潜力。根据我们的模拟，大多数投资银行的目标价格（如表 5-14 所示）仍然偏保守。

对公允价值建模有助于投资者了解内在价值对输入参量变化的敏感度。我们考量了不同的情景。如果加权平均资本成本从 13% 增加至

15%，那么，预期每股内在价值将从 152 美元下降至 131 美元。[⊖]我们遵照金融分析师的惯例，将股票薪酬加回营收。股票薪酬是股东的经济成本。股票薪酬的稀释影响与税收处理的不利变更一样，也未被纳入我们的模型。

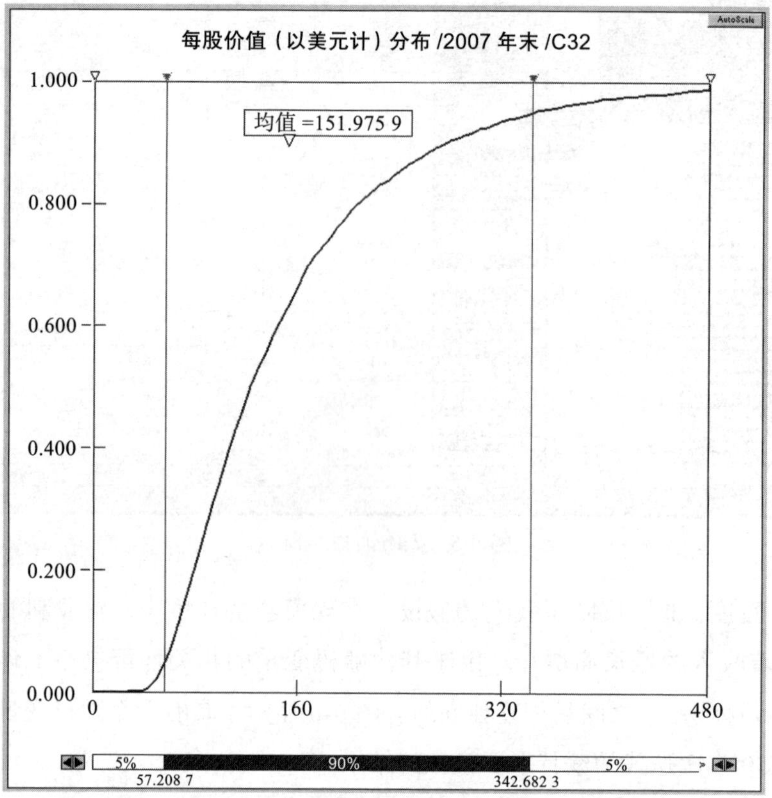

图 6-6 @Risk 结果窗口：多变量蒙特卡罗企业自由现金流模型

如前所述，一个最重要的经济命题表明：资本回报率会随着时间推移而逐渐衰减至资本成本水平。2007 年 4 月，摩根士丹利的金融分析师隐晦地做出了假设：百度公司的投入资本回报率将在整个预测期内保持

⊖ 风险溢价和资本成本不会随着时间的推移而保持不变。在第八部分中，瓦玛等人阐明：若投资者的风险厌恶是不稳定的，公允价值可能会发生巨大变化。

在高位，且百度公司的净营运资本在 2015 年之前都会呈下降趋势。我们的蒙特卡罗企业自由现金流模型表明：净营运资本在减少，高资本周转率和高投入资本回报率均在降低。如果百度管理层决定公司必须向物业、厂房及设备或净营运资本投入更多资金以保持竞争力的话，那么，百度公司有利的资本周转率、每股公允价值，尤其是其股价将会受到不利影响。百度公司宣布，拟斥资 1500 万美元（约占其 2007 年预期营收的 8%）以进入日本搜索市场。日本搜索市场由两大巨头主导，雅虎日本和谷歌日本分别占据日本搜索市场 65% 和 35% 的份额。这笔投资的回报具有很高的不确定性。如果百度公司决定大手笔投资日本市场，那么，其利润率和资本周转率将会受到负面影响。⊖

百度公司是一个极端案例。中国在线市场正处于一个很早期的阶段且增长迅猛。但百度公司显然不是绝无仅有的案例。以股权投资者的视角来看，不确定性是常态而非例外。对于进入估值模型的关键输入变量的未来实现情形，我们通常无法做出确定性预测。通过对反映范围的概率分布和我们输入变量潜在实现情形的可能性进行界定，我们将其不确定性的性质纳入了我们的估值模型。蒙特卡罗企业自由现金流模型若运用得当，则可能会对投资者有用。蒙特卡罗企业自由现金流模型的结果比大多数金融分析师常用的目标价格更切合实际。蒙特卡罗企业自由现金流模型显示了所有可能的结果，并迫使投资者根据概率来进行思考。

6.3 免责声明

本书第一、二部分的目的是介绍现金流贴现模型，讲解这些模型背后的经济逻辑并提供金融分析师的股权估值方法的实例。无论是过去还是现在，我们均无意提供投资建议。请勿根据上述信息做出投资决策：

（1）本书作者之一（及其雇主德意志银行的一家附属公司）从事着与

⊖ Evolution Securities China (2007), pp. 20f, Morgan Stanley (2007b), pp. 6–9.

本书所涉公司相关的业务，他为各类对冲基金及其个人账户买入并（卖空）出售本书中所提及的公司股票，所以，在阅读本书时，请假设存在潜在利益冲突。事实上，你应该始终认为，投资专业人士在撰写或谈论投资时会受其自身利益指引。

（2）永远不要将公允价值与市场价格混为一谈。我们探讨了现金流贴现模型，以预估基本价值、内在价值或公允价值。计算基本价值的前提是：公司将用其资产来产生现金流，并且将持续经营其业务而不会进行资产清算。实际上，持续经营假设并不总是成立。（战略）投资者完全有可能买下百度公司（或书中提及的其他公司）并支付超过上述预期公允价值的控制权溢价。投资者不断以高于或低于内在价值的价格买卖股票。人类在做投资决策时并不会理性行事。贪婪型投资者会不断以虚高价格买入资产，并寄望于别人会很愚蠢地支付一个更高的价格来买入；焦虑型投资者永远都会在低位割肉，售出股票。艾萨克·牛顿在因南海泡沫破灭而失去一笔财富之后坦言："我可以计算出天体的运动，却无法计算出人类内心的疯狂。"⊖我们认为：从长远来看，在竞争激烈的市场中，股票定价是有效的。但是，约翰·梅纳德·凯恩斯告诫称，"市场保持非理性状态的时间，可能比你保持不破产的时间更长"，他的这一观点是正确的。

（3）估值永远无法做到客观且具有时效性。金融分析师是在一个充满着不确定性的世界中制定主观预期。现金流贴现模型是一种将主观预期转换成公允价值，并以结构化的方式分析股票价值驱动因素的有用工具。当新消息出现时，聪明的投资者会改变其预测。据称，约翰·梅纳德·凯恩斯曾对一位批评者回复如下："当事实改变之后，我的想法亦随之改变。你呢？事实改变之后，你会怎么做？"本书著于2006～2007年。当有新信息可用时，我们将改变我们的预测。

⊖ Isaac Newton, quoted in Malkiel (1990), p. 42.

第三部分

盈利探秘：超额回报模型与霍尔特现金流投资回报率框架[㊀]

汤姆·拉森[㊁] & 大卫·霍兰德[㊂]

㊀ 瑞士信贷证券，© 2008 大卫·霍兰德。

㊁ 哈丁·勒夫纳管理公司研究主管，曾任特许金融分析师协会高级政策分析师。

㊂ 瑞士信贷董事总经理兼霍尔特估值与分析集团联席主管。

| 第7章 |

内容介绍[⊖]

股票市场分配效率的最大敌人莫过于对收益的痴迷。[⊜]

虽然华尔街的评估主要以季度收益为基础，但（代表所有投资者的）市场不只关注这些会计数字，而是侧重于评估公司和行业的经济表现或实际产生的现金流。如果不是这样，精明的分析师就可以用现金流估值来系统地击溃市场。众所周知，想要击败市场基本上是不可能的，因此假设市场效率包括了合理的经济表现估值。

虽然公司价值应反映公司未来自由现金流的现值，[⊜]但金融分析师通常将利润视为当前现金流的可靠季度代替指标。此举可取吗？仅仅关注利润，就会导致忽略一个事实：利润数据是以所有财务报表（利润表、资产负债表和现金流量表）的许多会计假设为基础的。利润通常与经济价值

⊖ 本书作者特别感谢来自霍尔特的雷蒙德·斯托克斯、大卫·里德和格里格·科勒特，他们抽出了宝贵时间来校阅本书中的事实性错误，为我们提供了宝贵的支持。若经其校阅后仍有其他任何错误，均系作者责任。

⊜ Rappaport (2005).

⊜ 根据美国一般公认会计原则和国际财务报告准则，自由现金流并无标准定义，但无论何种定义，评论者大都同意企业未来现金流构成了公司价值的基础。在本部分中，我们将为现金流投资回报模型和经济利润模型定义现金流。

和自由现金流差异很大。提高利润的最快方式是削减研发费用或营销费用。尽管此举会令利润大幅提升，但市场会看穿这一伎俩，公司会因拔苗助长而遭到市场惩罚。这就是会计与经济相互冲突的地方。

虽然对经济表现的评估始于会计数据，但会计决策也会影响经济评估。最近的历史表明，管理层的会计决策可能会以牺牲创造经济价值的机会为代价来反映提高收入的机会。[⊖]合理的框架应纳入会计调整，以更准确地反映出公司的经济状况及其管理层决策。如果现金流代表着真实世界，那么利润就代表着通往真实世界的大门。

合理的经济表现和估值模型具备哪些特征呢？

- 它应系统地识别并消除会计失真，让业绩衡量指标尽可能地反映公司的基本经济状况。反映经济真实状况的会计模型应以公司的资产负债表为切入点。利润表的科目是会计概念。当资产负债表中的应计科目发生变化时，会计决策和经济行为很容易被混淆，导致这两者很难区分；另外，有些决策（如租赁）仅将支出放入利润表中，从而有效地在资产负债表中隐藏了融资决策和资产。我们将向读者展示：现金流投资回报率消除了很多会计失真，并将隐匿的资产重新纳入资产负债表中。
- 业绩衡量指标应反映出用以评估项目和对其预期现金流进行估值的标准经济分析。它考量了不可折旧资产与折旧资产之间的差异，并以资产寿命为基础。我们将展示，现金流投资回报率是加权平均内部回报率的一种衡量指标；我们还将展示现金流投资回报率估值模型是如何与项目经济学保持一致的。
- 应从业绩衡量指标中剔除通胀影响，以使业绩具有跨时间、跨国界和跨行业的可比性。虽然当今世界许多发达经济体的通胀率处于适度水平，但无论是过去还是现在，通胀率都一直是失真的。如果不

⊖ 一些更臭名昭著的人为地让会计数据超前于实际经济状况的案例包括：安然、世通、废物管理公司、阿霍德和帕玛拉特。

调整通胀，那么，跨年份和跨国界的趋势分析就会变得毫无意义。通胀会提高利润率水平与财务回报率，这可能会导致出现不经济的结论与决策。相比之下，现金流投资回报率是一项真实的衡量指标。

- 估值模型应侧重于确定未来的现金流现值。现金为王，企业价值的唯一真实衡量指标是它未来的现金流创造潜力。霍尔特现金流投资回报率估值模型是一种现金流贴现模型，它可以灵活运用各类价值驱动因素（如增速、回报率和竞争优势期）。
- 竞争力会驱动市场经济并使其蓬勃发展。应将行业生命周期纳入估值模型以反映财富和高回报率随着时间的推移而逐渐衰减的事实。霍尔特现金流投资回报率估值模型的一个关键组成部分是行业生命周期的概念。
- 总体上，该方法应提供结构化的、经济的思维方式，并专注于真正的价值驱动因素。霍尔特现金流投资回报率框架是一种整体的系统方法，其使用户能以一种高效、全面的方式对历史表现与市场预期进行比较。由于现金流投资回报率是一项真正的回报率，因而其可对历史回报率与预测回报率进行比较，对投资者预期进行校准。将现金流投资回报率与公司资本成本进行比较，以衡量公司是在创造股东价值还是在破坏股东价值。在制定和分析资本分配决策时，这一环节必不可少。

过分依赖于盈利或简单的会计比率（如市盈率）会掩盖经济状况与估值之间的关系。事实上，老练的投资者会认识到这一点并利用简化的估值模型。他们认识到：即使人们“谈论现金流……那也只是口头说说而已。我们的行业对盈利数据很执着，由于人们并未留意那些能给我们带来信息优势的衡量指标，这对我来说是好事。”⊖

虽然财务报表科目越来越多地按公允价值（如员工股票期权和衍生工

⊖ 2007 年 2 月嘉信理财公司的股票评级主管格雷戈里·福赛斯在其于《彭博市场》杂志上发表文章时引用。

具）进行报告，但是当前财务报告的服务对象不是公司估值。如果我们不仔细了解盈利或会计比率背后会计假设（时间点和应计科目）的复杂性，那么，我们的分析和估值就可能有误。盈利和应计科目并不代表现金流，但它们确实是现金流的组成部分（尽管有时只是很小的组成部分）。

在过去超过25年的时间里，人们为了更好地衡量公司的经济状况而做出了大量尝试。这些衡量指标将会计作为报告工具，这也是会计记账的初衷。虽然财务报告信息可能导致混淆，但这些衡量指标也试图拨开迷雾来评估经济表现，并将经济表现与估值联系起来。

不幸的是，各种经济指标鱼龙混杂，令人困惑。而有些困惑可能会反映出这些模型的专属性质。在过去几年里，模型的开发者花了很多时间来推广他们的特定模型，并说明其相对于其他竞争模型的优势，给人们造成了很大困惑。本部分的目的并不是支持一些模型而打压另一些模型，而是旨在减少困惑，即衡量公司的经济状况而非会计表现，并将这一经济洞见用于估值。我们鼓励金融分析师选择一种自己用起来最顺手的模型。本部分将重点介绍两种最著名的模型：由斯特恩·斯图尔特[⊖]所开发的经济增加值模型和由霍尔特国际财务顾问公司所开发的现金流投资回报率模型。[⊜]虽然还有许多其他专属模型，但这些模型主要是由经济增加值或现金流投资回报率衍生而来。[⊜]由于我们不采用经济增加值所建议的精确调整，所以，本部分中我们采用更为通用的术语“经济利润”。此外，本书行文至此，对现金流投资回报率的调整都是准确的，但根据

⊖ 表示经济增加值的英文首字母缩写EVA®是斯特恩·斯图尔特咨询公司的注册商标。有关经济增加值的进一步探讨，见班尼特·斯图尔特三世（Bennett Stewart Ⅲ，1991）。还有其他许多已出版书籍也提供了经济增加值概念的相关信息。

⊜ 表示现金流投资回报率的英文首字母缩写CFROI®是霍尔特的注册商标，同时，现金流投资回报率也是瑞士信贷的一项公司业绩和估值服务。有关现金流投资回报率的进一步探讨，见马登（Madden，1999）。2002年，霍尔特国际财务顾问公司被瑞士信贷收购。

⊜ 经济增加值模型也被冠名为经济利润模型和股东增值模型的模型。现金流投资回报模型还包括由应用金融集团所开发的经济利润率™模型，由生命周期回报率公司所开发的现金经济回报率（此两者均由霍尔特前雇员创建）和由德意志银行所开发的投入资本现金回报率。

定义，现金流投资回报率是一个“半成品”。随着霍尔特新的研究工作的完成，该模型将继续优化，以反映出市场对股票的评估和定价方式的更好的理解。

关于经济利润和现金流投资回报率的论文，大都着眼于经济利润，且对现金流投资回报率仅有一个马后炮性质的简短看法。[⊖]这可能是由于经济利润相关文章远多于现金流投资回报率的相关文章，所以经济利润指标相关的信息也就更多。此外，由于经济利润模型需要金融分析师手动调整经济利润，所以金融分析师会对经济利润模型更加熟悉；而且，手动调整的要求可能导致分析师只需要用会计数据进行机械的经济利润计算，而无须对会计假设做出经济洞见。这虽然可以增强计算的透明度，但肯定不会增加他们的洞见。相比之下，现金流投资回报率模型仅能由购买者通过霍尔特所提供的专属框架和软件来加以构建。该款软件会做出框架中所阐述的所有系统性调整来计算现金流投资回报率，从而确保对数据库中所有公司做出适当的会计调整。由于该软件包中包含了一个数据库，涵盖了全球大多数的上市公司，[⊜]所以，金融分析师很少有需要撸起袖子来亲自手动应用这一框架的时候。虽然它不再强迫分析师对现金流投资回报率所需调整的明确理解，但其确实可为金融分析师节省时间，以让他们专注于公司及其所属行业的经济状况，这才是最终的目的。

本部分首先以简要地探讨会计到经济、经济到估值的过程开始，接着描述了现金流投资回报率的概念性框架，然后运用沃达丰 2005 年 3 月的年度报告计算得出了沃达丰的现金流投资回报率。详细计算之后，我们对它进行了等效的经济利润调整（如果适用），以突出显示经济利润与现金流投资回报率之间的差异，这为理解这两项指标之间的异同提供了一个参考。最后，我们简要探讨了如何在估值中运用这两种模型。

⊖ 本部分作者系霍尔特前雇员和瑞士信贷的现职员工。本部分中的作者观点并不代表各自雇主的立场。

⊜ 截至 2006 年 12 月，霍尔特数据库收录数据涵盖了全球 55 个国家的 18 000 多家公司。为数据库中的所有公司所做的系统性现金流投资回报率调整均在软件中进行。

| 第8章 |

从会计到经济（1）

根据权责发生制的概念，为得出利润，无论是否发生现金支出（流入），与收入相关的所有费用均应计入当期成本。权责发生制会计有助于我们了解营收与费用的对应结算期，但管理者可以利用不同手段来让财务报表看起来光鲜些。实际现金支出经常发生于不同期间，而非发生于应计处理期间，从而导致会计“利润”与实际现金流之间存在一个不稳定的差额。

管理层除了可以调整应计科目外，还可以对融资资产进行会计处理。例如，在某些特定情况下，租赁某一资产的成本是直接费用；而在其他情况下，租赁可以在资产负债表中被资本化，然后在某一期间被摊销。租赁的会计处理影响资产在利润表中的流动方式（影响利润）以及资产负债表中的资产（影响资产和负债）。此外，如果某一资产是通过负债（租赁或贷款）形成的，那么利息费用计入公司的当期成本；而且，如果资产的购置形成了股权（现金），那么股权回报与当期成本之间的对应就不会十分明确。股权不过是所有负债偿清之后剩余的部分而已。在权责发生制下，可以明确地区分出股权投资与负债之间的不同。

经济利润和现金流投资回报率超额回报模型[⊖]都试图评估企业的经济状况：现金是如何产生的，企业是如何融资的[⊜]（无论会计师是否描述财务报表中的交易），以及企业是如何回报其资本提供者的。例如，公司需要资产来开展经营，如何获得这些资产是一项融资决策。尽管融资决策可能因税收减免而影响经济结果，但它不应影响企业的经营行为。当公司租赁某一资产时，很可能是因为其需要该资产。租赁只是一项融资决策而已，无论是资本化还是费用化，都会影响到会计确认而非营运效率。在极端情况下，像安然那样的公司，将如此多的科目转移到资产负债表（资产和负债）外，从而掩盖了其企业的真实经济状况（营运效率），以致投资者、员工和权威专家都无法了解究竟发生了何事，而当他们了解到所发生之事时，又为时已晚。其后果是许多持有该公司股票的投资者和员工血本无归。

⊖ 这些模型被称为“超额回报模型”，因为它们能认识到债务和股权都会对公司施加资本成本。超额回报是指超出资本成本的那部分回报。这些模型有时也被称为“剩余收益模型”。

⊜ 莫迪利亚尼和米勒指出：在资本市场完善和无税费的情况下，资本结构（即企业融资）并不重要。莫迪利亚尼和米勒的主张 1 ：“企业只能通过将其现金流拆分成不同的现金流来改变其证券总价值，即企业价值取决于其实际资产而非其所发行的证券。”莫迪利亚尼和米勒的主张 1 准许投资决策与融资决策完全分离。（见 Brealey *et al.*(2005), p. 445。）尽管我们确实有税费，而无完善资本市场，但在对公司进行分析时，记住这一概念以及这两者对公司的经济状况造成影响的方式，并将经营决策与融资分离是非常有用的。

| 第 9 章 |

从经济到估值（1）

会计和经济之间的另一个容易令人混淆的领域是估值。通常，一旦完成会计分析，我们就可以运用会计比率来对价值进行预估。例如，市盈率依赖盈利而忽略了为得出这些盈利所做的假设，以及与盈利相对应的资本支出。盈利数据无论如何都不会反映盈利质量，而盈利质量在计算基本市盈率时又不可或缺。简言之，市盈率隐含着如此多的会计和预测假设，以至于很难在会计和估值之间建立直接联系。一个可靠且准确的估值需要：

- 了解会计假设；
- 纠正并彻底消除会计失真；
- 了解经济状况（战略、竞争优势、风险等）；
- 确定适当的预测假设；
- 采用适当的估值方法；
- 执行估值。

即使是运用成熟的现金流贴现模型，在执行以上每一步时也必须非常仔细才行。

经济利润和现金流投资回报率扮演着两个关键角色：作为经济表现的衡量指标的角色，以及以现金流贴现法为基础的估值框架的角色。许多评论者错误地批评了管理层以牺牲未来期间的现金流为代价，也就是以牺牲估值为代价，在单个会计期间操纵这些超额回报模型的能力。这些批评者忽略了一点，即这一指标既是业绩指标，又是估值模型中不可拆分的一部分。即使当现金流是衡量指标时，割裂单期间业绩和多期间估值之间的联系也无疑会提供操纵机会。单期间业绩与多期间估值间的联系为金融分析师提供了业绩基线，[⊖]依据这个业绩基线，分析师可以在已改善的当前业绩（对未来期间业绩的潜在损害）和最终估值之间做出权衡。

⊖ 更合适的表达是分析师应将先前期间的业绩趋势分析用作其业绩基线。

| 第 10 章 |

会计方面哪里出了错

对于成熟稳定型公司来说，有没有可能将市盈率与现金流贴现模型联系在一起？不妨考量市盈率的基本方程，其含义表明，简单的市盈率包含了一些会计与估值缺陷。对于具有恒定盈利增速 g 和恒定永续股本回报率的公司而言，我们可以计算出远期市盈率⊖。其中，r_E 代表股权成本。

$$P/E = \frac{(1-g/\mathrm{ROE})}{(r_E-g)}$$

具有批判性思维的读者无疑想知道有多少家公司符合这些限制条件。更糟糕的是，会计有很多方面的依赖性和缺陷性。很多如下会计决策都会影响盈利进而改变股本回报率：

■ 资产老化与折旧政策（通过折旧费用影响盈利、通过累计折旧影

⊖ 远期市盈率可通过将基本增长方程 g = 股本回报率 ×（1− 派息率）或者派息率 = $1-g$/股本回报率代入表示每股基本价值 $P_0 = [EPS_0 \times$ 派息率 $\times (1+g)] / (r_E-g)$ 的股息增长模型得出。结果为：远期市盈率 = P_0/EPS_1 =（$1-g$/ 股本回报率）/（r_E-g）。有关股息增长模型及基本增长方程的详细讲解见本书第一部分第 3.2 节菲比希和波迪格所述内容。有关远期市盈率的探讨见本书第七部分第 39.4 节达莫达兰所述的内容。

响净资产）；

- 资产租赁（将资产从资产负债表中剔除，并在利润表中增加营业费用）；
- 杠杆和财务结构（改变资产负债表中的股权金额）；
- 历史收购和商誉摊销政策（同时改变利润表和资产负债表）；
- 费用和营收的时间点（通过应计科目的级别同时改变利润表和资产负债表）。

请注意股本回报率对市盈率的重要程度。运用市盈率时，盈利质量是一个应考量的因素，可人们很少提及盈利质量。股本回报率越低，带来盈利增长的成本就越高。如果这还不足以削弱金融分析师的信心，那么，股本回报率高度依赖于通胀呢？

该例说明了业绩衡量和估值之间的关系，以及这一关系是如何因运用盈利和股本回报率等传统会计数据而失真的。那些对经济表现进行衡量并将其与估值联系起来的模型对这些会计失真进行了纠正。

| 第11章 |

从会计到经济（2）：现金流投资回报率

11.1 基础知识

为了理解现金流投资回报率的计算逻辑与用处，让我们想象一个简单的投资情景。假设你向你表弟格雷格的家装生意投资了100万美元，他要求：投资期限为8年，其中80万美元用作其车间及其配件开销，20万美元用作营运资本。车间设备和配件是需要在8年后更换的折旧资产；营运资本将用以购买存货和企业日常管理。你是该企业的唯一投资者，格雷格的薪水是一项营业费用。他大胆承诺，该企业将为你带来超20%的回报。

既然格雷格是一个值得信赖的角色，那么你就可以让他经营这家公司，并将心思集中在你的其他投资上面。你每年都会收到一张20万美元的支票，这是你原始投资额的20%的回报。5年后，你决定拜访格雷格，对投资进行检视。当你到达他的车间时，业务似乎进展得很顺利，格雷格告诉你说，他预期公司回报率将会突破20%的壁垒。

格雷格向你致歉，称业务启动缓慢，但他自信地说，该公司去年取得了20%的回报率，并向你展示了净资产回报率（RONA）上升至50%

的预估数据（见表 11-1）。经仔细考量，你试图对他的财务分析进行拆解。你问格雷格："你究竟是怎么达成 20% 的回报率的？"格雷格回答说："用该公司 50 万美元的净资产，赚得了 10 万美元的税后收益。明年回报率将上升至 25%，我们真能达到！"

表 11-1 现金流投资回报率及其他衡量指标（单位：千美元）

年次		第 1 年	第 2 年	第 3 年	第 4 年	第 5 年	第 6 年	第 7 年	第 8 年
净资产	1 000	900	800	700	600	500	400	300	200
资产寿命		8	8	8	8	8	8	8	8
折旧		100	100	100	100	100	100	100	100
净收益		**100**	**100**	**100**	**100**	**100**	**100**	**100**	**100**
总资产		1 000	1 000	1 000	1 000	1 000	1 000	1 000	1 000
不可折旧资产		200	200	200	200	200	200	200	200
资产寿命		8	8	8	8	8	8	8	8
总现金流		200	200	200	200	200	200	200	200
净资产回报率		11.1%	12.5%	14.3%	16.7%	20.0%	25.0%	33.3%	50.0%
总投资回报率		20.0%	20.0%	20.0%	20.0%	20.0%	20.0%	20.0%	20.0%
现金流投资回报率		13.9%	13.9%	13.9%	13.9%	13.9%	13.9%	13.9%	13.9%
投资者现金流	−1 000	200	200	200	200	200	200	200	400
内部回报率	13.9%								

注：此表中的许多术语将于后文进行定义。在该例子中，暂无必要理解每一术语的确切含义。

这一神秘的讨论在一家酒馆里继续，你打电话给一位在投资银行工作的朋友。他告诉你说，净资产回报率高度依赖于再投资和折旧率。他大声疾呼，投资者经常被愚弄，试图将新资产与旧资产的收益进行比较。"提高回报率的最快方法就是连续数年削减资本支出。这样做可能会扼杀企业，但会改善公司的财务报表并可能让股权获得更高的价格。不要被这一伎俩所瞒骗，老兄。"你又喝了一杯酒并向格雷格解释，投资银行家建议他们用总投资回报率（ROGI，即"总现金流 / 总投资额"）（见表 11-1）衡量投资收益。因为你是唯一的资本提供者，所以总现金流等于净收益加折旧费用，在该例子中，折旧费用为 20 万美元。

你看见了瑞士信贷的私人银行家就在酒吧的另一边，于是决定征求一下他的意见，看看他与投资银行朋友的观点有何异同。他笑着告诉你说，他刚刚参加了霍尔特的研讨会，通过这次会议学到了“在对公司进行全面分析时，还需要考虑资产寿命以及不可折旧资产与折旧资产之间的区分”。现在，你不知所措，并点了最后一轮酒水，以让私人银行家对其建议进行解释。瑞士信贷的银行家拒绝了你的盛情之后，计算出投资的内部回报率为 13.9%，这远低于格雷格所承诺的回报率。他解释称，固定资产在 8 年后将被完全折旧，剩余价值很小或根本就没有剩余价值，但是，该企业将能在 8 年后对其不可折旧资产或营运资本进行清算。这一观点言之有理，并令你想起了多年以前你所做的金融研究课题分析。然后，这位私人银行家向你展示了如何计算每一财年的单期内部回报率或现金流投资回报率。现金流投资回报率维持在 13.9% 的水平不变，与内部回报率相对应，并且非常合理。你向这位瑞士信贷的银行家表示感谢，并理所当然地让格雷格付午餐账单。

我们希望该例已清楚地阐明了所有以净资产为基础的比率所特定的业绩衡量问题。指标（尤其是会计比率）会撒谎。由于衡量结果会影响投资行为，因此，投资者和金融分析师需仔细考量管理层的业绩衡量指标和自己的业绩衡量。不适当的业绩衡量导致错误投资决策的例子数不胜数。现金流投资回报率的目标是尽可能地反映内部回报率这一经济业绩指标。内部回报率有 4 个关键输入参量：总投资、总现金流、寿命和残值。在现金流投资回报率的计算中可找到与它们类似的输入参量。

11.1.1 净资产回报率或投入资本回报率

净资产回报率和投入资本回报率计算的是税后净营业利润（以当期美元币值计）除以历史净资产。第 5 年，当你造访格雷格时，他用税后净营业利润 100 美元除以净资产 500 美元来计算回报率（请注意，在这一简单的例子中，税后净营业利润等于净收益是因为资本提供者只有你一个）。

其结果是一个模糊的 20% 的回报率。如果单纯依赖格雷格的年度财务报表，那么你就会误以为：他将企业回报率从 11.1% 提高到了 20%，而实际上，除净资产外，该企业并未发生任何变化。

11.1.2 总投资回报率

总投资回报率通过总现金流（以当期美元币值计）和历史总成本的比来衡量资产回报率。在该例子中，第 5 年的回报率为 20%（200 美元 / 1000 美元）。通过总投资回报率，管理层须对全部投资（尽管以原始美元币值计）负责，并且不能通过单纯地冲销不良投资或变更折旧政策来提高回报率。总投资回报率的问题是其未考量资产构成和资产寿命。它会因通胀而失真。净资产回报率和总投资回报率隐含地假设了企业处于稳定状态且资产不计提折旧。

11.1.3 现金流投资回报率

现金流投资回报率以经通胀调整的总投资为基础，并额外附带了两个要求：资产寿命以及将总投资分为折旧资产（物业、厂房及设备）和不可折旧资产（营运资本）。现金流投资回报率是一项综合性衡量指标，因为其考量了资产寿命和项目结束时的资产释放。此外，总投资采用当期价格而非历史成本。现金流投资回报率是一个单期回报率，如果用它计算现金流量和不可折旧资产释放，则会导致项目净现值为零。[⊖]换言之，现金流和不可折旧资产消耗现值恰好等于投资额。在上面的案例中，企业的经济状况并未发生根本性变化，其现金流投资回报率保持不变且等于整体内部回报率。由于该结论是以经济原理而非会计惯例为基础，所以，这一结果非常合理。

⊖ 在 Excel 电子表格中，可使用 RATE 函数。当用 RATE(nper，pmt，pv，fv) 计算内部回报率时，nper 为资产寿命，pmt 为总现金流，pv 为总投资，fv 为不可折旧资产释放。

如前所述，从概念上讲，现金流投资回报率概念上是投入资本的内部回报率分析，并且，现金流投资回报率计算时考量了通胀的影响。它是该公司一年内所有项目的加权平均内部回报率。[⊖]计算现金流投资回报率或内部回报率需要 4 项输入参量：

- 投资现值（PV）：经通胀调整的总投资；总投资可视为投资于公司的总金额。
- 各期现金流（PMT）：经通胀和非现金费用调整的总现金流；总现金流是由总投资所产生的现金流。
- 项目寿命（NPER）：按折旧费用和总折旧资产预估出的资产总寿命。
- 终值（FV）：不可折旧资产包括营运资本（流动资产 - 流动负债）及其他不可折旧资产（如土地和在建工程）。其逻辑是这些不可折旧资产于项目结束时得到释放或再投资于另一项目。

图 11-1[⊜]以图形展示了现金流投资回报率的计算过程。如果向一个为期 4 年的项目投资了 200 美元，年回报为 40 美元，并于第 4 年末收回 80 美元，那么，由此产生的现金流投资回报率为 6.36%。在 Excel 中用 RATE 函数进行计算：RATE（nper=4，pmt=40，pv=−280，fv=80）= 6.36%。

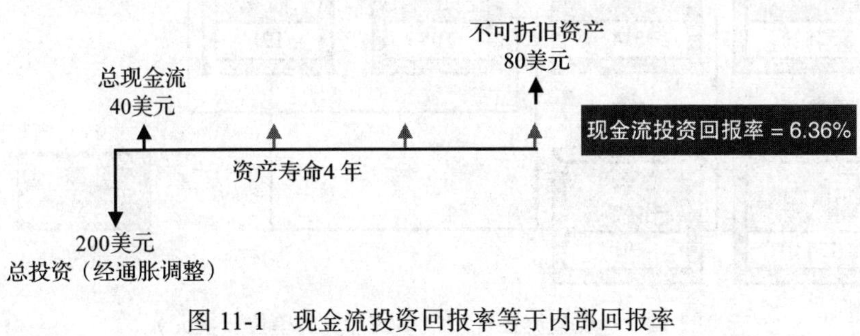

图 11-1 现金流投资回报率等于内部回报率

⊖ 有关公司内部回报率项目更详细的讲解，见第 13 章。

⊜ 在本部分中，所有现金流投资回报率案例和图表（包括来自年度报告中的用以计算现金流投资回报率的材料）均由霍尔特提供，作者在此对其深表感激。

不论所投现金是通过发行债务还是通过股权募资，都反映了一个融资决策，而这一决策并不会对计算过程造成什么影响。[⊖]

图 11-2 显示了一家简单型公司的现金流投资回报率计算过程。在该例子中，1000 美元的营收产生了 137 美元的总现金流。[⊖]年末 505 美元的总投资（所有数据均为年末数据）由折旧资产和不可折旧资产组成。总投资的不可折旧资产部分为 191 美元。资产的平均寿命为 5.8 年。由此得出的现金流投资回报率为 20.6%。将该现金流投资回报率与 6% 的资本成本进行比较，得出 14.6% 的正差幅，故该公司在本年内为股东创造了价值。

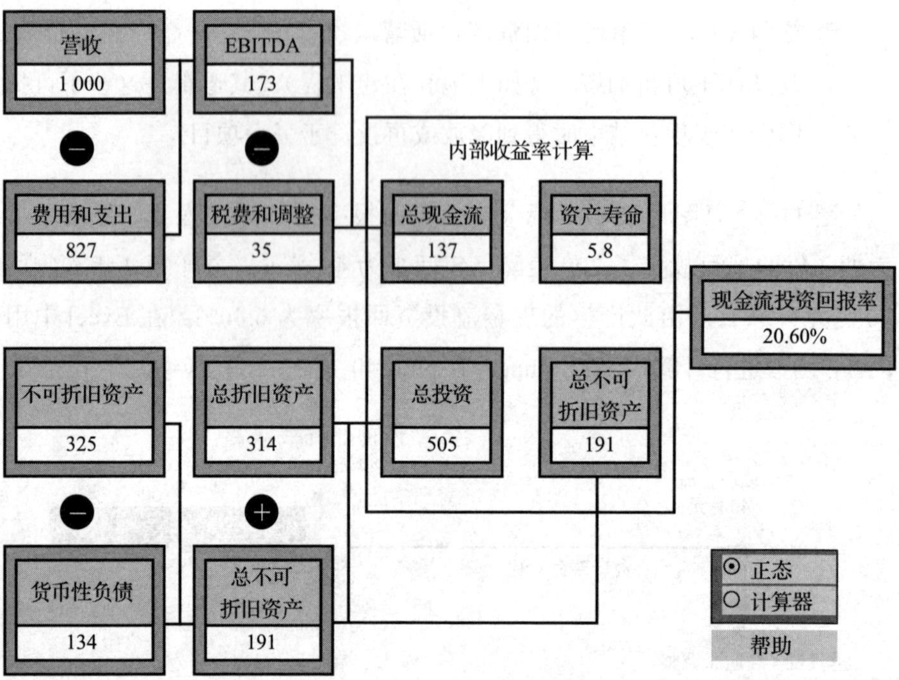

图 11-2 现金流投资回报率的计算（单位：美元）

⊖ 实际上，由于债务具有税收优势，公司融资会影响税收，税收又会影响总现金流，而总现金流只会对内部回报率计算产生很小的影响。

⊖ 下一节将描述总投资、总现金流、不可折旧资产和项目寿命的计算过程。

11.2 以沃达丰截至2005年3月止财年报告为基础的现金流投资回报率调整

在本章中，我们将探讨计算现金流投资回报率时所需的会计调整逻辑。在霍尔特现金流投资回报率框架中，这些调整被系统地应用于所有公司。[⊖]特定公司的特殊或特别事件可能会做出特定调整。

在11.2.1节中，我们提供了与经济利润等效的现金流投资回报率调整。当现金流投资回报率（CFROI）通胀调整无关紧要时，一般不会对经济利润进行调整。

11.2.1 总投资

折旧资产

计算总投资的第一步是将折旧资产与不可折旧资产分离开来。基本调整如下：

年末经调整总固定资产（经调整固定资产 + **累计折旧**）

\+ 总固定资产的通胀调整

\+ 在建工程

\+ 资本化经营性租赁费用

\+ 资本化研发费用

\+ 经通胀调整的重置固定资产

\+ **不可折旧资产（净营运资本）**

= 总投资

在对沃达丰进行调整之前，我们将概述折旧资产每一组成部分的一般调整。然后，我们将展示不可折旧资产的一般组成并对沃达丰进行调

⊖ 对沃达丰的调整并不代表对每一潜在行业的所有潜在调整。相反，选择沃达丰作为案例是为了表达更通用和更重要的调整的清晰性，以便使分析师在无论有无霍尔特软件的情况下都能理解现金流投资回报率背后的概念。

整，然后显示总投资的计算并对现金流投资回报率进行系统讲解。

总固定资产（经调整）

在计算总固定资产时，第一步是剔除所有不可折旧资产（如土地与在建工程，这些资产根据定义尚未计入折旧资产基础）。剔除原因有二：第一，总固定资产和折旧费用用以计算资产寿命（后文将进一步探讨），将不可折旧资产计入总固定资产会令资产寿命计算失真；第二，我们想将折旧资产与不可折旧资产分开，土地和在建工程均为不可折旧资产。如第 11 章所述，不可折旧资产被作为用以计算现金流投资回报率的资产释放来进行处理。总固定资产调整为：

总固定资产（固定资产 + 累计折旧）

− 土地

− 在建工程

+ 通胀调整

= 总固定资产（经调整）合计

沃达丰经调整后的总固定资产如表 11-2 和表 11-3 所示。

表 11-2 沃达丰总固定资产（经调整）（见附录 13A：表 13A-3 和表 13A-4）

（单位：百万英镑）

总固定资产	金额	资料来源
+ 土地及建筑物	1 326	附注 12
+ 机械设备	33 617	附注 12
+ 在建工程	0	附注 12
+ 有形资产和无形资产减值（据财务会计准则公告第 121 号规定）	0	计算得出
总固定资产	**34 943**	

注：本部分中，所有沃达丰相关财务数值可从沃达丰 2005 年财务报表及其附注中找到。所有相关财务报表及其附注的副本，见本部分附录。本部分的每一图表均会提及附录中的相关数值。

表 11-3 总固定资产（经调整） （单位：百万英镑）

总固定资产（经调整）	金额	资料来源
+ 总固定资产	34 943	附注 12

（续）

总固定资产（经调整）	金额	资料来源
− 土地	0	附注 12
− 在建工程	0	附注 12
总固定资产（经调整）合计	**34 943**	

评述：财务会计准则公告第 121 号规定要求对某些账面价值可能无法收回的长期资产和无形资产进行定期审查和减值。根据财务会计准则公告第 121 号规定，任何减值都应加回到资产基数中，因为它们代表了股东资金。与其他任何形式的折旧资产一样，资产减值应按资产寿命进行摊销。

通胀调整

由于现金流投资回报率是一个实数，所以必须对其进行调整以剔除通胀影响。对现金流投资回报率计算所做的通胀调整会将资产负债表中的历史资产成本重置，以反映最初购置资产的购买力变化。

一些批评者认为通胀调整并未反映当期资产的真实成本，并认为资产应被“公允地估值”。⊖例如，计算机的价格已下跌多年，购买力变得更强，因此，计算机的成本（经通胀调整）既不反映其公允价值，也不反映其重置价值。现金流投资回报率计算并未预估目前的资产公允价值。它根据当前采购而预估过去所做的投资。例如，假设该公司在 2002 年以 2000 美元的价格购买了一台计算机。2005 年，购买一台具有同样功能的计算机可能只需 1500 美元，购买力变得更强，但该公司于 2002 年投入了 2000 美元的资金。如果 2002 年购置的这台计算机能正常工作，那么，该公司就不会扔掉它，而是在 2005 年投资 1500 美元买一台新的计算机。现金流投资回报率计算只是反映出 2002 年所做投资的当前价值。

对于实业公司所持有的金融资产或投资，这些资产通常不是经营性资产，它们有一个市场，或有一种明确、客观的估值方式。在霍尔特现金流投资回报率的框架中，金融资产按其公允价值列报，并从总投资中

⊖ 在该语境中，对公允价值的探讨仅涉及有形固定资产而不包括金融资产。

剔除。在进行公司估值时，它们会被作为投资而加回。

通胀调整的计算

通胀调整要求对资产基础进行“层次精简”。各层资产的计算中有4个输入参量：资产寿命、历史成本、历史增速和国内生产总值（GDP）。

设想一家公司所报总资产为2500美元。该公司5年前开始营业且资产寿命为5年。为预估这5层投资的当前购买力，我们必须对每一层级做出通胀调整。假设我们观察到该公司在过去5年中的总资产名义平均增速为22.4%，进一步观察到该时期内年均通胀率为2%，那么，现在就有足够的信息来对资产进行计算。这一计算过程与偿债基金折旧计算类似。为简单起见，我们假设所有投资均发生于年末。

由于总投资2500美元且每年平均增速为22.4%，所以第−4年的第1个资产层为320美元。用数学方法计算，则为2500美元 ÷ $[(1+22.4\%)^5-1] \times 22.4\%$ = 320美元（按历史成本计）。既然我们已知初始资产层，则我们就只需在接下来的4年中让其每年增长22.4%，即可得出总资产为2500美元，例如第−3年资产为320美元 × $(1+22.4\%)$ = 392美元（按历史成本计）。

为了将资产用当前购买单位来表示，我们需为过往年份的数值做出通胀调整。例如，于第−4年：320美元 × $(1+2\%)^4$ = 347美元（按经通胀调整计算），留下27美元作为通胀调整。于第−3年，我们按3年对资产层进行通胀调整，依此类推，直至第0年为止。

所报第0年总资产基础2500美元，年度实际增速20%，年度通胀率2%，导致产生了表11-4列出的和图11-3中以图表列示的5个资产层。表11-4中的通胀调整因数显示：总资产得到相当于3.3%的通胀调整。最后，由于有机增长和收购性增长，大多数公司的增速每年都会波动，一般采用平均增速。

表 11-4 资产层精简 （单位：百万英镑）

	第 -4 年	第 -3 年	第 -2 年	第 -1 年	第 0 年	第 0 年总固定资产
名义增速	22.4%	22.4%	22.4%	22.4%	22.4%	
资产层（资本支出）	320	392	480	588	719	2 500
通胀	2.0%	2.0%	2.0%	2.0%	2.0%	
通胀调整	26	24	19	12	0	82
总固定资产（经通胀调整）	347	416	500	599	719	2 582
通胀调整因数						1.033

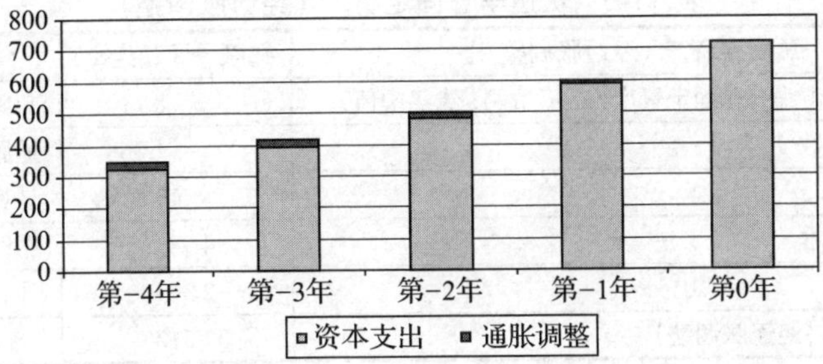

图 11-3 资产层精简

由于进行了收购和处置，对资产进行延迟处理比试图通过所报资产负债表的变化来追踪资产更合适，尤其是当收购非上市公司时，收购的总资产并无相关的披露信息。我们将进一步探讨重置的总固定资产项下的收购。

表 11-5 通胀对最老旧资产层的影响

账龄	通胀率	通胀因数
5 年	1.0%	5.1%
	3.0%	15.9%
	5.0%	27.6%
10 年	1.0%	10.5%
	3.0%	34.4%
	5.0%	62.9%
15 年	1.0%	16.1%
	3.0%	55.8%
	5.0%	107.9%
20 年	1.0%	22.0%
	3.0%	80.6%
	5.0%	165.3%

轻资产或资产寿命短的公司的通胀调整额可能相对较小。无法获取霍尔特软件（该软件会自动对资产做通胀调整）的金融分析师可能不进行通胀调整，但请注意，现金流投资回报率的计算不具有跨公司或跨时间的可比性。在拥有长期资产的公司中，通胀调整可反映出总投资基础的很大一部分。表 11-5 显示出了通胀率分别为 1%、3% 和 5% 对账龄为 5 ～ 20 年的资产的影响。虽然 5 年期资产的 3% 通胀率

会产生 16% 的通胀调整，但 20 年期资产的 3% 通胀率所产生的通胀调整却超过 80%！资产寿命长和增长率低的公司将面临重大的通胀调整。

表 11-6 中的通胀调整因数 1.068 反映了来自沃达丰 8 个历史资产层中每层的通胀率影响。金融分析师应采用适合该公司的历史增速。因为收购行为会导致数据失真，所以，处理年增速时应持谨慎态度。图 11-4 展示了沃达丰的分层总固定资产。

表 11-6 沃达丰总固定资产（经通胀调整）

总固定资产（经通胀调整）	数额（百万英镑）	资料来源
总固定资产寿命（总固定资产 / 折旧费用；3 年中值）	8	年限
通胀调整系数	1.068	通胀计算
历史增速	19.6%	计算得出
真实历史成本	34 943	据以上数据得出
通胀调整	2 369	计算得出
总固定资产（经通胀调整）	**37 312**	

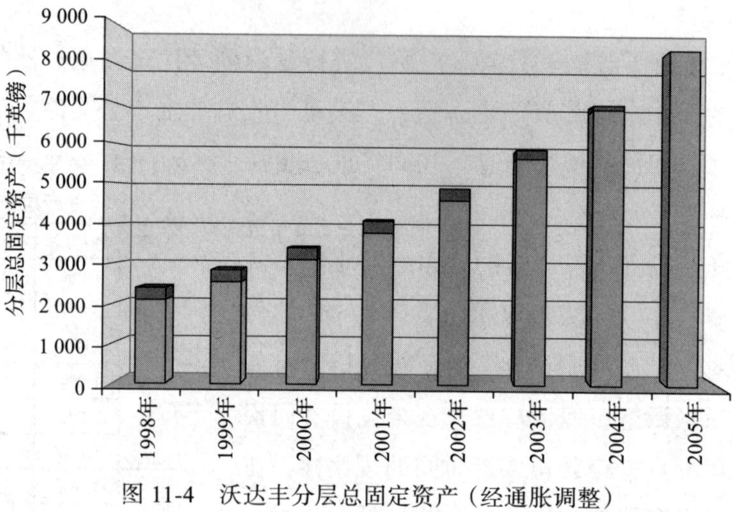

图 11-4 沃达丰分层总固定资产（经通胀调整）

经营性租赁的资本化

无论公司是将租赁作为融资性租赁还是经营性租赁进行核算，租赁的使用从根本上来说都是一项融资决策。要是公司不需要该资产的话，就不会花钱购置或租赁了。所有经营性租赁均被资本化到资产负债表中，以便计算现金流投资回报率。

资本化租赁的输入参量包括租赁费用、租赁资产寿命（资产寿命可以很好地替代）和实际负债率。如果公司有公开交易的负债，那么，该负债的利率就是租赁负债利率的一个不错的代表性指标。对于无公开交易负债的公司，有关银行贷款的信息是有用的，如果其确已做了负债交易，那么，对其公司大致评级的估计就用得上。例如，如果金融分析师认为该公司将获得AA级评级，则采用AA级债券负债利率。最后，名义负债利率应按预期通胀率进行紧缩，以得出实际负债利率。⊖

表11-7 资本化租赁

名义债券利率	5.0%
预期通胀率	2.5%
实际负债利率（i）	2.4%
资产寿命（nper，美元）	10
租赁费用（pmt，美元）	100
经资本化租赁（pv，美元）	878.0

表11-7给出了资本化租赁计算的例子，即假设名义债券利率为5%，预期通胀率为2.5%，资产寿命为10年，年度租赁费用为100美元。括号中的字母反映了PV函数的输入参量代码。在该例子中，资本化租赁资产878美元被添加到资产负债表中。重要的是，须记住，现金流投资回报率是以总投资为基础的，所以，这一计算是对经营性租赁的总价值进行预估，看起来可能会显得陌生。

对沃达丰而言，资产负债表中还新增了91.85亿英镑，以反映其承租资产（见表11-8）。

表11-8 沃达丰经营性租赁的资本化（见附录13A：表13A-5）

资本化租赁	数额	资料来源
租金费用（pmt，百万英镑）	1 337	附注5
项目寿命（n，四舍五入）	8.00	计算得出
实际负债利率（i，按公司债券利率计）	3.52%	外部数据
总承租物业费用（pv，以当期英镑计，百万英镑）	**9 185**	

⊖ 例如，若名义债券利率为5%，预期通胀率为2.5%，则实际债务利率为0.0244或2.4%（即1.05/1.025−1）。

研发费用资本化

在不考虑会计准则的条件下，金融分析师大都会认为研发是一种对公司未来盈利能力的经济投资。如果研发费用并不能带来盈利，公司的资产基础就会不断增长，而盈利能力并未通过研发投资得到同步增强，导致现金流投资回报率下降。

研发费用资本化的首要问题是确定研发费用的资本化年限。从概念上讲，具有长期投资或专利保护期长的公司（如制药企业）应将更多的研发费用资本化。另外，技术公司应缩短研发寿命，因为技术创新会加速淘汰。虽然霍尔特软件会根据公司所属行业自动将研发费用资本化，但金融分析师应基于自己的知识和分析来选择合适的研发寿命。

资本化流程非常简单易懂。只需简单地将每个期间的研发费用乘以该时期的通胀系数，然后将通胀调整后的研发费用相加即可。表 11-9 展示了一个对研发寿命为 5 年的研发费用进行资本化的例子。在该例子中，610 美元的资本化研发费用被添加到资产负债表内。请注意，由于计算现金流投资回报率需要总投资额，所以，计算的目的是预估研发费用资本化的合计值。

表 11-9 研发费用资本化

年次	研发费用（依据利润表数据，百万英镑）	通胀率	通胀系数	研发费用（经通胀调整，百万英镑）
第 −4 年	100	2.7%	1.11	111
第 −3 年	110	2.7%	1.08	119
第 −2 年	115	2.7%	1.05	121
第 −1 年	125	2.7%	1.03	128
第 0 年	130	2.7%	1.00	130
通胀调整	580			610

如表 11-10 所示，沃达丰的资产负债表中新增了 7.67 亿英镑的资本化研发费用。

表 11-10 沃达丰研发费用资本化（见附录 13A：表 13A-6）

电信研发寿命	5 年
5 年期通胀调整系数	1.04

（续）

研发费用资本化（2005 年度报告附注 5 及以往年度年度报告）	**金额**（百万英镑）	**通胀系数**	**研发费用**（经通胀调整，百万英镑）
研发费用（2001 年）	72	1.11	80
研发费用（2002 年）	110	1.09	120
研发费用（2003 年）	164	1.05	173
研发费用（2004 年）	171	1.02	175
研发费用（2005 年）	219	1.00	219
研发费用资本化（经通胀调整）	**736**		**767**

重置的总固定资产

公司于该年内频繁展开了收购。根据采购会计准则，被收购公司的净资产以公允价值入账，该公允价值不同于所购资产的历史成本。由于现金流投资回报率的计算依赖于历史成本总投资（资本提供者初始投资资金），需对该历史成本进行预估。不幸的是，被收购公司的原始总投资很少（如果是私人交易），或者在交易披露文件中丢失。

当披露有关所购资产的信息时，可以对历史成本进行合理的估计，并且可以将公允价值和历史成本之间的差额加回总固定资产中，并调整通胀率。但是，由于缺乏此类信息，我们必须对重置的总固定资产进行估算。重置的总固定资产的估算取决于收购方公司的“净资产 / 总固定资产”。表 11-11 给出了一个在未披露所收购资产的历史成本相关数据时预估重置的总固定资产的例子。

表 11-11　重置的总固定资产预估　　（单位：美元）

	公司 A	**购买**	**公司 B**（未披露）	**公司 A 收购 B 后**	**收购后资产负债表真实数据**
总固定资产	1 000		400	1 200	1 400
累计折旧	500		300	500	800
净固定资产	**500**		**100**	**700**	**600**
公允价值调整（假设其等于净资产）			200		
净固定资产 / 总固定资产比率	50%		25%	58%	43%
（净固定资产）/（净固定资产 / 总固定资产比率）=	700	÷	50% =	1 400	

（续）

	公司 A	购买	公司 B（未披露）	公司 A 收购 B 后	收购后资产负债表真实数据
− 所报的总固定资产				1 200	
= 重置的总固定资产（资产售价高于计提折旧后的账面净值而又低于资产原值）				**200**	
公司 A 收购后的调整					
收购后所报的总固定资产				1 200	
+ 重置的总固定资产（资产售价高于计提折旧后的账面净值而又低于资产原值）				200	
= 总固定资产（资产售价高于计提折旧后的账面净值而又低于资产原值，经调整）				1 400	
÷ 收购后所报的净固定资产				700	
= 净固定资产 / 总固定资产比率（经调整）				**50%**	

该例子中，公司 A 收购了公司 B。公司 B 系由私人控制，所以，其真实的资产负债表尚未披露。我们确知，收购前，上市公司 A 的总固定资产为 1000 美元，净资产为 500 美元，所以，"净固定资产 / 总固定资产"为 50%；收购后报告显示，公司 A 的总固定资产为 1200 美元，净资产为 700 美元，所以，"净固定资产 / 总固定资产"为 58%。为将这一比率恢复到 50%（我们的最佳猜测），重置的总固定资产需调整为 200 美元。实际上，虽然我们已正确预估了总固定资产，但我们却低估了累计折旧。表 11-11 中最后一列反映了真实的未披露总投资。最后，根据收购公司的资产寿命，对被收购的重置的总固定资产进行通胀调整。

沃达丰的收购使其重置的总固定资产达到 34 亿英镑，见表 11-12。

表 11-12 沃达丰总固定资产

重置的总固定资产预估	数额	资料来源
通胀调整因数	1.068	根据总固定资产
重置的总固定资产（百万英镑）	3 211	计算得出
+ 重置的总固定资产的通胀调整（百万英镑）	218	计算得出
经通胀调整的重置的总固定资产（百万英镑）	**3 429**	

折旧资产

完成对总固定资产的所有调整之后，在建工程、资本化租赁、资本化研发费用和经通胀调整的重置的总固定资产将被加回，便得出总投资的第一项输入参量——总折旧资产（经通胀调整），见表 11-13 和图 11-5。

表 11-13　沃达丰的折旧资产

折旧资产	数额（百万英镑）	资料来源
总固定资产（经通胀调整）	37 312	计算得出
+ 在建工程	0	附注 12
+ 资本化租赁	9 185	附注 5
+ 资本化研发费用	767	附注 5
+ 经通胀调整的重置的总固定资产	3 429	计算得出
总折旧资产（经通胀调整）	50 693	

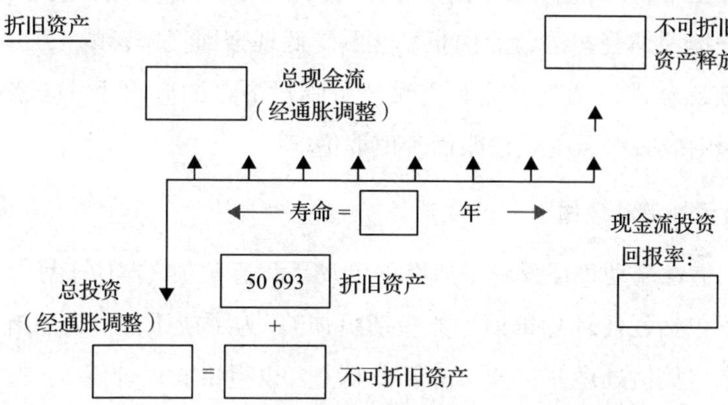

图 11-5　现金流投资回报率计算输入参量：折旧资产

11.2.2　不可折旧资产

不可折旧资产包括营运资本及其他不可折旧科目（如土地）。从概念上讲，不可折旧资产包括：

流动资产 − 存货

− 非负债货币性流动负债

+ 存货（经通胀调整）

+ 土地（经通胀调整）

+ 其他有形资产

+ 不可折旧、非商誉无形资产

= 不可折旧资产

流动资产 - 存货

不同于经济利润的计算，现金流投资回报率并不会用现金和现金等价物来抵消负债。虽然管理层可运用现金来偿还负债、增加股利或回购股票，但是无法保证他们就一定会这样做，所以，现金流投资回报率的计算会认为管理层应对自身的行为负责。但许多金融分析师都会将预测现金调整至维持经营所需的水平。剩余现金被视为“超额”现金。此外，为了更好地评估公司的营业回报率（不受低现金回报率影响），分析师对这些超额现金进行调整。除非金融分析师对最终的应收账款金额持相反意见，否则应收账款一般按账面价值取值。

非负债性流动负债

非负债性流动负债反映了所有的流动不计息负债（本质上就是流动负债，但不包括任何计息负债，如短期负债）。为了便于估值，所有计息负债均被作为负债处理并从公司价值中减去，以得出股权价值。

存货的通胀调整

如果按照后进先出法计算存货，那么为了准确反映真实成本，后进先出法的储备将被加进存货中。在 11.2.4 节中，我们将进一步探讨后进先出法的储备。

土地的通胀调整

因土地是不可折旧资产，故将其从总固定资产中剔除，并加到不可折旧资产中，但土地类似于总固定资产，也被做出通胀调整。不幸的是，土地通常仅被作为“土地和建筑物”之一部分予以披露。在此种情形下，除非可以预估出土地占该笔账款的百分比，否则，“土地和建筑物”账款仍属折旧资产。

在分析公司（例如房屋建筑商）时应格外小心，因为土地实际上是存货的组成部分。当地价的上涨速度超过通胀率时，就可能会出现通胀暴利。土地存货将作为商品（即房屋或建筑物）的一部分出售，需要用地价比总体通胀率上涨速度更快的新土地来替换。在此类情况下，金融分析师需了解存货如何与通胀有关。

其他有形资产

由于一般无法获得这些资产的账龄或可折旧性相关信息，因此，它们被归入不可折旧资产。如果可获得此类信息，那么，应将这些资产归入其最适宜的账目中。

不可折旧资产是总投资计算的第二个输入参量，也是现金流投资回报率计算的输入参量。

关于不可折旧非商誉无形资产的一点看法

表 11-14 中的 3G 调整反映了对沃达丰 3G 牌照的未减值价值的预估，不可折旧资产的现金流投资回报率计算输入参量如图 11-6 所示。3G 频谱在欧洲被以虚高的价格大张旗鼓地拍卖。从那时起，无线公司开始对其 3G 资产进行减值。不可折旧资产中的 3G 价值调整，反映了对经营性资产的预估。有关这一问题的进一步探讨，见 11.3 节。

表 11-14 沃达丰不可折旧资产（见附录 13A：表 13A-7 ～表 13A-11）

不可折旧资产	金额（百万英镑）	资料来源
流动资产 – 存货	9 268	资产负债表、附注 15
+ 非负债性流动负债	（14 445）	资产负债表、附注 17
净货币性资产	**–5 177**	
土地	0	附注 12
土地通胀调整因数	1.068	根据总固定资产

（续）

不可折旧资产	金额（百万英镑）	资料来源
土地（经通胀调整）	**0**	
净货币性资产	（5 177）	
+ 存货	430	资产负债表
+ 土地（经通胀调整）	0	资产负债表
+ 其他有形资产	2 096	附注 15
+ 预付养老金	（9）	附注 32
+ 3G 调整	4 275	计算得出
不可折旧资产（经通胀调整）合计	**1 615**	

注：3G 调整将于下文进一步详述。

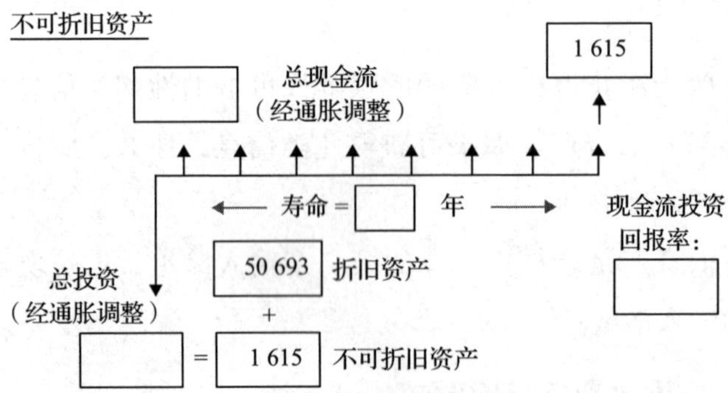

图 11-6 不可折旧资产的现金流投资回报率计算输入参量

由于收购知识产权、专利、品牌、数据库和电子频谱等资产的公司越来越多，故需对这些作为经营性资产的非商誉无形资产的成本、回报率和资产寿命进行额外研究。其中部分此类资产（如专利或商标）会在某一有限期间内受到法律保护。该保护期类似于折旧或摊销年限，因此，此类资产也应作为折旧资产进行处理，但其他无形资产才是真正意义上的不可折旧资产。一个明显的例子即无线电频谱。虽然政府通常会授予频谱一个有限期间的专利，但无线电频谱是不会损耗的，因此，公司的频谱牌照被吊销的情形很罕见。

另一个不可折旧资产的例子可能是经典电影或歌曲。詹姆斯·迪恩的电影或披头士乐队的专辑的制作成本与此类资产今天的价值无关，即便其原始成本已被资本化，并早已被充分折旧。因此，如果将一个可靠价值（通常与销售额相关）放到这些资产上，人们就可能会认为它们是不可折旧资产。音乐和电影的数字化令这种不贬值的说法更响亮有力。在 iTunes 上点击一下鼠标即可轻松获得以前的流行歌曲，且几乎不花一分钱就能将其存储起来。

折旧资产加上不可折旧资产即为现金流投资回报率计算的总投资输入参量，沃达丰总投资见表 11-15，其总投资现金流投资回报率计算输入参量见图 11-7。

表 11-15 沃达丰总投资

总投资	金额（百万英镑）	资料来源
不可折旧资产（经通胀调整）合计	1 615	计算得出
总折旧资产（经通胀调整）	50 693	计算得出
总投资（经通胀调整）	**52 308**	

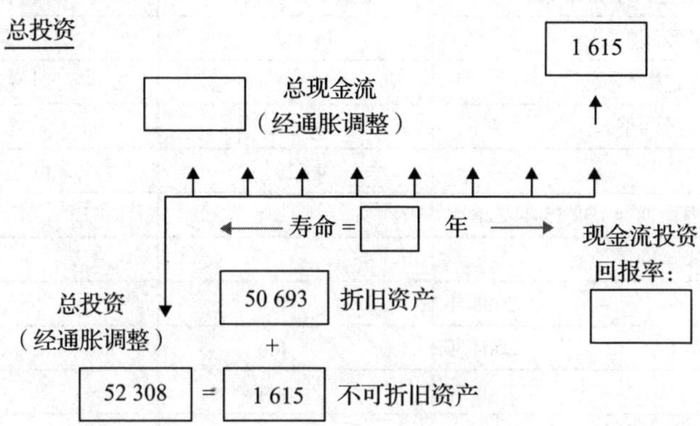

图 11-7 总投资现金流投资回报率计算输入参量

11.2.3 项目寿命期

由于现金流投资回报率相当于公司所有投资的加权平均回报率，现金流投资回报率计算的一个重要部分就是项目寿命。投资寿命计算有 3 个输入参量：总固定资产（经调整）投资寿命期、资本化租赁费用寿命期和资本化研发费用寿命期。

总固定资产投资总寿命

寿命期内总固定资产投资 =［总固定资产（经调整）+ 重置的总固定资产］/ 折旧

对于完成收购的公司，折旧费用代表了为支持经营而购置的总固定资产和所收购总固定资产的混合体，因而有必要在分子中同时包括总固定资产（经调整）和重置的总固定资产。如前所述，土地被排除在外，因为土地是一种不可折旧资产；而且，建设工程因未纳入折旧资产，尚无相关折旧费用，故也被排除在外。最后，沃达丰为避免出现异常的固定资产寿命期（即折旧费只反映部分年份），所以采用了 3 年期中值，见表 11-16。

表 11-16 沃达丰总固定资产寿命期（见附录 13A：表 13A-12）

总固定资产项目寿命	金额（百万英镑）	资料来源
总固定资产（经调整）	34 943	计算得出
+ 总重置的固定资产	3 211	计算得出
总固定资产（经调整）	38 154	计算得出
折旧费用	4 528	附注 12
总固定资产寿命期 =（38 154/4 528）	**8.4**	
总固定资产 3 年期中值		
2003 年	8.6	
2004 年	8.0	
2005 年	8.4	
固定资产 3 年期中值	**8.4**	

资本化租赁

租赁资产通常包括与资本资产相似的资产组合。如果承租资产的寿命期与总固定资产的资产寿命不同，就应采用承租期。

资本化研发费用

资本化研发费用寿命期与研发费用资本化年数相同。考虑到公司和行业，资本化时间应反映分析师的意见。

折旧资产寿命期计算

计算公司项目寿命时，会用到三类资产的均值。加权平均值不能恰当地反映每类资产的寿命。表11-17展示了计算寿命期的两种方法。在该例子中，我们假设资本化租赁资产与固定资产的寿命不同。

表11-17 项目寿命期计算

	a	b	c	d	e	f	g
资产	寿命（年）	历史成本（美元）	隐含折旧（美元）	资产寿命周期（年）	资产寿命周期投资（美元）	权重	谐波均值（年）
固定资产	12	5 000.0	416.7	1.0	5 000.0	32.3%	3.9
资本化租赁	8	3 000.0	375.0	1.5	4 500.0	29.0%	2.3
资本化研发费用	4	2 000.0	500.0	3.0	6 000.0	38.7%	1.5
合计		10 000	1 292		15 500		7.7
谐波均值			7.7				

- 隐含折旧（c）：以资产寿命和历史成本为基础来计算隐含折旧（b/a）。
- 资产寿命周期（d）：计算资产寿命周期。要了解资产寿命周期的概念，不妨考量两类资产：一类资产的寿命为6年；另一类资产的寿命为3年。在第一个资产的6年使用寿命期间，将使用两个3年期资产。从概念上讲，3年寿命的资产将在6年寿命资产的单个周期内循环2次。要计算资产寿命周期，需要取a中所有资产的最长寿命，并除以该资产的寿命周期。例如，固定资产最长寿命为12年。资本化租赁的资产寿命为8年，则其寿命周期为1.5年。在固定资产的寿命内，用到了1.5倍的资本化租赁资产。
- 资产寿命周期投资（e）：计算资产寿命周期内的投资（d×b）。例如，每12年投资固定资产5000美元；对于一笔总额为6000美元的资本化研发费用，分3个寿命周期，每个周期投资2000美元。
- 权重（f）：计算e栏内的加权平均值，即每一资产的平均寿命周期投资。

- 谐波均值（g）：计算均值。权重（f）× 寿命（a）。
- 合计：对均值求和，以得出项目寿命周期。
- 备选方法：或可跳过 d ～ g 中的计算，通过隐含折旧来计算项目寿命。只需将历史成本（b）求和，并除以隐含折旧（c），即可得出相同的答案。d ～ g 解释了资产寿命周期概念的备选方法。

在采用加速折旧法计算寿命时，金融分析师应参考各种资产类别的相关脚注。根据脚注信息，可计算隐含折旧和寿命。依靠加速折旧来计算寿命会导致人为地降低寿命期并使现金流投资回报率被低估，如表 11-18 所示。

表 11-18 运用隐含折旧法计算的沃达丰项目寿命

总项目寿命	资产价值（百万英镑）	寿命（年）	隐含折旧（百万英镑）
总固定资产（经通胀调整）+ 重置的总固定资产	40 741	8.4	4 835
经营性租赁	9 185	8.4	1 090
资本化研发费用	765	5.0	153
折旧资产总和	50 691		6 078
混合资产寿命（采用隐含折旧 =（50 691/6 078））		8.34	
用于现金流投资回报率计算的资产寿命（四舍五入）		**8.30**	

以资产寿命为基础的谐波均值，我们可输入现金流投资回报率计算的项目寿命，如图 11-8 所示。

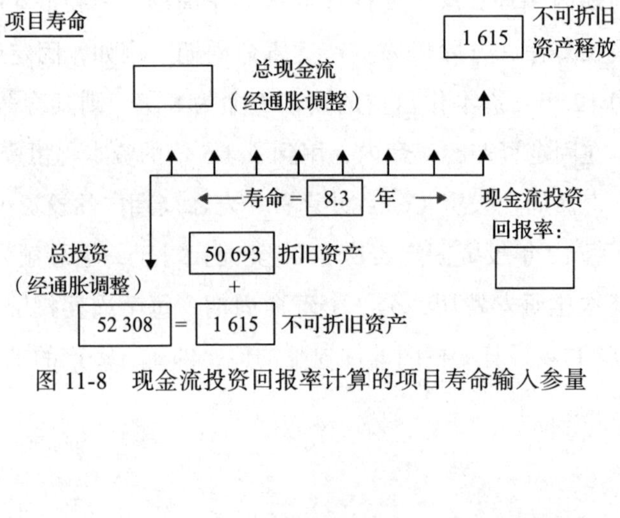

图 11-8 现金流投资回报率计算的项目寿命输入参量

11.2.4 总现金流

总现金流衡量了公司由经营性资产所产生的总现金流，并代表了现金流投资回报率计算的最终输入参量。

税后净收入

+ 折旧与摊销

+ 利息费用

+ 租金费用

+ 研发费用

+ 货币持有收益（损失）

+ 先进先出法（FIFO）利润 + 养老金（据财务会计准则公告第 87 号规定）

+ 少数股东权益

± 特殊科目（税后）

= 总现金流（经通胀调整）

税后净收入

与经济利润进行税率调整以反映公司的无杠杆运营收益不同，现金流投资回报率在得出总现金流的过程中不会进行此类调整。经济利润及其他衡量指标会重新计算税费以去除公司杠杆。利息税盾所节省的现金反映在税收优惠的负债成本中，这是贴现率的一部分。现金流投资回报率于总现金流中确认负债的税收优势并计算出一个随着负债上升而上升（而非下跌）的加权平均资本成本。换句话说，进行现金流贴现分析时，负债税收节省可在总现金流中确认（现金流投资回报率方程的分子），而负债风险则通过资本成本的上升（分母）来确认。

折旧与摊销

折旧与摊销被作为非现金科目加回。

利息费用

由于我们计算的是所有资本提供者的回报率，所以，利息费用被加回。负债的利息税盾继续保留在净收益中，以反映负债融资现金流的税收优势。随着负债的增加，公司的风险也随之增加，通过更高的资本成本来予以确认。

租赁费用

由于租赁是一项融资决策，故将租赁费用加回，并于资产负债表中将其资本化（详见 11.2.1 节）。出于估值目的，资本化租赁的负债价值被加到负债及负债等价物中。与其他所有负债及负债等价物一起从公司价值中减去，得出股权价值。租金税收优势的处理方式与利息费用的处理方式类似。

研发费用

因为研发费用被作为资本支出处理，所以需要将研发费用加回，并在资产负债表中被资本化（见 11.2.1 节）。

净货币持有收益（亏损）

货币持有收益反映了该年度内通胀对货币资产的影响。

计算如下：

年初净货币性资产

− 年初净货币性负债

×GDP 通缩指数变动

当下，许多工业国通胀率低导致调整幅度小。沃达丰净货币持有收益见表 11-19。

表 11-19 沃达丰净货币持有收益（见附录 13A：表 13A-7 和表 13A-8）

货币持有收益（亏损）	数额（百万英镑）	资料来源
流动资产 − 存货：年初	11 311	资产负债表、附注 15
+ 非负债性流动负债：年初	（12 972）	资产负债表、附注 17

（续）

货币持有收益（亏损）	数额（百万英镑）	资料来源
非货币资产（负债）：年初	（1 661）	
×GDP 通缩指数变动百分比（%）	2.2%	外部数据
货币持有收益（亏损）	**37**	

先进先出法利润

在通胀的环境下，先进先出法能更准确地反映资产负债表中的存货重置成本（最新资产保留于资产负债表中，最老旧资产被售出并以利润表中的销货成本记作费用），但是，后进先出法能更准确地反映所售出存货的成本。由于许多公司不按后进先出法计算存货，因此，现金流投资回报率计算会对存货进行通胀调整。先进先出法利润计算如下：

年初存货余额

× 先进先出法存货百分比（如果所有存货都用先进先出法计算，这一比例就为 100%）

= 先进先出法存货

× 生产者物价指数变动

= 先进先出法利润

如果所有存货都用后进先出法计算，就无须调整。沃达丰先进先出法利润见表 11-20。

表 11-20 沃达丰先进先出法利润（见附录 13A：表 13A-9）

先进先出法利润	数额（百万英镑）	资料来源
存货账面价值：年初	458	资产负债表
× 存货百分比（采用先进先出法）	100%	资产负债表
先进先出法存货	458	计算得出
× 生产者物价指数变动百分比	−2.5%	外部数据
先进先出法利润	**（11）**	

养老金

养老金数据取自相关脚注，是服务成本和养老金成本的净额。出于估值目的，养老金负债被加到负债及负债等价物中。然而，在有养老金盈余的情况下，由于这些资金从法律上讲属于养老金持有者，这不会增加公司的价值。

少数股东权益

任何少数股东权益均被加回。

特殊科目

任何特殊科目都被加回。特殊科目须首先进行税收调整，以便在其被加回之前计入对现金流的影响。沃达丰总现金流的计算如表 11-21 所示。

表 11-21 沃达丰总现金流（见附录 13A：表 13A-13 ～表 13A-21）

总现金流	金额（百万英镑）	资料来源
净税后收入	（7 540）	利润表
+ 折旧与摊销	19 598	附注 5、附注 13
+ 利息费用	995	附注 7
+ 研发费用	219	附注 5
+ 租金费用	1 337	附注 5
+ 货币持有收益（损失）	37	计算得出
+ 先进先出法利润	（11）	计算得出
+ 养老金（总服务成本和养老金成本净额）	17	附注 32
+ 少数股东权益	602	利润表
+ 关联公司与合资企业所得	（2 215）	利润表附注 3、附注 10
± 特殊科目（按 30% 税率纳税后）	（293）	附注 4 和利润表
总现金流（经通胀调整）合计	**12 745**	

11.3 沃达丰现金流投资回报率计算

在计算了总现金流之后，我们就有了现金流投资回报率计算所需的所有输入参量。计算过程见表 11-22 和图 11-9，计算结果是 18.6%。这一现金流投资回报率是好还是坏？将它与 5.4% 的实际贴现率（由霍尔特计算出，将于下文进一步详述）进行比较，我们可以看出，沃达丰的净利差

比其资本成本高 13.2%。这一回报率使沃达丰稳居行业前 20%。⊖

表 11-22 现金流投资回报率计算

现金流投资回报率计算	数额
折旧资产（经通胀调整，百万英镑）	50 693
不可折旧资产（经通胀调整，百万英镑，fv）	1 615
总投资（经通胀调整，百万英镑，pv）	52 308
总现金流（经通胀调整，百万英镑，pmt）	12 745
项目寿命（年，nper）	8.30
现金流投资回报率计算［RATE（nper，pmt，pv，fv）］	**18.6%**

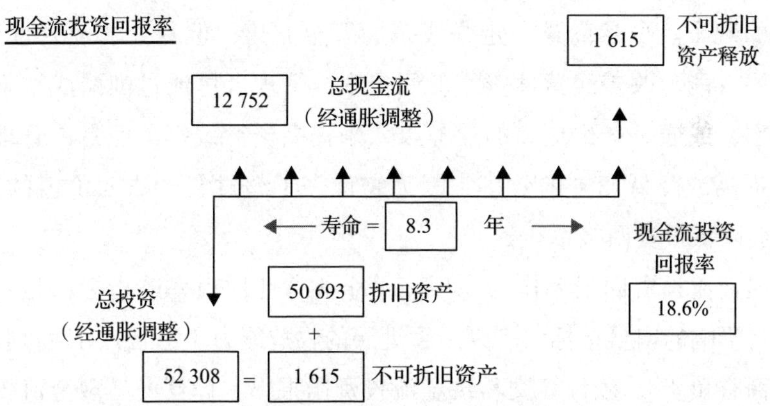

图 11-9 现金流投资回报率计算

现金流投资回报率代表了包含该公司的项目加权平均回报率。在某种意义上，我们将公司视为单个项目，但须假设该公司会持续经营。我们仅衡量管理层用公司现有资产产生回报的能力。在用现金流投资回报率进行估值一节，我们将会讲解公司用未来项目（资本支出及/或收购）替换现有项目（资产）的方法。管理层以当期改善后的业绩换取未来期间更好（或更差）业绩的方式也会变得逐渐明晰。从估值角度看，这仅反映了一个期间与另一个期间之间的现金流交易以及由此产生的估值。

⊖ 基于霍尔特数据库 18 000 多家公司的回报率做出的分析。

11.4 商誉评述

商誉是收购时所付超出收购标的账面价值的金额。商誉可能会反映出品牌价值或可持续性竞争优势。机敏的读者可能会注意到：在现金流投资回报率计算中并不含商誉，不过在财务报表上却会显示商誉并反映出股东的资金支出。现金流投资回报率是如何令管理层对商誉负责的呢？

现金流投资回报率旨在衡量在营企业的经济盈利能力和投入现金所产生的现金。虽然商誉一定是股东的资金支出，但其并非经营性资产。管理层有能力改善经营性资产的回报率。管理者可通过削减成本来改善利润率，或通过产生更多的业务收入来提高资产效率。但是，管理层却无法提高或降低商誉的效率。因为它代表了超过资产账面价值的部分，它只会降低投资回报率。

现金流投资回报率作为一项衡量企业营业回报率的指标，是一项受管理者影响的衡量指标。为判断管理层的收购能力（令他们对通过收购产生的商誉负责），须计算交易现金流投资回报率。计算交易现金流投资回报率需要两个步骤：

（1）交易现金流投资回报率比率 = 总投资 /（总投资 + 商誉）。

（2）交易现金流投资回报率 = 交易现金流投资回报率比率 ×“经营性”现金流投资回报率。

由于交易现金流投资回报率代表了由收购成本（收购价格 > 账面净值）所导致的营业回报损失金额，所以，交易现金流投资回报率低于现金流投资回报率。金融分析师应评估两者之间的比率随着时间而变化的情况。例如，表 11-23 显示，虽然沃达丰产生的经营性现金流投资回报率为 18.6%（正差幅为 13.2%），但沃达丰的收购行为导致其交易现金流投资回报率为 6.6%（正差幅为 1.2%）。显然，管理层已将大量财富转移给了被收购公司的股东，即管理层在收购时支付了高溢价。

表 11-23 沃达丰交易现金流投资回报率（见附录 13A：表 13A-22）

交易现金流投资回报率	金额（百万英镑）	资料来源
总投资	52 306	计算得出
总无形资产	99 718	附注 11、附注 13
冲销净商誉	256	计算得出
非商誉无形资产（3G 牌照）	（4 275）	计算得出
总无形资产	**95 699**	
交易现金流投资回报率比率［总投资 /（总投资 + 无形资产）］	35.3%	计算得出
现金流投资回报率	18.6%	计算得出
交易现金流投资回报率 = 交易现金流投资回报率比率 × 现金流投资回报率	**6.6%**	**计算得出**

评述：沃达丰的非商誉无形资产减值 4275 英镑，反映了 3G 牌照存在超付而扣除的 30% 的费用。根据国际财务报告准则（IFRS），公司须每年对此类资产做一次减值测试。我们期望能在未来年度报告中对此类资产的价值进行更好的估算。

现金流投资回报率和交易现金流投资回报率的趋势提供了有用的洞见。例如，图 11-10 显示了堆积柱状图所表示的沃达丰回报率。柱状图中较矮的浅色部分反映的是交易现金流投资回报率，即有商誉的现金流投资回报率；柱状图的上部深色部分反映的是现金流投资回报率，即经营业务回报率。1999 年，沃达丰收购了曼内斯曼（Mannesmann）。沃达丰和曼内斯曼均为高回报企业，其 21.4% 的现金流投资回报率就反映出了这一点。但是，由于沃达丰以很高的溢价收购曼内斯曼，其交易现金流投资回报率下降至 4.4%（17% 的差幅反映出转移给曼内斯曼股东的价值）。科技泡沫时的资本成本非常低，但沃达丰仍然获得了 25 个基点的正差幅。2001 年，沃达丰为 3G 牌照支付了高溢价。由于 3G 资产尚未生产任何产品，现金流投资回报率下跌至约 9.7%，交易现金流投资回报率跌至略低于当时资本成本的水平。自 2001 年以来，现金流投资回报率已提升至 20.3%，截至 2005 年 3 月，其现金流投资回报率为 18.6%。重要的一点是，虽然沃达丰为曼内斯曼及其 3G 牌照支付了溢价，但它通过这些收购产生了更高的营业回报（现金流投资回报率）。

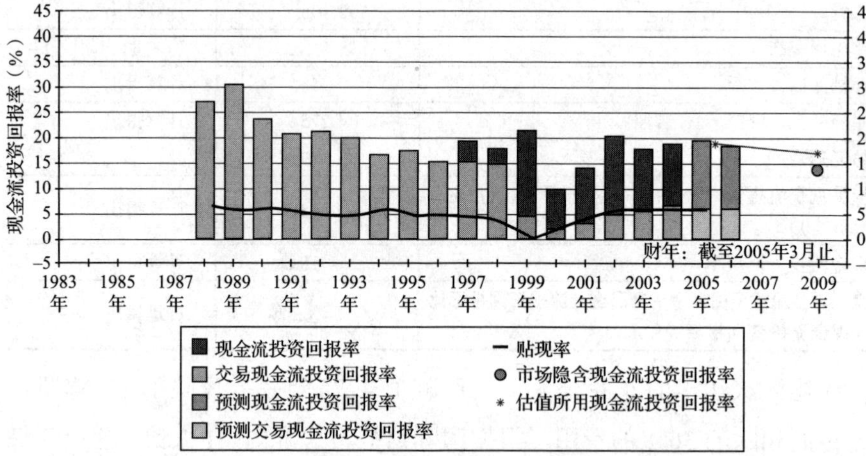

图 11-10 沃达丰现金流投资回报率及交易现金流投资回报率

| 第12章 |

从会计到经济（3）：经济利润

12.1 基础知识

与现金流投资回报率是通过内部回报率的计算得出投资回报有所不同，经济利润衡量的是特定年份创造财富的绝对数值。经济利润是从税后净营业利润中扣除资本费用后的剩余利润。考虑到负债和股本投资者均要求投资回报，因此对公司使用的资本收取资本费用。[⊖]

计算经济利润的第一步是计算税后净营业利润：

营收

－销货成本

－销售及行政开支

－（折旧＋其他营业利润）

＝息税前利润

⊖ 有关经济增加值的所有潜在会计调整以及这些调整背后的逻辑的进一步详细探讨，见班尼特·斯图尔特三世（Bennett Stewart III，1991）。不幸的是，从金融分析师到公司管理者的许多从业者都只是通过会计数据来计算经济增加值，而在一定程度上将“经济增加值”一词中的“经济”弃之不顾。

×（1－现金税率）

＝税后净营业利润

第二步是根据公司资本结构计算资本成本。用其最简单的形式（即无须考量会计调整），计算资本费用时所用的投入资本为：

固定资产

＋流动资产

－流动负债

＝投入资本

投入资本的计算通常以平均资本为基础，以反映出在该年内赚得税后净营业利润的事实，而资产负债表反映的则是一个时间点。出于估值目的（下文将详述），期初投入资本用作资本支出。

因为税后净营业利润是公司资本提供者的营业利润，所以，应运用以公司资本结构中负债和股权的相对市场权重为基础的加权平均资本成本：⊖

加权平均资本成本＝负债百分比 × 负债成本 ×（1－企业所得税率）＋股权百分比 × 股权成本

通常，股权成本用资本资产定价模型进行计算，其中：

股权成本＝无风险利率＋β × 股票风险溢价

然后，可通过下列方程计算出资本费用，并进而计算出经济利润：

资本费用＝加权平均资本成本 × 平均投入资本

经济利润＝税后净营业利润－资本费用

经济利润计算如图 12-1 所示。在该例子中，营收为 1000 美元，息税前利润为收入的 12%，企业所得税率为 33%，平均资产为 494 美元。最后，假设加权平均资本成本为 10%。

⊖ 见 Brealey *et al*. (2005), pp. 218, 503–504.

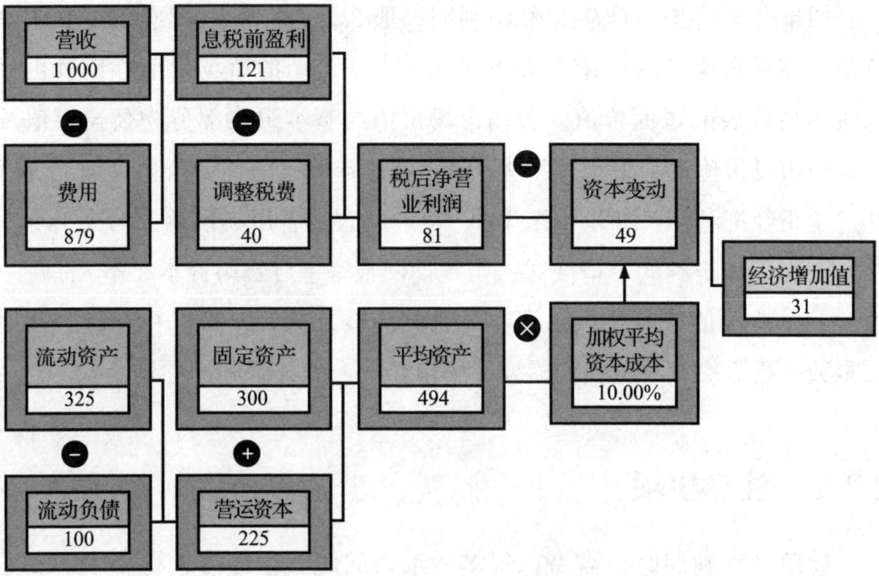

图 12-1 经济利润计算（单位：美元）

计算投入资本回报率并了解公司相比于其资本成本的业绩都是有益的。

$$投入资本回报率（ROIC）=\frac{税后净营业利润（NOPAT）}{投入资本（IC）}$$

出于估值目的，投入资本回报率在计算时应以期初资本为基础，在评估时以平均资本为基础。经济利润（EP）可通过下列公式来计算：

$$EP=(ROIC-WACC)\times IC$$

回报率 r 超过资本成本 i 的公司，其经济利润为正，会被视为财富创造者。回报率 r 低于资本成本 i 的公司，其经济利润为负，会被冠以“财富破坏者”的名号而受到责难。

行文至此，我们应该考虑经济利润与估值之间的联系。

$$EV=IC_0+\sum_{n=1}^{N}\frac{EP_n}{(1+WACC)^n}$$

如果公司将来会产生正经济利润，那么，企业价值就应超过其账面价值。需要考虑的一个乘数即市账率，它是公司的市场价值除以其由投入资本所代表的账面价值。公司市场价值的基本组成部分为公司市值及其负债市场价值。如果市账率大于 1，就意味着市场预期公司会创造价值并产生正经济利润；如果市账率小于 1，就意味着市场预期公司会出现亏损并产生负经济利润。请注意：当预期回报率 r 与公司资本成本 i 保持一致时，企业价值应等于投入资本，且其应按乘数为 1 来进行交易。在比较乘数和投资决策时，我们需要了解市场的未来经济利润预期。

12.2 注意事项

运用经济利润时，需考虑很多的细微问题。在许多教科书中，商誉通常被视为投入资本的一部分。可采用下述三种方法：

- 将净商誉计入投入资本。在此种情形下，摊销费用需要在税后净营业利润的计算中扣除。
- 将总商誉计入投入资本。这一严苛的方法是为了让管理层对所花费的全部商誉负责到底。在此种情形下，摊销费用不应在税后净营业利润的计算中扣除。
- 从投入资本中排除商誉，并从税后净营业利润中排除摊销费用。在此种情形下，商誉处理就类似于现金流投资回报率框架的商誉处理。

将商誉计入投入资本可能使高商誉公司的资产负债表出现混乱。注意到管理层做出了不成功的收购并将商誉计入资本，这样虽然可能很有见地，但这在衡量经营或公司经营性资产的表现方面却并没有帮助。它使基准测试成了不可能的任务。

虽然由所有的已使用资本来计算公司的经济利润很有见地，但是我们还是建议在评估公司的经营业绩时，只考量营业资本和非商誉资本。这样，可比性就会大大提升。根据我们的经验，最好是对公司和收购分别估值。未来的收购很难预测，最终的关注点是收购取得正净现值。其他注意事项包括：

- 无形资产：将能产生现金的无形资产作为投入资本的一部分处理是可取之举。如果这样做，摊销费用就应为税后净营业利润计算的一部分。
- 经营性投资 vs 非经营性投资：如果投资是经营性的，那么，其就应被作为投入资本处理，且与此类投资相关的收入应为税后净营业利润计算的一部分；非经营性投资应从投入资本中扣除，这些投资的市场价值出于估值目的而被加回。
- 金额大到可以导致投入资本为负的流动负债：这将对公司经济利润有利，但会导致投入资本回报率为负，这与直觉相反，基准价值很小。戴尔就是一个成功利用负债为其成长和运营提供资金的例子。
- 预测现金税率：在明确的预测期内，明智的做法是将现金税率提高到公司税率或标准化税率。

12.3 利用沃达丰截至2005年3月止财年报告所做的经济利润调整

根据班尼特·斯图尔特所著《探寻价值》(*The Quest for Value*)一书的观点，进行经济利润调整的会计方法多达160种左右，但是，最重要的是类似于现金流投资回报率的相对标准的方法。区别在于，经济利润作为一个账面数值，不需要进行通胀调整。采用沃达丰的现金流投资回报率调整，在适当的情况下，我们将展示经济利润的等效调整。

12.3.1 资产负债表

资产负债表的最重要的系统调整可能是将研发和租赁费用资本化。与现金流投资回报率框架一样，研发费用是一项投资，而租赁反映出融资决策。

净营运资本（经调整）

+ 净固定资产

+ 净无形资产

+ 经营性投资

+ 资本化租赁

+ 资本化研发费用

= 投入资本

经济利润是名义数据且基于公司的净资产为基础，因此不需要进行通货膨胀调整，或是在现金流投资回报率的计算中调整总资产。

净营运资本（经调整）

净营运资本（经调整）的计算简单易懂。首先，考量公司是否存在超额现金。达莫达兰主张从营运资本中去除所有现金，因为人们可以通过对现金进行计算来评估其价值，并通过无风险利率来估算回报。[⊖]但是，许多金融分析师会将经营性现金留在流动资产中，并作为盈余科目在计算经济利润时从资产基础中减去。为简单起见，我们遵循达莫达兰的建议，将沃达丰账簿中的所有现金都归类为盈余，并从资产基础中剔除。如果按后进先出法计算存货，后进先出法储备金就应予以加回。最后为了与现金流投资回报率的计算保持一致，我们将 1 年以后到期的应收账款（赊销）从流动资产移到其他长期资产中。表 12-1 显示了沃达丰营运资本调整。

⊖ 参阅 Damodaran, http://pages.stern.nyu.edu/ ~ adamodar/。

表 12-1 营运资本调整（见附录 13B：表 13B-1）

（单位：百万英镑）

营运资本	2004 年	2005 年	资料来源
流动资产	13 149	11 794	资产负债表
−1 年后到期的赊销金额	1 380	2 096	资产负债表
− 现金	5 790	3 666	资产负债表
+ 后进先出法准备金	0	0	
= 流动资产（经调整）	**5 979**	**6 032**	
无息流动负债	12 972	14 445	附注 17
净营运资本	**（6 993）**	**（8 413）**	

有形资产和无形资产

我们采用报告中的物业、厂房及设备净额，但会调整商誉，以反映无形固定资产总额减去 3G 牌照的现金流投资回报率调整，加上关联公司商誉总额和累计商誉摊销，以使管理层对收购负责。虽然这并不影响经济利润的计算，但将商誉从非商誉无形资产中分离出来以对经营性无形资产和商誉做对比性评估，是一种有益的做法。如前所述，商誉是大头，占沃达丰净固定资产的近 79%，这会对公司回报率产生严重影响。我们将重新审视这一问题，并出于下列预测和估值目的将商誉剥离出来。在计算下列投入资本之前，我们还会将投资从资产负债表中排除，因为投资不被视为经营性资产。但是鉴于估值的目的，我们会在后面将投资加回。沃达丰固定资产与无形资产调整见表 12-2。

表 12-2 固定资产与无形资产调整（见附录 13A 和附录 13B：表 13A-2、表 13B-1、表 13B-2）

（单位：百万英镑）

固定资产和无形资产	2004 年	2005 年	资料来源
物业、厂房及设备净额	18 083	18 398	资产负债表
净商誉（不包括其他无形资产净额）	107 498	95 443	资产负债表、附注 11、附注 13
累计商誉摊销	53 883	68 515	附注 11、附注 13
其他无形资产净额	4 275	4 275	霍尔特调整
投资	4 124	3 996	资产负债表、附注 13
其他经营性资产	1 380	2 096	资产负债表
经营性租赁现值	2 172	2 435	计算得出
资本化研发费用净额	350	439	计算得出
固定资产	**191 765**	**195 597**	

注：净商誉 = 99 718 百万英镑（根据表 13A-2）− 其他无形资产净额 4 275 百万英镑 = 95 443 百万英镑。

经营性租赁费用资本化和研发费用资本化的调整，需做进一步探讨。

资本化租赁

由于租赁是一项融资决策，所以我们建议将租赁费用资本化。租赁费用资本化的标准方法是计算附注中披露的经营性租赁现值。[㊀]如表 12-3 所示，沃达丰披露了其未来 5 年及 5 年之后所有年度的经营性租赁。经营性租赁费用资本化的第一步是预估沃达丰负债的平均成本（见附录 13B：表 13B-3）。由于沃达丰在全球范围内借款，所以，我们可采用所有负债利率的加权平均数（经过货币调整），但由于利率应与币种对应，所以只需对沃达丰在英国的负债做信用分析就够了。信用分析结果显示，沃达丰在英国负债的平均利率为 6.0%。

为了计算租赁现值，前 5 年按 6.0% 的贴现率进行贴现。由于并不知道第 5 年之后的租赁付款时间，所以如果不借助一些假设的话，我们就没有足够的信息来预估该剩余期间的现值。先用第 5 年之后的总额除以平均租赁费来预估第 5 年之后的租赁期间（11.32 亿英镑 /3.88 亿英镑 = 2.9 年）。[㊁]用 11.32 亿英镑除以 3，得出 6～8 年的预估年均租赁费为 3.77 亿英镑。然后将这些租赁费按 6% 的贴现率进行贴现。经营性租赁费用资本化的总价值为 24.35 亿英镑。通过对 2004 年做类似的分析，得出英国平均负债利率为 6.0%，租赁费用现值为 21.72 亿英镑。为了计算经济利润，经营性租赁费用的现值为 23.04 亿英镑。

表 12-3 资本化租赁（见附录 13B：表 13B-3 和表 13B-4）

（单位：百万英镑）

沃达丰加权平均利率	6.0%		
2005 年到期经营性租赁付款	投入	贴现因子	租赁承担现值
第 1 年	630	0.94	595
第 2 年	406	0.89	362

㊀ 见 Damodaran, http://pages.stern.nyu.edu/ ～ adamodar/pc/oplease.xls, Peterson and Peterson (1996), pp. 14–15.

㊁ 1 ～ 5 年期平均租赁承担为 388 英镑。我们将 2.9 年四舍五入成 3.0 年。

（续）

沃达丰加权平均利率	6.0%		
2005 年到期经营性租赁付款	**投入**	**贴现因子**	**租赁承担现值**
第 3 年	352	0.84	296
第 4 年	299	0.79	237
第 5 年	255	0.75	191
第 5 年以后	1 132	0.67	755
租赁付款现值			**2 435**
第 5 年后预估内含年数（四舍五入）	3		
5 年后平均租赁付款	377		
2004 ～ 2005 年经营性租赁平均现值			2 304
隐含经营性租赁利息	**6.0%**		**137**

我们注意到，在对现金流投资回报率的租赁进行资本化时，我们从每个利润表中报告的租赁费用 13.37 亿英镑开始，而在经济利润中，我们从一年内到期的报告的租赁负债 6.3 亿英镑开始。有人可能会问：这两个数值为何相差甚远？

首先，报表中的租赁负债反映的是最低欠款。其次，租赁费用反映的是目前年度的实付费用。归因于租赁的结构方式，该项金额可能超出最低金额。此外，沃达丰 2005 年 3 月年度报告中述称：经营性租赁费用包括“固定网络租金”，它很可能为一项计量收费。

资本化研发费用

资本化研发费用等于过去 5 年的年末研发费用（经调整）的合计值减去按 5 年计的累计摊销费用。要计算年中摊销费用（经调整），需要取当前年度研发费用加上一年度研发费用再除以寿命。如表 12-4 所示，对 2005 年所做计算如下：[（2.19 + 1.71）/2] /5 = 0.39 亿英镑（此金额用作下列税后净营业利润计算中总摊销费用的一部分）。得出 2005 年总摊销研发费用为 0.22 亿英镑：（1−0.5）反映年中的研发支出，（2.19 亿英镑 / 5）表示资本化摊销。最后一栏（即资本化研发费用净额）只是研发费用与研发摊销之差，仅反映 2005 年加到资产负债表中的研发费用的金额。

为了得到资本化研发费用的净额，除了计算年度摊销费用外，还需计算累计摊销。详见表 12-4。

表 12-4 资本化研发费用（见附录 13A：表 13A-16）

（单位：百万英镑）

资本化研发费用（2005 年度报告附注 5 及往年年度报告附注）	数额	摊销（2005 年年中调整）	总摊销研发费用（2005 年）	资本化研发费用净额
电信研发寿命（年数）	5			
研发费用（1999 年）	37			
研发费用（2000 年）	46			
研发费用（2001 年）	72	12	65	7
研发费用（2002 年）	110	18	77	33
研发费用（2003 年）	164	27	82	82
研发费用（2004 年）	171	34	51	120
研发费用（2005 年）	219	39	22	197
截至 2005 年止资本化研发费用	**736**	**130**	**297**	**439**
截至 2004 年止资本化研发费用	563	99	213	350

投资者资金总额

用以计算经济利润的投资者资金总额等于净营运资本加上固定资产和无形资产减投资（于估值时被加回股权价值）。金融分析师应决定投资是属于经营性的还是属于非经营性的，然后用一致的方法处理收入。对于沃达丰，我们将投资从资产基础中剔除并将其加回估值（见表 12-5）。

表 12-5 投资者资金总额 （单位：百万英镑）

投资者资金总额	2004 年	2005 年	资料来源
净营运资本	（6 993）	（8 413）	资产负债表
固定资产和无形资产	191 765	195 597	资产负债表、附注 11、附注 13
− 投资（估值时加回）	4 124	3 996	资产负债表、附注 13
经济利润计算所用投入资本	**180 648**	**183 188**	
盈余现金	5 790	3 666	资产负债表
总投入资本	186 438	186 854	
平均投入资本（不包括盈余现金）		**181 918**	

12.3.2 税后净营业利润

要计算税后净营业利润，需要从利润表中的净销售额开始，从销货成本和销售及行政开支中剔除折旧、摊销及任何特殊科目，如表 12-6 所示。要得出息税前利润，须减去折旧与摊销。要计算息税前利润（经调整），须加上研发费用后减去研发费用摊销（见表 12-4）和资本化租赁的隐含利息（见表 12-3）。因为投资相关的收入（已从上述资产负债表中剔除）位于息税前利润一栏之后，所以无须进一步调整。如果有后进先出法准备金，就将其和其他任何准备金变动加回，以反映现金的来源或使用情况。要计算所纳现金税费，须计算出现金税率，然后，用现金税率乘以税前净营业利润来得出税后净营业利润。通胀调整可能是现金流投资回报率计算中最复杂的部分，因利息的税收影响而调整非经营性科目和递延税负债可能是税后净营业利润和经济利润计算中最为复杂的部分。因为总商誉将计入投入资本，所以，在税后净营业利润计算中，商誉摊销费用将不被作为一项营业费用处理。

表 12-6 税后净营业利润计算（见附录 13A 和附录 13B：表 13A-1 ～ 表 13A-21 和表 13B-5 ～表 13B-10） （单位：百万英镑）

税后净营业利润	2004 年	2005 年	资料来源
销售额	33 559	34 133	利润表
− 销货成本	15 352	15 813	附注 5
− 销售及行政开支	5 656	5 440	附注 5
= 息税折旧及摊销前利润	12 551	12 880	
− 折旧与摊销	19 667	19 598	附注 5、附注 13
= 息税前利润	（7 116）	（6 718）	
+ 研发费用	171	219	附注 5
− 资本化研发费用摊销	99	130	计算得出
+ 商誉摊销	15 305	15 070	附注 5、附注 13
+ 资本化经营性租赁隐含利息费用	130	137	计算得出
息税前利润（经调整）	8 390	8 579	
+ 后进先出法准备变动	0	0	
+ 其他储备金变动	0	0	
税前净营业利润	8 390	8 579	

（续）

税后净营业利润	2004 年	2005 年	资料来源
现金税率计算			
所得税费用	2 866	2 835	利润表
− 递延税费变动	576	330	附注 21
= 现金税费用	2 290	2 505	
报告显示的税前收入	（5 335）	（4 103）	利润表
− 特殊科目	125	297	利润表、附注 4
+ 商誉摊销	15 305	15 070	附注 5、附注 13
= 税费计算所用税前收入（经调整）	9 845	10 670	
现金税率（现金税费 / 经调整税前收入）	23.3%	23.5%	
现金税费用	1 952	2 014	
税后净营业利润	**6 439**	**6 565**	
税后净营业利润率	19.2%	19.2%	

注：请注意，税前收入不包括 599 英镑的特殊税收抵免（表 13B-8），其已包含于特殊科目中。现金税率反映了因特殊项目而调整之后的现金税额。

12.3.3 经济利润

要计算经济利润，不妨将平均投入资本乘以资本成本，然后从税后净营业利润中扣除。现金流投资回报率相关的贴现率为实际利率；而对经济利润而言，其为名义利率。我们预估出名义加权平均资本成本为 7.8%，如表 12-7 所示。

表 12-7 加权平均资本成本计算 （单位：百万英镑）

加权平均资本成本计算	
负债及负债等价物	15 823
市值	78 322
负债成本	6.0%
股权成本	8.5%
边际税率	30%
加权平均资本成本	**7.8%**

加权平均资本成本计算所用税率反映了公司的法定边际税率，它不同于税后净营业利润计算中的现金税率。在沃达丰的案例中，反映实际现金税费的现金税率不同于法定税率。

最后，沃达丰 2005 年的经济利润计算过程如表 12-8 所示。归咎于资产负债表中的所有商誉，该公司的经济利润为负值。

表 12-8 经济利润计算 （单位：百万英镑）

经济利润	2005 年
销售额	34 133
税前净营业利润	8 579
现金税率	23.5%
税后净营业利润	6 565
税后净营业利润率	19.2%
年初投入资本	180 648
平均投入资本	181 918
经济利润（用平均投入资本计算得出）	（7 577）
经济利润（用年初投入资本计算得出）	（7 478）
贴现率（加权平均资本成本）	7.8%
投入资本回报率（税后净营业利润 / 平均投入资本）	3.6%

12.3.4 选经济利润还是现金流投资回报率

为什么沃达丰的经济利润为负而现金流投资回报率为正呢？请记住，现金流投资回报率对固定资产形式的运营资本和非商誉形式的无形资产与商誉进行了区分。管理层可以提高营业资本的利用效率，但无法提高商誉的效率。商誉拖累了资本效率，它是被转移给被收购公司股东的价值。

相反，经济利润不区分运营资本和商誉，而将它们合并评估，所以，管理层对股东全部的资金负责，但管理层的经营管理水平无法判断。将投入资本回报率与之进行比较的数字是交易现金流投资回报率，其中确实包括商誉。沃达丰的交易现金流投资回报率为 6.6%，接近公司实际资本成本 5.5%；投入资本回报率 3.6% 与名义资本成本 7.8% 比较也有明显差异。在第 13 章中，我们采用经营性经济利润，它从资产负债表中剔除了商誉。通过剔除商誉，我们采用了现金流投资回报率法，并着重于对经营性资产的估值。

哪个衡量指标更好呢？经济利润通常更易于计算和传达信息，它是一个绝对金额。这些属性在薪酬计划和业绩沟通方面有效；另外，它易受到通胀和会计失真的影响，并取决于资本金额。支持选用经济利润的人将这看作模型的优势，因为作为百分比值的回报率和增速中并未纳入价值量。他们认为：回报率较低（尽管差幅为正）的大公司看起来可能不如回报率高的小公司有吸引力。这些评论者认为，通过将投入资本回报率百分比转换为绝对的货币金额，可以对资本金额进行比较。⊖

虽然对经营管理者而言，这是一个有用的观点（使用更多资本，创造更多价值），但我们认为，从投资者的角度看，这可能是一种曲解。虽然在一个很大的资本基础之上获得正差幅是有优势的，但这种优势可能会忽视那些资本较少而回报较高的小型公司。例如，沃尔玛只要在其资本之上获得一个正的经济利润差幅，就将取得很大的经济利润；而小型零售商则需要在其资本成本之上获得一个更大的差幅，才可能拥有很多增长机会。除非此类小型零售商所配置的资本能像沃尔玛那样多，否则，在比较经济利润时，它们始终会处于劣势。重要的是，拥有正利润差幅的公司可以分配资金来得到增长机会。虽然大型公司可能创造更多的绝对价值，但小型公司可能会创造出更高的每股价值。从投资者的角度看，重要的是每股价值增长而不是总的经济利润增长。识别正差幅和增长机会的能力非常重要。

如果按经济利润对公司进行排名，那么大型公司就很容易在排名表中名列前茅，而小型公司（其可能拥有更好的营业回报率，但其所配置的资金也更少）则在排名中靠后。我们认为，单独评估回报率差价以及增长机会的价值，能够克服投资者的这一劣势。

⊖ 例如，见 Dobbs and Koller (2005), p.20。“然而，投入资本回报率和增速有一个缺点，即两者都未纳入所创造价值的大小，故投入资本回报率为 30% 的小公司或业务部门似乎要比回报率为 20% 的大公司更为成功。我们用经济利润将投入资本回报率转换为美元指标，以使我们能将所创造价值的大小与其他公司进行比较。”

现金流投资回报率可以帮助投资者更深入地了解公司运营资本收益与收购商誉之间的差异。此外，通过通胀调整，还允许跨时间和跨国家运用标杆分析法（或称“基准化分析法”）。作为一个百分比，它还允许跨公司运用标杆分析法而无须考虑公司的规模（如前文各段所述）。投入资本回报率和税后净营业利润率均允许运用标杆分析法，但这些衡量指标对通胀、资产账龄和资产组合十分敏感，效用受到限制。对于拥有特别旧的资产或特别新的资产且具有较长资产寿命的公司而言，现金流投资回报率和经济利润的差异更大。随着时间推移，运用总投资和资产寿命进行现金流投资回报率计算就能够发现，随着资产逐渐老化，资产效率也会随之降低（现金流投资回报率降低）。在经济利润中采用净资产通常会得出相反的结果。如果资产的老化速度超过效率下降速度，那么我们就会面临经济利润上升而资产效率却下降的风险。在收购和减少投资的情形下，这种分析将会变得特别困难。随着不可折旧资产占比的上升，现金流投资回报率与投入资本回报率之间的差异度就会降低。对固定资产密集型公司和行业来说差异会非常显著，现金流投资回报率为首选指标。

| 第13章 |

从经济到估值（2）

13.1 一般规则

在探讨估值之前，非常有必要了解一下在评估未来价值创造的潜在途径时，使用现金流投资回报率或经济利润的一般规则。

当经济利润为正时，公司为股东创造了等值于经济利润的财富。所以，在运用经济利润时，需要关注两个关键问题：

- 公司是否产生了正经济利润？
- 如果经济利润为正，公司是否实现了业务增长及经济利润增长？

评估现金流投资回报率时，需要关注三个关键问题：

- 现金流投资回报率处于何种水平？
- 资本成本为多少？
- 考虑到现金流投资回报率差幅（现金流投资回报率减去资本成本），企业是在增长还是在缩水？

现金流投资回报率和经济利润经常受到的批评是，管理层可以用未来现金流投资回报率或经济利润换取当期现金流投资回报率或经济利润。这种权衡要求拒绝未来的正回报项目，因为正回报项目将对当期盈利产生负面影响，并可能对经济利润和现金流投资回报率产生负面影响。换言之，管理层决定用未来的高现金流来换取当期的现金流和盈利。

13.2 市场增加值

经济利润试图通过研究市场增加值（MVA）来应对这一缺陷。市场增加值即公司市场价值与公司账面价值之间的差幅。如果管理层为了增加当期经济利润而做出不利的短期决策，那么，市场增加值就应下降，但是，准确评估市场价值的含义会使判断管理行为变得困难。在此种情形下，“市场增加值 / 经济利润”是一项好的指标。

13.3 现金流投资回报率

图 13-1 展示了对上述三个现金流投资回报率的相关问题进行评估的框架。

（1）当现金流投资回报率＞资本成本（即差幅为正）时，将实现业务增长，或在缺乏增长机会的情况下维持或改善现金流投资回报率；

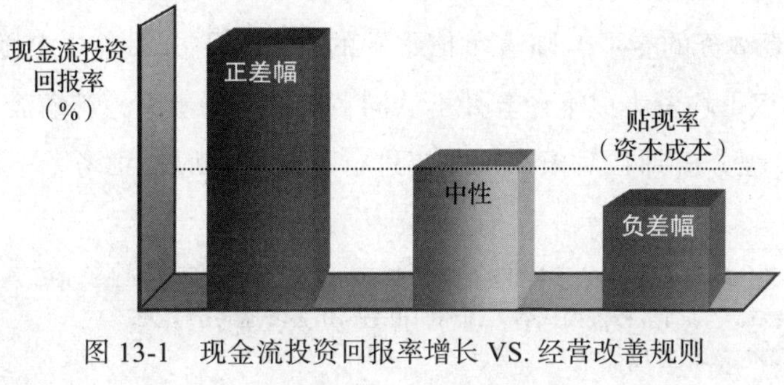

图 13-1 现金流投资回报率增长 VS. 经营改善规则

（2）当现金流投资回报率 = 资本成本（即差幅中性）时，增长既不创造价值，也不破坏价值，因此，管理层应专注于通过提高利润率及（或）资产利用率来改善现金流投资回报率；

（3）当现金流投资回报率＜资本成本（即差幅为负）时，应退出低回报率业务，并着重通过提高利润率及（或）资产利用率来改善现金流投资回报率。增长会破坏价值。[⊖]

值得重提的是：现金流投资回报率和经济利润都应同时作为单期业绩衡量指标和估值切入点来加以运用。因此，如果管理层用未来的现金流投资回报率或经济利润换取当期更高的现金流投资回报率或经济利润，就违反了上述一般规则，而且未来现金流现值也会下降，从而对估值产生负面影响。

13.4 关于负债的一点建议

如前所述，经济利润和现金流投资回报率都符合莫迪利亚尼和米勒的观点，即在无税费的情况下，融资决策不会改变价值。[⊜]经济利润中的资本变化和估值要求金融分析师接触公司杠杆。如前所述，税后净营业利润反映了未加杠杆的公司的营业利润，而负债的税盾则于加权平均资本成本中确认。这种方法的弱点是可以通过 100% 的负债融资使资本成本最小化（负债融资成本低于股权融资，因而具有税收优势）。不采用 100% 负债融资的企业，随着负债水平的上升，财务风险也会随之上升。标准的加权平均资本成本计算并不认同“负债水平上升意味着企业风险上升”。[⊜]金融分析师在对未来现金流进行贴现时，应仔细考量不同负债水

⊖ 对于负差幅规则，有一个明显的例外情形。初创企业或开展新业务的公司可能会出现负差幅。随着业务逐渐成熟，预期回报率和销售增速将会上升。

⊜ 见第 8 章附注 12。

⊜ 见达莫达兰针对这一问题进行调整的方法 (http://pages.stern.nyu.edu/~adamodar/)。

平下的负债和股权成本。负债成本并不恒定。

现金流投资回报率在赚得收益时将税盾影响留在总现金流中，以确认负债的税收优势。在计算总现金流时，将利息费用加回净收益，但不调整已纳所得税。现金流投资回报率不对加权平均资本成本计算中的负债成本做税收调整。与现金流投资回报率一起使用的市场衍生资本成本计算，允许资本成本随着负债水平和财务风险的增加而增加。换言之，随着负债的增加，利息税盾也会随之增加，但这被资本成本的上升所抵消。

13.5 估值

随着对会计失真的“清理”，现金流投资回报率及经济利润都更接近于实际的现金流产生情况。下一步是利用这种匹配，通过预计经济利润或现金流投资回报率来预估未来价值或现金流。

我们将首先探讨运用现金流投资回报率进行估值的一般框架，然后探讨使用经济利润进行估值的一般框架。[⊖]

13.5.1 现金流投资回报率估值：一般框架

假设调整和预测都相同，则采用经济利润贴现值或自由现金流量流的估值所得出的值就会相同，而采用现金流投资回报率的估值所得出的值通常会不相同。这一差异与剩余期间（高于或低于资本成本的）超额回报的计算方式以及资产基础计算方式有关。现金流投资回报率估值模型的关键驱动因素及组成部分的示意图见图 13-2。在展开细节之前，我们必须先了解现金流投资回报率框架内的现金流计算方法。

⊖ 本章的目的是向分析师介绍估值框架的概念。关于例子中所有数值得出过程的详细描述超出了本部分的范围。有关现金流投资回报率估值的进一步探讨，见马登（Madden，1999）。有关经济利润估值的详细信息，见斯图尔特（Stewart，1991）。

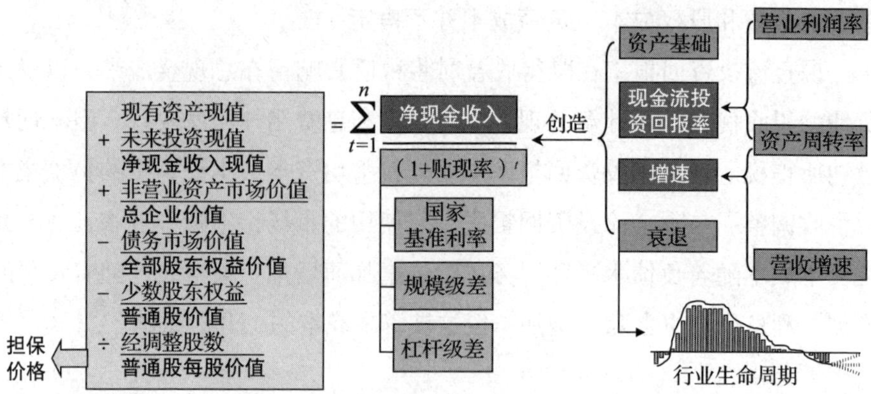

图 13-2　霍尔特现金流投资回报率模型的关键驱动因素及组成部分

13.5.2　了解项目回报率

在计算现金流之前，我们应先回顾项目资本预算和内部回报率的概念。公司资产可用一系列的资产层来表示。由于现金流是一个与资产有关的函数，那么每一资产层均可作为产生不同的现金流的单个项目。从概念上讲，我们可考量一家在年初投资于某一项目并于年末获得投资回报的公司。现金流投资回报率即为所有单个项目的加权平均回报率。

为了更好地了解项目回报率，我们不妨做如下设想：一位家住海滩附近的年轻企业家凯莉，决定开办一家企业来向游客出租卧式小型冲浪板。凯莉的业务是出租冲浪板以及售卖防晒霜和碳酸饮料。为开展业务，凯莉购买了两块冲浪板（每块 30 美元）和饮料（价值 10 美元），总投资为 70 美元。根据凯莉的商业计划，冲浪板将能持续使用 4 年，通过冲浪板租金和饮料销售，公司将每年产生 20 美元的现金流。于第 4 年末，冲浪板（折旧资产）将需更换，而饮料（存货或不可折旧资产）仍将具有 10 美元的价值。运用 Excel 的 RATE 函数进行计算，得出该项目的内部回报率为：RATE（nper = 4，pmt = 20，pv = −70，fv = 10）= 10.1%。

现假设凯莉以同样的经济条件来扩展其业务。图 13-3 以图形方式描绘了凯莉于接下来 4 年中，每年都新开一个租赁展位的情况。在完成第四层投资后，企业将有一个项目（出租冲浪板）开始其生命的最后一年，这时另一个项目开始其生命的第一年。通过这一简单的例子，加权平均现金流投资回报率将与 4 个单独的冲浪板租赁项目的投资回报率完全匹配，即 RATE（nper = 4，pmt = 80，pv =−280，fv = 40）=10.1%。

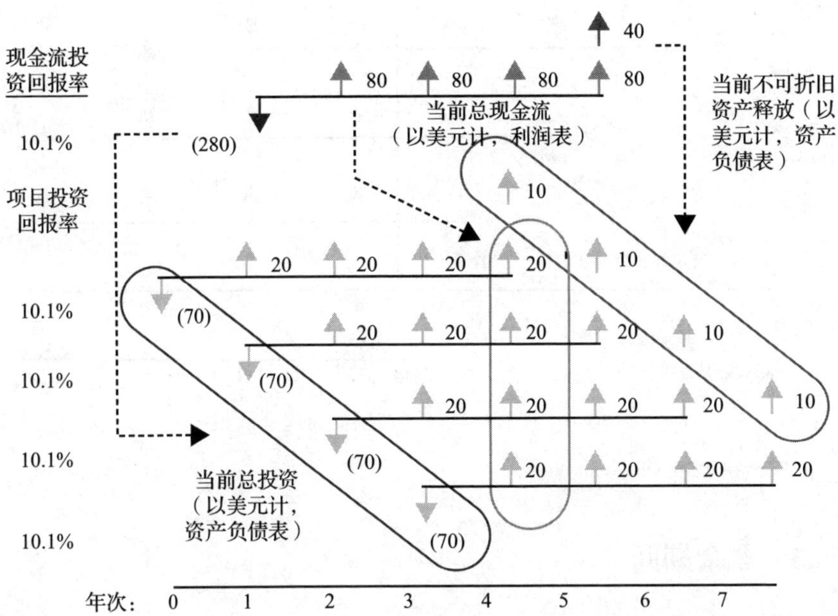

图 13-3 公司所有项目的加权平均的现金流投资回报率

图 13-4 显示了冲浪板业务的剩余现金流和租赁展位。假设我们已经进行了 4 层投资，即第 4 个冲浪板展台刚刚开业；我们预计在第 4 年中将产生 80 美元的总现金流和 40 美元的存货。但于第 4 年末，我们将最老旧的冲浪板报废，并释放 10 美元的存货（不可折旧资产），得出总现金流及不可折旧资产释放共计 90 美元。现在，直到最后一层投资报废之前，3 个冲浪板（第 5 年）将继续于次年产生总现金流 60 美元，并进一步存货释放 10 美元，从而得出总现金流及不可折旧资产释放共计 70 美元，

如图 13-4 所示。

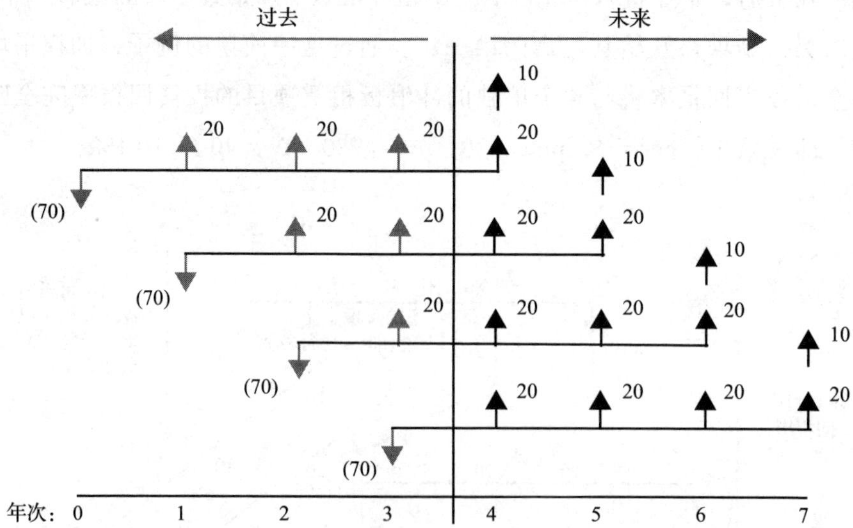

现有资产所产生现金流现值 $= \frac{90}{(1+\text{DR}^{\textcircled{1}})} + \frac{70}{(1+\text{DR})^2} + \frac{50}{(1+\text{DR})^3} + \frac{30}{(1+\text{DR})^4}$

图 13-4　现有投资（资产层）的现金回报

① DR 指贴现率（discount rate）。

13.5.3　剩余期间

如果凯莉于第 7 年末的第 4 轮冲浪板投资撤销后停止冲浪板业务，那么该业务的价值将仅代表每一资产层（一套冲浪板）逐渐停止过程中所产生的现金流加上存货释放，减去每年所做投资。我们将该值称为“现有资产价值”。

从企业估值角度看，我们不是对目前现成的项目感兴趣，而是对整家企业的未来发展感兴趣。假设于第 4 年末扩展业务。在阅读了一份由 JB 咨询公司发布的市场研究报告之后，凯莉发现她可以用新的改进型鹰牌冲浪板来取代其最老旧的冲浪板，鹰牌冲浪板在波浪上行进时会更快，且可以处理高难度的切回转向。凯莉希望她可以用更高的价格租出这些改进型冲浪板，并且顾客使用冲浪板的时间会更长，因而购买更多的防晒霜和碳酸饮料。

如果总投资增加至 85 美元或逐年增加 15 美元投资，那么，这一增长会反映出增长的不可折旧资产与增长的或“资本支出增长”之间的区分。为预估不可折旧资产碳酸饮料和折旧资产冲浪板之间的拆分，我们研究出不可折旧资产 / 初始业务总投资比率为 14.3%（即 10 美元 /70 美元），所以，增量投资 15 美元导致了不可折旧资产 12.1 美元（即 85 美元 ×14.3%）和折旧资产 72.9 美元（即 85 美元 −12.1 美元）之间的拆分。重置资本支出等于初始冲浪板成本 60 美元加上“增长资本支出”12.9 美元（改进型冲浪板的增量成本）。由于总的不可折旧资产为 12.1 美元，增量不可折旧资产为 2.1 美元（额外的碳酸饮料），因此，得出总投资的总增加值为 15 美元。以更高的租金费和更高的碳酸饮料销售额进行预估，企业可以产生 24 美元的现金流，而用旧冲浪板只能产生 20 美元的现金流。

不幸的是，尽管凯莉认为她可以通过吸引更多顾客，销售更多碳酸饮料来使企业业务增长，但研究表明，高回报率将吸引更多的竞争对手入场。尽管她的总现金流将会增加，但这一增长将会导致该项目的预计内部回报率（9.7%）降低。图 13-5 显示了竞争对手入场并迫使回报率和增速下降的情况。

作为投资者，我们只能见到整家企业而非单个项目的现金流投资回报率，因此，作为投资者的我们预期会见到第 5 年末的信息：寿命为 4 年，总投资为 295.0 美元（即 70.0 美元 ×3 + 85.0 美元），总现金流为 84.0 美元（即 20.0 美元 ×3 + 24.0 美元），不可折旧资产为 42.1 美元（即 10 美元 ×3 + 12.1 美元）。用 RATE 函数计算：RATE（nper = 4，pmt = 84.0，pv = −295.0, fv = 42.1）= 10.0%（第 4 年末的现金流投资回报率 = 10.1%）。

该公司的现金流投资回报率略有下滑，但是只要增量回报率高于资本成本，我们就不介意回报率的下滑。我们看不到的是（如图 13-4 所示），最新冲浪板投资的项目投资回报率为9.7%，而原有项目继续产生10.1%的内部回报率，这正是将整体现金流投资回报率降至10%的原因所在。在这一简单的例子中，我们已经建立了回报率呈下降趋势的模型。在现实世界中，单个项目的内部回报率将逐年变化，未来项目的回报率可能会上升，从而导致现金流投资回报率也随之上升。

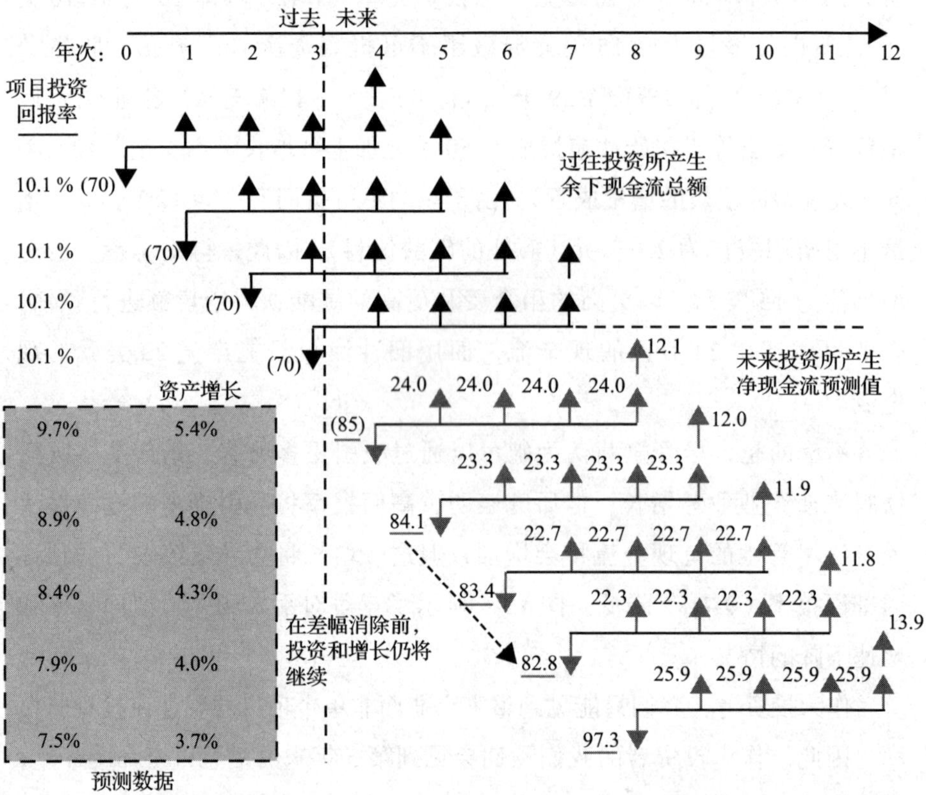

图 13-5　会衰减的未来投资的现金回报

但是，我们通过模型预测的现金流投资回报率的下降，将一个重要概念即竞争与衰退引入到残值计算中。微观经济学告诉我们，高回报率会吸引许多竞争对手入场，从而使盈利能力降低。在自由公平的市场中，在公司于竞争中被淘汰出局和经济利润归零之前，竞争将继续对超额回报施加压力。因此，虽然我们对明确预测期间的现金流投资回报率建模，但在剩余期间，现金流投资回报率会逐渐衰减。衰减反映了竞争会侵蚀超额回报，直到公司只获得资本成本（现金流投资回报率 = 贴现率）为止。当无超额回报时，经济利润等于零，未来项目净现值等于零，内部回报率等于资本成本。衰减率反映了企业的竞争优势和竞争环境。衰减率是一个关键的估值驱动因素，需予以仔细考量。

净现金收入

虽然我们已经展示了这一项目的现金流投资回报率计算方法，但我们还没有探讨待贴现的实际现金流或净现金收入。净现金收入反映的是总现金流减投资（即资本支出 + 营运资本变动）。在这一例子中，总投资 295.0 美元是第 4 年末的资产，它产生了上述第 5 年的现金流，所以，在第 4 年，我们有了 85.0 美元的新增投资层，其中，12.1 美元为存货。将第一个项目层的费用设为 70.0 美元（其中 10.0 美元为存货释放），所以，总资产增加了 15.0 美元（即 85.0 美元 −70.0 美元），其中 2.1 美元（即 12.1 美元 −10.0 美元）为存货。

总之，我们在第 4 年的投资为 85.0 美元（包括 12.1 美元的不可折旧资产），不可折旧资产的释放为 10.0 美元，总现金流为 80.0 美元（每层 20 美元 ×4 层），最终得出净现金收入为 5.0 美元。因业务扩展而产生的 24 美元的总现金流将从第 5 年起计。

出于估值目的，5.0 美元代表第 4 年用于贴现的净现金收入。请注意，资本支出由两部分组成，即原冲浪板和碳酸饮料成本的重置资本支出 70 美元（假设成本因无通胀而保持不变），以及改进型冲浪板和额外碳酸饮料的增量资本支出 15.0 美元。由于公司在报废资产更换之前无法增长，所以，增长只反映了扩展业务的资本支出的组成部分，在此种情形下，增长了 15.0 美元或 5.4%（即 295 ÷ 280−1）。表 13-1 显示了冲浪板出租业务从开业至第 8 年期间的净现金收入的计算。

表 13-1 净现金收入计算 （单位：美元）

年次	第 0 年	第 1 年	第 2 年	第 3 年	第 4 年	第 5 年	第 6 年	第 7 年	第 8 年
总投资	−70.0	−140.0	−210.0	−280.0	−295.0	−309.1	−322.5	−335.3	−347.6
增长资本支出		−70.0	−70.0	−70.0	−15.0	−14.1	−13.4	−12.8	−12.3
报废资产更换					−70.0	−70.0	−70.0	−70.0	−85.0
总现金流		20.0	40.0	60.0	80.0	84.0	87.3	90.0	92.3
年度不可折旧资产释放					10.0	10.0	10.0	10.0	12.1
资产增长	−70.0	−70.0	−70.0	−70.0	−15.0	−14.1	−13.4	−12.8	−12.3
报废资产更换					−70.0	−70.0	−70.0	−70.0	−85.0
净现金收入	−70.0	−50.0	−30.0	−10.0	5.0	9.9	13.9	17.3	7.2

金融分析师经常无法解释资产报废与更换的问题，并低估了为增长提供资金所需的资本支出的水平。对公司进行预测和估值时，这可能会导致严重的问题。

13.5.4 现金流投资回报率剩余期间法

虽然在自由现金流、经济利润或现金流投资回报率的预测中，明确增长期间内的现金流价值应当相同（名义现金流、实际现金流和贴现率的影响不应改变现值），但剩余期间的价值很可能不同。在标准经济利润或自由现金流模型中，剩余期间通常采用戈登增长模型（亦称股利贴现模型），且通常以一种非常值得怀疑的方式进行。⊖戈登增长模型与衰减的现金流投资回报率残值在概念上存在着重要差异。

戈登增长模型考量了现金流增长的增速以及用以对不断增长的现金流进行贴现的资本成本，但是，如果回报率和贴现率之间存在差幅（即现金流投资回报率不等于贴现率，或经济利润不等于零），那么，该差幅将被永久锁定。随着现金流增加，它在资本成本之上的差幅也会无限期地

⊖ 戈登增长模型基本方程是 $CF_1/(r-g)$，其中 CF_1 是下一预计现金流，g 是增速，r 是贴现率。远期现金流应正态化。有关戈登增长模型的完整探讨，见 Stowe *et al*. (2002), pp. 55–83。

持续存在。⊖相反，现金流投资回报率估值模型会反映出竞争蚕食超额回报的预期。换言之，在每一剩余期间，就像在戈登增长模型中一样，企业都在增长，但公司回报率与资本成本之间的超额差幅会衰减。此外，随着公司的增长，进一步增长会变得更加困难，所以，增长也会衰减。这一行业生命周期的概念如图 13-6 所示，它是霍尔特现金流投资回报率估值算法及框架的组成部分。

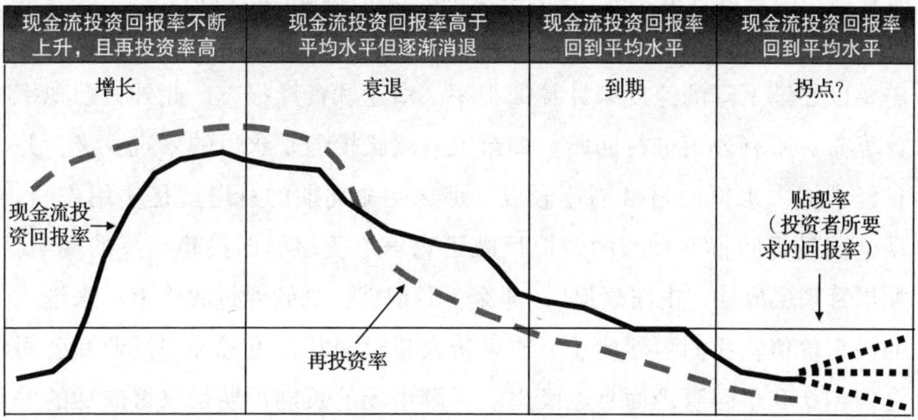

图 13-6 行业生命周期概念

当预期会出现具有吸引力的回报率和增速时，公司以高于账面价值的价格进行交易。随着增长机会逐渐枯竭以及竞争侵蚀高回报，企业就会从创造财富阶段过渡到成熟阶段。成功型公司会“击溃衰退”并寻求新市场和新方法来维持其高回报率。而那些非成功型公司和竞争激烈的行业，会眼睁睁地看着其回报率逐渐衰减至资本成本水平或以下。收益等于资本成本的公司按账面价值进行交易。

⊖ CFROI 剩余增长率下降到 2.5% 的长期水平，与长期实际经济增长相似。戈登增长模型的增长率应该反映一个长期可持续的增长率。它还必须小于贴现率。不幸的是，分析师们经常花很多时间准备以做出明确的预测，却很少花时间考虑合适的长期可持续增长率。由于残差值对 DCF 值的影响较大，而残差增长率对戈登增长计算的影响较大，因此对这个数字进行大量的思考是必要的。

最后，霍尔特的研究发现，现金流投资回报率所代表的实际经济回报率，在全球范围内维持在相对稳定的6%左右的水平。在霍尔特框架内，实际（排除通胀）的市场衍生的贴现率是以对整个市场都进行了合理估值的假设为基础的。[㊀]单家公司的贴现率是通过公允价值计算得出的。[㊁]一旦现金流投资回报率等于贴现率，企业既不创造也不破坏价值，未来增速的净现值为零，公司只能赚回投资者所要求的长期资本成本。在那时，公司的价值就是随现有资产减少而产生的现金流的现值。

现金流投资回报率残值计算的缺点主要是比戈登增长公式复杂。它需要以逐渐下降的速度来计算回报率、增速和资产报废。此外，贴现率计算需对所有公司进行回归。如果戈登增长模型是永恒的乐观主义，并且经常嵌入永恒的财富创造假设，那么生命周期的衰退就是实用主义。现金流投资回报率衰减的残值反映了竞争迫使超额回报趋于零的现实。如果管理层成功“击溃衰退”，那么，我们就会见到通过股价上涨来创造的股东价值。我们强烈建议分析师将大量时间花在思考哪些行业和公司会因创新和卓越管理而延迟衰退。了解市场的长期预期是取得成功的关键要素。

13.5.5 经济利润估值：一般框架

尽管经济利润和现金流投资回报率都会贴现未来现金流，但是由于残差计算，经济利润与现金流投资回报率的估值会有所不同。虽然经济利润与自由现金流估值的价值确认（现金流 VS. 剩余利润流量）有异，但两者

㊀ 即使分析师不同意整体市场公允价值假设，这一假设也能提供一些有意思的洞见。例如，虽然长期贴现率已稳定保持在6%左右的水平，但在科技泡沫期间，我们可观察到市场主导的贴现率低于3%。精明的分析师不会将此类低贴现率视为市场主导法失效，而是将其视为一种市场繁荣的表现。事后看来，我们可以发现：对平均贴现率的回归是一种比我们原本应当输入的可持续高回报新技术与服务经济更强大的力量！此乃重力使然。

㊁ 瑞士信贷 – 霍尔特贴现率计算的结果是：基于该框架内含的默认增速、回报率和衰退假设，市场上所有公司中有一半公司比它们的股价要高，而另一半公司比它们的股价要低。

得出的值应当相同。自由现金流估值预测的是某一特定期间的现金流，而经济利润估值预测的是每一预测期间的税后净营业利润、资本费用和经济利润。对于剩余期，戈登增长模型通常适用于经济利润模型和自由现金流模型。

让我们尝试使用数学公式对上述概念进行表达。在下列估值方程中，增长预测期间持续 N 年。运用戈登增长模型时，必须计算终值期第 1 年的经济利润和自由现金流。为了使方程式有效，增速 g 和回报率必须保持恒定。

自由现金流（FCF）估值：

$$\text{TV}=\frac{\text{FCF}_{N+1}}{(\text{WACC}-g)}$$

$$\text{FCF估值}=\sum_{i=1}^{N}\frac{\text{FCF}_i}{(1+\text{WACC})^i}+\frac{\text{FCF}_{N+1}}{(\text{WACC}-g)(1+\text{WACC})^N}$$

经济利润（EP）估值：

$$\text{TV}=\frac{\text{EP}_{N+1}}{(\text{WACC}-g)}$$

$$\text{EP估值}=\text{IC}_0+\sum_{i=1}^{N}\frac{\text{EP}_i}{(1+\text{WACC})^i}+\frac{\text{EP}_{N+1}}{(\text{WACC}-g)(1+\text{WACC})^N}$$

经济利润模型的方程比较美观。例如，如果公司回报率 r 能永久达到资本成本 i，经济利润就将保持在零不变，企业价值将等于投入资本或账面价值。自由现金流的水平高度依赖于增速 g，无财富创造相关的内在信息。如果增速 g 超过投入资本回报率，那么，回报率 r 就会超过资本成本 i，且正在增长的公司的自由现金流将为负。将资本支出投资于回报率高于资本成本的项目，并不是一件坏事。为了描述终值年份，我们：

- 用终值期增速调整最后一期的税后净营业利润；
- 减去终值年份的资本费用（剩余期间开放资本 × 资本成本）来计算终值期的经济利润。

将经济利润残值和现值加到期初投入资本中，从而得到企业价值。从公司价值中减去负债和负债等价物以得出股权价值。

金融分析师经常在他们的现金流贴现法估值中不经意地假设高回报率将无限期持续。一个有用的假设是终值期的所有增量投资都具有恒定的增量投入资本回报率（ROIIC）。如果税后净营业利润在终值期以恒定增速 g 增长，就可通过下列方程来预估终值期的价值：[⊖]

$$TV = \frac{NOPAT_{N+1}(1 - g / ROIIC)}{(WACC - g)}$$

请注意：当投入资本回报率等于资本成本（即加权平均资本成本）时，此方程可简化为如下的简单表达式：[⊜]

$$TV_{ROIIC=WACC} = \frac{NOPAT_{N+1}}{WACC}$$

按照与现金流投资回报率残值中相同的衰减概念，可预测出：投入资本回报率下降时，经济利润会衰减，直至等于资本成本且经济利润等于零。通过该表达式可计算出终值：

$$TV = \frac{EP_{N+1}}{(WACC + f)}$$

如果假设经济利润终值将按指数衰减率 f 逐渐衰减至零，该方程成立。请注意，10% 的衰减率所对应的时间常数为 10 年。衰减率 f 的范围为 0%（无衰减）～ 100%（瞬时衰减）。值得注意的是，该方程相当于计算于 $1/f$ 年后经济利润衰减至零时的终值。公司价值的计算方法为：

$$\text{公司价值} = IC_0 + \sum_{i=1}^{N} \frac{EP_i}{(1 + WACC)^i} + \frac{EP_{N+1}}{(WACC + f)(1 + WACC)^N}$$

⊖ 见本书第一部分 3.3.4 节菲比希和波迪格所述内容以及 Copeland *et al.* (2000), pp. 269–271。

⊜ Damodaran (2002), p.313.

13.6 沃达丰估值

在本节中，我们已经证明经济利润估值和自由现金流估值所得出的估值结果相同，而现金流投资回报率估值的结果却不同。

在经济利润估值之前，我们先根据表 13-2 中所示的营业资本（不包括商誉）重新计算经济利润。请注意，剔除 954.43 亿英镑的净商誉对经济利润的影响重大！调整的结果是：经济利润为 +50.68 亿英镑，投入资本回报率为 34.1%（而第 12 章所述的经济利润为 −97 亿英镑，投入资本回报率为 2.7%）。从经营性资产基础中剔除商誉使经济利润与投入资本回报率和现金流投资回报率有着相似的方向。

表 13-2 经营性经济利润（计算时未计商誉）

（单位：百万英镑）

投资者资金总额	2004 年	2005 年	资料来源
净营运资本	（6 993）	（8 413）	
经营性固定资产和无形资产调整			
根据初始经济利润计算得出的固定资产	191 765	195 597	
净商誉	107 498	95 443	资产负债表、附注 11、附注 13
商誉摊销	53 883	68 515	附注 11、附注 13
投资（估值时加回）	4 124	3 996	资产负债表、附注 13
经营性固定资产和无形资产	26 260	27 643	
经营性投入资本	**19 267**	**19 230**	
盈余现金	5 790	3 666	资产负债表
总投入资本	25 057	**22 896**	
年初投入资本		19 267	
平均投入资本		**19 248**	
税后净营业利润		6 565	
经济增加值（用平均投入资本计算得出）		5 068	
经济增加值（用年初投入资本计算得出）		5 067	
贴现率（加权平均资本成本）		7.8%	
投入资本回报率（税后净营业利润 / 平均经营性投入资本）		34.1%	

以下列假设为基础，对沃达丰的简单预测，如表 13-3 所示：

- 6 年期预测优于 5 年期预测；
- 终值年份销售额增速从 1.7% 升至 3%；
- 整个预测期间的平均利润率平稳；
- 研发费用稳定在销售额的 0.6%，且按 5 年的寿命进行资本化；
- 税率从上一财年（2004 年至 2005 年 3 月年度报告）的 23.5% 平稳上升至预测期末的 30%；
- 净营运资本维持在销售额的 −24.6% 的水平；㊀
- 资本支出占销售额的 14.3%；
- 资本化租赁与固定资产净值的增长率相同。

虽然沃达丰年度报告的基准日期为 2005 年 3 月，但在本分析中，我们对时间进行了特殊约定，即 2005 年 3 月表示 2004 财年。沃达丰年度报告中的所有历史和预测财年都比分析中少一年。

表 13-4 显示了经济利润及自由现金流的预测与估值，并表明了这两种方法的等效性。这两项预测的结果是，沃达丰的估值为 1.67 英镑 / 股。请注意，用于贴现的经济利润要使用年初资本，因为它是税后净营业利润产生的资产基础。经济利润模型和自由现金流模型的名义增速均为 3%，这一增速代表的是长期名义增速。该增速与长期通胀率或名义 GDP 增速相关。我们运用戈登增长模型来预估剩余期间的价值。㊁

㊀ 本预测仅仅为了表明经济利润估值和现金流贴现估值的等效性及其与现金流投资回报率估值的差异，而并未打算让其成为一个切合实际的预测。例如，一个与营运资本相关的更切合实际的假设是其值在预测期期末时由负转正。

㊁ 从数学上来看，自由现金流终值反映出：税后净营业利润为 60.86 亿 × (1 + 3%) = 62.69 亿英镑；终值期投入资本为 176.30 亿 × (1 + 3%) = 181.59 亿英镑；自由现金流为税后净营业利润 − 投入资本变动，或 62.69 亿 − (181.59 亿 − 176.30 亿) = 57.40 亿英镑。终值现值为 57.40 亿 / (7.8%−3%) × 0.64 = 768.94 亿英镑。经济利润终值反映了与自由现金流模型相同的税后净营业利润终值减去年初资本与资本费用的积，即 60.86 亿 − (176.30 亿 ×7.8%) = 47.11 亿英镑。经济利润终值现值为 47.11 亿 / (7.8%−3%) × 0.64 = 628.13 亿英镑。如表 13-3 和表 13-4 所示。

表 13-3 沃达丰 6 年期预测 （单位：百万英镑）

沃达丰预测	2004 年 3 月 2003 年	2005 年 3 月 2004 年	2006 年 3 月 2005 年	2007 年 3 月 2006 年	2008 年 3 月 2007 年	2009 年 3 月 2008 年	2010 年 3 月 2009 年	2011 年 3 月 2010 年
销售额	33 559	34 133	34 717	35 311	35 915	36 529	37 154	37 789
销售额增速		1.7%	1.7%	1.7%	1.7%	1.7%	1.7%	1.7%
研发费用	171	219	223	227	230	234	238	242
研发费用（占销售额百分比）	0.5%	0.6%	0.6%	0.6%	0.6%	0.6%	0.6%	0.6%
息税折旧及摊销前利润	12 551	12 880	13 100	13 324	13 552	13 784	14 020	14 260
息税折旧及摊销前利润率	37.4%	37.7%	37.7%	37.7%	37.7%	37.7%	37.7%	37.7%
折旧	4 362	4 528	4 749	5 087	5 369	5 581	5 703	5 713
摊销	15 305	15 070	0	0	0	0	0	0
税前净营业利润	8 390	8 579	8 558	8 422	8 352	8 361	8 468	8 695
现金税率	23.3%	23.5%	24.6%	25.7%	26.7%	27.8%	28.9%	30.0%
税后净营业利润	**6 439**	**6 565**	**6 455**	**6 261**	**6 119**	**6 035**	**6 020**	**6 086**
税后净营业利润率	19.2%	19.2%	18.6%	17.7%	17.0%	16.5%	16.2%	16.1%
税后净营业利润增速		2.0%	−1.7%	−3.0%	−2.3%	−1.4%	−0.3%	1.1%
资产负债表假设								
净营运资本（占销售额百分比）	−20.8%	−24.6%	−24.6%	−24.6%	−24.6%	−24.6%	−24.6%	−24.6%
净营运资本	−6 993	−8 413	−8 557	−8 703	−8 852	−9 004	−9 158	−9 314
经营性现金（占销售额百分比）	17.3%	10.7%	10.7%	10.7%	10.7%	10.7%	10.7%	10.7%
经营性现金	5 790	3 666	3 729	3 792	3 857	3 923	3 990	4 059
资本支出（占销售额百分比）	13.4%	14.3%	14.3%	14.3%	14.3%	14.3%	14.3%	14.3%
总资本支出	4 508	4 890	4 974	5 059	5 145	5 233	5 323	5 414
物业、厂房及设备净额	18 083	18 398	18 622	18 593	18 369	18 022	17 642	17 343
经营性无形资产（3G 牌照）	4 275	4 275	4 275	4 275	4 275	4 275	4 275	4 275
其他长期资产	1 380	2 096	2 122	2 118	2 093	2 053	2 010	1 976
资本化研发费用	350	439	632	803	929	1 020	1 037	1 055
资本化租赁	2 172	2 435	2 465	2 461	2 431	2 385	2 335	2 295
经营性投入资本	**19 267**	**19 230**	**19 559**	**19 547**	**19 245**	**18 752**	**18 142**	**17 630**

表 13-4　自由现金流估值及经济利润估值　（单位：百万英镑）

	2004 年	2005 年	2006 年	2007 年	2008 年	2009 年	2010 年
税后净营业利润	6 565	6 455	6 261	6 119	6 035	6 020	6 086
投入资本	19 230	19 559	19 547	19 245	18 752	18 142	17 630
投入资本回报率（年初）	34.1%	33.6%	32.0%	31.3%	31.4%	32.1%	33.5%
增速	−0.2%	1.7%	−0.1%	−1.5%	−2.6%	−3.3%	−2.8%
自由现金流	**6 602**	**6 127**	**6 272**	**6 422**	**6 528**	**6 630**	**6 598**
自由现金流增速百分比	95.0%	−7.2%	2.4%	2.4%	1.7%	1.6%	−0.5%
贴现率因子		0.93	0.86	0.80	0.74	0.69	0.64
自由现金流现值		**5 685**	**5 401**	**5 131**	**4 840**	**4 561**	**4 212**
经济利润	**5 068**	**4 962**	**4 742**	**4 601**	**4 540**	**4 563**	**4 678**
贴现率（加权平均资本成本）	7.8%	7.8%	7.8%	7.8%	7.8%	7.8%	7.8%
贴现因子		0.93	0.86	0.80	0.74	0.69	0.64
经济利润的现值		**4 604**	**4 084**	**3 676**	**3 366**	**3 140**	**2 986**

现金流贴现恒定增长残值估值	
长期增速	**3.0%**
加权平均资本成本	**7.8%**
未来现金流现值总和	29 831
期间 $T+1$ 自由现金流	5 740
终值现值	76 894
企业总价值	**106 725**
净负债（现金）	12 157
总负债	12 005
经营性租赁负债	2 435
经营性现金	3 666
超额现金	0
其他长期负债	1 383
存货账面价值	
投资的市场价值	16 278
少数股东权益	2 818
理论市场资本	**108 028**
股数	64 596
现金流贴现每股价值	**1.67**

经济利润恒定增长残值估值	
长期增速	**3.0%**
加权平均资本成本	**7.8%**
经济利润现值总和	21 856
期间 $T+1$ 经济利润	4 900
终值现值	65 638
2005 年初资本现值	19 230
企业总价值	**106 725**
净负债（现金）	12 157
总负债	12 005
经营性租赁负债	2 435
现金	3 666
其他长期负债	1 383
存货账面价值	
投资的市场价值	16 278
少数股东权益	2 818
理论市场资本	**108 028**
股数	64 596
现金流贴现每股价值	**1.67**

对于经济利润估值，我们已将2004年的年初资本（2005年的年初资本预测）加到估值中，以反映投资者期初资本金。虽然自由现金流估值和经济利润估值对价值的衡量方式不同，但两者都是在衡量同样的经济状况。两者都依赖于同样的预测，有相同的资产基础和相同的戈登增长模型假设，因此，这两种估值法会得出相同的估值结果。

为了得出股权价值，我们从公司估值中减去负债及负债等价物（包括我们计算的等于经营性承租资产的经营性租赁负债）及其他长期负债。我们添加了现金和等价物，并在计算经营性经济利润时将它们从资产基础中删除了。如果不将投资视为经营资产，则在没有市场价值信息的情况下，不妨使用投资的账面价值，如果存在这类信息（即投资系向上市公司做出），就应采用市场价值而非账面价值。最后，我们减去少数股东权益来得出股权价值。

如果对增量投入资本回报率有所了解，则终值可通过下式来计算：[㊀]

$$TV=\frac{NOPAT_{N+1}(1-{}^{g}\!/_{ROIIC})}{(WACC-g)}$$

式中，g代表长期税后净营业利润的增速。保守的方法是将增量投入资本回报率设置成加权平均资本成本，即终值期间所有增量投资都不会产生经济价值。

对于经济利润估值，该方程也可以写成：[㊁]

$$TV=\frac{EP_{N+1}}{WACC}+\frac{NOPAT_{N+1}({}^{g}\!/_{ROIIC})(ROIIC-WACC)}{WACC(WACC-g)}$$

就沃达丰而言，这会将估值降至0.88英镑/股（如表13-5所示）。

行文至此，有一点应当已然明了，那就是现金流投资回报率估值和“经济利润/自由现金流”估值会因剩余价值计算的不同（即戈登增长VS.衰减残值）而不同。通常，由于终值期的永久性差幅，“经济利润/

㊀ Copeland *et al*. (2000), pp. 269–271.

㊁ Copeland *et al*. (2000), p.272.

自由现金流”估值将高于现金流投资回报率估值。

然而，如表 13-5 所示，“经济利润 / 自由现金流”估值的衰减会导致估值远低于表 13-6 所示的现金流投资回报率估值。造成这一差异的关键原因是资产基础的计算，而资产基础产生了未来现金流，这是计算现金流投资回报率的依据。在“经济利润 / 自由现金流”估值中，资产基础反映净资产；而在现金流投资回报率估值中，资产基础反映总投资（尽管两者都经过调整以剔除商誉）。这两种截然不同的处理方式会导致出现多组现金流预测值，从而使估值结果不同。因为现金流投资回报率是一项比经济利润更全面的经济业绩衡量指标，所以，即使假设经济利润以类似的速率衰减，现金流投资回报率和净现金收入预测也应为沃达丰提供更可靠的经济预测。

表 13-5 经济利润衰减估值和自由现金流衰减估值

（单位：百万英镑）

现金流贴现衰减估值	
长期增速	**3.0%**
加权平均资本成本	**7.8%**
衰减率	**10.0%**
明确增长期自由现金流现值	29 831
未来现金流现值总和	25 534
终值现值（第 100 年）	96
企业总价值	**55 461**
净负债（现金）	12 157
总负债	12 005
经营性租赁负债	2 435
经营性现金	3 666
超额现金	0
其他长期负债	1 383
存货账面价值	
投资的市场价值	16 278
少数股东权益	2 818
理论市场资本	**56 764**
股数	64 596
现金流贴现每股价值	**0.88**

经济利润衰减估值	
长期增速	**3.0%**
加权平均资本成本	**7.8%**
衰减率	10.0%
明确增长期经济利润现值	21 856
明确增长期经济利润现值总和	14 375
终值现值（第 100 年）	0
2005 年初资本现值	19 230
企业总价值	**55 461**
净负债（现金）	12 157
总负债	12 005
经营性租赁负债	2 435
现金	3 666
其他长期负债	1 383
存货账面价值	0
投资的市场价值	16 278
少数股东权益	2 818
理论市场资本	**56 764**
股数	64 596
现金流贴现每股价值	**0.88**

图13-7显示了我们对沃达丰所做的以现金流投资回报率为基础的估值相对财富图表。本图的上半部分显示：现金流投资回报率于预测期内稳定在15%左右（柱状图的浅色部分反映了计入商誉的交易现金流投资回报率）。6年预测期之后，现金流投资回报率开始以10%的速率衰减至6%。图表的下半部分显示了实际资产（不包括商誉的经营性资产）增速，这种增速会于6年预测期结束时衰减（逐渐衰减至2.5%的实际经济增速水平）。

表13-6 沃达丰现金流投资回报率估值

（单位：百万英镑）

估值结果	2005年
现有资产现值	73 434
未来投资净现值	9 683
+ 投资的市场价值	16 278
总经济价值	**99 396**
– 负债及负债等价物	19 015
– 少数股东权益	2 192
保底市场资本	**78 189**
流通股	64 596
保底股价（英镑）	**1.21**
收盘价	1.21
涨幅	−0.2%

13.7 选用经济利润还是现金流投资回报率

在进行估值时，各衡量指标之间区别何在？现金流投资回报率允许我们对预测“质量”进行评估。太过乐观的预测（通常是许多小的乐观假设叠加成了一个不切实际的预测结果）会导致出现经典的“曲棍球棒曲线”[⊖]预测。通过观察现金流投资回报率预测的走势，我们可直观地看出预测假设的合理性。因为现金流投资回报率是一项真实衡量指标，所以，在霍尔特价值搜寻（HOLT ValueSearch）软件中，进行跨时间和跨国家的基准分析研究非常容易。在评估公司预测和调查市场隐含预期时，这款软件的功能非常强大。然而，在对经济利润水平进行基准分析方面，这款软件并不是很有效，因为投入资本回报率可能因通胀和资产账龄而失真，令它的效用受到了限制。商誉的处理更会令人摸不着头脑。

⊖ 指在短暂的静止或稳定后，突然出现急剧上涨，折线图类似于曲棍球棒。——译者注

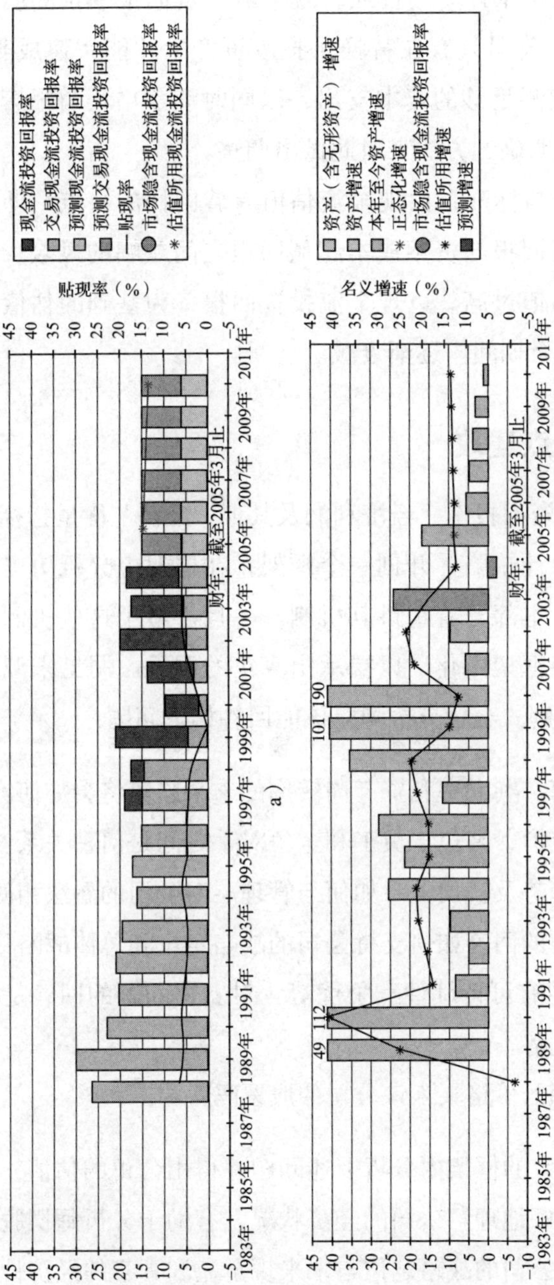

图 13-7 沃达丰的相对财富

归因于内部回报率计算的性质，现金流投资回报率预测明确地考虑了资产报废。一个公司只有在替换了报废资产后才能快速成长，因此，金融分析师必须预测足够的资本支出，以同时涵盖增长与报废。在经济利润框架中，没有明确的方法来对此做出调整。

经济利润估值与标准自由现金流估值有着同样的缺点，即都有于剩余期间内锁定公司回报与资本成本超额回报之间差幅的风险。其结果通常是对剩余期间估值过高。以现金流投资回报率为基础的估值会确保任何超额回报均在剩余期间内逐渐衰减。

13.8　最后一点建议

开发现金流投资回报率、经济利润及其他“经济”衡量指标的背后动机都是为了克服会计缺陷并开创一个框架，在框架中分析历史与前瞻预测从而进行估值。本部分着重讲其机制。一旦学习了这些机制之后，所面临的挑战便是将框架内化，以揭示出真正的洞见。洞见来源于对公司及其环境的全面了解。金融分析师应该能回答如下问题：

- 销售额增速、利润率和资产周转率的未来趋势将会如何?
- 公司、供应商、客户、员工和竞争对手之间是何种关系?
- 这些预期趋势及公司关系如何与管理层对公司的看法相匹配?
- 对上述问题的回答如何支持公司的战略定位和总体战略目标?
- 公司是否拥有可持续性竞争优势? 对上述问题的回答是否有助于保持这种优势?
- 可以以合理的价格买入该公司的股票吗?

能够在内部一致的框架内分析上述问题并得出公正的估值，将有助于识别投资机会。更好地理解公司的经济状况，有助于分析师摆脱对收益的痴迷，而专注于将公司的战略定位与未来现金流和真实的经济价值联系起来。投资前需考量战略与估值。投资那些具有高度乐观的市场预期的优秀公司，相当于选择了未来不及预期的回报。

附录13A 沃达丰财务报表及相关附注

表13A-1 损益

截至3月31日止财年合并损益账

	附注	2005年（百万美元）	2005年（百万英镑）	2004年（百万英镑）	2003年（百万英镑）
集团交易额	3				
－持续经营业务		**64 470**	**34 133**	32 741	28 547
－已终止经营业务		—	—	818	1 828
		64 470	**34 133**	33 559	30 375
营业利润／亏损	3、4、5				
－持续经营业务		**(10 018)**	**(5 304)**	(4 842)	(5 052)
－已终止经营业务		—	—	66	(243)
		(10 018)	**(5 304)**	(4 776)	(5 295)
于合资企业及关联企业营业利润／亏损份额		**2 253**	**1 193**	546	(156)
集团总营业亏损					
集团及其合资企业、关联企业份额	3	**(7 765)**	**(4 111)**	(4 230)	(5 451)
特殊非经营性科目	6	**25**	**13**	(103)	(5)
－持续经营业务		**25**	**13**	(44)	20
－已终止经营业务		—	—	(59)	(25)
扣除利息前的普通活动损失	3	**(7 740)**	**(4 098)**	(4 333)	(5 456)
应付利息及类似科目净额	7	**(1 141)**	**(604)**	(714)	(752)
集团		**(742)**	**(393)**	(499)	(457)
合资企业与关联企业份额		**(399)**	**(211)**	(215)	(295)
税前普通活动损失		**(8 881)**	**(4 702)**	(5 047)	(6 208)
普通活动损失相关税费	8	**(4 224)**	**(2 236)**	(3 154)	(2 956)
集团扣除特别税前普通活动损失相关税费		**(4 339)**	**(2 297)**	(2 866)	(2 624)
合资企业与关联企业份额		**(1 016)**	**(538)**	(288)	(332)

（续）

	附注	2005 年（百万美元）	2005 年（百万英镑）	2004 年（百万英镑）	2003 年（百万英镑）
扣除特别税前普通活动损失相关税费		**（5 355）**	**（2 835）**	（3 154）	（2 956）
特别税抵免		**1 131**	**599**	—	—
税后普通活动损失		**（13 105）**	**（6 938）**	（8 201）	（9 164）
股权性少数股东权益		**（1 031）**	**（546）**	（753）	（593）
非股权性少数股东权益		**（106）**	**（56）**	（61）	（62）
本财年亏损		**（14 242）**	**（7 540）**	（9 015）	（9 819）
股利	9	**（5 020）**	**（2 658）**	（1 378）	（1 154）
集团及其在合资企业和关联企业中所占份额的留存损失	23	**（19 262）**	**（10 198）**	（10 393）	（10 973）
基本每股亏损及稀释每股亏损	10	**（21.51）** 美元	**（11.39）** 英镑	（13.24） 英镑	（14.41） 英镑

表 13A-2 资产负债表

资产负债表（3 月 31 日）

	附注	集团			公司	
		2005 年（百万美元）	2005 年（百万英镑）	2004 年（百万英镑）	2005 年（百万英镑）	2004 年（百万英镑）
固定资产						
无形资产	11	**157 647**	**83 464**	93 622	—	—
有形资产	12	**34 750**	**18 398**	18 083	—	—
投资		**38 248**	**20 250**	22 275	**94 027**	106 177
投资于关联企业	13	**36 639**	**19 398**	21 226	—	—
其他投资	13	**1 609**	**852**	1 049	**94 027**	106 177
		230 645	**122 112**	133 980	**94 027**	106 177
流动资产						
库存	14	**812**	**430**	458	—	—
赊销：1 年以后到期金额	15	**3 959**	**2 096**	1 380	**83**	87

（续）

	附注	集团			公司	
		2005 年（百万美元）	2005 年（百万英镑）	2004 年（百万英镑）	2005 年（百万英镑）	2004 年（百万英镑）
赊销：1 年内到期金额	15	**10 581**	**5 602**	5 521	**76 655**	65 540
投资	16	**1 541**	**816**	4 381	**28**	—
银行及手头现金		**5 384**	**2 850**	1 409	—	53
		22 277	**11 794**	13 149	**76 766**	65 680
赊销：1 年内到期金额	17	**(28 024)**	**(14 837)**	(15 026)	**(90 425)**	(95 679)
净流动负债		**(5 747)**	**(3 043)**	(1 877)	**(13 659)**	(29 999)
总资产 – 流动负债		**224 898**	**119 069**	132 103	**80 368**	76 178
赊购：1 年后到期金额	18	**(23 387)**	**(12 382)**	(12 975)	**(9 174)**	(9 271)
负债及费用准备金	21	**(8 598)**	**(4 552)**	(4 197)	—	—
		192 913	**102 135**	114 931	**71 194**	66 907
资本和储备金						
已催缴股本	22	**8 095**	**4 286**	4 280	**4 286**	4 280
股份溢价账	23	**98 754**	**52 284**	52 154	**52 284**	52 154
并购储备金		**186 853**	**98 927**	98 927	—	—
资本储备金		—	—	—	**88**	88
自持股份	23	**(9 672)**	**(5 121)**	(1 136)	**(5 085)**	(1 088)
其他储备金	23	**1 188**	**629**	713	**629**	713
损益账	23	**(97 628)**	**(51 688)**	(43 014)	**18 992**	10 760
股权性股东资金总额		**187 590**	**99 317**	111 924	**71 194**	66 907
股权性少数股东权益		**3 712**	**1 965**	2 132	—	—
非股权性少数股东权益	24	**1 611**	**853**	875	—	—
		192 913	**102 135**	114 931	**71 194**	**66 907**

表 13A-3 土地及建筑物

有形固定资产 （单位：百万英镑）

	土地及建筑物	设备、固定装置及配件	网络基础设施	合计
成本：				
2004 年 4 月 1 日	1 214	5 979	23 371	30 564
汇率变动	9	57	（37）	29
添置	126	1 690	3 250	5 066
处置	（23）	（274）	（419）	（716）
2005 年 3 月 31 日	**1 326**	**7 452**	**26 165**	**34 943**
累计折旧与减值				
2004 年 4 月 1 日	293	3 640	8 548	12 481
汇率变动	4	27	—	31
本年度变动	86	1 144	3 298	4 528
处置	（10）	（184）	（301）	（495）
2005 年 3 月 31 日	**373**	**4 627**	**11 545**	**16 545**
净账面价值：				
2005 年 3 月 31 日	**953**	**2 825**	**14 620**	**18 398**
2004 年 3 月 31 日	921	2 339	14 823	18 083

表 13A-4 机械设备

有形固定资产 （单位：百万英镑）

	土地及建筑物	设备、固定装置及配件		网络基础设施	合计
成本：					
2004 年 4 月 1 日	1 214	5 979		23 371	30 564
汇率变动	9	57		（37）	29
添置	126	1 690		3 250	5 066
处置	（23）	（274）		（419）	（716）
2005 年 3 月 31 日	**1 326**	**7 452**	+	**26 165**	**34 943**
累计折旧与减值			−		
2004 年 4 月 1 日	293	3 640	**33 617**	8 548	12 481
汇率变动	4	27		—	31
本年度变动	86	1 144		3 298	4 528
处置	（10）	（184）		（301）	（495）
2005 年 3 月 31 日	**373**	**4 627**		**11 545**	**16 545**
净账面价值：					
2005 年 3 月 31 日	**953**	**2 825**		**14 620**	**18 398**
2004 年 3 月 31 日	921	2 339		14 823	18 083

表 13A-5 租金费用

营业亏损

入账 /（贷记）后记录的营业亏损：（单位：百万英镑）

	2005 年	2004 年	2003 年
员工成本（见附注 31）	**2 293**	2 331	2 278
有形固定资产折旧：			
自有资产	**4 467**	4 181	3 783
承租资产	**61**	181	196
商誉摊销	**12 929**	13 095	11 875
无形及有形固定资产减值	**315**	—	485
其他无形固定资产摊销	**412**	98	53
研发费用	**219**	171	164
广告成本（包括适用的员工成本）	**864**	990	902
坏账费用	**224**	209	193
经营性租赁租金：			
厂房及设备	**37**	98	78
其他资产（包括固网租金）	**1 300**	1 254	1 269
归属于有形固定资产建设或购置的自有资本化成本	**（301）**	（290）	（207）

表 13A-6 用以计算资本化研发费用的研发费用

营业亏损

入账 /（贷记）后记录的营业亏损：（单位：百万英镑）

	2005 年	2004 年	2003 年
员工成本（见附注 31）	**2 293**	2 331	2 278
有形固定资产折旧：			
自有资产	**4 467**	4 181	3 783
承租资产	**61**	181	196
商誉摊销	**12 929**	13 095	11 875
无形及有形固定资产减值	**315**	—	485
其他无形固定资产摊销	**412**	98	53
研发费用	**219**	171	164
广告成本（包括适用的员工成本）	**864**	990	902
坏账费用	**224**	209	193
经营性租赁租金：			
厂房及设备	**37**	98	78
其他资产（包括固网租金）	**1 300**	1 254	1 269
归属于有形固定资产建设或购置的自有资本化成本	**（301）**	（290）	（207）

表 13A-7 流动资产 – 库存（存货）（单位：百万英镑）

		集团			公司	
	附注	2005 年（百万美元）	2005 年	2004 年	2005 年	2004 年
流动资产						
库存	14	**812**	**430**	458	**—**	—
赊销：1 年以后到期金额	15	**3 959**	**2 096**	1 380	**83**	87

（续）

	附注	2005 年（百万美元）	集团 2005 年	集团 2004 年	公司 2005 年	公司 2004 年
赊销：1 年内到期金额	15	**10 581**	**5 602**	5 521	**76 655**	65 540
投资	16	**1 541**	**816**	4 381	**28**	—
银行及手头现金		**5 384**	**2 850**	1 409	—	53
		22 277	**11 794**	13 149	**76 766**	65 680

现金及短期投资(2005 年)= 3 666

赊销

		集团 2005 年	集团 2004 年	公司 2005 年	公司 2004 年
1 年内到期					
贸易赊销	**应收账款 = 2 768**	**2 768**	2 593	—	—
子公司企业应欠账款		—	—	**76 303**	65 098
关联企业应欠账款		**23**	17	—	—
应退税项		**268**	372	**37**	—
集团减免应收账款	**其他流动资产 = 23 + 268 + 413 + 2 130 = 2 834**	—	—	**43**	132
其他赊销		**413**	491	**272**	310
预付款及应计收入		**2 130**	2 048	—	—
= 净货币资产(2005 年)= 3 666 + 2 768 + 2 834 = 9 268		**5 602**	5 521	**76 655**	65 540

净货币资产（2004）= 4 381 + 1 409 + 5 521 = 11 311

表 13A-8 非负债性流动负债

赊销：1 年内到期金额

非负债性流动负债（2004 年）= 15 026 −（42 + 2 000 + 12）= 12 972

（单位：百万英镑）

		集团 2005 年	集团 2004 年	公司 2005 年	公司 2004 年
银行透支		**47**	42	—	—
银行贷款及其他贷款		**332**	2 000	**15**	956
融资租赁		**13**	12	—	—
贸易赊购	**应付账款**	**2 887**	2 842	—	—
应欠子公司企业账款		—	—	**88 710**	93 553
应欠关联企业账款		**9**	8	—	—
税项	**+ 应纳所得税**	**4 759**	4 275	—	—
其他税费及社会保障成本		**332**	367	—	—
其他赊购	**+ 流动负债 = 9 + 332 + 4 619 + 1 395=**	**444**	741	**4**	71
应计科目及递延收入		**4 619**	4 011	**301**	371
拟议派发股利		**1 395**	728	**1 395**	728
		14 837	15 026	**90 425**	95 679

= 非负债性流动负债 (2005 年) = 2 887 + 4 759 + 6 799 = 14 445

表 13A-9 库存（存货）

	附注	集团			公司	
		2005 年（百万美元）	2005 年（百万英镑）	2004 年（百万英镑）	2005 年（百万英镑）	2004 年（百万英镑）
流动资产						
库存	14	**812**	**430**	458	**—**	—
赊销：1 年以后到期金额	15	**3 959**	**2 096**	1 380	**83**	87
赊销：1 年内到期金额	15	**10 581**	**5 602**	5 521	**76 655**	65 540
投资	16	**1 541**	**816**	4 381	**28**	—
银行及手头现金		**5 384**	**2 850**	1 409	**—**	53
		22 277	**11 794**	13 149	**76 766**	65 680

表 13A-10 其他有形资产

赊销 （单位：百万英镑）

	集团		公司	
	2005 年	2004 年	2005 年	2004 年
1 年内到期：				
贸易赊销	**2 768**	2 593	**—**	—
子公司企业应欠账款	**—**	—	**76 303**	65 098
关联企业应欠账款	**23**	17	**—**	—
应退税项	**268**	372	**37**	—
集团减免应收账款	**—**	—	**43**	132
其他赊销	**413**	491	**272**	310
预付款及应计收入	**2 130**	2 048	**—**	—
	5 602	5 521	**76 655**	65 540
1 年以后到期				
贸易赊销	**49**	37	**—**	—
其他赊销	**122**	76	**—**	—
预付款	**384**	302	**—**	—
递延税项（附注 21）	**1 541**	965	**83**	87
	2 096	1 380	**83**	87
	7 698	6 901	**76 738**	65 627

表 13A-11 预付养老金

养老金

养老金计划资产与负债公允价值 （单位：百万英镑）

	英国			德国			日本			其他			合计		
	2005年	2004年	2003年	**2005年**	2004年	2003年	**2005年**	2004年	2003年	**2005年**	2004年	2003年	**2005年**	2004年	2003年
债券	**105**	89	56	**115**	104	—	—	1	—	**6**	4	7	**226**	198	63
股票	**418**	345	208	**54**	51	—	—	1	—	**52**	33	27	**524**	430	235
其他资产	**105**	—	—	**12**	10	107	**2**	—	1	**5**	3	4	**124**	13	112
养老金计划资产公允价值总额	**628**	434	264	**181**	165	107	**2**	2	1	**63**	40	38	**874**	641	410
养老金计划负债现值	**(619)**	(457)	(383)	**(213)**	(192)	(180)	**(30)**	(35)	(127)	**(148)**	(122)	(126)	**(1 010)**	(806)	(816)
财务报告准则（FRS）第17号规定的资产/(亏空)	**9**	(23)	(119)	**(32)**	(27)	(73)	**(28)**	(33)	(126)	**(85)**	(82)	(88)	**(136)**	(165)	(406)
相关递延税费资产/(负债)	**(2)**	7	36	**13**	11	30	**12**	14	53	**32**	30	30	**55**	62	149
财务报告准则（FRS）第17号规定的净盈余/(亏空)	**7**	(16)	(83)	**(19)**	(16)	(43)	**(16)**	(19)	(73)	**(53)**	(52)	(58)	**(81)**	(103)	(257)
分析时作为：															
资产	**7**	—	—	**2**	—	—	—	—	—	—	—	—	**9**	—	—
负债	—	(16)	(83)	**(21)**	(16)	(43)	**(16)**	(19)	(73)	**(53)**	(52)	(58)	**(90)**	(103)	(257)

表 13A-12 折旧费用

有形固定资产 （单位：百万英镑）

	土地及建筑物	设备、固定装置及配件	网络基础设施	合计
成本：				
2004 年 4 月 1 日	1 214	5 979	23 371	30 564
汇率变动	9	57	（37）	29
添置	126	1 690	3 250	5 066
处置	（23）	（274）	（419）	（716）
2005 年 3 月 31 日	**1 326**	**7 452**	**26 165**	**34 943**
累计折旧与减值：				
2004 年 4 月 1 日	293	3 640	8 548	12 481
汇率变动	4	27	—	31
本年度变动	86	1 144	3 298	4 528
处置	（10）	（184）	（301）	（495）
2005 年 3 月 31 日	**373**	**4 627**	**11 545**	**16 545**
净账面价值：				
2005 年 3 月 31 日	**953**	**2 825**	**14 620**	**18 398**
2004 年 3 月 31 日	921	2 339	14 823	18 083

表 13A-13 净收益

截至 3 月 31 日止财年合并损益账 （单位：百万英镑）

	2005 年	截至 2004 年 3 月 31 日止财年	2003 年
交易额			
移动通信	**33 184**	31 915	27 847
其他经营业务	**1 108**	2 128	3 540
– 移动业务与其他经营业务之间的周转率	**（159）**	（484）	（1 012）
	34 133	33 559	30 375
集团总营业亏损	**（4 111）**	（4 230）	（5 451）
移动通信	**10 875**	10 729	9 170
其他经营业务	**29**	20	11
	10 904	10 749	9 181
商誉摊销	**（14 700）**	（15 207）	（14 056）
特殊经营性科目	**（315）**	228	（576）
特殊非经营性科目	**13**	（103）	（5）
净利息费用	**（604）**	（714）	（752）
税项	**（2 236）**	（3 154）	（2 956）
税后普通活动损失	**（6 938）**	（8 201）	（9 164）
本财年亏损	**（7 540）**	（9 015）	（9 819）

表 13A-14 折旧与摊销

营业亏损

入账 /（贷记）后记录的营业亏损：（单位：百万英镑）

	2005 年	2004 年	2003 年
员工成本（见附注 31）	**2 293**	2 331	2 278
有形固定资产折旧：			
自有资产	**4 467**	4 181	3 783
承租资产	**61**	181	196
商誉摊销	**12 929**	13 095	11 875
无形及有形固定资产减值	**315**	—	485
其他无形资产摊销	**412**	98	53

固定资产投资

关联企业

	集团
净资产份额：	
2004 年 4 月 1 日	3 075
汇率变动	（41）
留存业绩份额（不包括商誉摊销）	152
商誉摊销份额	（42）
2005 年 3 月 31 日	**3 144**
资本化商誉	
2004 年 4 月 1 日	18 151
汇率变动	（173）
收购（附注 25）	5
商誉摊销	（1 729）
2005 年 3 月 31 日	**16 254**

= 折旧与摊销 = 4 467 + 61 + 12 929 + 412 + 1 729 = 19 598

表 13A-15 利息费用

应付利息及类似科目净额（单位：百万英镑）

	2005 年	2004 年	2003 年
母公司及子公司企业：			
应收利息及类似收益	**（602）**	（592）	（666）
应付利息及类似费用：			
银行贷款和透支	**49**	46	133
其他贷款	**677**	820	921

（续）

	2005 年	2004 年	2003 年
税务负债	**261**	215	55
融资租赁	**8**	10	14
	995	1 091	1 123
集团应付利息净额	**393**	499	457
合资企业份额：			
应付利息及类似费用	—	—	8
关联企业份额：			
应收利息及类似收益	**（16）**	（7）	（24）
应付利息及类似费用	**227**	222	311
	211	215	287
合资企业与关联企业应付利息份额净额	**211**	215	295
应付利息及类似科目净额	**604**	714	752

表 13A-16 研发费用

营业亏损

入账 /（贷记）后记录的营业亏损： （单位：百万英镑）

	2005 年	2004 年	2003 年
员工成本（见附注 31）	**2 293**	2 331	2 278
有形固定资产折旧：			
自有资产	**4 467**	4 181	3 783
承租资产	**61**	181	196
商誉摊销	**12 929**	13 095	11 875
无形及有形固定资产减值	**315**	—	485
其他无形固定资产摊销	**412**	98	53
研发费用	**219**	171	164
广告成本（包括适用的员工成本）	**864**	990	902
坏账费用	**224**	209	193
经营性租赁租金：			
厂房及设备	**37**	98	78
其他资产（包括固网租金）	**1 300**	1 254	1 269
归属于有形固定资产建设或购置的自有资本化成本	**（301）**	（290）	（207）

表 13A-17 租金费用 （单位：百万英镑）

	2005 年	2004 年	2003 年
员工成本（见附注 31）	**2 293**	2 331	2 278
有形固定资产折旧：			
自有资产	**4 467**	4 181	3 783
承租资产	**61**	181	196
商誉摊销	**12 929**	13 095	11 875
无形及有形固定资产减值	**315**	—	485
其他无形固定资产摊销	**412**	98	53
研发费用	**219**	171	164
广告成本（包括适用的员工成本）	**864**	990	902
坏账费用	**224**	209	193
经营性租赁租金：			
厂房及设备	**37**	98	78
其他资产（包括固网租金）	**1 300**	1 254	1 269
归属于有形固定资产建设或购置的自有资本化成本	**(301)**	(290)	(207)

表 13A-18 养老金费用 （单位：百万英镑）

养老金（续）

英国标准会计实务公告第 24 号所要求之养老金信息披露

截至 2005 年 3 月 31 日止财年，本集团所有养老金计划损益账的总金额合计 9500 万英镑（2004 年为 7900 万英镑；2003 年为 9500 万英镑），分析如下：

	2005 年	2004 年	2003 年
定额福利计划：			
英国	**31**	31	24
德国	**5**	7	12
日本	**28**	10	32
其他	**8**	6	5
净养老金费用：定额福利计划	**72**	54	73
净养老金费用：定额供款计划	**23**	25	22
损益账总额	**95**	79	95

	英国		德国		日本		其他		合计	
	2005 年	2004 年	2005 年	2004 年	2005 年	2004 年	2005 年	2004 年	2005 年	2004 年
营业利润：										
当期服务成本	**37**	32	**6**	8	**5**	10	**30**	44	**78**	94
过往服务成本	—	—	—	—	—	—	—	1	—	1
营业利润总费用	**37**	32	**6**	8	**5**	10	**30**	45	**78**	95

（续）

	英国		德国		日本		其他		合计	
	2005年	2004年	2005年	2004年	2005年	2004年	2005年	2004年	2005年	2004年
财务/费用（收入）:										
利息成本	**26**	22	**9**	9	**1**	1	**6**	6	**42**	38
预期养老金计划资产回报	**（31）**	（22）	**（8）**	（5）	—	—	**（3）**	（2）	**（42）**	（29）
（信用）总额/财务（收入）变动/费用	**（5）**	—	**1**	4	**1**	1	**3**	4	—	9
税前损失总费用	**32**	32	**7**	12	**6**	11	**33**	49	**78**	104
= 养老金调整 = 95 – 78 = 17										

表13A-19　少数股东权益

截至3月31日止财年合并损益账

	附注	2005年（百万美元）	2005年（百万英镑）	2004年（百万英镑）	2003年（百万英镑）
应付利息及类似科目净额	7	**（1 141）**	**（604）**	（714）	（752）
集团		**（742）**	**（393）**	（499）	（457）
合资企业与关联企业份额		**（399）**	**（211）**	（215）	（295）
扣税前的普通活动损失		**（8 881）**	**（4 702）**	（5 047）	（6 208）
普通活动损失相关税费	8	**（4 224）**	**（2 236）**	（3 154）	（2 956）
集团扣除特别税前普通活动损失相关税费		**（4 339）**	**（2 297）**	（2 866）	（2 624）
合资企业与关联企业份额		**（1 016）**	**（538）**	（288）	（332）
扣除特别税前普通活动损失相关税费		**（5 355）**	**（2 835）**	（3 154）	（2 956）
特别税抵免		**1 131**	**599**	—	—
税后普通活动损失		**（13 105）**	**（6 028）**	（8 201）	（9 164）
股权性少数股东权益		**（1 031）**	**（546）**	（753）	（593）
非股权性少数股东权益		**（106）**	**（56）**	（61）	（62）
本财年亏损		**（14 242）**	**（7 540）**	（9 015）	（9 819）
股利	9	**（5 020）**	**（2 658）**	（1 378）	（1 154）

表 13A-20 关联企业与合资企业收入

截至 3 月 31 日止财年合并损益账

	附注	2005 年（百万美元）	2005 年（百万英镑）	2004 年（百万英镑）	2003 年（百万英镑）
集团		**(742)**	**(393)**	(490)	(457)
合资企业与关联企业份额		**(399)**	**(211)**	(215)	(295)
扣税前的普通活动损失		**(8 881)**	**(4 702)**	(5 047)	(6 208)
普通活动损失相关税费	8	**(4 224)**	**(2 236)**	(3 154)	(2 956)
集团扣除特别税前普通活动损失相关税费		**(4 339)**	**(2 297)**	(2 866)	(2 624)
合资企业与关联企业份额		**(1 016)**	**(538)**	(288)	(332)

细分市场分析（单位：百万英镑）

	移动通信							其他经营业务		合计
	德国	意大利	英国	其他欧洲、中东及非洲地区	美国	亚洲太平洋地区	合计	德国	其他欧洲、中东及非洲地区	集团
截至 2005 年 3 月 31 日止财年：										
于关联企业营业利润/(亏损)份额	—	—	—	337	890	4	**1 231**	—	(38)	**1 193**
集团总营业利润/(亏损)	(5 161)	(1 522)	745	719	859	221	**(4 139)**	65	(37)	**(4 111)**
特殊非经营性科目	—	—	—	(10)	3	20	**13**	—	—	**13**
扣除利息前的普通活动利润/(损失)	(5 161)	(1 522)	745	709	862	241	**(4 126)**	65	(37)	**(4 098)**
集团总营业利润/(亏损)	(5 161)	(1 522)	745	719	859	221	**(4 139)**	65	(37)	**(4 111)**
加回：										
–商誉摊销	6 824	3 779	230	2 349	788	729	**14 699**	1	—	**14 700**
子公司	6 824	3 779	230	1 369	—	726	**12 928**	1	—	**12 929**
关联企业	—	—	—	980	788	3	**1 771**	—	—	**1 771**

关联企业与合资企业收入 =(211)+(538)+1 193 + 1 771 = 2 215

表 13A-21 特殊科目

特殊经营性科目 （单位：百万英镑）

	2005 年	2004 年	2003 年
无形及有形固定资产减值	**(315)**	—	(485)
贡献税收	—	351	—
重组成本	—	(123)	(91)
	(315)	228	(576)

截至 3 月 31 日止财年合并损益账

	附注	2005 年（百万美元）	2005 年	2004 年	2003 年
集团总营业亏损					
集团及其合资企业、关联企业份额	3	**(7 765)**	**(4 111)**	(4 230)	(5 451)
特殊非经营性科目	6	**25**	**13**	(103)	(5)
–持续经营业务		**25**	**13**	(44)	20
–已终止经营业务		—	—	(59)	(25)
扣除利息前的普通活动损失	3	**(7 740)**	**(4 098)**	(4 333)	(5 456)
应付利息及类似科目净额	7	**(1 141)**	**(604)**	(714)	(752)
集团		**(742)**	**(393)**	(499)	(457)
合资企业与关联企业份额		**(399)**	**(211)**	(215)	(295)
扣税前的普通活动损失		**(8 881)**	**(4 702)**	(5 047)	(6 208)
普通活动损失相关税费	8	**(4 224)**	**(2 236)**	(3 154)	(2 956)
集团扣除特别税前普通活动损失相关税费		**(4 339)**	**(2 297)**	(2 866)	(2 624)
合资企业与关联企业份额		**(1 016)**	**(538)**	(288)	(332)
扣除特别税前普通活动损失相关税费		**(5 355)**	**(2 835)**	(3 154)	(2 956)
特别税抵免		**1 131**	**599**	—	—

= 特殊科目 = − 315 + 13 + 599 = 297 − 3.9 (13 × 税率 30%) = 293

表 13A-22 无形资产

无形固定资产 （单位：百万英镑）

	商誉	牌照及频谱费用	合计
成本：			
2004 年 4 月 1 日	130 377	15 063	145 440
汇率变动	2 737	244	2 981

（续）

	商誉	牌照及频谱费用	合计
收购(附注25)	1 757	—	1 757
添置	—	124	124
处置	(52)	—	(52)
2005年3月31日	**134 819**	**15 431**	**150 250**
累计摊销与减值			
2004年4月1日	51 597	221	51 818
汇率变动	1 323	7	1 330
本年度摊销费用	12 929	412	13 341
减值	315	—	315
处置	(18)	—	(18)
2005年3月31日	**66 146**	**640**	**66 786**
净账面价值:			
2005年3月31日	**68 673**	**14 791**	**83 464**
2004年3月31日	78 780	14 842	93 622

固定资产投资

关联企业

	集团
资本化商誉:	
2004年4月1日	18 151
汇率变动	(173)
收购(附注25)	5
商誉摊销	(1 729)
2005年3月31日	16 254
= 总无形资产 = 83 464 + 16 254 = 99 718	

附录13B 用以计算经济利润的其他沃达丰年度报告附注

表13B-1 营运资本

		集团			公司	
	附注	2005年 (百万美元)	2005年 (百万英镑)	2004年 (百万英镑)	2005年 (百万英镑)	2004年 (百万英镑)
流动资产						
库存	14	**812**	430	458	—	—

（续）

	附注	集团 2005年（百万美元）	集团 2005年（百万英镑）	集团 2004年（百万英镑）	公司 2005年（百万英镑）	公司 2004年（百万英镑）
赊销：1年以后到期金额	15	**3 959**	**2 096**	1 380	**83**	87
赊销：1年内到期金额	15	**10 581**	**5 602**	5 521	**76 655**	65 540
投资	16	**1 541**	**816**	4 381	**28**	—
银行及手头现金		**5 384**	**2 850**	1 409	**—**	53
		22 277	**11 794**	13 149	76 766	65 680

现金及短期投资（2005年）= 3 666

赊销：1年内到期金额（单位：百万英镑）

		集团 2005年	集团 2004年	公司 2005年	公司 2004年
银行透支		**47**	42	**—**	—
银行贷款及其他贷款		**332**	2 000	**15**	956
融资租赁		**13**	12	**—**	—
贸易赊购	**应付账款**	**2 887**	2 842	**—**	—
应欠子公司企业金额		**—**	—	**88 710**	93 553
应欠关联企业金额		**9**	8	**—**	—
税项	**+ 应纳所得税**	**4 759**	4 275	**—**	—
其他税费及社会保障成本		**332**	367	**—**	—
其他赊购	**+ 流动负债**	**444**	741	**4**	71
应计科目及递延收入	**= 9 + 332 + 4 619 + 1 395=**	**4 619**	4 011	**301**	371
拟议派发股利		**1 395**	728	**1 395**	728
		14 837	15 026	**90 425**	95 679

= 非负债性流动负债（2005）= 2 887 + 4 759 + 6 799 = 14 445

表13B-2 商誉及商誉摊销

无形固定资产（单位：百万英镑）

	商誉	牌照及频谱费用	合计
成本：			
2004年4月1日	130 377	15 063	145 440
汇率变动	2 737	244	2 981

（续）

	商誉	牌照及频谱费用	合计
收购（附注 25）	1 757	—	1 757
添置	—	124	124
处置	（52）	—	（52）
2005 年 3 月 31 日	**134 819**	**15 431**	**150 250**
累计摊销与减值：			
2004 年 4 月 1 日	51 597	221	51 818
汇率变动	1 323	7	1 330
本年度摊销费用	12 929	412	13 341
减值	315	—	315
处置	（18）	—	（18）
2005 年 3 月 31 日	**66 146**	**640**	**66 786**
净账面价值：			
2005 年 3 月 31 日	**68 673**	**14 791**	**83 464**
2004 年 3 月 31 日	78 780	14 842	93 322

固定资产投资
关联企业

	集团
资本化商誉：	
2004 年 4 月 1 日	18 151
汇率变动	（173）
收购（附注 25）	5
商誉摊销	（1 729）
2005 年 3 月 31 日	**16 254**

净商誉 = 83 464 + 16 254 = 99 718
商誉摊销 = 66 786 + 1 729 = 68 515

表 13B-3 沃达丰赊购分析——附注 18 （单位：百万英镑）

沃达丰到期票据（附注 18）	利率	2005 年金额	英国贷款百分比	英国加权平均利率
2006 年到期日元债券	0.83%	15		
2006 年到期日元债券	1.78%	126		
2006 年到期欧元债券	5.40%	275		
2006 年到期欧元债券	5.75%	1 029		

（续）

沃达丰到期票据（附注 18）	利率	2005 年金额	英国贷款百分比	英国加权平均利率
2006 年到期美元债券	7.50%	116		
2007 年到期美元债券	4.16%	79		
2008 年到期日元债券	2.58%	127		
2008 年到期美元债券	3.95%	264		
2008 年到期欧元债券	4.63%	517		
2008 年到期欧元债券	5.50%	33		
2008 年到期英镑债券	6.25%	249	22.72%	1.42%
2008 年到期英镑债券	6.25%	158	14.42%	0.90%
2008 年到期美元债券	6.65%	132		
2009 年到期欧元债券	4.25%	1 301		
2009 年到期欧元债券	4.75%	568		
2010 年到期日元债券	2.00%	128		
2010 年到期日元债券	2.28%	126		
2010 年到期日元债券	2.50%	127		
2010 年到期美元债券	7.75%	1 435		
2013 年到期美元债券	5.00%	526		
2015 年到期欧元债券	5.13%	342		
2015 年到期美元债券	5.38%	481		
2018 年到期欧元债券	5.00%	513		
2018 年到期美元债券	4.63%	263		
2025 年到期英镑债券	5.63%	246	22.45%	1.26%
2030 年到期美元债券	7.88%	390		
2032 年到期英镑债券	5.90%	443	40.42%	2.38%
2032 年到期美元债券	6.25%	260		
合计（英国债券）		**1 096**	**100%**	**6.0%**

表 13B-4 经营性租赁承担

投入

经营性租赁承担

不可撤销经营性租赁承担——付款分析如下： （单位：百万英镑）

	2005 年			2004 年		
	土地及建筑物	其他资产	合计	土地及建筑物	其他资产	合计
关于租赁：						
1 年内到期	**99**	**91**	**190**	79	97	176
2 ～ 5 年到期	**146**	**91**	**237**	147	85	232
5 年以后到期	**170**	**33**	**203**	136	42	178

（续）

	2005年			2004年		
	土地及建筑物	其他资产	合计	土地及建筑物	其他资产	合计
付款：						
1年内到期	**415**	**215**	**630**	362	224	586
1～2年到期			**406**			366
2～3年到期			**352**			295
3～4年到期			**299**			256
4～5年到期			**255**			218
此后（5年以后）			**1 132**			1 016
			3 074			2 737

表13B-5　销售及行政开支

营业亏损　（单位：百万英镑）

	2005年	2004年			2003年		
	合计	持续经营业务	已终止经营业务	合计	持续经营业务	已终止经营业务	合计
集团交易额	**34 133**	32 741	818	33 559	28 547	1 828	30 375
销货成本	**(20 753)**	(18 986)	(475)	(19 461)	(16 910)	(986)	(17 896)
特殊经营性科目	**—**	351	—	351	—	—	—
其他销货成本	**(20 753)**	(19 337)	(475)	(19 812)	(16 910)	(986)	(17 896)
毛利	**13 380**	13 755	343	14 098	11 637	842	12 479
销售及分销费用	**(2 031)**	(2 065)	(14)	(2 079)	(1 863)	(20)	(1 883)
管理费用	**(16 653)**	(16 532)	(263)	(16 795)	(14 826)	(1 065)	(15 891)
商誉摊销	**(12 929)**	(13 095)	—	(13 095)	(11 875)	—	(11 875)
特殊经营性科目	**(315)**	(123)	—	(123)	(91)	(405)	(496)
其他管理费用	**(3 409)**	(3 314)	(263)	(3 577)	(2 860)	(660)	(3 520)
总营业费用	**(18 684)**	(18 597)	(277)	(18 874)	(16 689)	(1 085)	(17 774)
营业亏损	**(5 304)**	(4 842)	66	(4 776)	(5 052)	(243)	(5 295)

销售及行政开支 = 2 031 + 16 653 − 12 929 − 315 = 5 440

表13B-6　销货成本与折旧

营业亏损　（单位：百万英镑）

	2005年	2004年			2003年		
	合计	持续经营业务	已终止经营业务	合计	持续经营业务	已终止经营业务	合计
集团交易额	**34 133**	32 741	818	33 559	28 547	1 828	30 375
销货成本	**(20 753)**	(18 986)	(475)	(19 461)	(16 910)	(986)	(17 896)

（续）

	2005 年	2004 年			2003 年		
	合计	持续经营业务	已终止经营业务	合计	持续经营业务	已终止经营业务	合计
特殊经营性科目	—	351	—	351	—	—	—
其他销货成本	**（20 753）**	（19 337）	（475）	（19 812）	（16 910）	（986）	（17 896）
毛利	**13 380**	13 755	343	14 098	11 637	842	12 479

入账 /（贷记）后记录的营业亏损：

		2005 年	2004 年	2003 年
	销货成本 = 20 753 – 0 – 4 467 – 61 – 412 = 15 812			
员工成本（见附注 31）		**2 293**	2 331	2 278
有形固定资产折旧：	**折旧 = 4 467 + 61 = 4 528**			
自有资产		**4 467**	4 181	3 783
承租资产		**61**	181	196
商誉摊销		**12 929**	13 095	11 875
无形及有形固定资产减值		**315**	—	485
其他无形固定资产摊销	**研发费用 = 219**	**412**	98	53
研发费用		**219**	171	164
广告成本（包括适用的员工成本）		**864**	990	902
坏账费用		**224**	209	193
经营性租赁租金：				
厂房及设备		**37**	98	78
其他资产（包括固网租金）		**1 300**	1 254	1 269
归属于有形固定资产建设或购置的自有资本化成本		**（301）**	（290）	（207）

表 13B-7 摊销

营业亏损 （单位：百万英镑）

	2005 年	2004 年	2003 年
员工成本（见附注 31）	**2 293**	2 331	2 278
有形固定资产折旧：			
自有资产	**4 467**	4 181	3 783
承租资产	**61**	181	196
商誉摊销	**12 929**	13 095	11 875
无形及有形固定资产减值	**315**	—	485
其他无形固定资产摊销	**412**	98	53

（续）

固定资产投资 关联企业		
		集团
净资产份额：		
2004 年 4 月 1 日		3 075
汇率变动		（41）
留存业绩份额（不包括商誉摊销）		152
商誉摊销份额		（42）
2005 年 3 月 31 日		**3 144**
资本化商誉：		
2004 年 4 月 1 日		18 151
汇率变动		（173）
收购（附注 25）		5
商誉摊销	**摊销 = 12 929 + 412 + 1 729 = 15 070**	（1 729）
2005 年 3 月 31 日		**16 254**

表 13B-8 特殊科目

特殊经营性科目 （单位：百万英镑）

	2005 年	2004 年	2003 年
无形及有形固定资产减值	**（315）**	—	（485）
贡献税收	—	351	—
重组成本	—	（123）	（91）
	（315）	228	（576）

截至 3 月 31 日年度合并损益账

	附注	2005 年（百万美元）	2005 年	2004 年	2003 年
集团总营业亏损					
集团及其合资企业、关联企业份额	3	**（7 765）**	**（4 111）**	（4 230）	（5 451）
特殊非经营性科目	6	**25**	**13**	（103）	（5）
– 持续经营业务		**25**	**13**	（44）	20
– 已终止经营业务		—	—	（59）	（25）
扣除利息前的普通活动损失	3	**（7 740）**	**（4 098）**	（4 333）	（5 456）
应付利息及类似科目净额	7	**（1 141）**	**（604）**	（714）	（752）

（续）

	附注	2005年（百万美元）	2005年	2004年	2003年
集团		**(742)**	**(393)**	(499)	(457)
合资企业与关联企业份额		**(399)**	**(211)**	(215)	(295)
扣税前的普通活动损失		**(8 881)**	**(4 702)**	(5 047)	(6 208)
普通活动损失相关税费	8	**(4 224)**	**(2 236)**	(3 154)	(2 956)
集团扣除特别税前普通活动损失相关税费		**(4 339)**	**(2 297)**	(2 866)	(2 624)
合资企业与关联企业份额		**(1 016)**	**(538)**	(288)	(332)
扣除特别税前普通活动损失相关税费		**(5 355)**	**(2 835)**	(3 154)	(2 956)
特别税抵免		**1 131**	**599**	—	—

= 特殊科目 = − 315 + 13 + 599 = 297

表13B-9 利息费用相关税费

应付利息及类似科目净额 （单位：百万英镑）

	2005年	2004年	2003年
母公司及子公司企业：			
应收利息及类似收益	**(602)**	(592)	(666)
应付利息及类似费用：			
银行贷款和透支	**49**	46	133
其他贷款	**677**	820	921
税务负债	**261**	215	55
融资租赁	**8**	10	14
	995	1 091	1 123

利息费用相关税费 = 602 × 边际税率 25.2% = 250.4

表13B-10 递延税变动

负债及费用准备金 （单位：百万英镑）

	递延税项
2004年4月1日	3 608
汇率变动	(2)
损益账	332
本年内运用～付款	—
其他	—
2005年3月31日	**3 938**

递延税费变动 = 3 938 – 3 608 = 330

| 第四部分 |

摩根士丹利的 ModelWare 模型对内在价值的研究：风险 - 收益的权衡[一]

特雷弗 · S. 哈里斯[二]、朱丽叶 · 埃斯特里奇[三]、多伦 · 尼西姆[四]

[一] 摩根士丹利，© 2008 特雷弗 · 哈里斯。

[二] 摩根士丹利的董事总经理兼客户部副主席。

[三] 摩根士丹利副总裁。

[四] 哥伦比亚大学商学院会计系副教授兼系主任。

| 第 14 章 |

内容介绍

当我们努力将经典的经济和金融原理与可观察、可测量、可理解且与用户相关的实际情况相结合时，我们的估值方法不断发展。其结果是许多传统主义者都会将这一方法视为异端，特别是当我们据理反驳他们经常努力想达到的准确性错觉时。

我们基于概念的正式模型采用了公认的预测要素[⊖]，它确定了一个或多个公司的"内在"价值指标供投资者及公司管理者使用。我们所设计的模型非常灵活，因此它可以依赖于一些关键输入参量或属于公司业绩关键驱动因素的相关其他详细信息。内在价值预期值与实际股价相等的情形罕有发生，但是，将一组合理的价值与价格进行比较可以使我们挑战自己的想法或预期，并且作为投资者，我们可以从风险 – 收益的角度来评估价格与价值之间的差距。

关于内在价值的概念，沃伦 · 巴菲特表达得最为到位：

> 内在价值是一个非常重要的概念，它为评估投资和企业的相

[⊖] 这些要素包括：主营业务收入或主营业务收入增速、营业成本或营业利润率、净经营性资产或经营性资产周转率、净借贷成本、杠杆率以及资本回报率或股利支付率。在本部分中，我们稍后将对它们做出更明确的定义。

> 对吸引力提供了唯一的逻辑手段。内在价值的定义很简单：它是一家企业在余下的寿命中可以产生的现金的贴现价值……
>
> ……当一只股票的表现暂时优于其企业价值时，有少数股东（无论是卖方还是买方）会以牺牲其他交易为代价，在这只股票上获得超额回报。[⊖]

我们将若干核心原则纳入“内在价值模型”及其应用：

- 价格与风险受消息和投资者的个人解读（或直觉）所驱动。我们能用并且确实可以用市场价格或波动率作为分析指标，但股价并非价值的关键驱动因素。企业价值取决于其经济基本面，基本面可能会随着时间的推移而发生变化，但公司股价还会因公司经营活动之外的其他许多原因而发生变动。须注意，在大多数的时期里，任何一家公司股价的盘中波动与公司基本面变化关系并不大，更多的是与驱动证券供需的其他因素有关。这一点人们普遍都理解，但仍然值得重提。此类其他因素对投资很重要，但通常不应纳入“内在价值模型”。一个简单的例子就是当一家公司被纳入标准普尔500指数等关键基准指数时，以该指数作为业绩基准的基金通常必须收购新增公司的股票，而这种超额需求会在短期内推高股价。
- 认为我们能够于任何时间点准确地衡量公司内在价值的想法是一种“准确性错觉”。公司（内在）价值的指标与股价一致的时间顶多持续几分钟。任何企业价值衡量指标都应被视为备选结果中的预期值。我们的方法着重于确定预期结果现值、考量备选结果的值（而非只是随机模拟），然后通过将这些值与当前和历史市场价格比较来做投资风险 - 收益权衡。理想的情形是：我们还会考量价格上涨的其他因素。

⊖ Buffett (1998)p. 187.

除非一家公司有明显的可持续性准入壁垒，否则公司利润率越高，随着时间的推移，维持这些水平就会越困难。同样，负利润率无法无限期地持续下去；如果其无限期地亏损，公司最终将必“死”无疑。

公司投入的新资本越多，就越难以在新资本上获得高利润率，至少从长远看来必然如此。净经营性资产（投入资本）回报率很高的公司所面临的困境是：特别是在早期增长阶段之后，很少能以同样高的回报率继续对所产生的收入或自由现金进行再投资（发生在近期的例子有思科、微软和谷歌）。

- 行业长期增速是难以维持在远高于国家（或全球）经济增速水平之上的，但是对“行业”或产品保持动态的、弹性的重新调整的公司意味着，一些（尽管并不是很多）公司以“非正常”速度“增长”的时期可以比许多长期估值模型用传统方法所假设的时间更长。像我们公司（摩根士丹利）或高盛这样的公司，是传统承销和咨询工作已发展到纳入风险中介、自营及其他赚钱业务阶段的典型案例。了解管理的质量，对评估当前盈利能力及其如何持续或增长而言至关重要。而且优秀的管理者能适应新环境，从而使超额盈利持续时间比简单的行业衰退模型所假设的时间更长。
- 试图衡量出准确的资本成本是徒劳无益的。关于何为无风险利率、β、股票风险溢价、单因子模型与多因子模型的“正确”衡量指标，以及关于市场回报率和杠杆作用，人们各持己见。正如大多数人所知道的那样，这些实际测算的指标充其量只是一些近似值而已，因此，试图获得准确的衡量结果几乎不会得到任何实用的结果。此外，为了应对特定的市场风险（如汇率）并保持预测中的不确定性，我们需确保在贴现率中不“重复计算”风险。在计算公司的内在价值时，我们认为，采用方向性或相对性指标通常就足够了。为了获得一个初始切入点，我们建议采用比政府债券收益率高3% ～ 4%的股本回报率，然后根据需要提炼指标。虽然公司内在价值应根据市场的资本成本来计算，但对投资者而言，所要求的回报率可能会由于各种原因（包括投资期限、投资组合、对亏损的敏感度、头寸规模和投资要求以及其他投资机会）而有所不同。对于如何定义所要求的回报率（资本成本），我们将其留给每个人自己去完成，并运用反向归纳法来预估市场隐含股权成本和加权平均资本成本。

将这些核心原则铭记在心之后，我们尝试通过了解公司创收能力的关键驱动因素来开始对内在价值进行衡量。为此，我们必须了解营收、营业成本、经营性资产和负债、融资成本和资金来源以及这些指标的相互作用。虽然保留了这些会计要素间的逻辑连接，但是我们却变得不了解估值模型的重点了。我们同样可以对股利贴现模型、现金流贴现模型或剩余收入估值模型进行计算。也就是说，我们发现传统股利贴现模型或现金流贴现模型存在缺陷，因为现金流或"股利"难以衡量，并将它们用"终值"近似，从而使问题变得更为棘手。因此，我们必须选择一个"切入点"，即剩余收益法（一种经济租金现值的表达法）。我们认为，以现金流投资回报率、已动用资本回报率和经济增加值为基础的估值，核心都是围绕着剩余收益而展开的，差别微乎其微。

在本部分的余下内容中，我们将讲述如何将基本模型纳入某一框架，以更好地预测未来盈利能力，然后为模型的评估建立基本概念。之后，我们将在实际的公司中展示如何应用这一模型。最后，我们使用经验数据来验证框架的逻辑性。

| 第 15 章 |

基本面分析与估值模型的输入参量

为了衡量内在价值，我们首先估算企业在剩余寿命期创造的现金。为了阐明方法并遵循逻辑过程，我们从一家新企业开始。

在成立之初，公司从所有者（股东）那里获得资金，并约定还款期限，这些资金便形成了公司的负债。企业管理者用这些（现金）资金来购置或租用资源（如设备、商品及服务），然后实现对资源的改造，最后以更高的价格将“新”产品或服务出售给客户。客户（希望）向公司支付购买费用，公司取得收入后首先偿还负债，然后再分配给所有者。

随着时间推移，管理者必须决定如何使用任何超额现金或“自有”现金。他们可能将现金归还给其所有者，此时，我们不再需要考虑如何使用这类现金的问题。但是，如果他们选择留存现金，我们就必须考虑如何使用现金的问题。第一个问题是：管理者需要花费多少资金来维持其当前的业务水平，以及资金的来源是什么。接下来我们会问：还需要（或将要）投入多少来促进企业增长，以及如何实现这一目标。如果对公司产品或创新有需求，通常就需增加运营资金来销售产品。过去经营活动所产生的自由现金可能足以也可能不足以满足这些需求；如果资金不足，我们就需要寻求其他资金来源。这一循环会持续一段时间，我们称之为企业的“生命周期”(见图 15-1)。为了预估内在价值，尽管结果的可能性和不确定性随着时间的推移而增加（不要与定价波动的风险相混淆），但我们不得不跨越一个周期。

如图 15-1 所示，公司周期包括成千上万甚至数百万次的交易、行动和决策，要取得或利用所有这些数据几乎是不可能的。因此，必须有一些组织原则将实际经济活动转换成简易的衡量指标，方便投资者对管理者的资源使用情况及未来预期进行评估。这正是会计计量系统的职能所在，它提供了一套组织原则和衡量方法，并结合描述总结了某个时间点的经济资源和义务，以及随着时间的推移，这些资源和变化如何随着公司活动的变化而变化。值得注意的是，一组特定的一般公认会计原则可能在反映实际经济情况方面做得好或不好，但必须要有一个系统来对那些将会有用的数据进行组织。

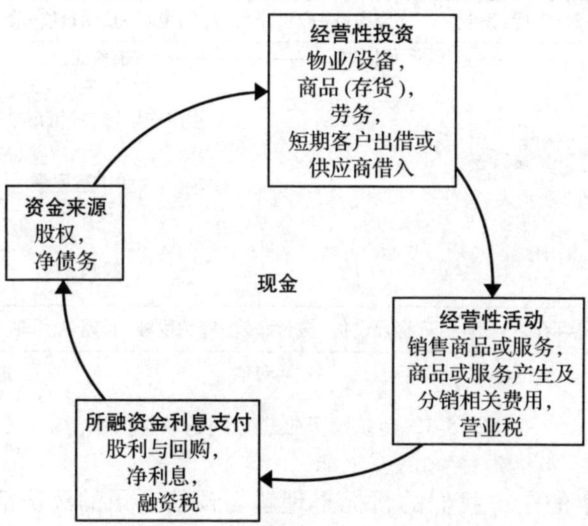

图 15-1 企业的“生命周期”

图 15-2 表明如何用“存量”和“流量”来表示“生命周期”的核心组成部分，“存量”和“流量”即所有者的权益和负债。同时，我们还标出了关键的会计标签。图 15-3 对此进行了扩展，反映了更多的传统财务

报告指标。关键是所有财务报表都互为关联，因此，为了对未来业绩及收入或现金流做出有意义的预估，我们必须对这些关联予以保留。

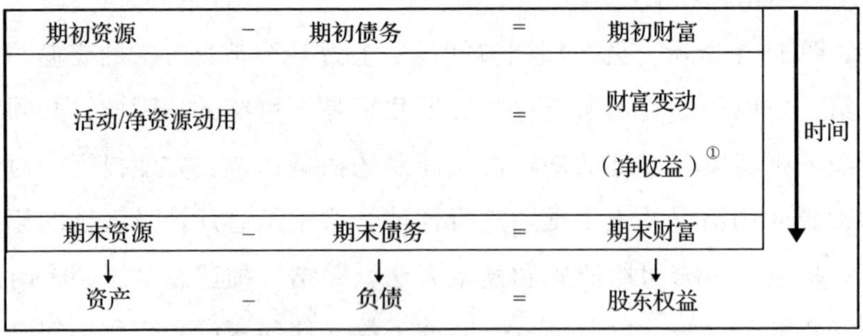

图 15-2 基本会计结构

① 我们假设无投资或资本回报。

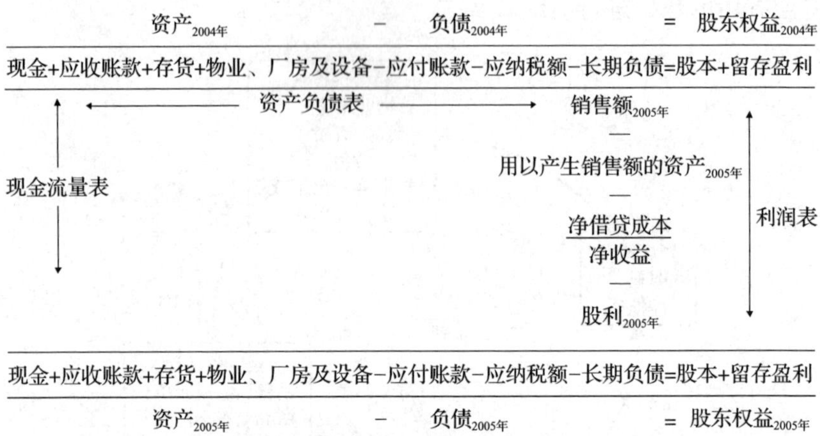

图 15-3 传统财务报表之间的基本关系

值得重申的是：我们的目标是理解与预估公司的经济活动，以便进行估值。将企业类比为一部永不停止、结局不确定的电影，在电影中的任一时点，我们都可以对当前状况进行截图（资产负债表），而随着时间推移发生的画面即为利润表。

如果电影是对“现实”的清晰写照，我们就可运用这些信息来猜测接下来将会发生的事情。每一框架或报告都汇总了许多情节，如果观众能够对其所见做出解释与整合的话，那么，该框架或报告就会作为信息而“起作用”。

对许多人而言，当前会计规章的不足、实际业务的复杂以及无法吸收与整合的数据，都会为建模过程带来挑战。但这些问题正在得到改善，关键的切入点是提供一个组织框架，使其与企业的生命周期更加紧密地结合，并在推动企业价值创造的领域中实现不同层次的分解。

那我们的组织框架是什么？最初的想法就是将经营活动与筹资活动明确分开。但这说起来容易做起来难。为了反映经营与筹资活动的拆分，我们首先将传统格式的财务报表进行重置（见图 15-4）。

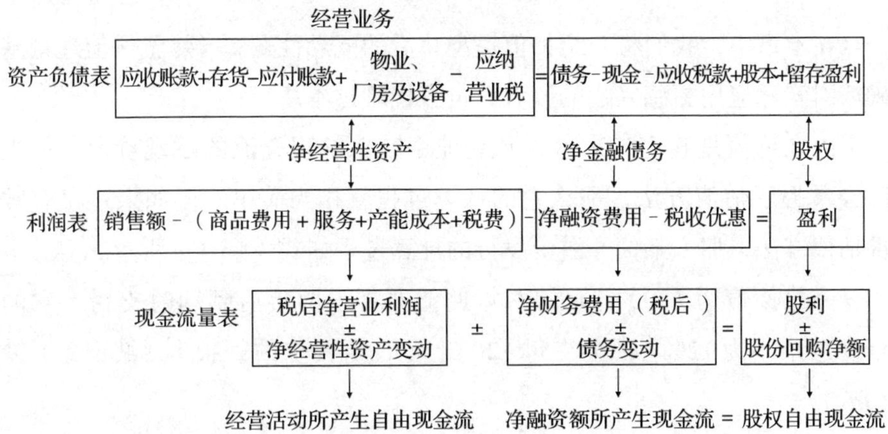

图 15-4 重置财务报表，以反映“生命周期”

为了描述估值模型的概念基础，我们运用了图 15-4 中所示的综合指标，然后对组织框架进行扩展以展示价值的关键驱动因素和信息分类方法。

| 第 16 章 |

我们的估值框架

在本章中，我们将介绍估值模型背后的概念性逻辑（熟悉估值理论基础或对实际应用更感兴趣的读者，可直接跳过本章）。

内在价值是我们未来可以从企业中获取的现金流的贴现价值。如果已经掌握了估值方法，那么它的计算过程就相当简单；但如果还没有掌握估值方法，那么某债券溢价发行的计算过程如式（16-1）所示。

一只面值为 1000 美元的两年期债券将于两年后到期时支付。它的年度息票率为 12%（现金支付 120 美元），所要求的回报率（贴现率）为 10%。

$$\text{今天的价值}(V_0)=\frac{120}{(1+0.1)^1}+\frac{120}{(1+0.1)^2}+\frac{1\,000}{(1+0.1)^2}=1\,032.8\text{美元} \quad (16\text{-}1)$$

上式是一切估值的基础，是一个固定支付金额的例子。

债券的内在价值高于其面值（“账面价值”），因为它产生和派付了超过市场（投资者）要求的回报。

在这个简单的案例中，盈利和现金流均无不确定性（假设无破产风险），因此，关于价值的唯一歧义之处可能就是贴现率。考量你所能接触到的其他所有具有类似风险并可提供 8% 回报率的投资机会。你可能发现，虽然价格高于 1033 美元（实际更接近 1070 美元），但实际它是便宜的。如果你的可投资资产足够大，你可以降低“市场”贴现率。可实际上，即使是通过借款，也很少有如此大的金额。因此，个体投资者对于相同的潜在现金流可能会给出不同的“内在价值”。

简单的等额本金还款案例，很容易转换为公司估值。请记住，从所有者的角度看，内在价值是预期未来支付给股东的净现金现值（贴现值）：

$$V_0=\frac{D_1}{(1+k_e)^1}+\frac{D_2}{(1+k_e)^2}+\cdots\infty \tag{16-2}$$

式中 V_0——股东（股本）资本今天（时间 t=0）的价值；

D_t——时间点 t 的净股利（扣除股本资本供款及回报）；

k_e——股本资本成本。

式（16-2）代表了纯粹的股利贴现模型，并假设了一个恒定的贴现率（后续会对此进行详述）。要将它与企业财务报表关联，可参考前文图 15-4 所示；请注意，股利 D 与股东的自由现金流（即股权自由现金流）相同。

实际上，明确的增长期预测大都会向未来延展 2 ～ 5 年，因此，我们必须考量如何处理无限期间。如果最后一个预测期为 4 年，股利 D 已“固定”，我们就可将 D_4 资本化来得出该值：

$$V_0=\frac{D_1}{(1+k_e)}+\frac{D_2}{(1+k_e)^2}+\frac{D_3}{(1+k_e)^3}+\frac{D_4/k_e}{(1+k_e)^3} \tag{16-3}$$

实际上，股利 D 固定不变的情形很罕见。对该情形进行延伸，假设股利以增速 g 增长，则：

$$D_t=D_0(1+g)^t \tag{16-4}$$

通过将式（16-4）代入式（16-3），我们得出：

$$V_0=\frac{D_1}{k_e-g} \tag{16-5}$$

也被称为“戈登增长模型”。[⊖]

实际上，该模型的主要应用是以盈利乘数的估值模型为基础的。如果公司按固定比例从其所赚收益中派付股利，那么，$D_t=pE_t$（p= 股利支付率），且盈利以恒定增速 g 增长。

然后，将 pE_1 代入戈登增长模型就会非常简单，即：

$$V_0=\frac{pE_1}{k_e-g} \tag{16-6}$$

有一种特殊情况，就是当所有（新）投资都赚得股本资本成本 k_e、股利支付率 p 等于 1 或增速 g 等于 0 时，会得出：

$$V_0=\frac{E_1}{k_e} \tag{16-7}$$

对许多人而言，这应当开始有些眼熟了。如果价格 P 等于价值 V，我们就可将式（16-7）重新列式为 $\frac{P_0}{E_1}=\frac{1}{k_e}$，因此，稳定型公司的基准市盈率 $\frac{P}{E}S$ 约等于 1 除以股本资本成本。如果我们能就此停下，问题就会非常简单，可是在实际中，恒定的股利支付率或增速实际永远都无法找到。更糟糕的是，如果管理者有好的投资机会，他们就会少派付甚或不支付股利。一个极端的案例就是沃伦 · 巴菲特的伯克希尔 – 哈撒韦公司。令股东高兴的是，自巴菲特接管公司以来，该公司尚不曾支付过股利，因此，对于一只最近估值为每股 10 万美元的股票来说，将 0 代入股利贴现模型或戈登增长模型不会产生有意义的答案。但图 15-4 所示的会计关系使我们得出了更有用和更有意思的结果，甚至对于伯克希尔 – 哈撒韦公司而言，也是如此。

回顾一下，股利贴现模型中的 D 是股东自由现金流，但股东自由现金流即 D_1 为由经营活动所产生的自由现金流减去净融资所产生的现金流。

代入股利贴现模型，我们得出：

⊖ 请注意：当增速 g=0 时，式（16-3）与式（16-5）等效。

$$V_0=\left[\frac{\text{FCFO}_1}{(1+k_o)}+\frac{\text{FCFO}_2}{(1+k_o)^2}+\cdots\infty\right]-\left[\text{PV CFNF}_{1\to\infty}\right] \tag{16-8}$$

式中 k_o——时间点 t 的营业资本成本或加权平均资本成本。

式（16-8）是传统的现金流贴现模型。从概念上讲，现金流贴现模型是一种很好的估值途径，但据我们的经验，现金流贴现并不是预估内在价值的最佳切入点。这个观点看起来虽然很怪异，但是，对大多数使用过现金流贴现值的人而言，这并不足为奇。自由现金流实际上很难衡量，而且，在实际操作中，将自由现金流与运营和净融资区分开是非常困难的。要明白这一点，不妨考量定额福利养老金计划这一案例。众所周知，通用汽车公司负有巨额养老金及其他退休后福利负债。2003 年，它以高于 7%（约合 14 亿美元）的成本募集了约 190 亿美元的负债，并将该笔现金用作养老基金。这些养老金资产的预期回报率为 9%，而所产生收益（17 亿美元）被列为经营性劳动力成本（作为对其他劳动力成本的抵消），因此，大部分从业者将 17 亿美元同时作为营业利润和经营性现金流来进行处理。[⊖]有几个问题需要考量。第一，实际回报率和预期回报率很少会一样；2003 年和 2004 年，回报率稳定处于 10% 之上，那实际经营性现金流（甚或融资性现金流）是多少？第二，如果我们将 17 亿美元留作由经营活动所产生的自由现金流，而将负债成本（约 14 亿美元）留在由净融资所产生的现金流中，那么，为避免创造虚构的“套利”价值，贴现率是否能适当反映出相对风险？第三，预测这些 3 ～ 5 年期的、与养老金相关的“现金流”就已经够难了，在计算终值的时候，我们应该如何来对这些现金流进行假设？对于这些问题，并无简单答案，但相信我们可在此种情形下得到对经营性现金流的准确估计是很天真的。

一个有些类似的问题是员工股票期权的处理。有些人认为，员工股票薪酬费用是一项“非现金”费用，如果我们将这笔成本消除，这一价

⊖ 此外，根据现行美国一般公认会计原则，190 亿美元的养老金供款也将作为由经营活动所产生的现金流的一部分来进行报告。

值转移会在何时现金流贴现模型的何处（假设这类股票期权已被行使）？稍后，我们将在内在价值模型中回顾它们的处理方式。现在的重点是，请不要相信我们能够获取满足现金流贴现模型精度要求的数据。换言之，来自财务报表的现金流很少能反映出公司可分配给股东的现金流。

现金流贴现的另一个大问题就是成功型公司经常将经营性现金用于未来增长。让我们考量一下美国零售商科尔士百货（Kohl's）和塔吉特公司（Target）的案例。如表 16-1 所示，2000 ～ 2004 年，如果使用报告中的数值，那么有若干期间的经营活动自由现金流会为负值。

2005 年，如果采用摩根士丹利的金融分析师对 2006 年和 2007 年所做当期预测，由经营活动所产生的自由现金流就会由负转为正。经营活动所产生的自由现金流在早期年份里为负，归因于公司所做的存货、物业及设备投资；在塔吉特公司的案例中，它也向客户提供更多借款。经营活动所产生的自由现金流为负归因于融资性增长。不过，如果我们于 2000 年年初为科尔士百货做一个 3 ～ 5 年期预测（基于实际值的）的现金流贴现模型，那么，切入点将为：

$$V_0=\frac{(438)}{(1+k_0)}+\frac{(56)}{(1+k_0)^2}+\frac{(81)}{(1+k_0)^3}+\frac{10}{(1+k_0)^4}+\frac{(15)}{(1+k_0)^5}+\cdots \quad (16\text{-}9)$$

我们不必探讨正确的加权平均资本成本为多少就能意识到，进行可靠的估值是一项艰巨的任务。我们可通过得出“正确”的终值来“修复”现金流贴现价值，但选择终值的依据是什么？在实操中，人们开始创建代表性指标来获得正的终值期经营性现金流（如 EBITDA）衡量指标，然后运用该衡量指标的乘数来计算终值。用这个方法可能得出正值，但并无概念性依据，或者直白地讲，并无逻辑依据，且我们已花了一些时间来论证 EBITDA 不会（且也绝不会）成为衡量经营性现金流的指标。[⊖]

⊖ 参阅 Harris（2002）。

表 16-1 2000 ～ 2007 年末经营活动所产生的自由现金流 （单位：百万美元）

		2000 年	2001 年	2002 年	2003 年	2004 年	2005 年	2006 年末	2007 年末
科尔士百货	报告值	（438）	（56）	（81）	10	（15）	121	167	2 471
	ModelWare 模型得出值	（831）	（218）	（391）	（425）	（229）	（744）	56	1 905
塔吉特公司	报告值	1 092	76	（646）	（1 011）	652	3 687	823	862
	ModelWare 模型得出值	912	（94）	（846）	（1 274）	417	4 430	546	702
西尔斯控股	报告值	—	—	—	—	—	（4 253）	3 554	2 389
	ModelWare 模型得出值	—	—	—	—	—	（3 348）	3 053	2 558

即使我们能计算出在营业务的现金流贴现价值，要获得可以与股票价格进行比较的内在价值，必须扣除金融负债的价值。式（16-8）中另一个很少探讨的有关现金流贴现模型的问题是，在实践中获得一致的度量并非易事。运用基于会计的模型，我们可以计算来自净融资的现金流现值，但实际上，许多人都采用“负债”及其他经营业务中没有的科目，或可用的负债市场衡量指标。这两种选择都不是由概念性模型所指定的。

让我们回到通用汽车养老金的案例，如果将养老金的筹集资金以及净资产或净负债作为融资性科目来进行处理（就像我们在摩根士丹利的 ModelWare 模型中所做的那样），那么，我们必须确保用于经营性和融资性的衡量指标一致，因为汽车经营业务的“风险”不同于养老金资产和负债的“风险”（或回报）。后者受到预期向受益人付款的不确定性、所采用贴现率的相关性以及养老金资产和负债不“匹配”时的固有风险的影响。

通过在经营中使用租赁资源，可以使用现金流贴现（或其他多期计算）有效反映企业的内在价值，区分经营和融资之间的相关性。要了解公司创造收入或正现金流的能力，我们需评估企业的经营能力，因此，对零售商而言，确定商店的规模与定位以及固定装置和附加设备的性质是经营成功的关键；所有这些经营性资产，无论其融资方式如何，均须予以考虑。如果这些资产是租赁来的，那么，这可能会带来战略上的可选性，但这仍然主要是一项筹资决策，因此应将其反映出来。

另一类经典案例是航空业务。多年来，一些航空公司的大部分航空机队均是租用的，但这并未反映在资产负债表中，而是将融资性成本作为经营性租赁支付的一部分来进行处理。[⊖]在 ModelWare 模型中，我们将

⊖ “Pan European retailers-not made to measure: an apples-to-apples look at Europe’s clothing retailers” (with European Retail Team), Morgan Stanley Dean Witter, November 2, 1998, “Global Airlines: flight to quality” (with Global Airlines Team), Morgan Stanley Dean Witter, October 13, 1998.

所有租赁都作为基础资产融资来进行处理。这一调整（连同养老金）是造成 ModelWare 模型与表 16-1 中的科尔士百货和塔吉特公司的自由现金流出现差异的主要原因。请注意，较低的经营活动所产生的自由现金流会反映未来的经营投资。哪一种现金流反映了概念上以现金流贴现模型为基础的企业经营业务？我们认为，ModelWare 模型更接近实际经济情况，但就连现金流贴现模型的支持者都很少会做出这类调整。

总之，我们想强调两个要点。第一，现金流贴现的计算值大都不准确，且现金流贴现甚至经常无法进行有用的计算。第二，仅因输入被称为"现金流"，就认为我们已解决了对应计衡量指标（如盈利）的批评意见所支持的实际衡量问题，这种想法是对现实的"延伸"。就连像现金流投资回报率这样精心构建的估值法（如基于"现金流入 / 现金流出视角"对"净现金收入"进行贴现），都不会（且无法）对实际现金进行衡量。马登在描述现金流投资回报率时说："重要的是，来自经营活动的现金流……不是现金净收益或现金流投资回报率的计算所使用的现金流概念。我们接受用以衡量经济表现的权责发生制原则。"[⊖]

我们已展示了股利贴现模型和现金流贴现模型的一些实际问题，但还有其他备选方案吗？我们认为，答案是肯定的。这些方案没有概念上的区别，不同之处在于，将内在价值的度量与公司的业绩相关联，以及与我们如何对未来结果做出预估和情景方案相关联的过程中，其明晰度和准确度有所提升。

在正式开发概念性模型之前，你需要了解一下我们认为它在实操方面如此具有说服力的原因。如果你问自己愿意为一件商品或一项服务支付怎样的价格，答案基本上会是一个低于（或者最差也要等于）你所期望获得的价值的价格。就式（16-1）中的债券而言，我们支付的金额比其面值要高，因为其息票支付金额高于我们所要求的回报。同样的逻辑也适

⊖ 补充强调见 Madden（1999），p. 108.

用于公司。如果我们具有一家企业的账面价值（或票面价值），则只要其账面价值的回报率高于我们所要求的回报率，公司的内在价值就会高于该账面价值。确切的更高金额将是该超额回报按时间进行贴现后的价值。超额回报也被称为“经济租金”“剩余收入”“‘非正常’盈利”“经济增加值”，并且，很可能还有一大堆其他术语。这一通用方法并不具有“魔力”，但是，有了这一基本概念，我们就可以开始问一些这样的问题：盈利能力的来源是什么？以及，盈利能力为什么或会如何以直接同时与基本业务（图 15-1 中的“生命周期”）和财务报表（而财务报表，仍然是关于公司的主要财务信息，见图 15-3 和图 15-4）相关联的方式来持续存在、增长或改善？

我们将更具体地说明如何将业务与价值联系起来，但我们首先需要开发正式模型。

如图 15-3 和图 15-4 所示，净股利（D）、盈利（E）和股东权益（B）之间的关系可表示为：

$$B_1=B_0+E_1-D_1 \tag{16-10}$$

其表示，期末股权等于期初股权加上当前盈利，再减去净资本收益。对式（16-10）进行重置，以用股利来表示，得出：

$$D_1=B_0+E_1-B_1 \tag{16-11}$$

通过加上或减去股权成本乘以期初权益（k_eB_0），我们可根据剩余收入（RI）来表示盈利 E：

$$E_1=k_eB_0+\underbrace{(E_1-k_eB_0)}_{\text{RI}} \tag{16-12}$$

将式（16-12）代入式（16-11），我们就可根据剩余收入来定义股利：

$$D_1=B_0(1+k_e)+(E_1-k_eB_0)-B_1 \tag{16-13}$$

然后，我们可将其代入式（16-1）中的股利贴现模型，从而得出：

$$V_0 = B_0 + \sum_{t=1}^{\infty} \frac{E_t - (k_e \times B_{t-1})}{(1+k_e)^t} = B_0 + \sum_{t=1}^{\infty} \frac{(\mathrm{ROE}_t - k_e) \times B_{t-1}}{(1+k_e)^t} \quad (16\text{-}14)$$

式中 ROE_t——股本回报率，用 E_t/B_{t-1} 计算。

式（16-14）表示：公司（内在）价值为公司今天的账面价值加经济租金金额贴现值之和，亦即超额盈利能力（定义为公司收入超出其股权成本的部分）现值乘以每一期间投入资本。式（16-14）等式最右边的表达形式更容易对这一估值法进行解释。如果公司能够为投入（资本）赚得超过对该笔资本所要求的回报，那么，股东内在价值就会高于公司列报的股权账面价值。我们喜欢将式（16-14）中的剩余收入估值[⊖]模型视为适用于那些股本回报类似于息票的公司的"债券数学"。

虽然式（16-14）中的剩余收入估值是以某一股权等级的预估为基础的，但将剩余收入估值分解为经营性部分和融资性部分在概念上简单易懂。这一逻辑在图 15-4 重置的财务报表以及基本会计方程中最好理解。

股东权益（B_1）= 净经营性资产（NOA_1）- 净金融负债（NFO_1），故

$$V_0 = V_0^{NOA} - V_0^{NFO} \quad (16\text{-}15)$$

考虑到我们将盈利拆分成经营性部分和融资性部分，在式（16-14）中的剩余收入等价物中来表示式（16-15）的组成部分就会容易。

$$\begin{aligned} V_0^{NOA} &= \mathrm{NOA}_0 + \sum_{t=1}^{\infty} \frac{(OI_t - k_{ot}\mathrm{NOA}_{t-1})}{(1+k_{ot})^t} \\ &= \mathrm{NOA}_0 + \sum_{t=1}^{\infty} \frac{((\mathrm{RNOA}_t - k_{ot}) \times \mathrm{NOA}_{t-1})}{(1+k_{ot})^t} \end{aligned} \quad (16\text{-}16)$$

$$\begin{aligned} V_0^{NFO} &= \mathrm{NFO}_0 + \sum_{t=1}^{\infty} \frac{(\mathrm{NFE}_t - k_{dt} \times \mathrm{NFO}_{t-1})}{(1+k_{dt})^t} \\ &= \mathrm{NFO}_0 + \sum_{t=1}^{\infty} \frac{((\mathrm{NBC}_t - k_{dt}) \times \mathrm{NFO}_{t-1})}{(1+k_{dt})^t} \end{aligned} \quad (16\text{-}17)$$

⊖ 见本部分末有关剩余收益模型的进一步探讨。

式中 k_{ot} ——时间点 t 的投入（营业）资本成本，其等于加权平均资本成本（WACC）；

k_{dt} ——负债资本成本；

NBC_t ——时间点 t 的净借贷成本百分比（定义为净融资费用于初期净金融负债中所占百分比）；

OI ——营收；

RNOA ——净经营性资产回报率。

式（16-15）～式（16-17）显示了我们将基于股权的剩余收入估值分解为两类独立的活动（即经营性活动和融资性活动）的方法，这是对各部分估值进行求和的第一步。这一逻辑可以很容易地扩展到公司业务的任何细分市场，我们可从中获得相关盈利能力和投入资本数据。实操中的问题是，当前财务报告制度并未明确对经营性活动和融资性活动进行区分，新增细分市场之间的区别就更不明确了，但是，通过运用图 15-2 ～图 15-4 所示的会计模型的逻辑关系，我们可将相关业务交易与活动同估值模型进行关联，具体以数据限值为准。在下一节中，我们将以西尔斯控股作为实例来演示我们的方法。⊖

⊖ 我们选用西尔斯控股为例有许多原因。现公司系由两家陷入困境的大型美国零售公司西尔斯和凯马特合并而成，故不可能依靠历史数据来做出有意义的预测。此外，自两家公司合并以来，投资者对公司的未来前景持有截然不同的看法，而公司也未就此给出任何指引。由于我们于 2005 年 10 月在一次会议上与投资客户进行了讨论，当时，我们的分析师对“基本情形”内在价值的预估值约为 125 美元，我们可就“虽然价格甚至一直在变，但对内在价值的观点却未必会变”的情形展开讨论。我们采用摩根士丹利股票研究于 2005 年 9 月 9 日为西尔斯控股公司设计的“专注客户”情景执行了上行和下行两种情形后得出：内在价值最高可达 160 美元左右，最低可至 80 美元左右。

| 第 17 章 |

将业务活动与内在价值相关联：ModelWare 模型盈利能力树状图

如前所述，为了确定公司内在价值，需要了解公司在其“生命周期”内的经营方式以及为其活动进行筹资的方式。我们已阐明，财务报表可以部分地反映出这一点的方式，并且财报的重置可以更好地与经济活动保持一致的方式（表 13B-1 ～表 13B-4）。然后我们开发了估值的基本概念性方法，展示了股利贴现模型估值、现金流贴现法估值和剩余收入估值在概念上是如何保持一致的，但实际上剩余收入估值具有显著优势。其中一个主要优点是，估值计算的输入参量是企业及财务报告系统中可观察到的要素，并在预测企业未来表现时被作为切入点。这一基本关联见图 17-1 所示的“盈利能力树状图”。

由于种种原因，包括教育方式以及对预测公司季度（报告）盈利的专注，我们见到了构建于标准财务报告格式之上的预测模型（第一着重点为业务收入增长，第二着重点为对财务资料中的每一要素进行计算）。基本盈利能力树状图左侧显示了资产负债表和利润表（对运营要素与融资要素重新划分）中的数据是如何流入股本回报率指标的计算的。将传统的财务报告要素重新分类拆分为经营性和融资性两类，并不是一项简单的工作。例如，我们已（针对现金流贴现模型）探讨过，如果不把经营性租赁和养老金或其他退休后福利，拆分成经营性组成部分和融资性组成部分，那么盈利能力衡量指标就会失真，还有许多其他的例子。[⊖]但我们认为，如果不对财务报表进行重新分类，那么就无法从内在价值的角度对企业的未来活动进行深思熟虑的分析。相反，当考虑用以预估内在价值的多期间预测时，我们试图解决一组核心的问题：[⊜]

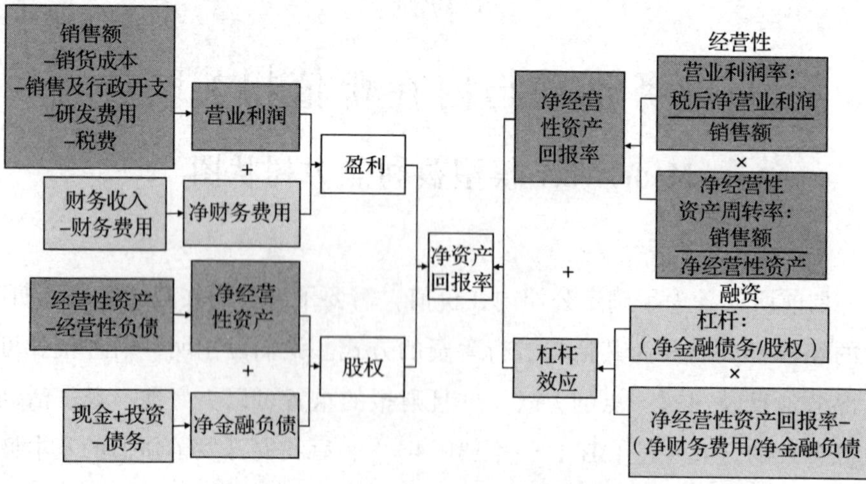

图 17-1 盈利能力树状图：财务报表与业绩指标之间的基本联系

资料来源：摩根士丹利研究《同类比较盈利监控》，特雷弗·哈里斯，2000 年 12 月 10 日。

（1）当前盈利（及自由现金流）是否可行且可持续？

（2）预期增长的主要来源是什么？公司是否拥有实现这一目标的所需资源？

（3）有无潜在的经营性杠杆？其可持续性如何？

（4）公司的资本结构管理效率如何？

（5）如果投入新资本，是为了维持其业务还是为了实际增长？能否产生超过其边际成本的边际回报？

（6）这些预期相关的风险有哪些？

⊖ 更详细的探讨，见 Harris *et al.*(2004)。

⊜ 这些问题应在对财务报表进行重新分类的主要原则的背景范围内考虑。

会计的处理方式如何影响我们对问题（1）～问题（6）的回答？

在解决这些问题并创建未来业绩预测（而非预测下一季度的报告盈利金额）时，通常更适合使用创造价值的潜在利润驱动因素。换言之，为了提升股东内在价值，管理者能做些什么？我们认为，基本要素为增速、（经营性和融资性）资本效率、生产力提升及增值性投资。捕捉这些要素并为其建模的关键指标如图 17-1 右侧所示。[⊖]股本回报率有四大支柱：营业利润率、净经营性资产周转率、负债融资占比，以及负债筹集的一美元新资本投入使用后可赚取的收益与为借贷提供资金的成本之间的价差。请注意，这些指标，是从盈利能力树状图左侧的相同要素推演得出的，它们可以解释如何创建价值以及我们提出的问题。

为了更好地理解这一主张，让我们考虑如何开始为西尔斯控股解答问题（1）～问题（6）。图 17-2 展示了西尔斯控股 2006 年（截至 2007 年 1 月止财年）的基本盈利能力树状图。

运用 ModelWare 模型，预计西尔斯控股 2007 财年的业务收入为 507 亿美元，对应的净利润为 13.7 亿美元。如果我们假设：股权成本为 8.5%[⊖]，下一期间的盈利可持续，且下一期间之后无价值增长，则可应用简单的式（16-7）中得到的盈利乘数来得出 161 亿美元或约 103.6 美元 / 股的价值。2006 年 9 月底的股价约为 160 美元 / 股，这一股价表

⊖ 有些人初看图 17-1 时会认为其就是“杜邦公式”，实则两者有一个重要的区别。传统的杜邦公式是：$股本回报率=\frac{净收益}{销售额}\times\frac{销售额}{资产}\times\frac{资产}{股东权益}$。将此与盈利能力树状图进行比较就可以看到：杜邦公式中未对经营性融资和销售额资产股权融资进行区分。经营性业务和融资性业务的价值创造属性大不相同，故将这两者合并会限制我们的洞见。考虑一下现金充裕的公司，如思科（Cisco），截至 2006 财年止，其有逾 40% 的总资产为现金和短期金融投资；2005 年，其有逾 50% 的总资产为现金和短期金融投资。通过减少现金来提高的资产效率的价值影响，不同于通过减少经营性资产来获得更多主营业务收入以提高的资产效率的价值影响。

⊖ 用基本的资本资产定价模型作为切入点，设 10 年期政府债券利率为 4.5%，股权溢价为 4%，当前 β 为 0.98（根据彭博社数据），我们得出股权资本成本为 8.5%。

明：市场不仅假设当前盈利将可持续，而且还假设盈利将出现大幅增长。下一步是考虑当前价格反映了哪些增长因素，这也有助于我们思考问题（1）～问题（6），以及如何使价格与内在价值保持一致的问题。相关步骤见图 17-3。

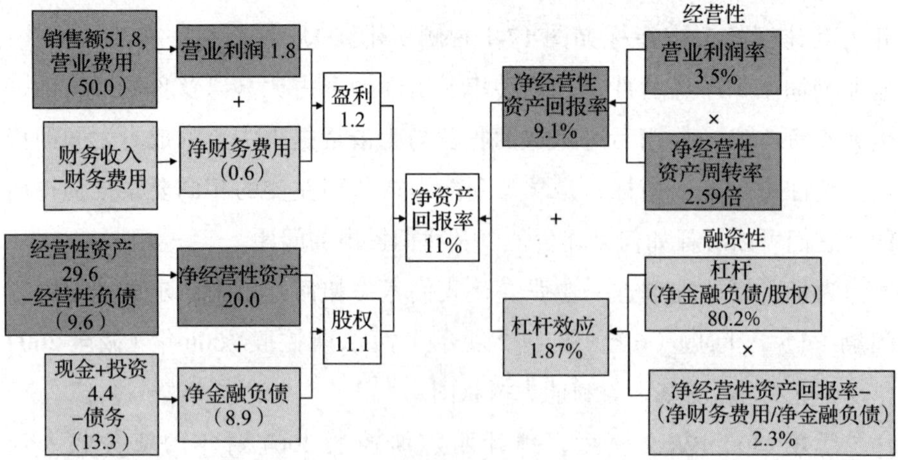

图 17-2　西尔斯控股截至 2006 年 1 月止财年的盈利能力树状图 SM（单位：十亿美元）

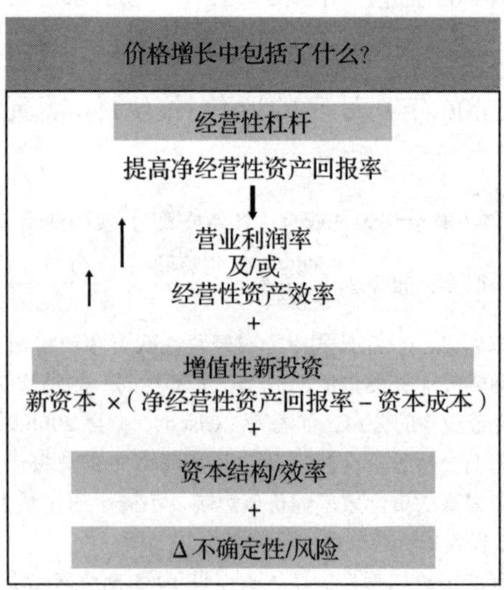

图 17-3　价格与资本化当期盈利之间差异的主要来源

我们寻找的第一个要素是增长来自哪里，以及有无潜在经营性杠杆。优秀的公司管理者会在不增加其固定成本及 / 或降低可变成本的情况下，通过增加销售额来扩大营业毛利。实现这一目标的方法包括：对售出数量进行有限的削减以提高价格，从现有成本基础中去除规模收益，转向利润率更高的产品，降低固定成本，寻找新产品或服务来提供给客户（范围效益），削减固定成本。好的基本面分析侧重于这些要点。在西尔斯控股的案例中，由并购所产生的价值是通过成本效率来获得经营性杠杆（尽管总体销售额增长为负，但截至目前这一目标已实现）。

公司大都需要经营性资源和资本来产生销售额。例如，西尔斯控股需要商店、存货、设备以及（可能）需要应收账款来产生销售额，但如果能通过对这些要素的小额新投资来维持或提高销售额，那么价值就会得到提升。例如，在寻求价值创造时，金融分析师会侧重于“同店”销售额变动，以监控经营性资产效率和（通过对商店和员工的固定成本加杠杆而带来的）潜在的利润率改善情况。手头存货天数减少（特别是相比于应付而未付的天数）是潜在资产或成本效率的另一指标。[⊖]它们是被大公司重点关注且被投资者用作“盈利质量”指标的业绩衡量指标。有可持续经营性杠杆的收入增长可以成为创造内在价值的强大力量，通过对已构建的盈利树状图和式（16-14）～式（16-17）得出的剩余收入估值进行整合，这一点应当非常明显。

但也可以通过投资于新的经营性资产或业务来创造营收（和收入）增长。当凯马特收购西尔斯控股时，收购方公司 2005 年的销售额较 2004 年同比实现了约 150% 的名义增长，但由于花费了 110 亿美元才获得新的营收，我们不应当认为这种营收增长会创造价值或以同店销售额增长的方式来对它进行定价。当新投资回报率超过新资本成本（即当新的经营性资产所产生的剩余收入为正）时，由投资所产生的增长才会创造价值。此

⊖ 许多我们关于这类比率及其与理解价值创造的相关性的讨论见 Harris and Huh(2000)。

外，正如我们的一项核心原则所述，随着时间的推移，新投资通常会获得较低的边际回报率，因为最赚钱的机会通常易吸引到初期投资。

为使这一想法更加切实，不妨考量以下问题。假设西尔斯控股的每股盈利增长了两美元，其中一美元由可持续的经营性杠杆产生，另一美元由新店投资的 10 亿美元产生。是否每一美元的每股盈利增长都能提升西尔斯控股的内在价值？答案是否定的。因为对价值而言，经营性杠杆完全是增值性的，只有高于新投资成本的盈利才能为股东带来增值。根据经验对这一概念进行检验，我们发现，1988 ～ 2002 年期间，美国由经营性杠杆所产生的营业利润增长的价值远高于由新投资所带来的增长的价值，前者约为后者的三倍（Harris and Nissim, 2004）。

因此，在分析中，我们试图了解由公司经营活动所产生的增长的方向和来源。对这一点进行考量的简单方法，就是研究营业利润率和经营性资产周转率（效率）随时间推移及相比于同行公司的趋势。图 17-4 显示了西尔斯控股（SHLD）、塔吉特公司（TGT）和科尔士百货（KSS）在“盈利能力示意图”中的这类趋势。[⊖]

在查看盈利能力示意图时，需着重关注以下 3 个方面：

（1）评估随着时间推移而出现的方向。人们更愿意见到其向右上（东北方向）移动，因为这既反映了利润率和效率的提高，又可以证明估值（相对倍数）较高。就西尔斯控股而言，我们看到，于截至 2005 年 1 月止财年，即合并后的第一年，营业利润率为 2.8%，经营性资产周转率为 2.2 倍，所以，6.1% 的经营性资产回报率接近当时的（营业）资本成本。不过，尽管预计 2006 年和 2007 年的营收增速会下降，但营业利润率和

⊖ 盈利能力示意图由特雷弗·哈里斯于 2000 年首创，当时他试图了解 20 世纪 90 年代后期公司的高估值可否通过基本估值分析来证明其合理性。在这一分析中，他阐明高估值可通过那些能够实现营业利润率和营运效率同步增长的公司来证明其合理性（Harris and Huh，2000）。这一点很容易通过盈利能力示意图阐明。在盈利能力示意图中，纵轴表示经营性资产周转率，横轴表示营业利润率。通常，高估值公司应朝东北方向发展。

经营性资产周转率都会提高净经营性资产回报率。曲线走势是不错的。[⊖]

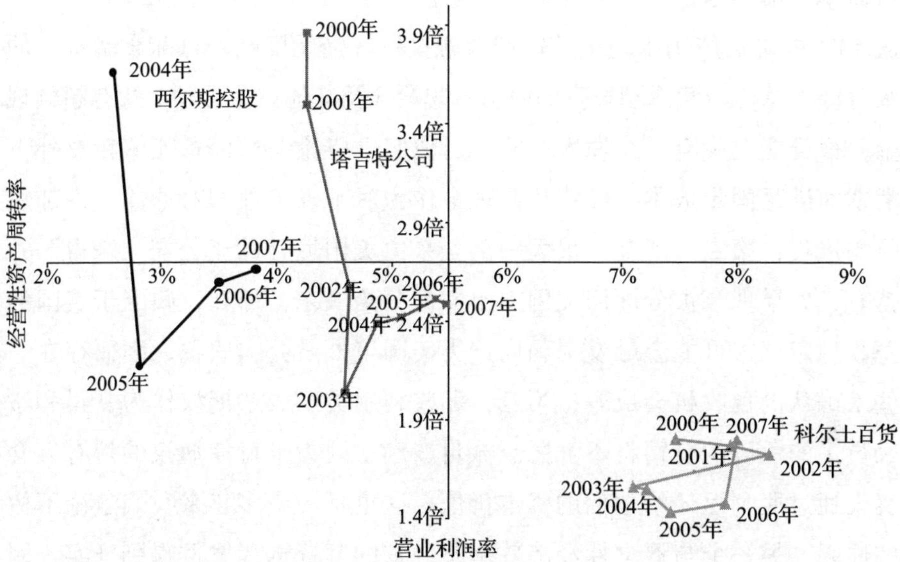

图 17-4 盈利能力示意图

资料来源：摩根士丹利研究公司数据。

（2）寻找趋势中的拐点并评估造成这些拐点的原因；

（3）考量营业利润率和经营性资产周转率以及它们相比于竞争对手的趋势，并试图了解这样做的经济学理由。例如，在图 17-4 中我们看到，相比于西尔斯控股和塔吉特公司，科尔士百货的利润率更高，经营性资产周转率更低，部分原因是其产品组合对服装的专注度更高。

关于价格增长中包括了什么及其如何扩展到内在价值的探讨已集中在了经营性组成部分方面。在考量价格增长中已包括了什么时，我们于图 17-2 中确定了另外两个广泛类别。尽管存在经典金融理论，但我们还是认为，在实操中，通过公司为其经营活动进行筹资的方式来提高效率

⊖ 基于传闻，我们的经验是：大多数分析师对主营业务收入、营业利润率和经营性资产周转率趋势预期的乖离率为正。此外，投资者倾向于通过对近期趋势应用永续法观点来过分简单地推断这类趋势。这种行为可能导致股价与内在价值之间出现偏差。

将会创造价值。一则实际的传闻可能有助于说服那些将信将疑的读者。最简单的情形是，许多公司都有“超额”现金。如前所述，2006年思科逾40%的总资产用于现金及短期金融投资。毫无疑问，目前金融资产的收益低于思科经营活动投资的收益。思科（及其他许多公司）持有超额现金，很可能至少有三个原因：第一，他们希望流动性储备能够在意外下滑期间满足固定成本，即将超额现金作为对不确定性的对冲或允许加快收购进程；第二，现金中很大一部分系由美国境外的子公司“赚得”并持有，如果现金被分配回美国本土并派分给股东，那么，归因于美国的税收规定，这可能会触发美国向这类美国境外子公司收税，因而存在一些未确认的税收机会成本；第三，那些利用员工股票期权作为支付和激励员工的手段的公司将不太愿意派付股利，因为未行使期权的持有人会丧失通过股利返还给他们的资本价值，这也是一个多年来我们争论不休的原因。另一个与概念性经济效率不一致的筹资选择案例得到证实，因为美国那些已为定额福利养老金计划提供资金的公司大都继续从股东的角度为这些基金提供低效的资金和投资（Moore, 2006）。

因此，如果你接受此类筹资选择并不是从简单的有效市场、零净现值的角度做出（虽然可以说是理性的）的观点的话，那么，我们应如何将它们纳入我们的估值分析因素呢？一个标准的方法是，假设它们已运用贴现率（即加权平均资本成本）进行了处理，或假设这些金融资产和负债的账面价值是其市场价值的代表性指标。因此，如果我们能够（运用现金流贴现模型或剩余营业利润模型）对经营业务进行预估，我们就可通过减去负债的账面价值来得出内在价值。为了接受这一论点而对衡量指标（如无风险利率、股票风险溢价、β和市场效率等）的准确度进行假设，是没有任何实际意义的。虽然我们在这方面的思维远未得到充分开发，但我们认为，将融资活动的价值视作一个单独的营业范围来进行分析是有用的。这会迫使我们透彻地思考公司筹资策略的价值与风险。请注意：如果我们真的认为企业金融的概念适用于实践，那么，我们就应当能够让这一分析产生一个等于加权平均资本成本计算中所用的负债的“账面”价值的估值以及一个等于其贴现率的负债成本。任何做过此类尝试的人都知道，这通常是不合理的。

但另有一个为分析公司筹资活动以得出内在价值的做法进行辩护的要点。如果西尔斯控股可以（如我们的金融分析师于 2006 年所预期的那样）产生低至 9% 的净经营性资产回报率且其可以按（比如）税后 6% 的利率借到资金的话，那为何其不多借多投呢？提出这一问题和探索备选方案（如当前商店满负荷经营、增量投资所取得的净经营性资产回报率更低等），将有助于我们更好地解决价值创造的来源与可持续性的问题。

有关“价格增长中包括了什么”的最终考虑事项（见图 17-3），是所感知到的不确定性或风险的差异的变化。[⊖]当我们对公司进行分析时，我们通常会（明确地或隐含地）考量一系列备选方案，并最终选用反映预期价值但不反映确定性的衡量指标，因此，在西尔斯控股的案例中，摩根士丹利的金融分析师格雷格·梅利希预计，基于一种对需求的宏观看法以及西尔斯控股的可用室内建筑面积、产品及相比于其竞争对手的客户基础进行判断，其营收将会下降。他还提出了一些问题，即商店投资（或缺少投资）是否会在创造短期效率的同时造成长期问题。格雷格的整套观点体现在其对 2006 ～ 2010 年期间的预测数据中。随着时间推移，他将获得新信息，并将修改其预期值，即使企业基本面中无任何需改变的方面。价格反映了市场观点，这可能反映了格雷格对企业基本面的各组不同预期值，但价格也会受到与这些基本面无关的问题的影响。

我们最喜欢的传闻来自“对两家公司各个方面做一一对应比较”的全球电信行业报告（Harris with Global Telecom Team, 1998）。根据我们当时的分析，价格显然超过了任何合理的内在价值衡量指标。不过，我们同意金融分析师的观点，即该股票还会在一段时间内跑赢本国大盘。这

⊖ 莫布森（Mauboussin，2006）对风险和不确定性之间的差异做了有趣的观察。

一推理是合理的。日本经济（尤其是银行和公司的坏账水平）不确定性很大，这对信贷、资产价值和消费又意味着什么？但是，在这种充满着不确定性的洪流中，唯一的安全灯塔是国有化电信公司，因为这类公司的应收账款为短期款项，其产品为“必需品”，且在相当长一段时期内存在监管准入壁垒。对于那些不得不投资日本股市的投资者而言，日本电信电话株式会社（NTT）无疑是一个避风港，因此，超额需求一时间很可能继续推高 NTT 的股价。股价逆转的催化剂是整体降低坏账问题和经济上的不确定性，而非公司自身业务活动变化。

| 第 18 章 |

ModelWare 模型的内在价值估值法

我们一直在进行逻辑推理，将公司的财务报表信息和关键盈利指标与概念性估值模型的要素联系起来。在本章中，我们将通过对 ModelWare 模型中所采用的方法进行阐释来更明确地展示这些关联，并描述如何在实践中应用这些概念。

为了表明我们正在做什么，我们采用西尔斯控股截至本文撰写之日的假设估值。[⊖]虽然对于阐释模型的某些方面并不理想，但是，我们选择西尔斯控股是因为它是一家新创公司。该公司不提供战略指引，且投资者对该公司的内在价值的看法存在着较大的差异。过去 16 个月的股价波动就反映了这类差异。表 18-1 显示了进入估值模型的基本组成部分以及年初和一年后的内在价值衡量指标。该模型的关键输入参量如下：

⊖ 所有这类信息均应被视为假设性信息，不得以任何方式将其视为或用作投资建议。

表 18-1 截至 2006 年 9 月，西尔斯控股采用的 ModelWare 内在价值模型关键输入参数和结果 （单位：美元）

每股内在价值（当前）	**127.31**
每股内在价值（12 个月内）：含息	**138.14**
现价	**160.38**
股权成本	8.5%
隐含加权平均资本成本	7.4%
新投资长期净经营性资产回报率	9.5%
新投资长期股本回报率	12.2%
具体预测期间（年数）	**6**
为达稳定状态增长所需年数	**25**

（单位：百万美元）

	历史	摩根士丹利金融分析师发布的预估数据				模型	稳定状态
	2006 年	2007 年	2008 年	2009 年	2010 年	2011 年	2012 年	（2031 年）
经营性								
营收	51 813	50 732	50 008	49 132	48 592	48 400	49 126	
增速		**−2.1%**	**−1.4%**	**−1.8%**	**−1.1%**	**−0.4%**	**1.5%**	**4.0%**
营业费用	50 000	48 796	48 145	47 324	46 833	46 686	47 386	
税后净营业利润	1 813	1 937	1 862	1 808	1 758	1 715	1 740	
税后净营业利润率	**3.5%**	**3.8%**	**3.7%**	**3.7%**	**3.6%**	**3.5%**	**3.5%**	
净经营性资产	19 073	18 310	18 687	18 253	17 864	17 769	18 036	
净经营性资产增速	**−4.6%**	**−4.0%**	**2.1%**	**−2.3%**	**−2.1%**	**−0.5%**	**1.5%**	
经营性资产周转率	2.59	2.66	2.73	2.63	2.66	2.71	2.72	
净经营性资产回报率	**9.1%**	**10.2%**	**10.2%**	**9.7%**	**9.6%**	**9.6%**	**9.6%**	
经营活动所产生的自由现金流	2 724	2 700	1 485	2 242	2 147	1 810	1 628	

经营活动所产生的自由现金流现值	2 537	2 343	1 201	1 689	1 507	1 183	992	
剩余收入（经营性）	347	537	519	437	419	404	402	
剩余收入现值（经营性）	323	466	419	329	294	264	245	
融资性								
净财务（收入）费用	527	516	377	378	379	380	272	
借贷成本	8.8%	9.6%	7.8%	7.0%	6.8%	7.2%	5.0%	**5.0%**
融资息差	0.2%	0.6%	2.3%	2.6%	2.8%	2.4%	4.6%	
股利和净回购	1 550	1 550	1 750	2 000	1 500	1 500	1 398	
股利和净回购派付	**127.9%**	**113.5%**	**122.7%**	**145.6%**	**113.2%**	**116.6%**	**97.8%**	
净负债（现金）	5 379	4 817	5 359	5 539	5 313	5 432	5 667	
净负债变动	**−39.5%**	**−10.5%**	**11.3%**	**3.4%**	**−4.1%**	**2.2%**	**4.3%**	
杠杆（净负债 / 股权）	**50%**	**46%**	**52%**	**57%**	**55%**	**58%**	**60%**	**60%**
其他营业外（收入）支出	74	56	59	56	54	48	48	
少数股东权益及其他	2 923	2 923	2 923	2 923	2 923	2 923	2 923	
净收益	1 212	1 365	1 426	1 374	1 325	1 287	1 269	
股东权益	10 771	10 570	10 405	9 791	9 628	9 414	9 464	
股本回报率	**11.3%**	**12.7%**	**13.5%**	**13.2%**	**13.5%**	**13.4%**	**13.5%**	
股利和净回购现值	1 435	1 329	1 389	1 470	1 021	945	712	
剩余收入（股权）	688	488	739	553	554	516	516	
剩余收入现值（股权）	637	418	587	407	377	325	301	

资料来源：摩根士丹利发表的研究，Gregory Melich *et al*.“Sears Holdings Corporation: what's next for SHLD”，2006 年 8 月 21 日。

（1）我们从至少有1年历史的假设以及任何年数的营收、营业利润率（或费用）、净经营性资产、净财务费用、杠杆率、总资本回报（或股利和股票回购派付）的“明确”预测（通常来自金融分析师）切入。尽管这些是唯一有必要纳入该模型的科目，但我们假设，如果存在一个预测值，那么，在该预测值中，这些组成部分中的一个或多个将具有更精细的要素。例如，在西尔斯控股的案例中，在分析师团队收入预测的背后有很多详细信息，包括商店、商店规模、每平方米营收，以及基于品牌和销售产品类型的变化等。

（2）在ModelWare模型中，所有组成部分均应根据我们开发的分类法使用类似XML[⊖]的标签来进行标记，这样，无论细节多么精细，行业内部及行业之间关于每一核心计算中所计入要素的总数都将一致。附录21A中的表21A-1和表21A-2显示了定义以及我们的一些特殊处理方法。在下一章中，我们将详尽探讨一些这类的内容，但关键是，该系统允许标记的要素能如用户所想要的那样具有灵活性和可扩展性，因为计算规则系于完全扩展的盈利能力树状图中确定，从而确保了盈利、资产负债表和现金流组成部分在逻辑上的一致性。

（3）这一估值模型，有四个潜在“阶段”：

1）第一阶段采用来自金融分析师详尽模型的数据，但许多人在几年之后对建模细节感到不满意，因此，这一期间很少会超过3～5年。此为详尽的“明确增长期”预测阶段。附录21A表21A-1中，我们展示了由ModelWare模型定义的估值关键输入参量（这些输入参量来自2006年年中金融分析师对西尔斯控股所做出的5年期详尽预测）计算。[⊖]要清楚，这些综合衡量指标的背后，有一个详尽（已标记）的金融分析师模型。

⊖ 随着可扩展商业报告语言（XBRL）分类法向前发展，我们正在可能的情况下使用这些标记（或对它们进行映射），以便加快更新报告数据并将其整合进数据库中。

⊖ 我们谨此提醒读者：所有所用数据仅作说明用途，无论如何都不应将其视为投资建议。

2）对于那些没有稳定增长，或经营周期长于金融分析师预测的经营周期，或你想为其测试某些特定情景的企业而言，有一种愿望（甚或需求），即在没有全面详尽模型的情况下的预测趋势或战略选择。为了促进这一有限但仍然“明确”的分析，当前 ModelWare 内在价值模型的工具允许用户指定在（1）中确定的任何或所有关键指标（只要用户需要），而不必在金融分析师的完整模型中将其与潜在的复杂性相关联。为了便于说明，我们将预测期延长了 1 年。有趣的是，我们发现，拥有这种能力会有助于彻底想明白什么样的潜在增速、利润率和杠杆率（股利支付率）才具有经济意义。

第二阶段是没有必要的，但由于已纳入明确调整驱动估值的关键组成部分，所以，从第一个预测期开始，我们也能轻松地执行明确的情景分析。如表 18-1 所示，采用金融分析师预测数据的估值为 127 美元 / 股，远低于当前价格（近期一直在 160 美元 / 股上下波动）。我们可以调整该模型的任何要素以评估备选预测值。例如，我们可仅提高营收增速，但对此做出假设并非要自动创建经营性杠杆。由于模型中的关键输入参数须具有完整性，且我们想迫使用户考量该值从何而来（见图 17-3），所以我们会保持营业利润率和经营性资产周转率恒定，以便营收增长会引起营业成本和经营性资产增长。用户必须选择经营性杠杆或营运效率的来源，这与大多数分析正好相反。在大多数分析中，营收增长通常被假设为“自由”流量（与净经营性资产投资相关时，尤其如此）。鉴于大多数模型的构建方式，金融分析师不考量因收入增长所需的投资。例如，如果没有定价权，收入增长就只能通过增加销量来产生，但在现实（商品或服务）中，现有产能受销量限制，由定价权所产生的营收增长并不要求对厂房或存货做出新投资，而是要求做一些应收账款投资。同样，销售额下降会导致成本和净经营性资产出现下降，但通常不会与销售额增加等量。有趣的是，我们观察到，金融分析师的预测（甚至是那些销售额增长缓慢或为负的预测）大都假设经营性资产周转率（经常以高增速）不断提高。改善效率是可行的，但这类改善很少会像所假设的幅度那么大或那么频繁。ModelWare 内在价值模型工具允许用户循序调整默认值，因此，收入增速、成本或资产效率并不会自动填入，但可将其纳入模型。一个关键点在于，价值创造的驱动有必要的经济逻辑（见图 17-3），我们鼓励内在价值应用软件的用户考虑这些因素，而非只是假设此类经营性杠杆会自动创建。调整关键要素的灵活性包括为收购情景快速建模（稍后探讨）。

3）第三阶段是任何详尽预测的最后日期，即从第一、二阶段至公司未来在无须提供经营性杠杆的情况下达到稳定增长状态的某个时间点之间的“过渡”期。关键输入参数为一系列关于公司达到“稳定状态”时的假设。鉴于第 14 章中所概述的核心原则，我们假设公司无法于未来某个时间点（即达到稳定状态时）实现高于行业（并最终高于整个经济体系）水平的营收增长，因此，我们必须选择该水平以及达到该水平所需的时间。

显然，其答案因公司和行业而异。一家规模小、市场份额低但具有销路好的产品和新产品线的公司将需很长时间才能达到稳定状态，许多成长型生物技术公司都可归入这一类；另外，一家拥有成熟产品且增长前景不佳的公司基本上已经处于稳定状态，许多食品公司（如亨氏）就是这类型公司近期的例子。一家已然规模庞大，且在其行业中占据主导地位的公司将难以在任何单一市场中增长。此类公司（如通用电气）会通过新产品、新行业和新市场来实现增长，因此，使用衰减率通常会低估这类公司的真正价值。此外，如果一家公司有一款需求强劲的产品，且行业准入门槛高，那么，只要其不再将其盈利或自由现金流用于再投资，就可以长期维持高经营性资产回报率和股本回报率（可口可乐即为这样的一个例子）。如果一家公司有稳定的、保守的会计政策（如将所有研发费用记作费用），那么，经营性资产和股权就会被低估，并且，即使是在稳定状态下，股本回报率也会保持在高位。这并不意味着我们提倡将研发费用资本化并摊销，因为此做法只会在摊销过程中产生另一个误差，但我们需注意，不要假设一个低得不切实际的“终值期”股本回报率或净经营性资产回报率。在稳定状态下，我们还要求用户假设借贷成本和杠杆率保持不变。

在西尔斯控股的案例中，在本书撰写之时，我们的金融分析师假设了其销售额在其整个 5 年预测期内将会出现下滑。这无法无限期地继续下去，所以，我们假设，营收将从第 6 年发生趋势逆转且用 25 年时间线性收敛至 4% 的名义营收增速。我们假设净经营性资产的再投资处于稳定状态，它等于营收增速，因为一旦公司处于稳定状态就不会有新的经营性杠杆（我们正在探讨设定稳定状态水平的营收增速，而不是经营性资产回报率或股本回报率）。就西尔斯控股而言，我们将杠杆率设定在最后期间的杠杆率水平，并将借贷成本设定在假设公司不会以显著低于负债成本的利率投资于重要流动性资产的借贷成本水平。

最终的稳定状态输入参量很重要。请回想一下，我们的关键原则之一是新的资本投资难以取得高回报。我们所要求的最后一项输入参量是一个公司一旦进入稳定状态之后，其新资本（净经营性资产或权益）的回报率预估值。其答案取决于多种因素，但一个自然的切入点是将增量投资的股本回报率固定在接近股权成本的水平，或将增量净经营性资产的净经营性资产回报率设置为稳定状态下加权平均资本成本的水平。鉴于我们需要稳定状态下的杠杆率和借贷成本，一旦确定了稳定状态净经营性资产回报率和股本回报率中的一个，另一个就很容易计算出，所以，选择股本回报率还是净经营性资产回报率并不重要。请注意，即使将稳定状态净经营性资产回报率（股本回报率）设置成加权平均资本成本（股权成本），这也不意味着总的净经营性资产回报率或股本回报率将在稳定状态期间（或其后的任何时间）收敛至这一水平，因为该比率只适用于新资本投资。在实操中，我们可依据各种历史趋势设置各稳定状态值，并且算法的切入点可轻松得出。一般而言，我们认为信息与直觉相结合是重要优势，一款内在价值应用软件应允许个人结合他们的直觉并彻底检验备选可能性。在设定新投资的预期回报率时，要考虑的因素包括假设公司将在稳定状态下进行再投资的资本数量，以及会计的保守程度。如果一家公司将其大部分收入（自由现金）派发给其股东，新投资额就会很小，而边际净经营性资产回报率则可能保持在更高水平。净经营性资产变动的来源也很重要。例如，如果其来源于边际应收账款增长，则该回报将不同于由所建新厂或购买专利所带来的回报。

新投资回报率很重要，因为我们在自己的模型中对现有业务和新投资做了重要区分。一旦用户完成对营业利润率和资产效率的明确分析，我们就会假设营业利润率将在进入稳定状态前的整个期间维持稳定。一旦设定了这些稳定状态变量，我们就会将明确增长期的最后一个期间即第二阶段选择的年限末期的收入增速线性调整为达到稳定状态所需年限的稳定状态增速，并对过渡期间新投资的净经营性资产回报率做出类似调整。这两个假设允许我们对预计公司达到稳定状态之前每一期间的营业利润率、总的净经营性资产回报率（相对于增量净经营性资产回报率）、净经营性资产新投资以及经营性资产周转率进行预估。⊖

4）第四阶段（也是最后一个阶段）是公司达到稳定状态后的收敛期。现在，除了关键输入参量（营收增速、杠杆率和借贷成本）是固定的之外，我们基本上会应用与“过渡”期间相同的逻辑，但是，与典型的终值乘数不同，我们会保留区分现有业务的盈利能力与新资本投资的盈利能力的核心原则。如此一来就不会有终值期，相反，我们允许该计算继续进行，直到增量现值变得太小以至于无关紧要为止。

表18-2和图18-1展示了西尔斯控股和科尔士百货的四个阶段是如何相互关联的。根据金融分析师的模型我们做出了2006～2010年的净经营性资产回报率预测。图18-1显示，该曲线形态从2011年（第6年）之

⊖ 随着时间推移，我们可以为主营业务收入增速和新资本净经营性资产回报率检验备选形态的实证有效性，并对该模型的应用进行提炼，但由于我们认为无法做出准确预估，我们并不认为这会带来多大的改善。

后开始"收敛"，直至进入稳定状态（第 25 年），下方那条陡峭程度更低的曲线是科尔士百货。对于不经意的观察者来说，公司似乎不太可能在 5 ～ 6 年内经历如此急剧的盈利增长，然后出现持续下降的模式，但这隐含在任何传统的长期估值模型中，这些模型不允许长期增长。此外，哈里斯和尼西姆（Harris and Nissim，2004）发现，对于美国公司而言，在 1988 ～ 2002 年期间，股本回报率走势倾向于遵循一个回归均值的二次函数，而该函数和上述情况十分相似。在某种程度上，我们对分析师的明确预测感到不舒服，或者我们想引入一种替代调整模式，这在我们使用第二阶段中描述的过程的应用中相对简单。同样，通过考量合理的备选假设，也可以轻松"检验"对稳定状态的敏感度。

表 18-2 西尔斯控股和科尔士百货前 10 年"预测"的净经营性资产回报率

预测年份	第 1 年	第 2 年	第 3 年	第 4 年	第 5 年	第 6 年	第 7 年	第 8 年	第 9 年	第 10 年
	2006 年	2007 年	2008 年	2009 年	2010 年	2011 年	2012 年	2013 年	2014 年	2015 年
西尔斯控股	6.13%	9.07%	10.15%	10.17%	9.68%	9.63%	9.60%	9.60%	9.61%	9.61%
科尔士百货	10.65%	11.66%	14.39%	14.57%	14.24%	14.04%	13.83%	13.65%	13.49%	13.36%

资料来源：摩根士丹利预估和假设性预测数据。

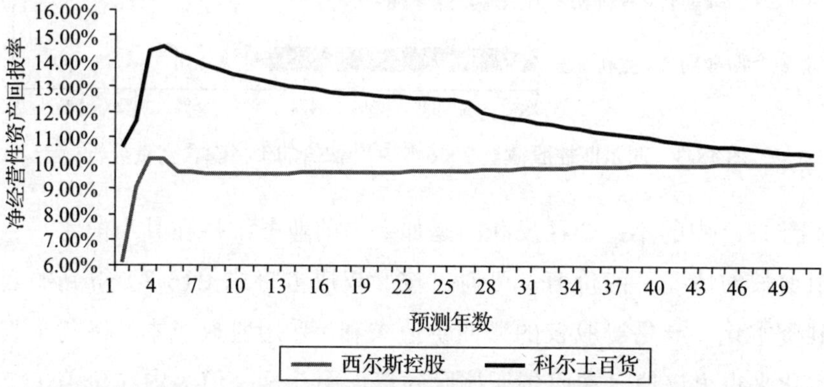

图 18-1 净经营性资产回报率随着时间推移而变化的情况

再次重申，并没有一个完美的答案，但是，估值模型系由合理的经济原则所驱动，我们会提供额外的图形输出来提升用户满意度。这些图形输入参量，如图 18-2 和图 18-3 所示。图 18-2 所示的“瀑布图”被分为四部分。

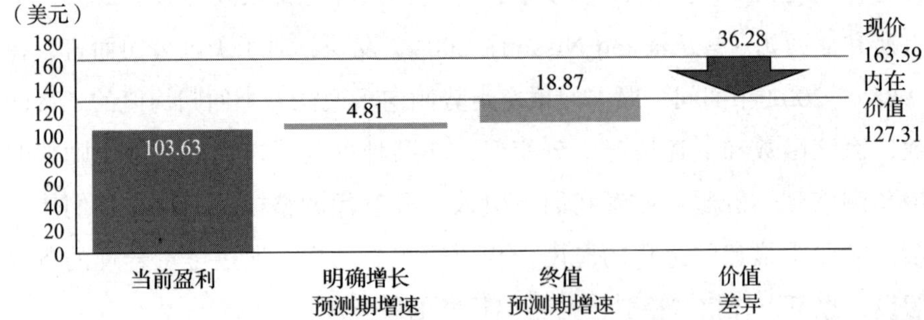

图 18-2 西尔斯控股截至 2006 年 9 月的估值“瀑布图”

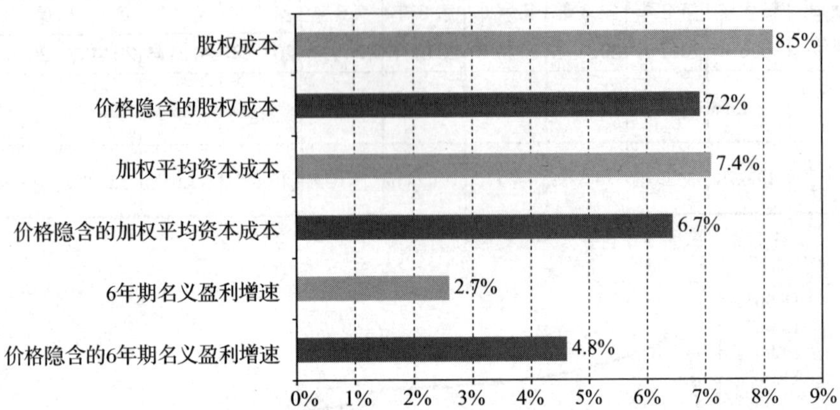

图 18-3 西尔斯控股截至 2006 年 9 月估值的价格隐含变量分析

图 18-2 中的第一个柱反映的是如果当前业务维持在其当前水平，无增值增长的情况下的价值。可通过按股权成本将式（16-7）得到的当前盈利资本化，或是对股权的账面价值求和（采用股权成本）将剩余收入资本化来得出该值。在西尔斯控股的情形中，这一值为内在价值 127.31 美元中的 103.63 美元（见图 18-2）。第二个柱反映了在明确建模期间创造的增量价值（西尔斯控股经过 2011 年的情形，如图 18-1 和表 18-2 所

示）。这可以以增量剩余收入或为股利调整的资本化增量盈利为基础，并占 127.31 美元的内在价值中的 4.81 美元（见图 18-2）。该值是如此之小，因为我们的分析有个假设，即于明确增长期间创造的增量价值很小，逐年降低的销售额通过改善经营性杠杆来予以抵消，但净经营性资产回报率并不会高出资本成本很多。第三个柱代表了明确增长期之后的期间，该期间确定了由我们的“过渡”和“收敛”期间所代表的价值占比，即 127.31 美元中的 18.87 美元。这一占比之所以“高”，是因为我们允许假设西尔斯控股营收增速将回升到 4% 的经济标准，且所有新投入资本所赚回报均将略高于资本成本。显然，鉴于过往和预期表现，可持续的营收增速可能会被认为很高，但是，不像传统的基于乘数的终值计算（如现金流贴现模型中的终值计算）那样，我们能了解所感知到的价值创造的来源，且能执行明确增长期敏感度分析，以降低营收或调整新资本回报率。最后一个柱反映了实际价格与内在价值间的差距，并让我们去思考关于我们可能错过的由市场价格所反映的内容，我们在图 18-3 中对这一点进行了部分探讨。图 18-2 瀑布图背后的核心逻辑是展示对估值的满意程度，当我们在水平轴上向右移动时，分析的详细程度会大打折扣，而潜在的不确定性却会增加，所以，在我们对当前盈利水平（盈利能力）的可持续性感到满意的情况下，早期（左侧）反映的价值越高，我们对内在价值衡量指标的确信度就越高。

为了提供额外的“启发”来帮助用户衡量对预测和估值中所做假设的满意度，我们会考量对我们的假设与价格隐含的等价进行比较的方式。我们在图 18-3 中对此做了说明。在该图中，我们同时提供了模型的假设资本成本（股权和加权平均资本成本）和明确增长预测期间盈利增速的汇总统计数据，以及假设在相关“曲线”中移动的这些衡量指标的价格隐含的当量。

因此，如图 18-3 所示，如果假设我们的预测和模型假设是正确的，价格隐含的股权成本就为 7.2%，而我们所用的值为 8.5%。如果该预测值被认为“较低”，且该比率高于其他投资机会，投资者就可始终确定该比率是充足的。或者，如果8.5%的贴现率被认为是合适的或必要的，我们就会表明6年期盈利增速需为4.8%，而预测模型中的这一值为2.7%。用户可以决定，这在证明其价格的合理性方面是否可信。

如前所述，我们的确认为，股价超过内在价值（如果此情形发生）的时间不会超过几分钟，所以，要了解投资者正在进行的风险－回报权衡，将某一期间的价格路径与内在价值的衡量指标进行比较是有用的。通过这些输入参量，图18-4反映了ModelWare内在价值模型应用中提供的基本（单一情景）风险－回报图。

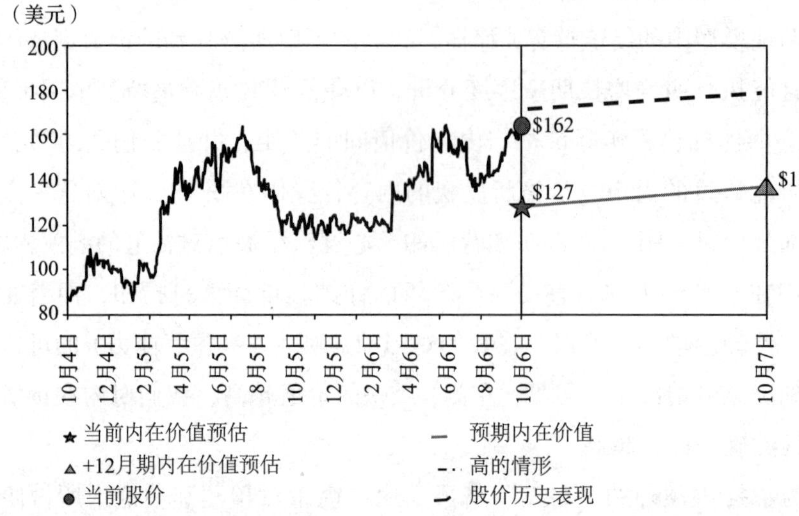

图18-4 西尔斯控股风险－回报（基本情形）分析示例

但是，如果价格和合理计算的内在价值之间的差距像我们在图18-2和图18-4中所见到的西尔斯控股的那样大的话，我们就不得不问自己：在我们未曾预测的情况下，市场定价情景又将是什么样的？作为金融分析师，这并不意味着必须将我们的明确增长期详尽模型重做一遍；相反，其会让我们不禁会问市场正在考虑何种备选情景。

西尔斯控股是一个有趣的案例，因为该公司组建于当非常成功的投资经理埃迪·兰伯特（其当时控制着美国最便宜的超市凯马特）收购了西尔斯控股并启动重组过程之时，其通过提高存货和物业管理效率以及改善成本控制来创造经营性杠杆。在撰写本书这一部分的一年前，当股价和预估内在价值为 125 美元左右时，我们已在一次客户会议上分析了股价的上行情形和下行情形。对协同效应的大胆假设、基于我们的金融分析师的最乐观假设而进行的部分商店的出售和重新定位以及公司重组来进行判定，得出上行价值可高达 160 美元左右，下行价值可低至接近 80 美元。这一范围区间显然过大，我们发现客户在各个方面都有着强烈的看法。尤其是，在此种情形下，过往表现几乎没有直接作用，因为合并后的公司是一家不同的公司，且收购又令管理方式与先前大相径庭。我们内在价值工具的弹性允许我们能够思考和分析一些有趣的情景，但那已经是一年前的事了。今天，我们的金融分析师的基本观点尚未改变，基本内在价值也未改变，因为预测数据会反映出预期盈利能力的改善，并且，这些指标在一年的时间里几无变化。那“市场上”的其他情景是什么？财经媒体最常提到的可能性是对像盖璞（The Gap，股票代码：GPS）这样的竞争对手展开大规模收购。[⊖]我们通过对盖璞做预测并将其与表 18-1 所示的西尔斯控股的信息结合来执行假设性“收购”，以观其对内在价值的作用。我们假设一个高出盖璞当前市场价格 20% 的溢价，并且，其部分资金来自股权（260 亿美元价款中占 100 亿美元）且第 1 年之后协同效应有限，则其结果如表 18-3 所示。也许不出所料，我们得出的值接近于近期市场价格（160 美元 / 股左右）。通过对比表 18-1 和表 18-3，我们明白了营收增速、营业利润率、经营性资产效率和杠杆率的影响。我们完成这项分析只用了不到 30 分钟的时间，且可将该值（其中 74% 系针对预测值的前 6 年）与明确增长期盈利能力和再投资衡量指标相关联，从而增加我们对该情景的合理性的满意度。

⊖ 例如，见《华尔街日报》“股闻天下”专栏，2006 年 9 月 16 日。

表 18-3　用于截至 2006 年 9 月止西尔斯控股和盖璞的假设性合并的 ModelWare 内在价值模型的关键输入参量与结果

（单位：美元）

每股内在价值（当前）	**161.58**
每股内在价值（12 个月内）：含息	**175.32**
现价	**160.38**
股权成本	8.5%
隐含加权平均资本成本 WACC	7.7%
新投资长期净经营性资产回报率	10.0%
新投资长期股本回报率	11.8%
具体预测期间（年数）	**6**
为达稳定状态增长所需年数	**25**

（单位：百万美元）

	历史		摩根士丹利金融分析师发布的预估数据				模型	稳定状态
	2006 年	2007 年	2008 年	2009 年	2010 年	2011 年	2012 年	（2031 年）
经营性								
营收	51 813	66 732	67 088	68 132	68 592	69 400	70 788	
增速		**28.8%**	**0.4%**	**1.7%**	**0.7%**	**1.2%**	**2.0%**	**4.0%**
营业费用	50 000	62 862	63 055	64 248	64 751	65 583	66 895	
税后净营业利润	1 813	3 870	3 953	3 884	3 841	3 817	3 893	
税后净营业利润率	**3.5%**	**5.8%**	**5.9%**	**5.7%**	**5.6%**	**5.5%**	**5.5%**	
净经营性资产	19 073	49 077	44 040	44 311	44 217	44 479	44 786	
净经营性资产增速	**−4.6%**	**157.3%**	**−10.3%**	**0.6%**	**−0.2%**	**0.6%**	**0.7%**	
经营性资产周转率	**2.59**	**1.36**	**1.52**	**1.54**	**1.55**	**1.56**	**1.58**	
净经营性资产回报率	**9.1%**	**7.9%**	**9.0%**	**8.8%**	**8.7%**	**8.6%**	**8.7%**	
由经营活动所产生的自由现金流	2 724	（26 134）	8 990	3 613	3 935	3 555	3 586	

由经营活动所产生的自由现金流现值	2 537	（26 243）	7 736	2 884	2 914	2 442	2 285	
剩余收入（经营性）	347	2 401	174	493	429	412	468	
剩余收入现值（经营性）	323	2 210	108	358	285	253	270	
融资性								
净财务（收入）费用	527	572	1 219	839	738	648	576	
借贷成本	8.8%	9.6%	5.5%	5.5%	5.5%	5.5%	5.3%	**5.0%**
融资息差	0.2%	−1.7%	3.5%	3.3%	3.2%	3.1%	3.4%	
股利和净回购	1 550	（10 000）	964	896	1 524	2 031	3 114	
股利和净回购派付	**127.9%**	**−308.4%**	**36.0%**	**30.0%**	**50.0%**	**65.1%**	**95.3%**	
净负债（现金）	5 379	22 156	15 249	13 416	11 786	10 957	11 081	
净负债变动	**−39.5%**	**311.9%**	**−31.2%**	**−12.0%**	**−12.1%**	**−7.0%**	**1.1%**	
杠杆（净负债 / 股权）	**50%**	**92%**	**59%**	**48%**	**40%**	**36%**	**36%**	**35%**
其他营业外（收入）支出	74	56	59	56	54	48	48	
少数股东权益及其他	2 923	2 923	2 923	2 923	2 923	2 923	2 923	
净收益	1 212	3 242	2 675	2 989	3 049	3 121	3 269	
股东权益	10 771	24 013	25 724	27 817	29 342	30 432	30 587	
股本回报率	**11.3%**	**30.1%**	**11.1%**	**11.6%**	**11.0%**	**10.6%**	**10.7%**	
股利和净回购现值	1 435	（9 217）	550	750	1 022	1 150	1 503	
剩余收入（股权）	688	2 327	634	802	684	627	682	
剩余收入现值（股权）	637	2 144	539	628	494	417	418	

我们自然也可得出其他情景[⊖]，但每一情景均应与来自各主要金融分析师的切入点的明确增长期调整相关联。然后，投资者可自行确定他们认为合理的情景。图 18-5 显示了我们的风险 - 回报分析，其情景为：内在价值 127 美元 / 股，收购价格 163 美元 / 股（附有过往价格走势及未来 12 个月的评估远期值）。该风险 - 回报分析允许投资者或投资组合经理根据他们对公司前景的信心程度来决定风险 - 回报权衡。例如，如果他们拥有这只股票，他们就可决定是要卖出该股票（因为其股价已达“高位”）还是继续“持有”该股票（因为其股价仍有上行动能）。在后一种情形中，当股价移动到看涨情景之上时，他们就可能买入看跌期权以对冲股价下行风险，或卖出看涨期权以获取额外的上涨机会（看涨期权价格）等。如果投资者正考虑在 160 美元 / 股左右的价位买入股票，股价就可能仍有上行空间，但相比于 1 年前（当时内在价值和股价都更接近于 125 美元 / 股）在我们的会议上决定做出投资，此时投资显然风险更大。另一种运用我们的内在价值和风险 - 回报分析的方式，将适用于能耐心地等待有吸引力的价值投资机会出现的投资者。正如投资者会追涨一样，利空消息导致股价被过度低估，以及市场价格下滑至盈利能力以下的杀跌情景的情形屡见不鲜。当股价止跌反弹时，风险 - 回报的天平就可能会向回报一侧倾斜。一个恰当的例子是我们与我们的媒体行业金融分析师于 2004 年对美国有线电视运营商考克斯通信公司（Cox Communications）所做的分析。市场对这只股票过度低估，很可能是归咎于大型资本支出周期之后的保守折旧政策和对竞争局势的担忧。我们的金融分析师做出了强调维持其业务所需的产能成本以及营收增速的合理组合的详尽预测与分析。我们用其来分别计算高位、预期价位和低位三种情形下的内在价值衡量指标。市场价格下跌至我们的低位内在价值时，身为企业大股东的家族和管理层就会展开管理层收购，因为他们明显感觉到市场已过度低估了该企业的价值。

⊖ 菲比希和波迪格所述另一情景的生成方法见本书第二部分。

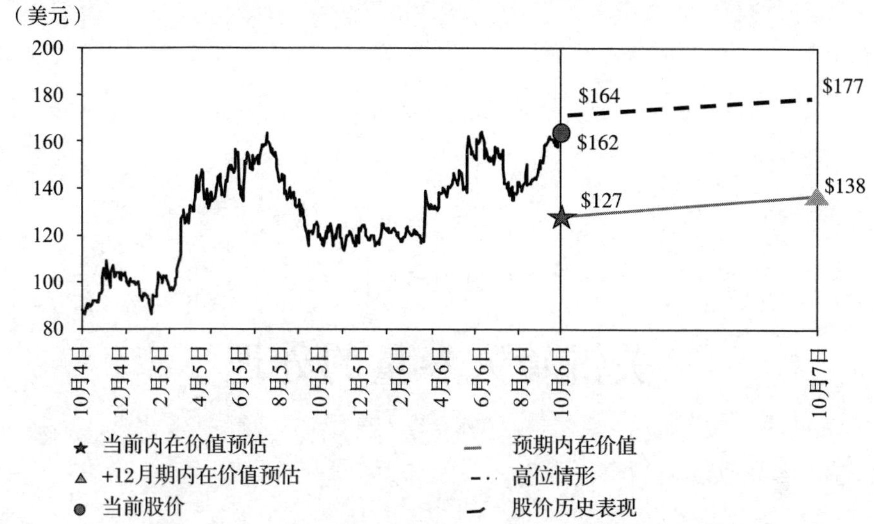

图 18-5 西尔斯控股的风险 - 回报分析示例（两种情景）

对大多数读者而言，这一分析过程并不陌生。我们认为，其关键的区别在于：情景生成环节若完成妥当，就不会以盈利乘数、销售额或现金流为基础，也不是基于调整终值假设或资本成本的结果。相反，这些情景可能直接与明确的产品营收、成本、净经营性资产或筹资选择相关。理想的情形是，在牢记不确定性的根源的前提下，亦应考虑这些因素，因此，在西尔斯控股的案例中，重点在于潜在的收购标的以及营收和成本趋势；在考克斯通信公司的案例中，重点在于资本支出趋势，以及来自其他电信公司和网络内容的竞争。总之，重点是将商业活动（经济）同数值和估值相关联，而非依赖于“神奇”公式或概念上合理的模型或概念，一味追求准确度使我们忽略了所有输入参量中固有的衡量问题。

| 第 19 章 |

关键输入参量的处理

我们很容易会辩称应关注商业活动的真实经济状况，可实际情况是，我们必须对财务报表中及其他资料来源中的信息进行处理。那我们如何在所拥有的信息和所需要的信息之间做出这一转变呢？内在价值模型的开发是一个连续的过程。例如，我们没有对经济上的“正确”答案进行一些复杂的调整，因为我们认为分析师和投资者对这种概念感到不舒服，而“过度设计”解决方案可能无法帮助投资者，因为以中期视角来看，价格发现（将潜在实际经济情况纳入价格之中）不大可能发生。

这看起来又像是异端，但为了说明我们的观点，不妨考量一下员工股票期权的情形。现行会计准则要求公司以期权授予日期的期权价格和归属期为基础来将成本记作费用。我们将成本视为（并作为）“现金等价物”补偿成本（抵消额为来自员工的“贷款”）来进行处理，并进而视为（并作为）公司及其股东的负债来进行处理。该笔贷款以某一股权工具来“提供资金”，因此，营业费用是补偿成本。因为要是没有期权，我们就会假设将有补偿替代物（现金或股票等），但同时我们也认为，股东的经济成本包括直至期权被行使前整个期间的“负债”的“市价计值”价值，因此，从授予日至行权日的总经济费用为授予日股价与行权日股价之差。要在内在价值中输入总经济费用这一项，至少需对行权日的股价和所授期权的预期行权时间进行预估，对期权的授予与行权模式以及随着时间推移对在经稀释流通股的衡量过程中记作费用且被输入的科目进行仔细分析和监控。将这样一个程序“构建”到某一版本的内在价值中之后，我们现选择将其排除在外，因为其复杂性是否会在我们的预估中提供更高的准确度尚不得而知。为了在不展开细节的前提下能更好地理解这一点，我们经常向我们的金融分析师和投资客户强调：围绕员工股票期权的更困难甚至更有意义的衡量问题不是授予日期的衡量，而是（如果公司取得成功的话）对未来稀释的影响。我们建议公司充分意识到这一问题，并试图通过运用股票回购计划来抵消已行权员工股票期权对流通股的影响，以部分减少其不透明程度。这就提出了一个相关问题：如何处理因员工股票期权行权而释放出来的股票的发行与回购呢？[⊖]当下，我们将员工股票期权的费用作为经营性现金流处理，并不会系统地处理员工股票期权行权问题，但是，随着 ModelWare 内在价值模型的不断演化，我们期望对当前应用软件做出修改，对那些员工股票期权非常重要的行业（如生物科技）而言，这种修改尤为必要。

在其他诸多领域，我们在如何调整所报科目的分类或衡量方面做出了选择，以更好地反映经济驱动因素以及经营性要素与融资性要素之间的拆分，如图 17-1 所示。我们在表 21A-1 中就我们对基本衡量指标所采用的方法做出了概述，然后在表 21A-2 中描述了问题以及我们对某些标准问题所采用的方法，而非劳力伤神地对这些要素做逐一仔细研究。我们在此再次强调，我们的方法考量了潜在调整的预期经济影响以及是否有足够披露信息来做出调整。展望未来，我们将越来越多地寻求财务报告系统之外的信息对财务报表及其附注所提供的信息来进行补充。

在讲解了我们对内在价值中的分子输入参量的计算方法之后，最后一个要探讨的关键点是我们对资本成本（股权和加权平均资本成本）的处理。

⊖ 一个相关的问题是将价值分配至当前股票和尚未行权的期权。每股盈利中的库存股法应当用来解决这一问题，但该计算的侧重点是盈利。

| 第 20 章 |

资 本 成 本

如前所述，我们认为不可能在实际中取得准确的预估股权成本或加权平均资本成本，其更多是被用作一种理论构建。这并不是说我们不希望贴现率有一定界限，但我们坚信，如果不考量决策背景以及衡量指标的不确定性，那么我们就无法选择贴现率。此外，我们还要考量一些与传统衡量指标有关的实际问题。⊖

20.1 无风险利率

人们首先用到的典型无风险利率为中长期流动性政府债券利率。因此，在美国我们经常见到人们（在市场转向最具流动性的 10 年期国债之前）使用 30 年期国债利率。当我们做全球市场（特别是地方政府债券市场不发达或地方政府债券风险较高的市场）研究时，我们就会遇到一个问题，但这并非唯一的问题。

为什么我们要用单一利率而非收益率曲线呢？如果一家公司在未来

⊖ 该资本成本探讨中提出的观点反映了过去几年中与分析师、学者以及企业和投资客户展开了成百上千次的讨论。

三年中赚得了其财富创造中的很大一部分（如一款了不起的“重磅”产品），我们真的想用长期债券利率来对这些价值（剩余收入、股利或现金流）进行贴现吗？况且，投资组合经理必须决定“今天”要将资金投向何处，因此，其备选基准可能是短期收益率。对此，显然是有反驳意见的，但是，我们观察到了一些有趣的现象，即在流动性充裕的经济环境中，除地缘政治风险之外，经济不确定性是有限的；流动性资金池能到达的行业或地区并无可预见的正面或负面冲击；盈利能力强但增长缓慢的公司的定价相比于传统长期利率仍处于价值高位。不过，如果我们运用完整的政府债券收益率曲线，其内在价值就会更接近价格。

政府债券在市场中交投活跃时，我们要不断调整贴现率吗？如果要，那我们是否也要调整分子？最终，此类模型是可以构建出来的，但在给定了其他所预估变量的数量的情况下，这种准确度将会有什么优势并不清楚，因此，当我们选择一个贴现率时，除非已知贴现率发生了结构性变化，否则，我们倾向于考察最近 3 个月期间的利率平均值。

20.2 股票风险溢价

我们看到，花在这一主题上的时间与其有用程度不成比例。其基本概念点是，市场（投资者）需要多少溢价来弥补股权相比于无风险利率的额外风险。显然，股权作为对公司资源的剩余索偿权，比其他资金来源更具风险性，不过这正是我们试图通过对内在价值分析中的分子的预估来进行捕捉的方面，因此，如果我们将风险溢价同时计入分子和分母，我们是否会对不确定性做重复计算呢？假设你在一定程度上接受了这一主张，那么，答案就取决于你选择从哪里入手来对不确定性进行处理。就整个市场而言，风险溢价是通过各种市场波动性衡量指标来进行预估的，但这会再一次提出一些基本问题。如果我们是在对公司的内在价值进行估值，那我们为何要关心短期内的定价波动性呢？请注意，人们大都很乐意运用 10 年期债券利率来预估无风险利率，然后，以短期价格波动性为基础，采用一个股票风险溢价。事实上，股票风险溢价预估产生差异的原因之一是回报期的持续时间以及回报率本身的计算方式，但如此一来，问题又来了，即企业管理者应运用以短期价格波动为基础的资本成本来经营和制定战略决策，还是应考量其经营业绩的不确定性与波动性的程度如何呢？我们可以推测，沃伦·巴菲特及其他深度价值长线投资者所具有的优势之一，就是他们关注的侧重点是业务的不确定性，而非导致“市场先生”波动的特性。一般而言，我们将 4% 的股票风险溢价用作切入点。⊖

20.3 β 的预估

为了对股权成本做出明确的预估，需要一些 β 的衡量指标，β 是一个表示公司股票回报率与市场回报率之间的相关性的系数。那些查阅了不同资料来源的人们，通常会于任何时间点上发现广泛不同的公司 β 预估值。影响预估的一些问题有：

- 例如，所用“市场”衡量指标为德国综合指数达克斯（DAX），它是德国最好的市场衡量指标。其应是标准普尔 500 指数、罗素 2000 指数，还是美国市场的其他任何指数呢？指数的选择会影响到 β 的衡量指标。
- 预估时应采用哪种回报率周期合适：日回报率、周回报率或月回报率，还是多少个月或多少年计一次回报？如果你的股票持有期通常为 3 年，你会真的关心每日盘中波动吗？这段时期应当只是

⊖ 股票风险溢价也受税费影响，因此在美国，自 2003 年税法改变了资本利得税率后，股票风险溢价本应降低。

历史过往期间，还是也包括未来预测期间呢？

还有这一系列的问题可问，因此，认为任何一种 β 衡量指标是准确指标的想法是毫无意义的。对于运用 ModelWare 模型内在价值法的投资者或金融分析师而言，我们建议选用代表了估值时所要求的回报率的股权资本成本，并以它们在预测中反映的不确定性的多少为条件。一般而言，为了对美国公司进行更具一般性的内在价值预估，我们从当前市场环境中 8% ～ 8.5% 的股权成本切入。为了获得更具体的衡量指标，我们建议采用针对一段时期（如 1 个季度或 6 个月）的预测 β 的平均值的起始衡量指标以及一个约 4% 的股票风险溢价。我们将这些指标的乘积添加到无风险利率中，而无风险利率（如前所述）是市场中被再次平均的合理基准。在所有情形下，我们都更倾向于考量价格隐含的股权成本，并在我们的投资备选方案的背景下评估其是否合理。

有了股权成本，就可能足以用股利贴现模型或剩余收入股权法来预估 ModelWare 内在价值，但是我们会问：股权成本是否应随着时间推移而保持不变呢？当我们不断改变杠杆率，以及，当我们计算加权平均资本成本时，这一问题似乎就变得更加尖锐。原则上，股权成本随着杠杆率的变化而调整，以抵消计算加权平均资本成本时所用股权与负债权重变动的影响，但是，该原则是以理论性的（和准确的）β 衡量指标为基础，并假设我们能够衡量负债的市场价值，而这两者在实操中均不正确。我们认为，该计算中最棘手的方面是，当我们根据 ModelWare 模型经调整数值明确定义杠杆比率和负债成本时，要保持加权平均资本成本不变，所以，我们会对每一期间的加权平均资本成本进行有效调整，以纳入每年负债成本以及负债与股权的权重因数，但由于这很难展示，于是我们提供了一个单一衡量指标，而该衡量指标代表了所有单个年度加权平均资本成本的加权平均值。加权平均资本成本的单一衡量指标对于表明预测是否反映出平均净负债或净现金头寸最为有用。在后一种的情形下，加权平均资本成本高于股权成本。尽管这对近期许多公司而言是正确的，但它通常不应当是正确的且通常表明预测值已允许公司进行现金累积（此举会降低内在价值）。

总的来说，我们再次强调：贴现率不应被视为一种准确的衡量指标。建议公司和投资者最好关注其预测业绩，并推断相对于价格的隐含资本成本。

| 第 21 章 |

总结与结论

我们在 ModelWare 模型中构建的内在价值工具依赖于健全的概念性框架以及一些关键的操作原则，且其会运用传统会计模型中存在的那些逻辑关系。如此一来，我们可运用股利贴现模型、现金流贴现模型或剩余收入估值模型来推演得出等效的内在价值衡量指标，但我们关注的是可以分解为传统财务指标的关键业绩指标，如营收、营业成本、净经营性资产和杠杆。由于现行会计惯例引入了相对于基本实际经济状况的衡量误差，因此，我们在将它们纳入估值计算之前，会对这些基本衡量指标引入一系列的调整，但我们所有的衡量指标（包括资本成本）均为预估值，因此，我们认为，投资者和金融分析师会探索备选结果，并提供至少三种情景来评估价格与这些情景之间的风险 - 回报权衡。

我们发现，通过引导，金融分析师、投资者和公司管理者已相信，他们可以预估出一个准确的现金流衡量指标，克服了权责发生制下的衡量问题。然后，无论其被称为“现金流投资回报率”“自由现金流贴现值”“动用资本现金回报率”，还是一些基于现金的经济增加值，他们有时都会认为由此得出的基于现金的估值是"正确的"。如果你未从本书中得到其他任何信息，我们希望你至少会领会到，所有这些衡量指标实际上都是以权责发生制而非现金制为基础的，而且，你不应在任何单一内在价值衡量指标中遭遇"准确性错觉"。

附录 21A

表 21A-1 ModelWare 模型估值：关键衡量指标的定义

衡量指标	衡量对象	ModelWare 模型法
营收	由持续经营活动所产生的销售额（营收）的值作为主要增长来源	对于历史衡量指标，尽管我们认为所选的原则可能会（或被用以）曲解所报营收的可比性，但我们通常还是接受当地一般公认会计原则规定的收入确认原则。一般而言，没有足够的信息披露来将调整标准化，但当有信息时，我们就会纳入一些调整。具体而言，我们排除了销售额或批量折扣、任何消费税或类似的增值税及标准坏账备抵，但包括了版税和许可费收入。 对于那些以金融服务作为经营活动的公司，其费用和净账面价值（净经营性资产）的净利息收益归类为营收。 对于预测，理想的情形是，营收根据产品或行业销量和价格信息的更为基础的数据来进行构建
营业费用	持续经营活动过程中产生的成本，但不包括为这些经营活动提供资金的成本	大多数司法管辖区都没有可理想地表示关于成本构成（物料成本、劳动力、产能、研发、服务、营销和分销）的数据，因此，我们对销货成本、研发费用、销售额、营销和分销、销售及行政开支以及经营业务中消耗的其他任何成本进行归总。如果对于成本有歧义，我们就将其视为一项营业费用
税后净营业利润	由经营活动所产生的税后收入	我们的基本方法包括经营活动相关的所有营收和费用，但当无按比例合并且关联公司与投资者公司（可口可乐及其被投资对象，装瓶公司就是一个例子）的经营业务紧密相关时，我们也会调整某些特定科目（如未经合并的关联企业收入）。我们消除了养老金及其他退休后福利成本的融资性要素，并通过将它们作为用贷款进行融资的购置资产的等价物处理，来为经营性租赁进行调整（见下文）。 我们通过对应纳税额组成部分应用一个“法定”税率（包括美国联邦、州及地方税加其他任何“永久性”调整）来对税费记账

（续）

衡量指标	衡量对象	ModelWare 模型法
税后净营业利润率	作为营业利润而产生的营收占比。当考量营收增长将维持（或可维持）盈利能力的程度以及导致盈利能力提高的成本效率的程度时，会用到这一指标	我们用税后净营业利润除以营收再乘以 100 来计算税后净营业利润率。 由于缺乏反映按比例合并（我们的首选方法）的信息，所以，我们将其归类为按权益法核算的关联企业中的经营性特定投资。如此一来，营业利润率就会相对较高，因为这些投资没有具体的营收，其收入却在税后净营业利润中。在实操中，我们发现，金融分析师不太愿意将股权投资作为经营性科目进行处理（除非有明确关联，他们才会这样做）。 使用税后净营业利润率时，采用法定税率而非“实际”税率，这一点通常很重要；否则，通常受融资活动影响的税收组成部分就可能会令人们感兴趣的基本经营业绩失真。另一备选方案是运用税前营业利润，但如此一来，我们就必须将税费作为一项单独的组成部分或活动。我们选择采用税后营业利润率衡量指标，因为我们认为其在无融资决策的情况下是更合适的可持续盈利能力衡量指标
净经营性资产	企业所需用来经营业务并产生营收的净资源。其不考量具体的外部资金来源。其类似于公司用以经营其核心业务的投入资本	ModelWare 会考察在产生营收和费用的过程中的处于积极管理之下的资产（资源）和负债（义务）。这通常最容易通过确定哪些是严格融资性的和哪些是明显非经营性的来实现。如我们对其有疑问，通常就会假设资产或负债是经营性的。 在有数据可用的情况下，ModelWare 净经营性资产包括任何由过往并购所产生的未确认溢价：要么由被作为权益合并（或联合）处理的交易产生，要么由先前摊销或冲销的商誉（如重大）产生。 ModelWare 净经营性资产包括资本化不可撤销经营性租赁的剩余隐含账面价值，但不包括任何被作为融资性科目进行处理的养老金盈余或亏空。 ModelWare 净经营性资产包括与公司其他经营活动紧密相关的关联公司的投资的账面价值。 ModelWare 净经营性资产包括经证券化但仍由公司“管理”或运用的资产；ModelWare 会对证券化资产去证券化，并将其视若抵押借款放回到“账簿”中。实际上，信息披露并不总能够提供足够信息来正确地加回这些经证券化科目。 ModelWare 净经营性资产通常不包括现金，因为没有一种有意义的方法来确定要经营一家企业“需要”何种现金。此外，在许多国家，经营性现金实际上是被许多人认为明显是“负债”或融资的“银行透支”或信贷额度。现金管理也是一项通常由财务主管办公室承担的活动，而根据我们的标准，其为融资，但我们在经营性现金为“已知”的情况下允许将其作为在营业务“营运资本”的一部分的情形鲜有发生。 在金融服务公司中，管理下的投资和“现金”余额、存款、贷款和租赁均被作为经营性资产或负债进行处理

经营性资产周转率	每单位营业资本所产生的营收，或净经营性资产投资。 该指标用以反映资源运用效率和经营性杠杆的预期来源	经营性资产周转率为营收除以期初净经营性资产。我们承认，我们可运用平均衡量指标来纳入某一时期内做出的大量净经营性资产投资的影响，但我们的切入点仍然是期初净经营性资产。 由于我们将按照权益法核算的关联企业的某些特定投资归类为经营性科目，所以，经营性资产周转率会相对较低，因为这些投资没有具体的营收，而投资计入了净经营性资产中。请注意，这会对营业利润率带来相反的影响。 在计算经营性资产周转率的过程中，在决定将须计入哪些净资产时，可能会产生争议（我们已于上文详述了其中部分细节），但对于大多数科目的简单答案，是考量在分子中运用了哪些资产或负债来产生营收。一个切实可行的方法也是考量那些非融资性质的资产或负债，即由财务经理所管理的资产或负债以及其他任何明显为非经营性的账目。然后，其他所有账目均可视为经营性账目
净财务收入/（费用）	由被指定为融资性科目的资产或负债所产生的成本或收入；通常由高级财务职员（如财务主管、首席财务官、财务经理等）所管辖的活动	传统的金融投资利息和股利收入以及金融负债的利息费用，都是最常见的净财务费用组成部分。我们计入了优先股股利，因为我们将优先股视为一项金融负债。我们将那些被视为属于融资性质的科目单独列报，以避免将所有非经营性科目的收入和成本（如少数股东权益和于非经营性关联企业投资）作为融资性科目计入而可能产生失真。在已知的情况下，我们会将盈利中所报的外汇交易损益列为净财务费用的一部分（即使这些结果系由自贸易应收账款和贸易应付账款的敞口产生，我们也会采取此做法），因为承担外汇风险的决定是一项融资决策。 我们将因价格水平调整而产生的净货币科目的损益作为融资成本进行处理。当通胀扮演了一个重要的角色时，这些损益会反映出对所采用利率中所反映出的货币科目的通胀影响的抵消。 现在，即使因（包括于其他综合收益或总确认损益中的）外币换算调整而产生的损益是融资性成本，且通常系由被视为净投入资本的一部分的贷款所产生，我们也会排除这些损益。公司不会提供足够信息来方便人们做出有意义的预测，而历史汇率换算调整不会分拆为负债融资和股权融资。 现在，我们将融资性负债成本和融资性资产收益进行对抵来求得净额。该净额会反映出公司的融资策略（如同时具有大额负债以及现金和有价证券）。这一组合通常是关于根据筹资战略选择（或股东资本回报率）来为经营业务和增长提供资金的有意识的决策。我们认识到，将金融资产与负债分开考量有诸多优势，且可在模型的未来版本中来对其进行构建，但我们发现，股票分析师通常几乎不关注他们要将现金放于何处，因此，通过对抵来取得净额会减少由此造成的误差
借贷成本	净金融负债（资产）的成本（回报）	借贷成本为净财务收入（费用）除以期初净金融负债

（续）

衡量指标	衡量对象	ModelWare 模型法
净负债	企业净财务资源。任何净负债都会反映出借入资金以及公司为经营活动提供资金的股权杠杆率水平	在 ModelWare 内在价值模型中，净负债包括所有借款、由资本化经营性租赁所产生的负债、净养老金负债、现金和金融投资以及优先股“股本”。 我们也将其他计息负债计入净负债；尤其是，按现值入账，而后随着时间推移按贴现率上升的资产报废负债和核设施退役成本将被作为负债处理。 我们将金融资产与借款进行对抵来求得净额。是将资源留于现金和投资中还是用资源来偿还负债或向股东分配资本回报的决定，是一项关于现金管理和资本结构的决策。我们也以通常情况下我们预期将根据财务经理、首席财务官或财务主管负责的事项来对我们的融资性科目进行分类。请参阅有关净经营性资产的进一步探讨。 我们将净养老金负债作为融资处理。如于经营性和净融资费用项下所述，我们认为，何时提供资金以及如何用养老金及其他退休后福利相关资金来进行投资纯属一项融资决策。公司本可于“赚得”且保证未来付款流时支付现金。其选择不走这一路线，也是一种融资选择。 我们将优先股作为负债而非股权处理。大多数优先股和负债之间的差异在于：前者的息票和收益是以股利的形式支付，但从经济学的角度讲，这类似于短期次级债；相比之下，所有者权益是剩余盈利能力的接受者，并首先承担损失。对我们而言，名义上的支付形式并非最有特色的。如果优先股为参与优先股（如今已罕有），我们就更倾向于将其归类为股权（具体视参与权性质而定）。我们不会将少数股东权益作为负债处理。我们最初的想法是将少数股东权益归类为负债，且我们认为其更像是负债而非股权，但少数股东会分担或拥有子公司的金融负债份额，因此，将其作为纯负债来进行处理似乎并不合适。我们的结论是将其作为“其他非经营性负债”进行处理
杠杆率	杠杆是负债融资相比于股权融资的比率。 其被同时用以评估资本结构的风险和效率	我们用净负债除以股东权益来计算杠杆率；须确保对这两个衡量指标采用一致的杠杆衡量期间（期初或期末）。 我们衡量相比于股东权益而非资产或净经营性资产的杠杆率。如图 17-1 中的盈利能力树状图所示，ModelWare 会创建出便于清楚地绘出从各单个账目至盈利能力比率的计算过程。基于股权的杠杆能促进这类分解。我们也对股权相关的其他非经营性科目进行分解，这样我们就可以看到所有筹资形式。如果其他非经营性科目为净资产，那么，基于净经营性资产的杠杆率将无法传达出由净负债所产生的实际筹资额。不过，我们也会计算负债 / 资本比率，以反映出负债相比于其他筹资来源的占比。 虽然从理论上讲运用杠杆不会影响价值，但我们认为，在实操中，资本结构可能非常重要且会创造价值。例如，通用电气多年来高效地获得了低名义利率借款，并将此类资本投向净经营性资产回报率较高的业务，从而高效地为其股东创造了财富

其他非经营性收入（费用）	利润表中明显既非经营性质又非融资性质的金额	我们记入了所有明显非经营性或融资性的科目。所记入的常见科目为来自关联企业的、作为与经营活动和少数股东权益无关的股权投资进行核算的收入。这些科目被纳入我们的内在价值计算
其他非经营性资产（负债）	资产负债表中明显既非经营性质又非融资性质的金额	我们记入了所有明显非经营性或融资性的科目。所纳入的常见科目是作为与经营活动和少数股东权益无关的股权投资核算的关联企业。我们还纳入了应付股利（一个在部分国家才存在的类别）
股东权益	归属于公司普通股股东（所有者）的权益或资产净值	ModelWare 采用了普通股股东（专属）视角，因而仅包含与这些股东相关的那些金额，所以，股东权益包括股本账目、库存股（或对自有股份的任何投资）、其他储备金、其他综合收益以及留存盈利。优先股或“夹层”股权被作为负债处理。在某些情形中（特别是对于金融服务公司），我们允许对重大未确认投资损益进行调整。 我们将库存股或对自有股份的投资作为负权益而非资产进行处理。长期以来，人们一直认为，公司不能交易其自有的股票而产生股票损益，或将这些股票报告为资源。诚然，如果以低于增发价格的价格回购股票，就可能会感觉到部分股东也已“获利”，但是，这总是以牺牲其他股东的利益为代价的，因此，如果将全体股东作为一个整体来进行考量，就并无实际损益。 对于其经营业务包括了证券交易的金融服务公司而言，我们认为，可供出售资产和交易性资产之间的区别具有人为性，因此，对于这类公司，我们将可供出售证券的增量未实现损益计入营业利润
由经营活动所产生的自由现金流（用于现金流贴现）	在考虑筹资之前由公司在营业务所产生（或使用）的现金流	对于预测期间，由经营活动所产生的自由现金流（用于现金流贴现）从税后净营业利润切入，并减去任何净经营性资产增加额。ModelWare 会捕捉与经营业务相关的所有现金流，而不仅仅是“当前”资产和负债变动，因此，尽管产能（物业、厂房及设备）或无限期无形资产支出在部分当地一般公认会计原则中被归类为投资，但它们仍然被作为经营性科目纳入 ModelWare 内在价值模型

资料来源：摘自 Harris *et al*，2004。

表 21A-2 针对所选用调整的 ModelWare 内在价值法

	问题	我们做了什么	我们是怎么做的
经营性租赁	全球会计规则要求将某些租赁归类为“经营性”科目，这迫使租赁支付被作为一项营业费用处理，从而留下承租资产和负债未确认	租赁只不过是一种对经营活动中所用资产进行融资的方法选择而已。除非计入所有经营性资源，否则不可能对公司相比于竞争对手甚或相比于先前期间的效率或盈利能力做出有意义的判断。因此，在经营性承租资产金额重大的情况下，我们将这些资产资本化并视若于租赁初期资产购置来进行处理。 然后，我们按租赁寿命来对这些资产进行折旧。 我们用类似方法对融资负债和成本进行确认	在利润表中，我们从营业费用中将租赁（租金）费用消除，将折旧费用计入营业费用，并以每一期间的隐含利率和未偿还本金将利息费用为基础计入净养老金费用。在增长阶段和租赁的早期阶段，营业费用通常会下降，但利息成本会上升，所以净收益更低。这种情况会在任何给定租赁期期末发生逆转。 在资产负债表中，我们将资本化租赁加到净经营性资产和净负债中，它们只会在租赁初期和到期时才会相等。我们将所增添的新租赁项作为由经营活动所产生的自由现金流中的“资本支出”来进行处理（通过增加负债来予以抵消）
退休后福利	在美国及其他某些特定司法管辖区，退休后费用的融资组成部分被纳入了营业成本。通过借款而后将筹集到的现金投资于养老金来创造由融资成本所产生的营业利润，对公司而言是微不足道的。这会使资产管理回报率与正常经营活动相混淆。 从历史上看，精算变动和投资损益的平滑化已造成产生未确认资产或负债，但新的全球会计规则正在改变这一点	如果退休后福利金额重大，那么，我们就会确保成本被适当地归类为经营性科目或融资性科目并将经济负债作为杠杆的一部分反映于资产负债表中	在利润表中，我们会消除养老金负债的利息成本、养老金资产回报率以及来自营业费用的精算调整（如果金额重大），并将它们重新归类为净财务费用。 在资产负债表中，我们会为负债和股权（扣除税项）中的历史未确认金额进行调整

税项	公司报告的税务费用包括现金和经营性、融资性以及其他非经营性科目（包括从未流经盈利的科目）的应计税费和递延税费的复杂组合。当前信息披露的缺陷限制了人们对这些组成部分进行明确区分的能力	我们考虑采用预期公司将会缴纳的年度法定税率（经为其经营业务于每一地区的份额进行加权），法定税率会因地区或地区税率而异	在利润表中，我们通过将法定税率应用于相关税前衡量指标来将税费分配到税后净营业利润和净财务费用中。实际税费余额于其他营业外收入（费用）中反映。 在资产负债表中，我们尝试进行类似的拆分，在基础资产负债表金额已被分类的情况下来对递延税费进行拆分。与所有科目一样，如果我们对其有疑问，我们就会默认将其归入经营性科目。我们系统地拆分出递延税项的融资组成部分的那一区域，是留出用于列报那些与养老金和退休后福利相关的递延税费的，因为这些税费明显是拆分开的，且通常金额重大
一次性科目	一次性科目可能会让业绩衡量指标变得费解，且妨碍人们预测可持续盈利部分的能力	我们消除了由金融分析师自主决定的一次性科目，因为并无关于何为“经常性”科目的简单规则。我们侧重于预测数据，优秀的金融分析师倾向于始终将历史科目从预测成本、利润率等中排除。如果我们看到一项经常性成本，我们就会允许其被反映为一次性科目	在利润表中，我们会适时从营业费用或净财务费用中消除一次性科目以便得出更好的预测数据，但是我们确实会通过在剩余收入的计算中加上（减去）它们来将一次性科目纳入我们的估值。 在现金流中，我们会将一次性科目相关的现金流计入经营活动所产生自由现金流
存货会计	在某些地区，存货会计因公司而异	我们选择对先进先出法进行调整，以实现可比性与简单化。重置成本是衡量持续成本的最佳指标，而（特别是在价格快速变化时）后进先出法与重置成本最为接近，但我们缺少将先进先出法转换为后进先出法的数据。随着国际会计准则理事会（IASB）转向采用先进先出法，后进先出法数据当更为稀缺	先进先出法与后进先出法计算的库存之间的差异通常会被披露，所以，在资产负债表中，我们将这一后进先出法准备加回存货，因此它是净经营性资产的一部分。 在利润表中，我们会取出这一金额变动并将其计入营业费用。这不仅取决于我们的可比性目标，也是因为存货价值失真具有累积性且通常高于任何单一年度的盈利调整

（续）

	问题	我们做了什么	我们是怎么做的
被假设具有“无限期”寿命的商誉和无形资产	归因于来自资金池或先前摊销和非减值冲销的未确认商誉，股权可能会被少报	我们将所有商誉资本化，以更好地了解管理者用股东资金进行投资的盈利能力如何，并观察这些回报率是否超过了所要求的回报率（不是单个年度如此，而是所有时间都如此）。这一区分很重要，原因是：由于所收购来的未来盈利能力的累计金额被即时确认，最初盈利能力会较低，且通常低于资本成本。我们想强调有机增长和因收购而实现的增长	在资产负债表中，我们将所有商誉加回净经营性资产和股权。 在利润表中，我们从营业费用中将假设具有“无限期”寿命的商誉摊销和无形资产摊销排除在外。如果公司维持其特许经营权，这种摊销就是重复计算成本。如果公司特许经营权不可持续，我们就会预期有一项减值费用
研发与知识产权研发费用	如果所收购的研发费用系与特定产品相关，其就应被作为被收购产品而非研发费用进行处理	非经常性或一次性收购的研发费用被视为收购溢价的一部分，不将其记作费用，而是将其作为商誉的一部分进行处理。该经常性部分等于外包研发费用且记作费用	ModelWare 不会将研发费用资本化并于某个期间内进行摊销。从全球跨行业的角度看，这样做太过武断。对于研发费用资本化，存在着一些有效主张，但调整的主观性太强（有关潜在研究中产品的细节有限、研发投资回收期缩短、摊销期间任意），因此，通过资本化和摊销，我们可以获得更具可比性的股本回报率或投入资本回报率，但我们也造成了摊销期间的衡量误差
股票期权及其他基于股票的费用	许多国家的劳动力成本因采用未被确认为成本或费用的股份支付而出现失真。 而在另一些国家（如美国），现行会计规则要求公司以授予日期的期权价格和归属期为基础来将某项成本记作费用	期权及其他股票薪酬应作为“现金等价物”薪酬成本（抵消额为来自员工的“贷款”）来进行处理，并进而被作为公司及其股东的负债进行处理。该笔贷款以某一股权工具来“提供资金”	在利润表中，我们将期权及其他股票薪酬费用计入营业费用。 在现金流中，我们将期权及其他股票薪酬费用视若由经营活动所产生的自由现金流中的现金流出来进行处理，且不会系统地处理员工股票期权行权问题，但是，随着 ModelWare 内在价值向前演化，我们期望对当前应用程序做出修改，特别是对于员工股票期权非常重要的行业（如生物科技）

表 21A-3 剩余收入模型问答

许多人在第一次见到剩余收入模型时会问：为何这种模型优于其他估值模型呢？我们听到的问题包括：	
基于历史成本和市场或公允价值的组合来看，会计衡量问题扭曲了账面价值和盈利，那它们如何才能具有相关性或有用性呢？	剩余收入估值的好处之一，就是它同时结合了若干股东投入资本衡量指标和一项这些资本随时间推移的回报率指标，因此，只要这两者之间的逻辑联系得到保留，就没有问题。单独来看，股权账面价值或股本回报率本身可能并非良好的估值衡量指标，但随着时间推移，将二者结合起来是有用的。考虑一下因收购另一家公司而产生的商誉的情形。如果商誉被资本化，股本就会增加；而如果商誉被冲销，初期股本回报率就会降低，但如果有任何因收购而产生的价值，我们就应当会见到净经营性资产和股本回报率上升，因为有一项与商誉相关的“固定”投入资本。如果商誉被即时冲销，其就可能看起来像是“自由”营收和盈利在增长且盈利能力提高，但（特别是对边际再投入资本）维持这些高水平的股本回报率会变得困难且通常不可能。在这两种情形下，实际内在价值都相同，只是 B_0 和相关剩余收入的形态会发生变化。当商誉被资本化时，B_0（ROE_1）将相对较高（较低），而股本回报率应开始上升。如果商誉被即时冲销，我们就会得出相反的效果。在 ModelWare 中，我们已将商誉资本化，但不对其进行摊销，因为我们认为，这样会为我们提供信息以了解所报营收和盈利增长已就什么做出了“支付”，从而会迫使我们思考价值增长从何而来。类似的逻辑推理过程可用于任何衡量问题，因为明确的会计模型的优点之一，就是盈利和权益（净资产）的持续性“结算”或对账，如图 15-2 ～图 15-4 所示
剩余收入估值中，终值问题尚未消除	尽管有人在做关于在剩余收入估值中推演得出一项适当的终值衡量指标的方法的学术研究，但这是事实。[①]在展示我们应用软件的实例的过程时，我们描述了减轻这一问题的方法，但相比于现金流贴现模型或股利贴现模型，剩余收入估值还具有另一个优势。在许多情况下，剩余收入估值中的大部分实际计算得出值，都是投入资本和整个明确增长预测期（甚至通常是 3 ～ 5 年预测期，特别是在其涵盖了一个经营周期的情况下）的剩余收入的组合，因此，终值问题的失真程度要轻一些
估值仍然对股权成本预估值敏感	这也是事实，但其敏感度远低于典型的现金流贴现模型或股利贴现模型。剩余收入估值敏感度较低的一个原因是：在大多数情况下，剩余收入估值中被贴现的衡量指标低于经营活动所产生自由现金流，且（如前所述）任何终值的影响也要小一些。但我们在实操中观察到的另一个好处是：我们发现运用剩余收入估值的人考量资本成本会更仔细，因为他们在计算剩余收入时会将其与资本回报率做比较 [式（16-12）]。资本回报率与资本成本做对比分析的实际优势在于：这样能让投资者或金融分析师在纳入商业风险的情况下保持业绩衡量指标或资本成本（所要求的回报率）一致
式（16-14）中的剩余收入估值模型系于股权层面指定，故不涉及我们在“生命周期”中所强调的要点，且如前所述，对经营性与融资性进行区分，是很重要的	提高杠杆率和提高经营业绩均可提高股本回报率，但两者的价值含义有别。我们认为，了解企业并对其进行估值是至关重要的，你需考量每家在营企业（融资须单独考量），但我们并不相信“准确性错觉”，并且，如果你想快速预估出内在价值（特别是为了得到一次合理性检验），股权层面的剩余收入估值通常就会好于企业价值 /EBITDA 比率等指标。第二个要点是，我们认为，如果我们将公司内在价值作为可于未来分配给股东的现金来进行预估的话，我们就需侧重于扣除融资成本和税项支付额（记作费用）后的指标，因为这些成本系于股东获得剩余净资产或现金之前派付（扣除），因此，作为一个快速切入点，盈利与股权是合理的

①见 Ohlson and Zhang (1999)。

第五部分

瑞银基于价值创造分析模型与经济增长商回归的估值[⊖]

大卫·比安科

⊖ 瑞士银行（UBS AG）及瑞银证券有限责任公司（UBS Securities LLC），© 2008 年瑞银。

| 第22章 |

引入经济增长商：

内在方法和经验技巧的结合

瑞银投资研究部的全球估值与会计小组已开发出一套系统，通过线性回归，将以现金流贴现法为基础的内在估值方法与重要的相对估值考量因素相结合。这种高级估值的关键是被瑞银称为经济增长商的指标。

经济增长商是公司价值增长潜力的一项衡量指标。瑞银投资研究部的全球估值与会计小组认为，对价值增长潜力进行量化最好的方法是专注于公司产生增量经济利润的能力。该小组认为，相对于同行或具有类似系统风险的其他公司，公司估值的最重要因素是该公司在不久的将来产生增量经济利润的能力的市场前景。在该小组后来采用以经济增长商作为自变量的估值回归中所展示的实证证据支持其这一观点。

增量经济利润预测需要基于对公司及其行业的严格基本面分析的经营业绩预测，该预测既要考虑企业的增长潜力，又要考虑支持此类增长所需的投资。瑞银的估值专家认为，做出此类预测的最佳框架是包含经济利润计算且附带每一未来年度的自由现金流预估的现金流贴现模型。为此，瑞银投资研究部运用了全球标准化现金流贴现和经济利润预测模型。该模型被称为瑞银价值创造分析模型（VCAM），客户可登录瑞银证

券研究网站进行下载。㊀

瑞银价值创造分析模型是一种以现金流贴现和经济利润分析（EPA）为基础的内在估值模型。价值创造分析模型采用了瑞银研究分析部自有数据库中的经营预测数据。瑞银金融分析师不能直接将自由现金流或经济利润预测输入该系统，价值创造分析模型运用金融分析师对重要经营性科目（如营收、营业利润、税费、营运资本和资本支出等）的预测，来计算未来自由现金流和经济利润，以确保计算一致并在投资者最熟悉的背景下分析企业基本面的思维过程。所做假设的透明度是价值创造分析模型设计的一个关键要素。

有关价值创造分析模型及其对现金流贴现进行重新调整的方法和以经济利润为基础的估值方法的详情，将在本部分的后面予以讲解，但重要的是，须先了解除了计算以现金流贴现为基础的股票价值预估值之外，价值创造分析模型还会运用金融分析师推演得出的增量经济利润为公司计算经济增长商预估值。经济增长商是一个比率，它表示高于当前经济利润的所有未来经济利润的现值与以永续法估值的现有利润的现值（即税后净营业利润）的比值。因为经济增长商以增长期现金流贴现模型和未来经济利润模型为基础，所以，经济增长商是一项准确反映所有（四种）经济利润的单一指标。我们认为，用经济增长商作为估值回归中的自变量，是内在估值方法和相对估值方法结合的关键所在。

回归分析是一种非常强大的估值工具，其有助于识别和量化现实世界中公司估值的决定因素。例如，经济增长商的回归会反映现实世界中企业的相对吸引力的影响。同行公司会就投资者资本展开竞争，被最严重低估和高估的股票会首先吸引投资者的注意力。经济增长商的回归还提供了对市场中分层 α 机会的直观概要，以一种便于实施多、空策略（买

㊀ 有关价值创造分析模型的探讨，见 Bianco *et al.* (2006)。金融经济学家多年来一直采用基于回归的模型来解释估值乘数，见 Whitbeck and Kisor (1963)、Bower and Bower (1970)、Malkiel and Cragg (1970) 以及 Bell (1974)。

进回归线下的公司、卖出回归线上的公司）的方式，将选股与行业分配决策明确分开。再者，回归可帮助最忠实的内在价值投资者读懂市场上具有高度争议性的内在估值因素（如适当的资本成本或经济利润衰退率），但许多流行的估值回归都是以不完整变量为基础的，因而可能会非常具有误导性。本章将讲解如何以从概念上讲与内在估值原则一致的方式恰当地运用基于回归的估值技巧。根据经济增长商（EGQ）回归估值，标准普尔500指数公司的非必需消费品板块的情况如图22-1所示。

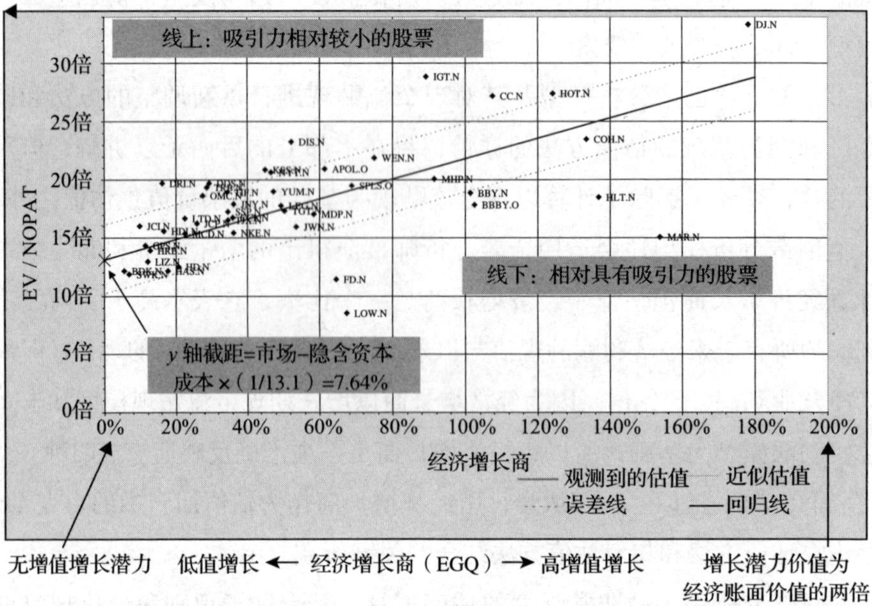

图22-1　经济增长商回归估值下的标准普尔500指数公司非必需消费品板块（2006年8月）

资料来源：Bianco and Burkett (2006), p. 3. 瑞银价值创造分析模型。

| 第 23 章 |

现金流贴现和经济利润分析快速指南

此处，我们将回顾现金流贴现和经济利润分析法则，并探讨在运用“现金流贴现 / 经济利润”分析的估值模型（如价值创造分析模型）时需要考量的一些问题。

23.1 分析框架虽然强大，但并非完整的解决方案

“现金流贴现 / 经济利润”分析是一个含有每一预测年度投入资本回报率和经济利润计算的现金流贴现模型。⊖“现金流贴现 / 经济利润”分析提供了一个有效的框架，用于评估在某些假设下是否会提高经济价值。对未来进行预测来预估当前股票价值，实际上是一项预估各种潜在结果的概率的习练，而非某项特定预估的习练。投资者必须考察近期未来和远期未来，并以某一概率加权预测情景为基础，就某一行业或公司的经济和基本面影响“现金流贴现 / 经济利润”分析的所有要素做出假设。

⊖ 现金流贴现模型介绍见本书第一部分菲比希和波迪格所述内容。拉森和霍兰德也对经济利润分析框架进行了探讨，见本书第三部分。

我们认为，“现金流贴现 / 经济利润”分析模型是一种非常有用的分析工具。尤其是，这些模型能够：

（1）识别出传统估值方法之间的估值差异；

（2）衡量资本利用的有效性；

（3）揭示并量化各种行业或公司创造价值的不同方法；

（4）帮助传达市场预期；

（5）为各种情景提供有效框架并分享价值敏感度分析。

23.2　经济利润动态分析

增加股东价值的公司会带来经济利润的增长。未来经济利润有若干财务方面的驱动因素（或我们称之为“价值动态”的因素）。本指南对这些价值动态进行了研究，如图 23-1 所示。

经济利润：

利润 − 期间资本成本 =（投入资本回报率 − 加权平均资本成本）× 投入资本

经济增加值 = 所有未来经济利润的现值

$$= \sum_{n-1}^{VCH-1} PV[EP_n] + PV\left[\frac{EP_{VCH}}{WACC}\right]$$

式中　VCH——价值创造期。

公司价值：

当前投入资本 + 经济增加值 = 所有未来自由现金流的现值

图 23-1　价值动态

资料来源：Bianco and Burkett (2006), p. 17.

显而易见，只有当对所有这些价值动态进行集体性检查时，才能准确地衡量价值与价值创造，这正是价值创造分析模型和经济增长商的目标。

23.3 真实经济增加值

经济利润分析中有四个主要的价值动态：

- 投入资本回报率变动；
- 资本成本变动；
- 投入资本基础变动；
- 前三个价值动态可相互作用并产生增量的经济利润。这就是竞争优势期或价值创造期。

合理的经济利润分析，尤其是估值，并不以过往数据为基础，甚至不以短期预测为基础。经济增加值经常被错误地简化成衡量单个期间经济利润的指标。[⊖]一个精心设计的基于经济增加值的估值框架，应反映出“以牺牲近期效益来换取长期效益”对股票价值造成的影响。

23.4 价值动态一：投入资本回报率

投入资本回报率可能是受到最广泛关注的价值动态。投入资本回报率是一项盈利能力衡量指标，其考量公司每一美元销售额的利润，以及产生每一美元销售额的利润所需的资本。投入资本回报率由税后净营业利润和投入资本两部分组成。

投入资本回报率 = 税后净营业利润 / 投入资本

对不同公司的盈利能力进行比较时，投入资本回报率至关重要，见表 23-1。如下所述，高利润率未必意味着高回报率。在缺少利润的相关资本基础的情况下审查利润的做法是不完善的，特别是跨行业审查利润时，这种做法的缺陷尤为明显。

⊖ 对经济增加值法的探讨，见本书第三部分。

表 23-1 关注投入资本回报率而非只是关注利润率[⊖]（单位：美元）

	公司 A	公司 B
销售额	1 000	10 000
息税前利润	100	500
营业利润率	**10%**	**5%**
税费	40	200
投入资本	1 200	3 000
投入资本回报率	**5%**	**10%**

可通过增加税后净营业利润或减少投入资本来提高投入资本回报率，但现金流的持续增加仅来自税后净营业利润的增加。

投入资本回报率也可列式为：

投入资本回报率 =（税后净营业利润 / 销售额）×（销售额 / 投入资本）

或 投入资本回报率 = 利润率 × 投入资本周转率

税后净营业利润 = 净营业利润 - 经调整税费：

税后净营业利润 = 息税前利润 + 商誉摊销 - 无杠杆营业税

税后净营业利润 = 无杠杆自由现金流 + 投入资本变动

税后净营业利润的驱动因素很可能是所有价值动态驱动因素中最受关注的驱动因素，因为这类因素都是会影响盈利预估的利润表因素。影响经营成本的因素（不包括商誉摊销但包括税费）是税后净营业利润的决定因素。

一个关于税后净营业利润的重要实现情形是，当公司达到“稳定状态”（预测期期末的假设条件）时，税后净营业利润等于无杠杆（视若公司无负债的情况下经调整）自由现金流。在稳定状态阶段，资本支出等于折旧，而营运资本需求应保持不变，因为已假设公司增长机会或其竞争优势已耗尽。

23.5 价值动态二：投入资本

投资资金来自公司的资产负债表，可以通过经营法或融资法进行计算。

⊖ Bianco and Burkett (2006),p.18.

经营法	=	**融资法**
流动资产		短期票据
– 无息流动负债		长期流动负债
净营运资本		长期负债
物业、厂房及设备净额		递延负债
其他资产		股东权益
投入资本	=	**投入资本**

图 23-2 投入资本计算

尽管投入资本是价值动态一（投入资本回报率的分母）的一个组成部分，但人们常常忘记其本身也是一种价值动态。正如利润率如果不与某一投入资本基础相比就无法衡量真实盈利能力一样，利润率如果不与某一投入资本基础挂钩，投入资本回报率也就无法单独衡量价值创造。“投入资本回报率 / 加权平均资本成本”只是经济利润计算的一部分，因此，对资本基础的规模进行考量至关重要，如图 23-3 所示。

	（投入资本回报率 / 加权平均资本成本）	**× 投入资本**	**= 经济利润**
公司 A	25% ～ 10%	× 2 000 美元	= 300 美元
公司 B	15% ～ 10%	× 10 000 美元	= 500 美元

图 23-3 适用于不同资本基础的等效“投入资本回报率 / 加权平均资本成本”差幅

资料来源：Bianco and Burkett (2006), p. 20.

具有相同投资回报率的公司未必具有同等的价值创造潜力。随着投入资本基础的增加，维持较高的投入资本回报率也会随之变得越来越困难。一些企业的投资机会少，可带来高回报；另一些企业的投资机会可能较大，而回报却不高。

23.6 价值动态三：加权平均资本成本

尽管对资本成本的研究可能是所有价值动态中最为详尽的研究之一，

但其仍然是经济利润分析框架中最具争议性的话题之一。我们给投资者的建议是使用合理的资本成本，然后在合理的范围内使用敏感性分析确定投资结论。[⊖]加权平均资本成本的组成部分的计算如图 23-4 所示。

市场价值加权资本成本：

$$\text{WACC}=K_e \times \frac{E}{V} + [K_d \times (1-t)] \times \frac{D}{V}$$

股权成本（K_e）

资本资产定价模型：

$K_e = R_f + \beta \times$ 股票风险溢价

负债成本（K_d）

K_d = 加权平均市场借款利率

式中 E——股权市场价值；

D——负债市场价值；

V——企业市场价值（= 股权市场价值 + 负债市场价值）；

t——现金税率；

R_f——长期无风险回报率（10 年期美国国库券持有至到期收益率）；

β——市场回报率敏感度衡量指标；

股票风险溢价（ERP）= 预期股票市场回报率 – 无风险利率

图 23-4 加权平均资本成本的组成部分的计算

23.7 价值动态四：价值创造期

从理论上讲，竞争优势期（或我们通常在价值创造分析模型中所称之“价值创造期”）是预期经济利润通过前三个动态的变化而增加的未来年数。“竞争优势期 / 价值创造期”也是一种对市场的意愿是否有远见的预估，且其将这类持续经济利润增长视为可见增长。

这种实际的理论区别意味着，“竞争优势期 / 价值创造期”不会仅因为岁月流逝而逐渐衰减。相反，“竞争优势期 / 价值创造期”只会因公司的竞争定位和长期增长前景的变化而变化。

我们认为，同行业的公司通常具有相似的竞争优势期。如准入壁垒、

⊖ 非比希和波迪格对加权平均资本成本所做更详细的探讨，见本书第一部分 3.3.3 节。

竞争者之间的相互竞争、替代产品的威胁以及供应商或客户的能力等宏观行业特征对公司赚得经济利润的能力影响很大。超过行业平均水平的竞争优势期，通常属于那些具有特别强大品牌、专属技术或工艺等的公司。

“竞争优势期 / 价值创造期”很可能是所有估值假设中最难证实的一项。竞争环境千变万化，而影响今天环境的因素，哪怕是发生微小的变化，都可能对未来产生巨大影响。市场会调整它的预估，从而提供对未来的预见性。

23.8 四种价值动态合为一体：经济增长商

我们认为，要准确地预估公司未来增值增长潜力，就必须同时考量所有（四种）价值动态。将所有价值动态结合在一起，需要同时具备前瞻性眼光和多期间分析能力。虽然经济利润对任何一个期间而言都是最全面的利润指标，但会因其仅以一个期间为基础而暴露出缺陷。

这就是我们创建价值创造分析模型及其经济增长商衡量指标的原因所在。除了考量投入资本回报率、加权平均资本成本和投入资本基础的相互作用以外，价值创造分析模型的经济增长商还考量了前三个价值动态在整个预测期内的相互作用。

经济增长商具有跨公司的可比性，因为其考量了四种主要价值动态的集体性相互作用。经济增长商以“现金流贴现 / 经济利润”分析模型的增量价值创造（IVC）分析为基础，并将始终与之保持一致。直到经济增长商这一概念出现之前，没有任何一项指标可完全反映公司的增量价值创造潜力。

23.8.1 经济增长商 vs 增长机会现值

投资者可能会认为，增量价值创造和经济增长商是类似于增长机会现值（PVGO）的概念。增长机会现值以百分比表示时，通常指观察到的公司的企业价值（高于经济账面价值）。

增长机会现值于企业价值中的百分比 =[观察到的企业价值 –（税后净营业利润 / 加权平均资本成本）] / 观察到的企业价值

增长机会现值和经济增长商之间概念上的主要差异在于：经济增长商是以明确增长期的经营预测为基础来预估公司的增值增长潜力的，而增长机会现值则系运用观察到的市场企业价值来求解得出。市场隐含增长机会现值是一项很好的市场预期衡量指标，可与人们运用经济增长商自行做出的预期值进行有意义的比较。

经济增长商代表的是增量价值创造相比于经济账面价值（而非企业总价值）的价值。在计算中研究与增长机会现值的差异是为了防止线性回归中出现缩放失真，因此，为了将明确预估的公司经济增长商与其市场隐含增长机会现值进行比较，必须对经济增长商进行转换，以表达相比于公司预估企业总价值的明确预估的增量价值创造。

23.8.2 寻求最终估值方法

对于本份报告中所解释的原因，我们认为，经济增长商[⊖]估值回归代表了对内在估值理论及公认方法的一种重要补充。我们当然会认为，估值专家可以从这一分析中受益匪浅。各种估值指标理论的复杂度不同（如图 23-5 所示），大多数投资者（就连许多专业人士）都不大可能有时间或资源来构建并维护如此复杂的估值系统。尽管如此，我们还是认为，很好地理解经济增长商估值回归的基本概念可能有助于任何投资者做出更好的决策。

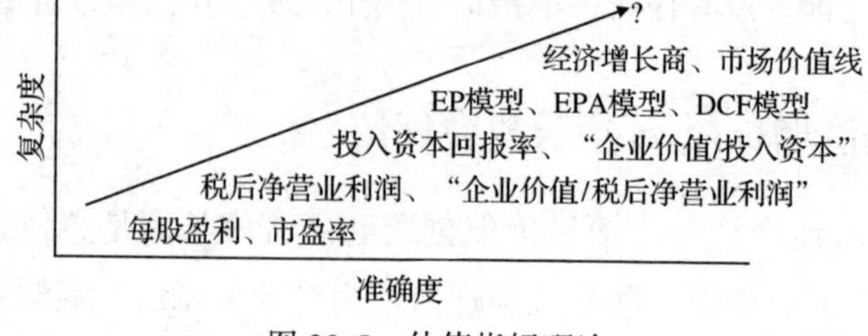

图 23-5 估值指标理论

⊖ 经济增长商 = 增量价值创造 / 经济账面价值。对该公式更详细的探讨见 25.1 节。

| 第24章 |

基于回归分析的估值

回归分析可能是强大的估值工具，其有助于识别和量化公司估值的决定因素。因为回归线将到所有 X 观测点和 Y 观测点的距离最小化，故其通常将观测区域拆分成两部分，即线上部分和线下部分。这一特征令回归估值在本质上具有相对性。换言之，回归分析将始终识别出一些有吸引力的公司和一些无吸引力的公司。这与现金流贴现或基于内在价值的估值方法大不相同，后两者可以将所有被评估的公司视为有吸引力或没有吸引力的公司。

恰当运用回归分析来进行公司估值的挑战在于确定一项可对观察到的不同公司的估值做出有力解释的自变量。基于回归分析来解释观察到的估值的尝试，通常大都表示为市盈率或企业价值的乘数，将公司特征（如增速或资本成本）用作自变量（解释变量）。市盈率相对盈利增长比率就是一个典型的例子，其用观察到的公司市盈率除以公司每股盈利增速预估值来进行计算。可以运用其他公司的特征或因子，其中比较流行的一个特征或因素是“投入资本回报率 / 加权平均资本成本”。我们认为，基本面投资者或量化交易投资者常用的因子（包括“投入资本回报率 / 加权平均资本成本”等），都不能对观察到的估值做出有力的解释。出于这个原因，我们创建了一个新指标，即“经济增长商”，它是一项以现金流贴现分析为基础且在概念上与现金流贴现分析一致的指标，旨在于基于回归分析的估值中被用作自变量。

一旦构建了强大的自变量，如来自瑞银价值创造分析模型（一种标准化现金流贴现模型）的经济增长商指标，基于回归分析的估值就能将一种现金流贴现模型从单家公司估值方法提升到严格的选股和板块分配框架。由于基于回归分析的估值将总会具有相对性，投资者可运用回归分析来将股票选择与行业决策明确分开。实际上，基于回归分析的估值可以帮助对现金流贴现模型感兴趣的投资者采用分层 α 策略。首先在行业内选择要拥有哪些公司的股票，然后决定是否减持或增持该板块的股票。回归甚至有助于做出风格偏好决策（如偏好价值 vs 偏好增长）。

基于经济增长商的回归分析，除了具有对每家公司使用内在价值现金流贴现分析作为比较点来对公司进行相对估值的能力之外，其还具备读懂市场的能力。回归的实证性质允许经济增长商回归被用来揭示有争议的现金流贴现模型输入参量（如资本成本或合适的预测期）的市场假设。稍后，我们将讨论如何使用经济增长商回归作为经验工具进行“紧急估值”。我们最喜欢的关于回归估值的方面是其可见性。回归分析允许投资者在一张图中对大量公司的估值进行审查。

| 第 25 章 |

瑞银经济增长商

25.1 经济增长商的计算

瑞银经济增长商是一项公司经济利润增长潜力的衡量指标。它的计算方法是：用公司目前为止的所有预计未来经济利润增量现值除以用永续法估值的公司当前盈利现值。该比率将公司未来的价值和现有业务的价值进行比较。

在瑞银价值创造分析模型中，我们将所有未来增量经济利润现值称为“增量价值创造”，而将用永续法估值的公司当前税后营收现值（税后净营业利润 / 加权平均资本成本）称为“经济账面价值”。

经济增长商 = 增量价值创造 / 经济账面价值

用价值创造分析模型现金流贴现法预估的企业价值 =

增量价值创造 + 经济账面价值

如果公司的经济增长商为 100%，其预估内在企业价值中就会有一半归属于预期经济利润增长，因为预测增量经济利润现值等于其用永续法估值的当前盈利。经济增长商为 300%，表示预测经济利润增长为经济账面价值的 3 倍。经济增长商可正可负，其范围理论上没有上限和下限。

25.2 经济增长商的特殊属性

25.2.1 完整指标

经济增长商是以现金流贴现法和经济利润分析为基础的，且旨在与这两种方法保持一致。经济增长商通过反映四种主要价值动态（投入资本回报率、加权平均资本成本、投入资本及价值创造期）的集体性相互作用来达到上述目的。只有当这四种主要价值动态被作为一个集体来进行考量时，经济利润和以现金流贴现为基础的估值才会相等。

25.2.2 不受当前资本基础影响

经济增长商是一项剔除了基准水平经济利润的未来经济利润的衡量指标，经济增长商仅代表增量经济增加值。经济增长商由于是以边际经济利润为基础的，故其不受公司当前投入资本基础影响。相比于投入资本基础的未来变化，经济增长商仅受未来利润变动影响。不同于总经济利润，经济增长商可以在不同公司之间进行公平比较，而无须为历史通胀、资产减记、累计商誉摊销、重组及其他特殊费用等因素而对资产负债表推演得出的投入资本做出详尽（通常有争议性且还不完整）的调整。

25.2.3 对假设资本成本的敏感度有限

现金流贴现价值预估或经济利润衡量指标大都对资本成本假设极其敏感，但由于经济增长商将经济利润增长与用永续法计算出的当前盈利相关联，故其对假设资本成本的敏感度有限，如图 25-1 所示。

虽然较低的加权平均资本成本会导致增量价值创造值较高，但其也会导致经济账面价值更高。根据增量经济利润增长现值的不同，在计算经济增长商时，加权平均资本成本变动的影响很小。投资者可能会认为这是久期影响，因此，尽管经济增长商归因于久期影响确实对资本成本假设表现出敏感，且也对投入资本的变化（如有）表现出敏感，但相比于现金流贴现价值或经济利润，其敏感度就非常适中。如果初始资本成本假设是一个合理的预估值（最好是基于资本资产定价模型得出的预估值），那么，经济增长商就会非常可靠地衡量公司相对于经济账面价值的增值增长潜力，而不会因资本成本假设的小错误而失真。

$$\text{WACC}\downarrow\Rightarrow\frac{\overbrace{\text{PV(增量EP)}\uparrow}^{\text{IVC}}}{\underbrace{\left(\text{NOPAT}/\text{WACC}\right)\uparrow}_{\text{EBV}}}\approx\text{EGQ保持不变}$$

图 25-1 经济增长商对假设资本成本的敏感度低

资料来源：Bianco and Burkett (2006), p. 6.

25.2.4 跨不同规模公司的可比性

经济增长商作为一个比率而非美元价值（如经济利润），其跨不同规模公司比较会取得更好的效果。仅仅通过审查经济利润率（即“投入资本回报率 / 加权平均资本成本”）来试图为公司规模调整经济利润，这种做法并不合适。经济利润已经根据资本费的规模做出了调整，一家产生了大量经济利润的大公司值得肯定，因为其能显著大幅地增加财富。确定当前收益的适当倍数是一项单独的分析，这取决于公司相对于当前收益价值的未来经济利润增长前景，这正是经济增长商这一指标的作用。

25.2.5 解释观察到的盈利或现金流的乘数

经济增长商解答了有些公司按溢价盈利乘数进行交易的原因，而经济利润衡量指标大都仅试图解释账面价值乘数。估值中纳入了公司投入资本和当前盈利的价值，并必须考量公司未来的表现。

| 第 26 章 |

瑞银经济增长商回归估值

26.1 内在估值与相对估值的结合

在估值回归中将经济增长商用作自变量，是以我们如下论点为基础的：在系统风险相似的公司之间，观察到的估值乘数的差异，主要是由市场对每家公司的增值增长潜力的预期差异所造成的。我们将增值增长定义为增量经济利润。增量经济利润是超过目前所达到水平的未来经济利润增加。

对增量经济利润进行预估，要求对公司发展其业务的潜力做前瞻性分析；而且重要的是，要对支持此类增长所需的投资做前瞻性分析。我们认为，对此类预测值进行量化和检验的最佳框架，是一个现金流贴现模型和未来经济利润模型的混合体（如瑞银价值创造分析模型）。

以现金流贴现为基础的估值会产生“内在”价值，且现金流贴现预估的内在价值将高于或低于观察到的市场价值。虽然这种单独估值很重要，但当所有被审查的公司都被作为具有或缺乏内在吸引力的公司筛选出来时，此类方法就可能会暴露出缺陷。运用经济增长商回归的益处是，其运用现金流贴现分析和内在价值作为其比较的基础，来识别出最具吸引力的公司和最缺乏吸引力的公司。如果运用观察到的估值乘数作为因变量，运用经济增长商作为自变量，那么，回归线下的公司就是相对有吸引力的投资，而回归线上的公司就是相对缺乏吸引力的投资。

运用经济增长商估值回归的另一好处是，回归线所描述的公司相对吸引力的准确性依赖于每家公司的预测增速和所需投资的正确相对顺序，而不一定是每家公司的确切名义经营预测。我们认为，这有助于缓解一些投资者对现金流贴现法估值所需的长期预测准确性的担忧，但名义增速预测的准确度确实会影响一组公司整体吸引力的回归评估（y 轴截距）。经济增长商回归会假设公司具有相似的资本成本，故其只对同一板块的公司（即具有相似系统风险的公司）进行比较。

我们认为，投资者大都会认同，公司的实际估值并不能独立于其他公司的实际估值（特别是同一板块或一组同行公司的估值）而存在。一家公司的经济增长商回归估值受其同行公司当前市场估值影响。我们认为，这是一个适当且必要的考量因素，因为类似的公司会就投资者资本展开竞争，因此，基于我们的经济增长商指标的回归结合了内在估值和相对估值最有用的方面。

26.2 经济增长商回归：相对估值案例

从公司经济增长商回归的线性公式及其各自的当前“企业价值 / 税后净营业利润”乘数可用于公司估值。我们将这种回归线性公式称为市场价值线。市场价值线以其经济增长商为基础向每家公司分配适当的相对“企业价值 / 税后净营业利润”乘数并共享价值。市场价值线所分配的各项估值，能够根据公司的经济增长商来捕捉其现金流贴现模型所预估出的内在价值，然后调整该内在价值，以反映出内在价值与市场价值的差异，如图 26-1 及表 26-1 所示。

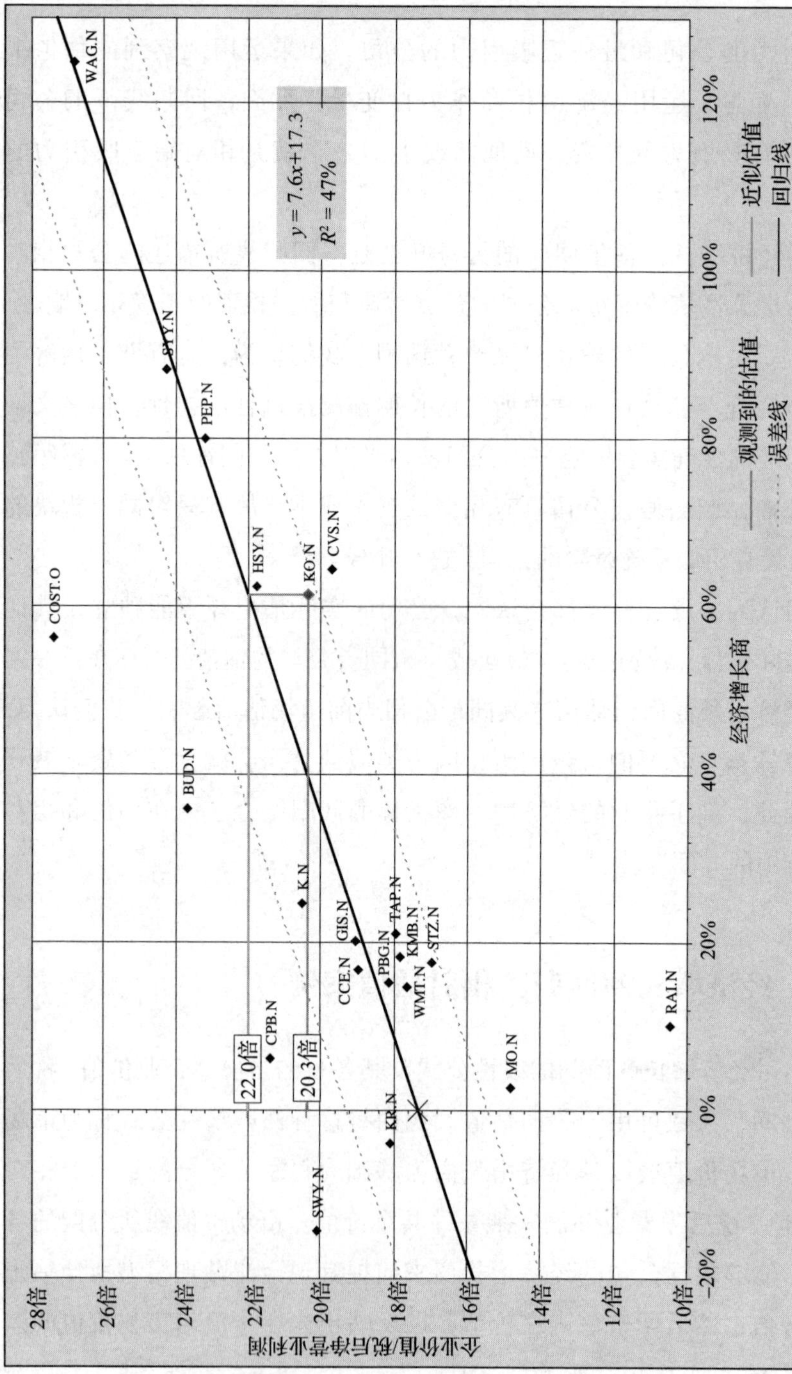

图 26-1 带有市场价值线分配的股票价值计算的经济增长商回归

资料来源：Bianco and Burkett (2006), p. 8. 瑞银价值创造分析模型。

表 26-1

公司名称	股票代码	评级	目标价格（美元）	市值（百万美元）	“企业价值 / 税后净营业利润”	y 轴截距	经济增长商	斜率	隐含乘数	溢价乘数
安海斯 - 布希	BUD	中性 1	50.00	35 644	23.7 倍	17.3	36%	7.6	20.1 倍	−15.3%
可口可乐企业	CCE	买入 1（当纳利）	25.00	9 627	19.0 倍	17.3	17%	7.6	18.6 倍	−2.0%
思科	COST	买入 2	66.00	28 331	27.4 倍	17.3	56%	7.6	21.6 倍	−21.0%
金宝汤	CPB	中性 1	38.00	15 550	21.4 倍	17.3	6%	7.6	17.8 倍	−16.8%
西维斯健康公司	CVS	买入 2（当纳利）	41.00	25 761	19.7 倍	17.3	64%	7.6	22.2 倍	12.8%
通用磨坊	GIS	中性 2	55.00	19 892	19.0 倍	17.3	20%	7.6	18.9 倍	−0.9%
好时	HSY	买入 1	65.00	13 577	21.8 倍	17.3	62%	7.6	22.1 倍	1.4%
家乐氏	K	买入 1（当纳利）	58.00	20 254	20.5 倍	17.3	25%	7.6	19.2 倍	−6.4%
金伯利	KMB	买入 1（当纳利）	71.00	29 494	17.8 倍	17.3	18%	7.6	18.7 倍	5.0%
可口可乐	KO	买入 1	53.00	103 774	20.3 倍	17.3	61%	7.6	22.0 倍	8.2%
克罗格	KR	中性 1（当纳利）	23.00	15 984	18.1 倍	17.3	−4%	7.6	17.0 倍	−5.9%
奥驰亚	MO	买入 1	81.00	153 260	14.8 倍	17.3	3%	7.6	17.5 倍	18.6%
百事瓶装集团	PBG	买入 1	41.00	8 081	18.1 倍	17.3	15%	7.6	18.5 倍	2.0%
百事可乐	PEP	买入 1（当纳利）	74.00	102 881	23.2 倍	17.3	80%	7.6	23.4 倍	0.9%
雷洛兹烟草	RAI	中性 1（当纳利）	62.50	12 744	10.4 倍	17.3	10%	7.6	18.1 倍	73.4%
星座公司	STZ	买入 1	32.00	6 057	17.0 倍	17.3	18%	7.6	18.7 倍	10.2%
超价商店	SVU	中性 2	29.00	4 432	—	17.3	—	7.6	—	—
西夫韦	SWY	减持	24.00	11 492	20.1 倍	17.3	−14%	7.6	16.2 倍	−19.1%
西斯科公司	SYY	买入 1	39.00	19 987	24.3 倍	17.3	88%	7.6	24.1 倍	−0.9%
莫库酒业	TAP	买入 2（当纳利）	81.00	5 859	18.0 倍	17.3	21%	7.6	18.9 倍	5.5%
优斯特	UST	买入 1（当纳利）	59.00	7 638	—	17.3	—	7.6	—	—
沃尔格林	WAG	买入 1	60.00	46 384	26.8 倍	17.3	125%	7.6	26.9 倍	0.2%
全食超市	WFMI	中性 2	62.00	8 927	—	17.3	—	7.6	—	—
沃尔玛	WMT	中性 2	50.00	196 920	17.6 倍	17.3	15%	7.6	18.5 倍	4.7%

26.3 经济增长商回归：分层 α 框架

- 选股：线下买进，线上卖出。
- 板块分配："1/y 轴截距"是市场为该组公司提供的回报率。
- 风格偏好：斜率 >y 轴截距传达出市场偏好增长。

26.4 y 轴截距显示资本成本

经济增长商回归市场价值线用代数法由其斜率和 y 轴截距表示。斜率表示市场为增长支付了多少金额，特别是每 100% 的经济增长商的"企业价值 / 税后净营业利润"乘数。y 轴截距是对市场为该组公司提供的回报的反映。其可被认为是回归中公司的市场隐含资本成本。该组隐含资本成本或内部回报率即为 1/y 轴截距。

经济增长商回归能识别出对所观察到的所有公司各自的增值增长预测的估值做出最佳解释的资本成本（1/y 轴截距）。如果公司的经济增长商为 0%（无增值增长潜力），那么，其"企业价值 / 税后净营业利润"乘数就将仅由 y 轴截距确定，因为本质上合适的乘数为与 y 轴截距相同的"1/ 资本成本"。[⊖]

26.5 斜率与 y 轴截距的比较可表明偏好风格

市场价值线相比于 y 轴截距的斜率反映了市场偏好高增长公司还是低增长公司（如在经济增长商预估中为每家公司所预测的那样）或从风格来看是偏好增长还是偏好价值，如图 26-2 所示。如果市场价值线的斜率远大

⊖ 假设做出特定调整以考虑税后净营业利润中内含的任何经济利润的永久可持续性，以及基于历史资产成本计算的折旧拨备所导致的任何盈利质量失真，则按实际资本成本或 1/（资本成本 − 通胀率）将税后净营业利润资本化是合适的。

于 y 轴截距，市场就会对回归中的一组公司表现出增长偏好。如果斜率远小于 y 轴截距，市场就会对回归中的一组公司表现出价值偏好。如果这两个值合理地趋近，则市场未对回归中的一组公司表现出明显的风格偏好。

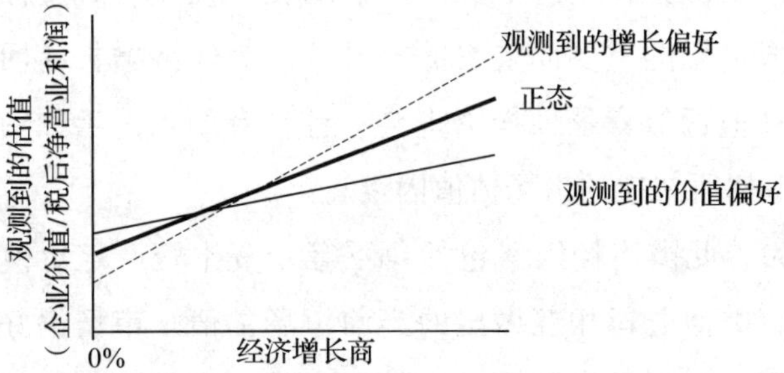

图 26-2 带有价值偏好或增长偏好的市场价值线

资料来源：Bianco and Burkett (2006), p. 9.

因为我们将经济增长商指标设计成与现金流贴现法估值一致，所以，经济增长商回归代表了一种斜率和 y 轴截距理论上应当相等的线性关系。例如，经济增长商为 100% 的公司的估值应为经济增长商为 0% 的公司的估值的两倍，这将导致公司的“企业价值 / 税后净营业利润”乘数为 y 轴截距的 2 倍。这是因为，如果经济增长商为 100%，就意味着公司的增长价值和其用永续法计算出的当前盈利一样多，因此，如果观察到的现实中市场价值线斜率不等于 y 轴截距，其就会传达出一种风格偏好。

我们认为，市场中的风格偏好是一种可理解的合理现象。我们认为市场在不确定和风险较大的环境中抑制成长型公司的估值是合理的，因为预期利润增长可能面临着向下修正的风险。同样，我们认为，市场在更可见和更乐观的时期推高这一乘数也是合理的。也许，风格可被视为市场对普遍预期或基本经济增长商预估的准确性表达质疑的一种方式。

26.6 紧急估值

内在估值 + 相对估值 =“紧急估值”

由于其具有方法性，而且其着眼于所有可用未来现金流和资本机会成本率（经风险调整），所以由价值创造分析模型所产生的内在估值或“现金流贴现 / 经济利润分析”推演得出的估值是整体估值过程的一个组成部分，但我们认为，经济增长商回归的相对性质或观察性质是一种对此类内在价值框架的重要而宝贵的提升，因为经济增长商回归包含了投资者现有的其他近似竞争性投资机会，且其有助于揭示和纳入那些经常为内在估值框架所忽视的市场估值因素。

我们认为，此类市场因素包括：不等于资本资产定价模型预估值的现行贴现率，类似公司相互做出的当前市场估值，市场偏好增长还是偏好价值，以及一组公司共有的行业特定问题（如并购活动、诉讼等）。此外，经济增长商估值系统的相对法有助于降低股票价值对“现金流贴现 / 经济利润分析”框架中那些更具争议性的假设（如终值计算中的价值创造期和各个方面，如经济利润衰退率）的敏感度。

26.7 为何要对经济增长商和“企业价值 / 税后净营业利润”进行回归

经济增长商回归中的 y 轴，代表了市场以 1 年期前瞻性预测为基础的相对于当前税后净营业利润的乘数。我们选择“企业价值 / 税后净营业利润”有两个原因：第一，我们需要从相对角度而非名义角度来表达公司估值，以允许对不同规模公司进行比较，而为实现此类比较，人们最常使用的是乘数；第二，我们认为，相比于相对估值，“企业价值 / 税后净营业利润”乘数最为准确。

企业价值代表了公司独立于其资本结构之外的价值。企业价值包括所有计息净负债（减去现金）以及股票市场价值。企业价值为资本结构不同的公司消除了不均衡的杠杆对盈利的影响。

税后净营业利润仅包括金融负债债权人的收益（股权和负债）。不像更受欢迎的“企业价值 / 息税、折旧及推销前利润”乘数，税后净营业利润系于扣除了税收准备金之后计算得出，该税收准备金代表的是属于政府的现金，而非属于金融负债的债权持有人（税率因公司而异）。此外，息税、折旧及推销前利润并未正确地解释各公司之间的折旧与摊销水平差异，这令息税、折旧及推销前利润成为一个很差的跨行业衡量指标。根据折旧与摊销来看，实物资本密集型公司或行业按折旧与摊销计算的息税、折旧及推销前利润的比例高于那些实物资产较少的公司 / 行业。由于折旧与摊销不属于金融负债的债权持有人（这是为维护资产而留出的准备金），因此，跨行业比较以“企业价值 / 息税、折旧及推销前利润”为基础的相对估值可能会受到严重误导。

如果计算得当，税后净营业利润还可以从利息费用的可扣除金额中扣除税收优惠（利息税盾），这令税后净营业利润成为完全独立于公司资本结构之外的盈利能力衡量指标。[⊖]

最后，税后净营业利润不受跨公司资本支出的不均衡程度及 / 或时间点影响。虽然有人批评称，税后净营业利润假设折旧和非商誉摊销正确地估计公司的维护资本支出需求，但我们注意到，对于符合美国一般公认会计原则标准的美国公司而言，我们并未发现这一假设弹性过大。再者，如果有必要，可以很容易地对税后净营业利润进行调整，以解决折旧与摊销准备金不足或过剩的问题。

26.8 处于 x 轴下方，则逆向思考

对于盈利为负的公司，其经济增长商回归区域正好被颠倒了过来。对于盈利为负的公司，其经济增长商的负值越大，其公司的增长前景就越强劲。相应地，正是那些位于线上的盈利为负的公司才具有吸引力，

⊖ 对税后净营业利润计算的更详尽的探讨，见本书第一部分 3.3.2 节菲比希和波迪格所述内容，以及第三部分中拉森和霍兰德所述内容。

第三象限中位于 x 轴下方的公司相对缺乏吸引力，如图 26-3 所示。这与通常在前两个象限内绘出的正态经济增长商回归线的公司正好相反。

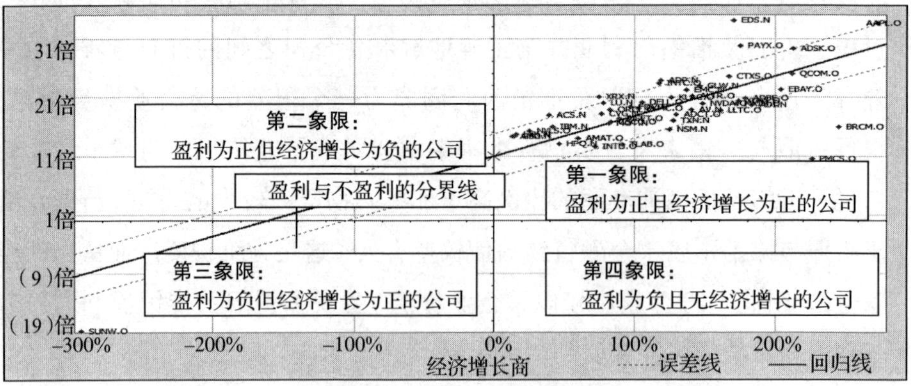

图 26-3　第三象限中位于线下的公司相对缺乏吸引力

资料来源：Bianco and Burkett (2006), p. 12. 瑞银价值创造分析模型。

虽然坐标几何的细节可能有点令人困惑，但令人放心的是，从数学和图形上看，经济增长商回归强大到足以处理盈利为负的公司。用于估值的经济增长商回归线在无须做任何调整的情况下就对盈利为负的公司做出了正确解释。例如，由于负负得正，今天盈利为负（“企业价值 / 税后净营业利润”为负）但具有在水平（经济增长商为负，因为正的增量价值创造现值被除以负的当前税后净营业利润）上有强劲增长前景的公司的股票价值就会为正。

| 第 27 章 |

了 解 回 归

27.1 关键要点

- R^2 小并不意味着模型存在缺陷；
- 具有统计显著性的观察到的关系不能保证因果关系；
- 对回归的解释取决于基础观察的性质。

有少量关键统计数据可用来描述线性回归。其中两个数据即斜率（β）和 y 轴截距（α）自行对该线进行了定义。有些统计数据如 R（相关系数）和 R^2（可决系数），描述了模型的“拟合”力或解释力。其他一些重要统计数据如标准误差和 t 统计量，衡量的是模型的准确度或可靠性及其在正态下的估计值。

我们根据传统资本资产定价模型法，采用预估股权成本所需的股票 β 计算来构建我们对线性回归分析相关的关键统计指标的讨论框架。

图 27-1 绘出了微软月度回报率（纵向 y 轴上）与标准普尔 500 指数月度总回报率（横向 x 轴上）对照图。在回归分析中，在 y 轴上呈现因变量而在 x 轴上呈现自变量系常见做法。请记住，回归方程只能捕捉变量之间的共同变化程度；相关性未必意味着因果关系。例如，扑灭大火的

消防员人数与火灾造成的损害之间就存在强正相关关系，但这并不意味着火灾损害系由消防员造成。图 27-2 显示了预估的线性方程和计算出的用以评估观察到的关系的主要统计数据。

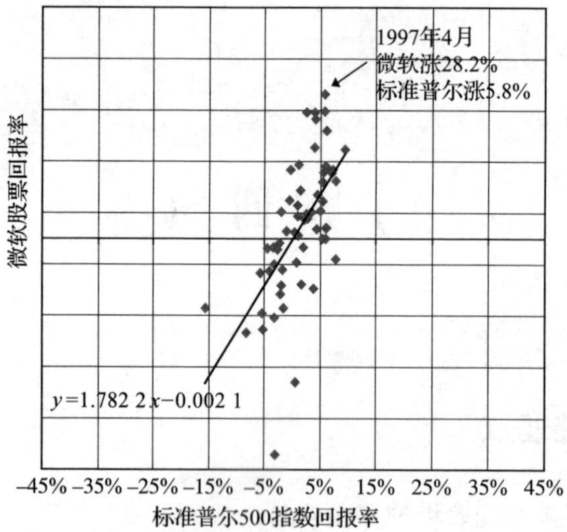

图 27-1　微软股票回报率 vs 标准普尔 500 指数回报率（1996 年 1 月～ 2000 年 12 月）

微软股票月度回报率 $r_{微软}$ vs 标准普尔 500 指数月度回报率 $r_{标普}$（1996 年 1 月～ 2000 年 12 月）

预估方程

$r_{微软}=\alpha+\beta r_{标普}+\varepsilon$

得出的预估值（回归线）：

$r_{微软}=-0.002\ 1+1.782\ 2r_{标普}$

关键统计数据

回归线	
β（回归线斜率）	1.782
α（y 轴截距）	−0.002
模型解释力	
相关系数	0.622 9
R^2（可决系数）	38.8%
预估值的准确度	
标准误差（β）	0.294
t 统计量（$=\beta$ / 标准误差）	6.063

图 27-2　回归结果：微软市场模型

27.2 回归线表明了何种关系

27.2.1 斜率（β）

斜率是指每一单位的 x 变化所对应的 y 变化（$\Delta y/\Delta x$）。如果所绘的线恰好为 45° 角，就意味着当 x 上升一定量时，y 也会上升相同的量，其斜率为 1。回归线斜率被称为 β，而 y 轴截距被称为 α。有时，斜率被称为 m，而 y 轴截距被称为 b，如线性方程 $y = mx + b$（式中，$m = \beta$；$b = \alpha$）。

我们按相同比例尺的 x 轴和 y 轴构建了图 27-1 来显示该条线的斜率大小。微软的 β 为 1.78，这意味着：在选定的历史期间，当标准普尔 500 指数平均上涨 1% 时，微软股价就会平均上涨 1.78%；而当标准普尔指数平均下跌 1% 时，微软股价就会平均下跌 1.78%。因微软股价和标准普尔指数倾向于朝同一方向移动，故微软 β 为正（几乎所有股票均是如此）。在该回归背景下，β 是衡量系统风险或市场风险（亦称"不可分散风险"）的指标，即公司对市场（或实际上是对影响整体市场的宏观经济条件）的敏感度。若 $\beta < 1$，则表明该股票对这类宏观条件的敏感度要低于整体市场对这类宏观条件的敏感度。通常，非周期性板块股票的 $\beta < 1$。

27.2.2 y 轴截距（α）

y 轴截距为预估的回归线与纵轴的相交处，是自变量（x 轴）为 0 时因变量（y 轴）的预期值。在市场模型中，y 轴截距还会显示出相比于模型所预测业绩的实际业绩。若 $\alpha > 0$，则表示股价在回归期间的表现要超预期；而 $\alpha < 0$ 则表示股价表现不达预期。微软股价表现与我们的模型几乎完全吻合，因为其 α 值略大于 0。从理论上讲，长期 α 应为 0，否则就会出现同时做多 α 为正的证券（那些总是超预期的证券）和做空 α 为负的证券的套利机会。如果有人对市场中的每只股票都进行这种回归

的话，那么，由于平均而言市场无法好于或逊于其自身表现，平均 α 应为 0。⊖

27.3 这一关系的解释力

27.3.1 相关系数（R）

一个衡量两个变量之间共同变化的指标是相关系数（R）。相关性的取值范围为 [−1，1]，且其始终与 β 的正负号相同。其表示两个变量之间的线性关联的强弱程度。例如，如果每当标准普尔 500 指数向上移动一定量时，微软股价就总会向上移动等量的设定乘数，故 $R = 1$（这是完美的相关性）。若 $R = 0$，则意味着两者之间没有关系；知悉标准普尔 500 指数发生了什么变化并不会给你任何关于微软回报率的提示。在我们的例子中，实际 R 为 0.62，这表明微软回报率和标准普尔 500 指数回报率之间存在强正相关关系。

27.3.2 可决系数（R^2）

R^2，顾名思义就是 R 的平方（相关系数的平方）。这就是其必须是一个介于 0 ～ 1 之间的正数的原因（因为 R 总是介于 −1 ～ 1 之间）。R^2 衡量的是由自变量变化所“解释”的因变量变化于总因变量变化中的占比。其衡量回归线对观测值拟合的好坏程度。R^2 为 100%，则意味着所有的观测值都刚好在回归线上；R^2 为 0%，则表示两者之间没有关系。在我们

⊖ 夏普和亚历山大 (1990) 第 222 页，将某只证券的 α 定义为“其预期回报率与适当的（均衡状态下）预期回报率之差”。若某一证券的 $\alpha \neq 0$，则该证券相对于均衡状态模型被错误定价。资本资产定价模型是一款应用广泛的均衡状态模型，其要求应用一个高于无风险利率的超额回报率。菲比希和波迪格对资本资产定价模型所做的探讨，见本书第一部分 3.3.3 节。

的微软的案例中，微软回报率中几乎有 39% 的变化可归因于市场回报率的变化。换言之，微软的波动性大都是该公司特有的，但其总波动性中，有 39% 为系统性波动性，系与市场波动性有关。对于一种市场模型，R^2 为 30% 很常见，但与其他类型的回归相比，这一水平可能就算是低的。股票回报率中存在许多个股特定因素，但我们的 β 预估仍然具有很高的统计学意义（见下文）。

对于以大量观察为基础的经济增长商回归，R^2 通常为 50% ～ 80%。经济增长商回归中的 R^2 越大，观察到的股价就与其现金流贴现预估股价越趋于一致，即市场隐含经济增长商与预估经济增长商一致。

27.4 量化关系的可靠性或置信度

27.4.1 标准误差（β）

任一 β 预估值都是一个点估计。这就需要对该数值有多大的信心，这正是标准误差的用武之地。标准误差小，则表明对 β 预估值的估计更有信心。归因于正态分布的数学性质，我们可运用标准误差围绕 β 构建一个“置信区间”。例如，如果我们计算 $\beta \pm 2$ 个标准差，我们就可以说，我们有 95% 的信心认为“真实 β”处于该范围内。就微软而言，我们有 95% 的信心说，真实 β 介于 1.19 ～ 2.37 之间（$1.19 = 1.782-2 \times 0.294$；$2.37 = 1.782+2 \times 0.294$）。该范围可能看似很大，但对于此类市场模型而言这一范围却很平常。

我们通过应用经济增长商分析，将对回归线的大幅偏差视为某只证券相比于其同行业公司的估值被高估或低估的一种迹象。

27.4.2 t 统计量

t 统计量允许对统计显著性进行更正式的量化。t 统计量是一项标准化衡量指标，因此，若 t 统计量为 ±1.96 或更高，则始终表示显著性处于95%及以上水平。在我们的例子中，β 的 t 统计量为6.063，这意味着我们可以以极高的置信度（稳居99%以上）说，我们的 β 显著不同于0。

抑或，如果零假设（β=0）正确，获得 ±1.96 或更高的 t 统计量的概率就为5%或更低，因此，若 p 值为0.05或以下，则通常表示此类系数具有统计显著性（不同于0）。

27.5 回归离群值

27.5.1 影响离群值

影响离群值是因 y 变量与观察到的所有其他 y 变量的平均值相差甚远而导致的离群值。

27.5.2 杠杆离群值

杠杆离群值是因 x 变量和所观察到的所有其他 x 变量的平均值相差甚远而导致的离群值。由于这一单独的观测值位于其他观测值的最左侧或最右侧，故其对该条线的斜率的影响要大于其他观测值对该线的斜率的影响。此类离群值可能会特别成问题，我们通常从回归数据集中将其移除。

27.6 留意经济增长商回归中的离群值

对于经济增长商回归，确保离群值不会过度影响回归是有益的。离群值通常代表了不良数据，而且即使数据正确，影响离群值也通常是某些公司特定问题所导致的结果，它们令其估值同其他公司估值之间的比较复杂化。影响离群值的一些常见原因有（当某问题为公司特定问题时）：诉讼风险、并购活动、显著规模差异、不会产生现金的资产、财务困境、养老金或医疗经济责任问题等。为这些问题进行调整，将会改善回归中这一观测值的质量。

可靠的市场价值线通常在其整个轨迹中布满了观测点。如果在 x 轴的任一端仅有一两个观察点，最好移除这些加了杠杆的离群值，并采用有更多观测值支持的线的中心部分。如果沿着这条线存在数家或更多家公司的集群，通常是好事，因为这些集群很可能是一组较大同行公司的逻辑子群。如果该集群系由众多公司组成，其就可能会形成一个属于自己的很好的回归区域。

| 第 28 章 |

附录：

讨论

28.1 经济增长商对假设的加权平均资本成本敏感度很低

如果假设的初始资本成本为一个合理的预估值（基于资本资产定价模型），经济增长商就会非常可靠地衡量公司相比于其经济账面价值的增值增长潜力，而不会因资本成本假设错误而导致失真。这允许投资者在不会因假设资本成本出现微小偏差而失真的情况下，将公司预期增值增长潜力（相比于其现有盈利的价值）的价值与同行公司的预期增值增长潜力进行比较。这允许经济增长商回归识别出市场为一组同行公司分配的独立于现金流贴现模型中所做出的用以计算公司经济增长商的假设资本成本之外的资本成本。

考量一家从其现有业务中产生 100 美元的年度税后净营业利润的公司，其增量机会如图 28-1 所示。

图 28-1 展示了假设资本成本相关的经济增长商的重要方面。

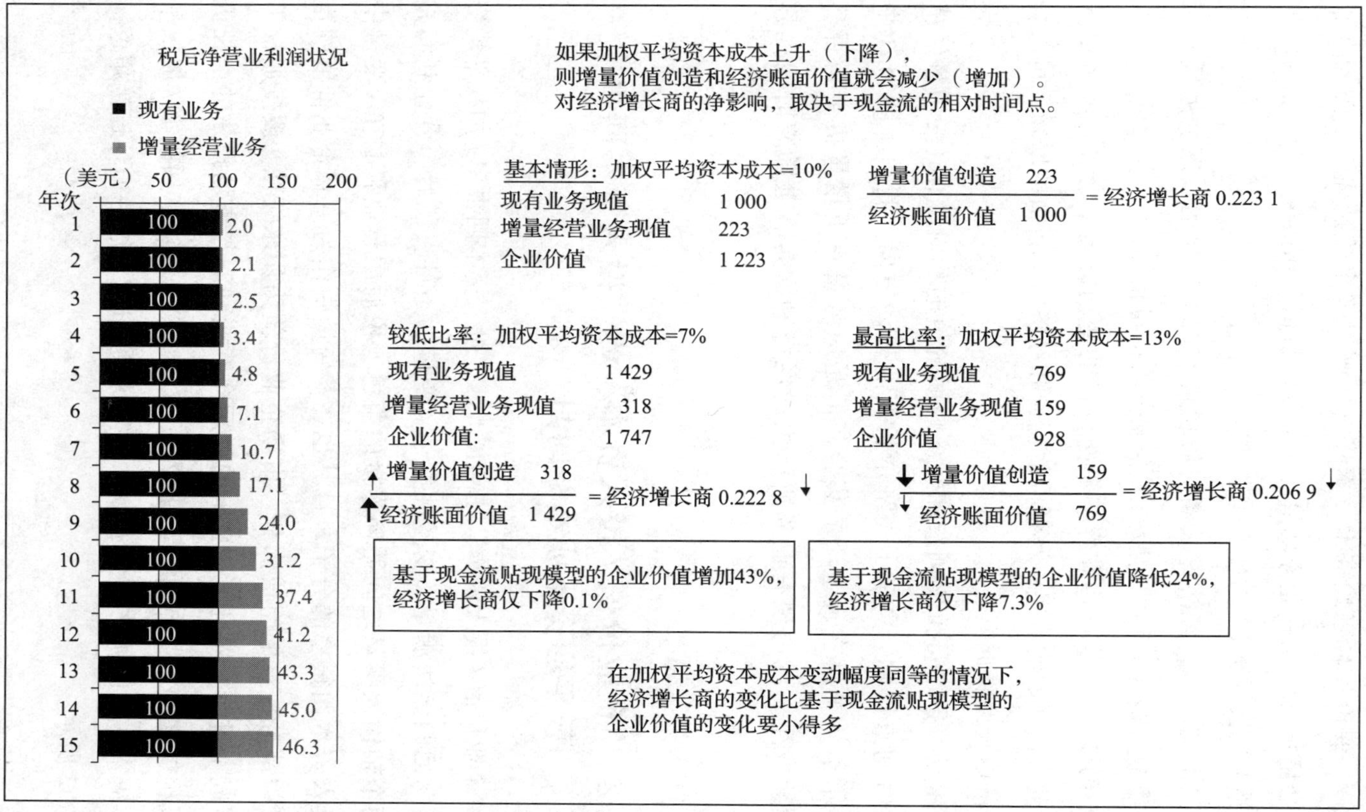

图 28-1 经济增长商对加权平均资本成本变化的敏感度要低于大多数估值模型

（1）假设加权平均资本成本降低，则以现金流贴现为基础的企业价值就会增加，但现有业务现值（经济账面价值）和增量机会现值（增量价值创造）也会增加；

（2）相应地，经济增长商对假设资本成本变化的敏感度远低于传统的以现金流贴现为基础的股票或企业价值衡量指标；

（3）增量价值创造和经济账面价值的变动方向不会决定经济增长商的变动方向（如前所述，增量价值创造和经济账面价值的增减，可能会导致经济增长商降低）。

相反，是增量价值创造和经济账面价值的相对变化（受增量经济利润的时间点影响）决定了经济增长商的变动方向。我们于图 28-1 中突出显示了一个潜在现金流的集合，但是应考量一下增量机会是否都会于近期发生，或由现有业务所产生的经济利润是否会随着时间推移而下降。

28.2 “企业价值 / 投入资本”vs“投入资本回报率 / 加权平均资本成本”回归

“企业价值 / 投入资本”（EV/IC）vs“投入资本回报率 / 加权平均资本成本”回归无法满足 x 变量独立于 y 变量的条件。税后净营业利润充当了两个轴输入参量之间循环连接的角色。税后净营业利润在 x 变量中作为投入资本回报率的分子，且其也在 y 变量中作为一个企业价值的重要却又被部分掩盖的组成部分。市场企业价值为用永续法（被按加权平均资本成本进行资本化）计算出的税后净营业利润与市场预估的增长机会现值相加之和。“企业价值 / 投入资本”vs“投入资本回报率 / 加权平均资本成本”回归所产生的 R^2 大，主要就是归因于这一循环连接角色，如图 28-2 所示。

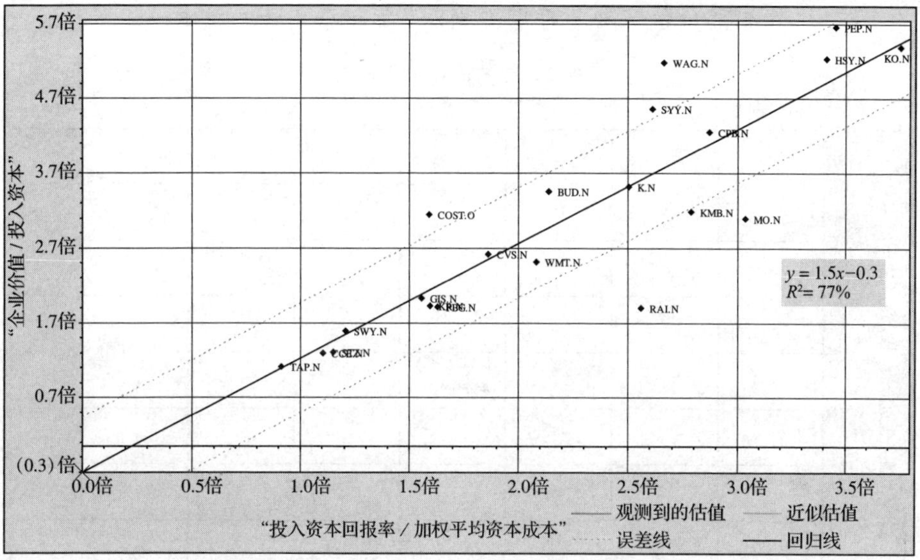

图 28-2 “企业价值 / 投入资本” vs “投入资本回报率 / 加权平均资本成本”

资料来源：瑞银价值创造分析模型。

经仔细考量，某一金额的投入资本的回报率高，应当导致相同投入资本的市场乘数也高，这不足为奇。相比于投入资本而言，高回报率系高税后净营业利润所固有的，因此，相比于投入资本基础，受当前税后净营业利润影响很大的企业价值也应当较高。

市场企业价值中唯一不完全依赖于当前投入资本回报率的部分就是市场评估的增长机会现值，但当前“投入资本回报率 / 加权平均资本成本”并不是一个市场预估公司增长前景（或增长机会现值）的好指标。这正是我们运用价值创造分析模型来在估值回归中预测未来和经济增长商指标的原因所在。

一旦剥离了由今天的税后净营业利润所确定的价值（留下市场隐含增长机会现值），企业市值的相关性就会下降至 12%。当前投入资本回报率水平似乎很难预测市场对增值增长的预期，因此也就很难做出适当的估值。“经济账面价值 / 投入资本”与“投入资本回报率 / 加权平均资本成本”的关系如图 28-3 所示。

企业价值 = 税后净营业利润 / 加权平均资本成本 +

增长机会现值

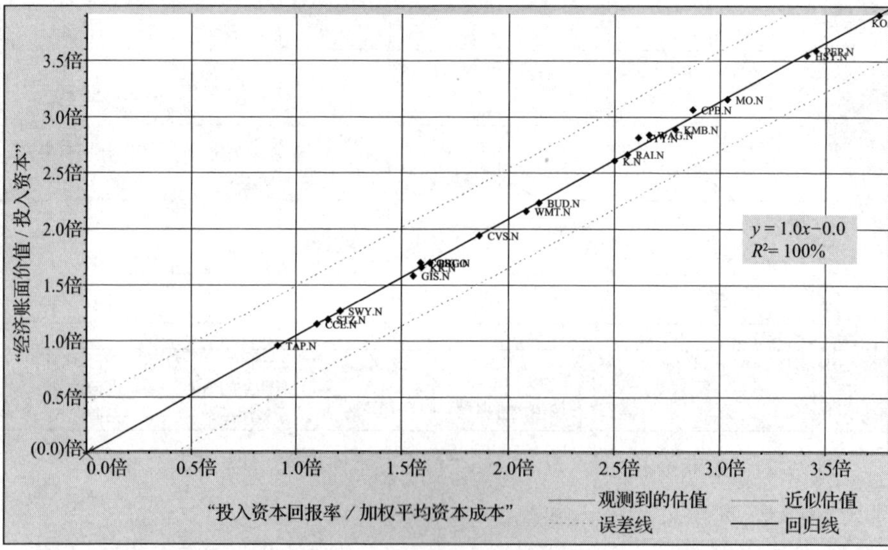

图 28-3　“经济账面价值 / 投入资本” vs “投入资本回报率 / 加权平均资本成本”

资料来源：瑞银价值创造分析模型。

我们认为，“投入资本回报率 / 加权平均资本成本”回归无法反映未来表现。这一比率未对“投入资本回报率 / 加权平均资本成本”未来很可能发生的变化或“未来投入资本回报率 / 加权平均资本成本”以及经济利润率与未来投入资本基础的相互作用做出解释以推演出经济利润。投入资本金额与经济利润率同等重要。简言之，“投入资本回报率 / 加权平均资本成本”回归忽略了主要的估值决定因素。

“投入资本回报率 / 加权平均资本成本”回归中的公司相对位置与由按市盈率进行排序的相对顺序所产生的公司相对位置相同。和市盈率分析一样，“投入资本回报率 / 加权平均资本成本”回归缺乏对各公司之间未来价值增长差异的考量。不幸的是，我们认为，投入资本回报率回归为投资者提供了一种错误的认识，即较高的“投入资本回报率 / 加权平均资本成本”能证明高市盈率或企业价值乘数的合理性。溢价乘数的合理性在于未来经济利润的增长潜力，而非当前的高资本回报率或高经济利润。“市场隐含增长机会现值”与“投入资本回报率 / 加权平均资本成本”的关系如图 28-4 所示。

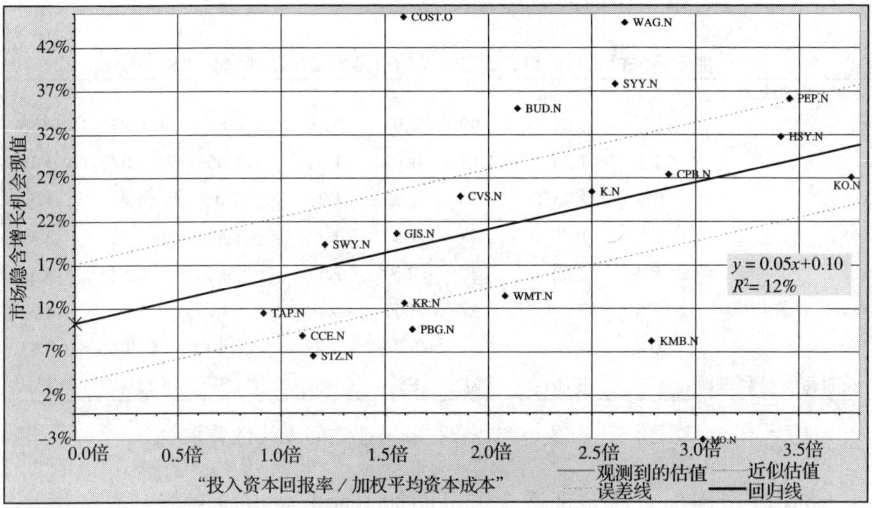

图 28-4 市场隐含增长机会现值 vs “投入资本回报率 / 加权平均资本成本”

资料来源：瑞银价值创造分析模型。

28.3 市盈率 vs 每股盈利增长回归或市盈率相对盈利增长比率

从概念上讲，市盈率 / 每股盈利增速比率（或“市盈率相对盈利增长比率”）与经济增长商回归类似。经济增长商回归的 y 轴是“企业价值 / 税后净营业利润”（一个无杠杆的市盈率乘数）。x 轴上的经济增长商可视为纯净版的市盈率相对盈利增长比率（已为支持该增长所需的投资做出调整，并消除了由金融工程所导致的失真）。

但经济增长商回归有一个重要好处，即能够在线性关系中捕捉增值增长潜力与适当的“企业价值 / 税后净营业利润”乘数（可通过经济增长商现金流贴现模型来使其成为可能）。适当的市盈率相对盈利增长比率不具有市盈率和每股盈利增速之间的线性关系。

图 28-5 的矩阵中对角线上的黑体数字显示了处于稳定状态（增值增长潜力已耗尽）且不派付股利（如果所付股利会令预期每股盈利增速上升的话）的公司的适当市盈率相对盈利增长比率。

用于不派付股利的稳定状态公司的市盈率相对盈利增长比率							
股权成本							
12%	1.08	0.99	0.93	0.89	0.87	0.87	**0.88**
11%	1.23	1.14	1.09	1.06	1.05	**1.07**	1.11
10%	1.45	1.36	1.32	1.31	**1.33**	1.40	1.52
9%	1.75	1.68	1.67	**1.71**	1.82	2.02	2.38
8%	2.22	2.20	**2.27**	2.47	2.86	3.64	5.56
7%	3.03	**3.17**	3.57	4.44	6.67	18.18	(16.67)
6%	**4.76**	5.71	8.33	22.22	(20.00)	(6.06)	(3.33)
长期每股盈利增速	6%	7%	8%	9%	10%	11%	12%

图 28-5 市盈率和每股盈利增速之间无线性关系

该矩阵运用现金流贴现概念来证明如下命题：市盈率相对盈利增长比率小于 1 未必就具有吸引力；市盈率相对盈利增长比率大于 1 甚或大于 2 或大于 3 未必就不具有吸引力。即使对处于稳定状态的公司而言，由于股权成本不同，适当的市盈率相对盈利增长比率也可能会有很大差异。如果两家公司处于稳定状态，但其中一家公司的股权成本较高，这家公司的市盈率相对盈利增长比率就应当较低。

我们不建议运用市盈率相对盈利增长比率来对资本成本不同的公司进行比较。科技板块股票的市盈率相对盈利增长比率就无法与医疗保健板块股票的市盈率相对盈利增长比率相比。我们告诫投资者，（即使是对具有相似系统风险的公司）运用市盈率相对盈利增长比率时通常须谨慎，因为适当的市盈率相对盈利增长比率与股权成本 / 增速比率不合理的非线性关系通常会令这一估值衡量指标非常具有误导性。

28.4 回报率指标：投入资本回报率 vs 现金流投资回报率

投资者经常要求我们解释其他研究公司所运用的各类不同资本回报

率和经济利润衡量指标之间的差异何在。因为大多数指标都是学者和从业者所运用的通用指标的变体甚至是一模一样的指标，所以，我们倾向于回避对众多由其他研究公司所提供的品牌化指标做出具体的评论。例如，由斯特恩·斯图尔特提出的著名的经济增加值指标，是自亚当·斯密时代以来就已在概念上存在的经济利润衡量指标，但其最初是由学者在爱德华兹－贝尔－奥尔森（EBO）估值模型中进行估值的背景下所指明的。⊖

品牌化指标之间的差异通常仅存在于应用软件或计算过程中所用的预估值（如投入资本）中，而不会概念性地存在于指标中。我们认为，任何指标对投资者的最大价值是代表预测指标的那一方面。我们认为，品牌化指标在预测股票表现方面取得成功的程度取决于预测的质量。如果某一指标不是以前瞻性分析为基础，就不应在未做出其他明确决策的情况下使用该指标来进行选股，例如，人们必须确定公司的历史回报率是否能表明其未来投资回报率。

经济利润概念的两个基本原理为回报率和机会成本率。资本机会成本率（经风险调整）反映于经济利润的加权平均资本成本组成部分中。加权平均资本成本预估值通常是以模型（如资本资产定价模型）为基础的。我们此处不会展开论述经济利润的机会成本率组成部分，而是着重论述回报率的衡量问题。

28.5 回报率衡量指标：应计科目 vs 现金流

从概念上讲，投资回报率衡量指标有应计科目和现金流两大类型。以权责发生制为基础的回报率衡量指标纳入了权责发生制准备金（如折旧与摊销）。这些准备金允许进行有意义的有限期间利润衡量（如年度净收

⊖ 爱德华兹－贝尔－奥尔森估值模型由伯纳德（Bernard，1994）首次运用。爱德华兹－贝尔－奥尔森模型是一种根据当前和预测会计数值来衡量公司股东价值的剩余收益模型。Bernard (1994), pp. 1–3, Edwards and Bell (1961), Ohlson (1995).

入)。以权责发生制为基础的回报率衡量指标包括资产回报率（资产回报率 = 净收益 / 资产)、股本回报率（股本回报率 = 净收益 / 股本)、投入资本回报率（投入资本回报率 = 税后净营业利润 / 投入资本)。投入资本回报率代表了无杠杆回报率。

尽管在实操中以现金流为基础的回报率衡量指标通常包括除了为设备报废负债、担保等所做摊销与折旧之外的准备金，但这些衡量指标并未包含应计科目。相反，现金流回报率衡量指标是以多年期现金流预测为基础的。其关键字为“流”，因为此分析需要多年的现金流预测才能计算出有意义的回报率衡量指标。单个期间现金流衡量指标可能会因庞大的资本支出、客户支付、营运资本变动、递延税费等而失真。适当的多期间以现金流为基础的回报率衡量指标包括内部回报率和现金流投资回报率。现金流贴现和净现值分析也是以现金流为基础的。

28.6 投入资本回报率 vs 现金流投资回报率

投入资本回报率和现金流投资回报率本质上大体相同，并且，在实践中用以衡量整体公司回报率时，两者所产生的结果通常很相近。[⊖]但是，即使这两种回报率计算方法的其他所有方面都一致（如在考虑了股票期权、养老金等因素后，对金融负债的债权持有人的利润或现金流的恰当衡量，以及对投入资本的一致衡量)，投入资本回报率和现金流投资回报率之间也仍然存在着一些细微差别。这种差别与时间价值有关。权责发生制会计衡量指标通常不考量时间价值。例如，折旧费用（代表于未来对资产成本进行补充的非现金准备金）就未做出时间价值调整，因此，折旧费用和投入资本回报率不会区分用以维护资产的预期现金支出的时间为 1 年还是 20 年。

让我们考量一下前文所述每年都能产生 100 美元现金营收的两项投资之间的差异，如表 28-1 所示。这两项投资都需要预付 1000 美元的设

⊖ 拉森和霍兰德对现金流投资回报模型所做的探讨，见本书第三部分。

备投资，不过，第 1 项投资需 1000 美元来投资于一台不需要任何维修或维护支出的设备，但必须在 20 年内用一台 1000 美元的新设备来将其整机更换；第 2 项投资也需要预付 1000 美元购买设备，但只要每年花 50 美元的成本对其维护并更换某些部件，该设备就可永久使用。

这两项投资的资产年度折旧均将为 50 美元，因此，假设唯一的费用为折旧且无须纳税，则税后净营业利润都将为 50 美元，而衡量出的两项投资的投入资本回报率均将为 5%，但第 1 项投资的内部回报率和真实回报率高于第 2 项投资。投入资本回报率会假设该投入资本基础每年都维持不变，但是，如果投入资本基础并非每年都维持不变，那么以初始投入资本基础衡量得出的投入资本回报率就会使真实的投资回报率被低估。

表 28-1　投入资本回报率 vs 现金流投资回报率

（单位：美元）

时间	0 年	1 年	5 年	10 年	15 年	19 年	20 年	21 年及以上
投资于需维护资产：								
现金营收		100	100	100	100	100	100	100
税后净营业利润		50	50	50	50	50	50	50
投入资本	1 000	1 000	1 000	1 000	1 000	1 000	1 000	1 000
投入资本回报率		**5.0%**	**5.0%**	**5.0%**	**5.0%**	**5.0%**	**5.0%**	**5.0%**
折旧		50	50	50	50	50	50	50
资本支出	1 000	50	50	50	50	50	50	50
自由现金流	−1 000	50	50	50	50	50	50	50
内部回报率 / 现金流投资回报率	**5.0%**							
投资于需更换资产：								
现金营收		100	100	100	100	100	100	100
税后净营业利润		50	50	50	50	50	50	50
投入资本	1 000	950	750	500	250	50	1000	950
投入资本回报率		**5.0%**	**6.3%**	**9.1%**	**16.7%**	**50.0%**	**100.0%**	**5.0%**
折旧		50	50	50	50	50	50	50
资本支出	1 000						1 000	
自由现金流	−1 000	100	100	100	100	100	−900	100
内部回报率 / 现金流投资回报率	**7.75%**							

第 1 年后按投入资本基础衡量的投入资本回报率将因导致其夸大的整体投资回报率而失真，因为延后及零星资本支出导致净动用资本将会减少。有人将由投入资本回报率衡量出的这一虚假高回报率信号称为“廉价资产陷阱”，首个期间之后，投入资本因大额但不频繁的维护资本支出而暂时受到抑制。

现金流投资回报率对时间价值的更准确考量，令其成为在关于资本支出时间点的详细信息为已知的情况下评估单个项目的更优衡量指标（投入资本回报率中的投入资本失真不会于第 1 年发生）。这就是内部回报率或净现值是大多数企业预算的决策依据的原因所在，但投入资本回报率是投资者评估那些有众多项目和折旧费用的公司的有效衡量指标，这些折旧费用合理地代表了年度维护资本支出。如果一家公司有明显的多年资本支出中断史，但仅每隔几年就会有一次非常大的资本支出，那么，该公司的现金流投资回报率可能就会好些。不过，虽然净资产的临时减少可能会夸大某些特定期间的真实回报率，但这种净资产衡量指标并不会曲解那个时间点的企业账面价值。此外，由廉价资产所导致的高投入资本回报率仅能证明廉价资产乘数是合理的。选择采用投入资本回报率或现金流投资回报率来衡量回报率不会影响现金流贴现模型估值或瑞银价值创造分析模型估值。

虽然投入资本回报率可能会因暂时性失真而失去准确性，但现金流投资回报率计算存在执行方面的缺陷。现金流投资回报率是一种烦琐的多年期内部回报率计算，它以公司（扣除累计折旧与摊销前的）总资产和（扣除折旧与摊销费用前的）预测总现金流为基础，因此，这一计算要求为公司总资产假设一个寿命。该假设通常通过总资产除以会计折旧费用来进行预估。“现金流投资回报率 / 加权平均资本成本”决定了“企业价值 / 投入资本”乘数仍然必须以净资产为基础来进行计算。

我们注意到，表 28-1 中的例子是极端个例。如果在资产完全被更换之前，在没有任何年度维护支出的情况下，上述投资的资本支出年限被从 20 年缩短至 5 年，整体上对公司而言依然是不寻常的激增，那么，第

1 年投入资本回报率和现金流投资回报率之间的差异就会在 50 个基点以下，而按 5 年进行衡量的现金流投资回报率与平均投入资本回报率之间几乎没有差别。

投入资本回报率和现金流投资回报率并非最重要的单个期间业绩衡量指标。无论经济利润等于（现金流投资回报率 – 加权平均资本成本）× 投入资本，还是等于（投入资本回报率 – 加权平均资本成本）× 投入资本，经济利润都是最重要的单个期间业绩衡量指标。只有经济利润才能解释投资的回报率与规模。公司越是壮大，其获得高于资本成本的回报率就越困难。试图通过仅研究超过资本成本的回报率来对经济盈利能力进行标准化的做法是错误的。

我们认为，一些人在努力完善资本回报率和经济利润衡量指标方面付出了太多努力，而未在预测或评估公司产生经济利润增长的潜力方面做出足够的努力。无论回报率和经济利润当前处于何种水平，能证明为公司盈利或现金流提供一个更高乘数的合理性的，都是能产生经济利润增长的能力。同样，也只有产生经济利润增长的能力，才能证明公司投入资本的乘数高于回报率 / 资本成本比率（即“投入资本回报率 / 加权平均资本成本”）的合理性。

28.7 投入资本调整固然重要，但不适用于经济增长商

一个好的经调整投入资本基础预估值（经对大量由通胀和会计问题所导致的历史失真进行调整），需了解公司利润中的真正经济利润占比多少。与当前和未来名义经济利润相比，了解公司当前总市场价值中系由其资产支撑的价值占比是同样重要的。

但是，并不需要准确的投入资本基础预估值来推算公司当前市场价值中归属于公司增量经济利润或增值增长潜力的价值占比。尽管两者都很重要，但在评估观察到的价值时，区分市场对未来经济利润的预期和

经济利润增长是有用的。

正如观察到的“企业价值 / 投入资本”大于“投入资本回报率 / 加权平均资本成本”的部分可以归因于预期经济利润增长那样，观察到的企业价值大于“税后净营业利润 / 加权平均资本成本”的部分或“企业价值 / 税后净营业利润”大于“1/ 加权平均资本成本”的部分也归属于预期经济利润增长，因而可在没有投入资本基础预估的情况下揭示出市场对经济增长的预期。历史投入资本回报率和经济利润分析的前 10 个最重要的投入资本基础调整如下：

（1）加回所有累计商誉摊销、所有税后资产减记 / 减值、所有资产销售额税后损失（扣除利得）;

（2）加回所有税后重组及其他一次性特殊费用；

（3）用合并法为列入的历史收购做出调整；

（4）根据历史通胀对资产账面价值的累积影响做出调整；

（5）将经营性租赁费用资本化（影响投入资本回报率而非经济利润）;

（6）将记作费用的投资（如研发费用和营销费用部分）资本化；

（7）添加历史营业亏损以将其作为创业投资予以资本化；

（8）调整养老金及其他退休后福利账目；

（9）确保折旧费用充分反映出维护资本支出；

（10）扣除产生非经营性收入的资产（如超额现金 / 公司资产）。

请务必为任何未确认的员工股票期权费用调整税后净营业利润，但不需要为股票期权做出以历史投入资本为基础的调整。瑞银估值与会计团队发布了大量有关员工股票期权经济学和会计学的详细报告。

瑞银的投入资本经济盈利能力模型对所有标准普尔 500 指数成分公司的历史资本回报率和经济利润进行了分析并基于上述及其他建议，对公司所报财务报表进行了调整。瑞银可应其客户要求提供该种模型。如果想获取瑞银价值创造分析模型或瑞银经济利润投入资本模型，请联系瑞银估值与会计团队。

第六部分

杠杆收购模型[一]

简・菲比希[二]、丹尼尔・斯蒂里特[三]和托尔斯滕・波迪格[四]

[二] 德意志投资股份有限公司董事总经理。

[三] 瑞银投资银行股权重组 / 特殊情况研究董事总经理。

[四] 不来梅大学金融学教授。

| 第29章 |

内容介绍

私募股权公司的保险柜里满是现金。2006年，私募股权基金仅在美国就从养老基金、个人富豪及其他合格投资者那里筹集到了逾2150亿美元的资金。[1]2007年出现了大量破纪录的交易。在大量“干粉”[2]的推动下，黑石集团、KKR集团、德太投资和凯雷集团等私募股权公司可能会展开更多且规模更大的杠杆收购。

因为私募股权投资者通常会在对上市公司私有化时支付一个控制权溢价，所以，上市公司的投资者可因杠杆收购而获益。许多领先的投资者和投资银行已开发出杠杆收购模型来筛选出潜在的杠杆收购候选标的。金融投资发起人会在分析潜在杠杆收购时运用类似的杠杆收购模型。在本书的这一部分中，我们会描述由德意志银行、高盛、瑞士信贷、摩根士丹利和

[1] Lehman Brothers (2007), p. 2.

[2] “干粉”是一个俚语，指的是具有高流动性并被认为类似于现金的有价证券。“干粉”也可以指风险投资公司或个人手头的现金储备，用于支付未来的债务、购买资产或进行收购。——译者注

瑞银等头部投资银行所开发的杠杆收购模型的方法与机制。[⊖]

在本书前面各部分中，我们已探讨了从不寻求取得对公司的控制权的投资者的角度来对公司进行估值的现金流贴现模型。不同于现金流贴现模型，杠杆收购模型以私募股权投资者的视角来对公司进行估值。私募股权投资者会对公司的财务结构进行资本重组并对经营业务进行重组，以提升公司盈利能力与资本效率。现金流贴现模型和杠杆收购模型结合使用可让你更全面地了解不同潜在买家群体的公司估值方法。杠杆收购模型揭示出，从金融投资者的角度看，对一家公司拥有控制权是至关重要的。

在第30章中，我们讲解了杠杆收购交易的交易机制；在第31～32章中，我们探讨了杠杆收购模型背后的结构与基本假设；在第33章中，我们以德国大陆集团为例，展示了瑞银投资研究部的金融分析师在实操中评估杠杆收购候选标的的方法；第34章以谨慎告诫作结。

⊖ Deutsche Bank (2007), Goldman Sachs (2007), Credit Suisse (2007a), Credit Suisse (2007b), Morgan Stanley (2003), UBS (2006). 金融分析师以试图取得公司控制权的私募股权投资者的视角来对杠杆收购候选标的进行估值，故若金融分析师和私募股权投资者未用同一款杠杆收购（LBO）模型，其结构也会相似，但未直接参与杠杆收购交易的金融分析师所获知的信息通常不如那些计划特定交易的金融投资发起人知道得那样深。金融发起人所用杠杆收购（LBO）模型通常更详尽。

| 第 30 章 |

杠杆收购

杠杆收购是指通过负债融资完成对标的公司的收购。杠杆收购的目的是在不投入大量股权资本的情况下取得对标的公司的控制权。权益资本通常由私募股权基金提供。所动用的负债资本通常包括银行贷款形式的优先债、高收益率负债（“垃圾债券”）和夹层负债。运用金融杠杆可以使股权投资者获得更高的股本回报率，但同时也令交易更具风险性。通常，被收购公司的资产被用作担保品，而被收购公司的现金流被用来偿还负债。私募股权投资者期望其资本仅在一个有限的期间（通常为 3 ～ 5 年）投给公司使用。通常，当被收购公司的资产以一次性交易或分阶段交易的形式被收购公司出售给新投资者时，它们就会实现高资本回报率。鉴于有杠杆，私募股权发起人将尝试通过降低经营风险来降低整体风险。瑞银估计，2003 年到 2006 年 8 月期间，31% 的杠杆收购退出系通过 IPO 进行，而 26% 的杠杆收购退出系通过二级市场收购进行，44% 的杠杆收购退出系通过贸易向买方出售进行。

图 30-1 解释了杠杆收购交易基本原理。假设一家私募股权基金于 2007 年末以 200 亿欧元的企业价值购买公司 A。2007 年，该公司在息税、折旧及摊销前利润（EBITDA）中产生了 25 亿欧元的盈利和 10 亿欧元

的自由现金流。这一交易意味着过往企业价值 /EBITDA 乘数为 8 倍（即 200 亿欧元 /25 亿欧元）。该乘数通常被称为“进入乘数”。如果这笔交易股权融资占 30%，负债融资占 70%，私募股权基金就必须提供 60 亿欧元现金来取得对公司的控制权。为了简单起见，我们忽略了付给银行家和律师的费用。同时，我们还假设公司 A 的资产被用作负债担保。

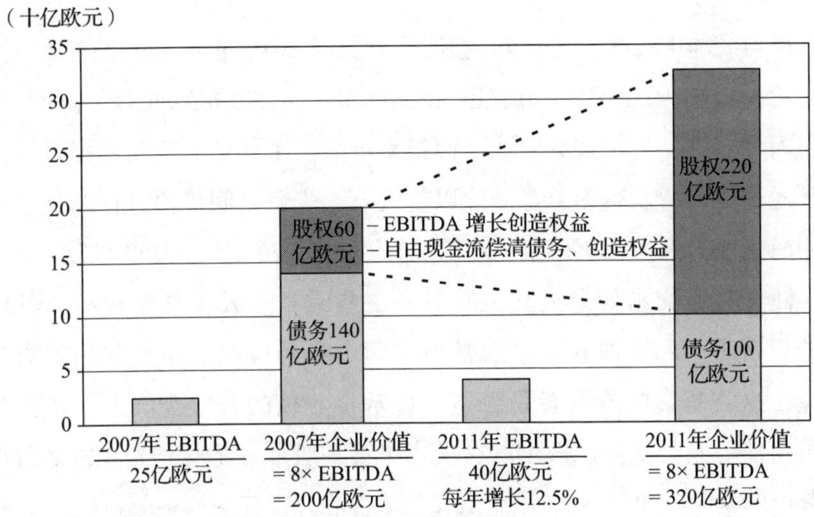

图 30-1 杠杆收购的基本原理

收购一完成，私募股权投资者就可成立新的管理团队，并着手实施百日计划。该计划的关键是费用的削减和现金流的产生。这类以及其他重组努力的结果是假设 EBITDA 将在未来 4 年里每年提高 12.5%。2011 年，该公司的 EBITDA 为 40 亿欧元（即 25 亿欧元 × 1.125^4）。在投资固定资产和营运资本并履行利息义务后，该公司每年产生自由现金流 10 亿欧元，这些自由现金流悉数被用以偿还负债，即在 2008 ～ 2011 年过渡期间，不向私募股权投资者派付股利。2011 年年末，负债削减至 100 亿欧元（即初始负债 140 亿欧元 −4 × 自由现金流 10 亿欧元）。

然后是退出。假设经过一个很长的股权转让及（或）IPO（卖方越来越追求在具有商业可行性的前提下双管齐下）过程之后，公司 A 的所有股份均于 2011 年末通过 IPO 发售给机构投资者和散户。在本次 IPO 中，公司 A 的企业价值为 320 亿欧元，相当于企业价值 / EBITDA 乘数为 8 倍（40 亿欧元 ×8 = 320 亿欧元），扣除负债 100 亿欧元后的市值为 220 亿欧元。我们假设“进入乘数”与“退出乘数”相等，图 30-1 展示了我们所举的例子。

权益资本从 2007 年的 60 亿欧元增加至 2011 年的 220 亿欧元，换算为内部回报率为 38.4%（60 亿欧元 × 1.384^4 = 220 亿欧元）。一些私募股权公司也运用“货币乘数”或“回报率乘数”来评估其所获回报。该乘数等于通过投资所获得的总金额除以投资额，未就时间价值进行调整。在我们的简化性示例中，货币乘数约为 3.7 倍（即 220 亿欧元 /60 亿欧元）。

杠杆收购交易如果成功，受益者主要为私募股权基金和私募股权公司的投资者。私募股权基金通常组建为由私募股权公司控制的有限合伙企业，这类基金的投资者是受益于该基金业绩的有限合伙人。私募股权公司担任一般合伙人、做出所有投资决策并收取一笔管理费（通常为管理下资产的 1% ～ 2%）和“附带利息”（通常为所有利润中超过指定的最低预期资本偿付比率的部分的 20%）。这类交易的受益者还包括提供贷款的银行以及在并购交易中收取费用的投资银行。该例子表明，私募股权公司主要可通过以下 3 种方式为投资者（以及他们自己）创造价值：⊖

（1）财务重组：私募股权公司通常会动用大量的负债融资来完成杠杆收购交易，以提高（杠杆化）预期股本回报率。负债的存在降低了总体资本成本，并可以起到调节管理的作用，以在其整个寿命内将自由现金流的产生额最大化；

（2）经营业务重组：收购完成后，私募股权公司通常会建立新的管理层并对其经营业务进行重组，以增加营收和现金流。较高的自由现金流可用以偿还负债或派付股利。偿还负债会增加新所有者的股权。较高

⊖ 有关杠杆收购中的价值创造来源的详细探讨，见 Loos (2005)。

的 EBITDA 水平，可换算为较高的退出价值；

（3）乘数扩展：理想的情形是，标的公司被以较低的进入乘数买来，而以较高的退出乘数售出。在上文的例子中，我们已假设没有乘数扩展。杠杆收购交易的风险之一就是退出价格的不确定性。退出价格取决于退出日期金融市场的整体状况以及私募股权公司的退出谈判和执行能力。杠杆收购标的的理想标准如表 30-1 所示。

表 30-1 杠杆收购标的的理想标准

财务标准	业务标准
（1）经证明的盈利能力历史以及维持高于平均利润率水平的能力	（1）强大的管理团队
（2）强劲、可预见的、用以支付收购相关的融资成本的现金流	（2）拥有知名品牌和强大市场地位的产品
（3）可于必要时随时出售的可分离资产或业务	（3）作为行业内低成本（从而创造出竞争优势）生产者的地位
	（4）实现未来真正增长的潜力
	（5）不受盈利能力的长期周期性波动影响
	（6）拥有不受快速技术变革影响的产品

资料来源：KKR 集团，摩根士丹利。Kohlberg Kravis Roberts & Co. (1989), p. 66.

在相当长的一段时期内，对食品和烟草巨头雷诺兹 – 纳贝斯克公司的收购，一度是私募股权公司展开的最大规模的杠杆收购，见表 30-2。20 世纪 80 年代末，一场竞购战结束后，KKR 集团同意以创纪录的 250 亿美元的对价收购雷诺兹 – 纳贝斯克公司并对其进行私有化。1988 年 10 ～ 11 月的雷诺兹 – 纳贝斯克公司控制权争夺战后来被《华尔街日报》的两名记者在畅销书《门口的野蛮人》中永载史册。[1]自 2006 年以来，该纪录已屡被打破。为了在 2006 年 7 月的一次俱乐部交易中取得对美国医院运营商美国医院公司的控制权，贝恩资本、KKR 集团和美林证券支付了 210 亿美元的对价并承担了 120 亿美元的负债。[2]同年，黑石集团宣布

[1] Burrough and Helyar (2004).

[2] 在“俱乐部交易”中，一些金融投资者会组团合力收购一家标的公司。私募股权投资者组团使其能在风险共担、回报共享的同时展开大型收购。

以 340 亿美元的总价值（包括净负债）对办公物业投资信托公司展开杠杆收购。

表 30-2 全球创纪录的最大规模杠杆收购交易一览

公告日期	标的名称	收购方名称	公布总价值（单位：百万美元）
2007 年 2 月 26 日	得克萨斯公共事业公司	多家联合收购	43 218
2006 年 11 月 20 日	办公物业投资信托公司	黑石集团	34 102
2006 年 7 月 24 日	美国医院公司	多家联合收购	32 193
1988 年 10 月 19 日	雷诺兹 – 纳贝斯克公司	KKR 集团	30 062
2007 年 4 月 2 日	第一数据公司	KKR 集团	27 497

注：彭博社将“公布总价值”定义为“包括所有披露的款项类型（现金、股票、净债务或不同类型兼而有之）的整份要约的总美元价值。彭博社并购榜单通过将公告日期前 20 日标的公司和收购方公司的平均交易价格用作所有计算的依据来得出公布总价值。现金交易中，总价值 = 要约价 × 流通股股数（净债务也适用该值）。在股票要约中，我们的要约现金价值计算方法为：要约现金价值 = 要约率 × 收购方股票的 20 日平均交易价格。总价值 = 现金要约 × 流通股股数（同时也增加了债务假设）”（彭博社并购榜单术语定义）。

资料来源：彭博社，2007 年 4 月 9 日。

2007 年 2 月 26 日（星期一），得克萨斯公共事业公司于一份新闻稿中证实，由 KKR 集团和德太集团牵头组成的一个投资集团同意以总价值 430 亿美元（包括净负债）的约价收购总部位于达拉斯的这家能源集团。对得克萨斯公共事业公司的收购，标志着杠杆收购浪潮达到了一个新高度。根据并购协议的条款规定，金融投资者向现有股东的要约价为 69.25 美元 / 股，相当于溢价为截至 2007 年 2 月 22 日前 20 日平均收盘价的 25%。[⊖]对得克萨斯公共事业公司的收购如果完成，其将为历史上规模最大的一次杠杆收购。

在下一章中，我们将讲解杠杆收购模型的结构，这将有助于投资者识别出未来杠杆收购候选标的。

⊖ The Wall Street Journal Online (2007b).

| 第 31 章 |

内部回报率与杠杆收购模型结构

在第一部分中，我们已阐明，每笔投资的基本价值是其按适当经风险调整利率进行贴现的预期未来现金流的现值。现金流贴现模型以公司将动用资产来产生现金流并持续经营为前提。如果公司被战略投资者或金融投资者购买和重组，持续经营假设就不成立。金融投资者通常须支付一个“控制权溢价”以取得标的公司的控制权。当收购完成后，他们通常会建立新的管理层、对经营业务进行重组、剥离非核心资产，并采取各类措施提升被收购公司的效率。

杠杆收购模型试图反映资本重组以及经营重组的影响。德意志银行、瑞银、高盛、瑞士信贷和摩根士丹利已或多或少地将其杠杆收购模式背后的框架和假设向投资者透明化。[⊖]它们的模型结构非常相似。杠杆收购模型的目的是识别出潜在杠杆收购标的。在所有这些模型中，潜在杠杆收购标的吸引力是通过其内部回报率来进行量化的。例如，高盛的金融分析师明确建议：“股票投资者可通过买入很可能收到收购要约的公司的股票来获利。我们的研究覆盖了 937 家公司，其中中值股票的 5 年期隐

⊖ Deutsche Bank (2007), UBS (2006), Goldman Sachs (2007), Credit Suisse (2007a, 2007b), Morgan Stanley (2003).

含内部回报率为 10.6%。我们建议投资者买入 117 家隐含内部回报率为 20% 以上的公司的股票……更有针对性的方法是买入 40 家具有最高隐含内部回报率的公司……”[⊖]同样，瑞银的重组 / 并购情况分析团队也专注于识别具有私募股权潜力和收购溢价的股票。第 33 章详述了由瑞银重组 / 并购情况研究团队所开发的基于内部回报率的杠杆收购模型，以衡量潜在杠杆收购的吸引力。

从建模的角度看，杠杆收购是一种非常简单的交易：一家私募股权公司或另一金融投资者同意于期间 $t = 0$ 支付一个交易价格来取得对公司的控制权。交易价款主要通过负债和借入资金 D_0 来进行融资。金融投资者通常只在期间 $t = 0$ 中投入少量股权 E_0 来为交易提供资金。从金融投资者的角度看，初始股权投资为负现金流（现金流出）CF_0。收购了公司之后，金融投资者通常会出售非核心资产，以筹集现金，并对其经营业务进行重组，以增加经营性现金流。通常，私募股权公司会迫使被收购公司拿出一笔为日常业务经营所不需要的超额现金和现金等价物。如果被收购公司于过渡期间派付股利或进行“股利资本重组”（通过负债进行融资的超级股利），金融投资者就会获得正现金流 CF_t。为简单起见，金融分析师通常会假设，投资于加了二次杠杆的公司之后的自由现金流完全用以偿还负债，且于过渡期间 $t = 1, \cdots, T$ 不派付股利。[⊜]收入可以用于偿还负债或以其他比例分配给负债提供者和收购发起人（权益提供者）。

T 年之后，金融投资者通常会通过将公司出售给新的投资者来实现退出，从而获得最终现金流 CF_T。为简单起见，通常假设整家企业于期间 T 内售出。实践中，金融投资者通常会在一段时间内分若干步骤来对企业

⊖ Goldman Sachs (2007), p. 3.

⊜ 金融分析师通常会隐含地假设：被收购公司的资产被用作那些用以为收购价款进行融资的债务的担保品，以及由被收购和加了二次杠杆的公司所产生的现金流被用以偿还债务。金融分析师在物色潜在杠杆收购候选标的时，通常不会假设被收购公司与另一家公司合并。

的股权进行出售。金融投资者的权益资本为期间 T 内的企业价值 EV_T 减去（净）负债 D_T。期间 T 内的负债即初始负债 D_0 减去用以偿还过渡期间负债的所有自由现金流的总和。公司的偿债能力，取决于其产生自由现金流的能力。在本书第一部分中，我们解释了自由现金流为一个由销售额、息税前利润率、资本支出和净营运资本变动所构成的函数。杠杆收购成功与否，取决于管理层对经营业务进行重组以提高盈利能力和资本效率的能力如何。在对销售额、息税前利润和投资需求建模时，金融分析师可将预期盈利能力和效率增益纳入杠杆收购模型。

图 31-1 以私募股权投资者的视角阐明了现金流量流。

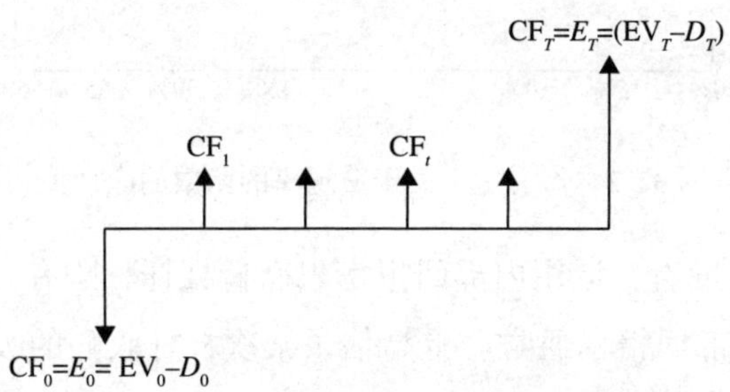

图 31-1　杠杆收购交易现金流量流⊖

我们假设私募股权投资者最初支付一个现金流 CF_0，在过渡期以股利形式获得潜在现金流 CF_t，并于退出投资时获得终期现金流 CF_T。基于这些假设，他们可能预期得出一个内部回报率，其可通过求解下列净现值 NPV 方程来得出，该方程的内部回报率 IRR 被设为 0：

$$\mathrm{NPV}=\mathrm{CF}_0+\frac{\mathrm{CF}_1}{(1+\mathrm{IRR})}+\frac{\mathrm{CF}_2}{(1+\mathrm{IRR})^2}+\cdots+\frac{\mathrm{CF}_t}{(1+\mathrm{IRR})^t}+\cdots+\frac{\mathrm{CF}_T}{(1+\mathrm{IRR})^T}=0$$

Excel 用户可以使用 Excel Solver 或 IRR 函数来求解内部回报率。在我们上文的例子中，2007 年的初始现金流为 −60 亿欧元，2008 ～ 2010 年现金流为零，2011 年最终现金流为 220 亿欧元，运用这些数据计算得

⊖ 请注意：CF_0 为一个负数。从私募股权投资者的角度来看，初始投资是现金流出。

出内部回报率为 38.4%。图 31-2 表明，内部回报率只是净现值为零时的贴现率。

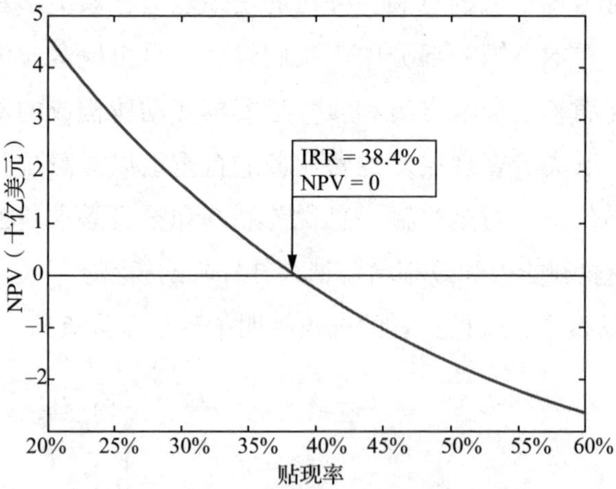

图 31-2 作为一个关于贴现率的函数的净现值

从理论的角度看，运用内部回报率来衡量杠杆收购有几个缺点：[⊖]

缺点 1 内部回报率通常严重高估了某次杠杆收购的吸引力。在计算内部回报率时，金融分析师会隐含地假设过渡期现金流可再投资于内部收益。实际上，如果有同等吸引力的投资机会，私募股权投资者就只能按内部回报率将过渡期现金流进行再投资。如果计算出的内部回报率高于私人投资者可将过渡期现金流进行再投资的真实利率，内部回报率就会高估某次杠杆收购的吸引力。若真实的再投资利率明显低于内部回报率，以及现金流于过渡期期初分配给私募股权投资者（在此种情形下，真实的再投资利率在较长时期内被高估），则高估的程度可能会很严重。根据定义，资本机会成本率（而非内部回报率）是投资者在具有相同特征的可比投资中可通过别的投资来达成的预期回报率，因此，从理论角度看，资本机会成本率（而非内部回报率）才是正确的再投资利率。

缺点 2 比较不同杠杆收购的内部回报率，会忽略各方公司通常具有

⊖ Brealey *et al.* (2006)，pp. 91–99.

不同风险的事实。只有极少数私募股权投资者会严肃地辩称，如果两桩内部回报率相同的杠杆收购风险不同，则它们具有同样的吸引力。私募股权投资者通常更喜欢那些有未动用的负债能力且能产生稳定、可预见的现金流的杠杆收购候选标的。即使内部回报率相同，具有稳定、可预见现金流的公司的杠杆收购和具有不稳定、不可预见的现金流的高周期性技术公司的杠杆收购也并不具有同等吸引力，因为这两类交易的风险不同。从逻辑上讲，潜在杠杆收购交易的内部回报率应与其资本机会成本率（包括风险溢价）进行比较，而不是与风险不同的其他杠杆收购交易的内部回报率进行比较。

缺点 3 在对内部回报率的净现值方程进行求解时可能会有多个答案。内部回报率是现金流净现值为零时的贴现率。每当预期现金流变化的信号出现时，就可能同时存在多个内部回报率。金融分析师计算内部回报率时，应知悉多种解算方法的问题，且始终询问潜在的解算方法是否具有经济学意义。

为消除缺点 1 和缺点 3，金融分析师通常会假设仅有过渡期期初和期末两类现金流，且在过渡期内不向所有者派付股利。从业者在评估潜在杠杆收购交易时会运用基于内部回报率计算的杠杆收购模型，而非现金流贴现模型，主要有两个原因：

（1）内部回报率的计算与解释都非常直观。构建良好的基于内部回报率的杠杆收购模型切实反映了杠杆收购交易机制；

（2）基于内部回报率的杠杆收购模型不要求金融分析师预估金融杠杆对股权 β 和股权成本的影响。从建模的角度看，杠杆收购首先是（也主要是）对未动用负债能力的潜在收购标的所进行的资本重组。在构建现金流贴现模型时，金融分析师通常会应用资本资产定价模型来预估股权成本。在本书第一部分中，我们曾解释过，当动用了更多的负债来为企业进行融资时，股权 β 和股权成本就会上升。在现金流贴现框架中，金融杠杆对股权成本的影响可分为 3 个步骤来进行预估：第 1 步，必须计算

未加杠杆股票 β_{unlev} 来消除历史负债 / 股权比率（D/E）$_{\text{hist}}$ 对当前股票 β_{curr} 的影响：[⊖]

$$\beta_{\text{unlev}} = \frac{\beta_{\text{curr}}}{\left[1+(1-\tau)\left(\frac{D}{E}\right)_{\text{hist}}\right]}$$

τ 代表税率。应用对财务结构加了二次杠杆之后的负债 / 股权比率（D/E）$_{\text{rel}}$，金融分析师能计算加了二次杠杆的股权 β_{rel}：

$$\beta_{\text{rel}} = \beta_{\text{unlev}} \times \left[1+(1-\tau)\left(\frac{D}{E}\right)_{\text{rel}}\right]$$

假设资本资产定价模型成立，则可通过在资本资产定价模型方程中插入加了二次杠杆的 β_{rel} 来预估股权成本 i_E：

$$i_E = r_{\text{f}} + \beta_{\text{rel}} \times \pi$$

r_{f} 和 π 分别代表无风险利率和市场风险溢价。对 β 加二次杠杆来将金融杠杆纳入现金流贴现模型的过程存在一个重大缺陷，即从理论的角度看，二次杠杆 β 是否非常适合于计算私募股权投资者所要求的风险溢价和资本机会成本率，将更值得怀疑。资本资产定价模型会假设投资者会因无法通过多元化来予以消除的市场风险而获得回报，但私募股权投资者很可能会要求一个额外的风险溢价来补偿其杠杆收购交易中所涉流动性风险、破产风险及其他为某桩交易所特定的风险。杠杆收购模型不要求金融分析师对风险溢价和股权成本进行预估。运用基于内部回报率的杠杆收购模型，避免了耗时的二次杠杆股权 β_{rel} 计算过程。在杠杆收购模型中，某桩杠杆收购的吸引力通常通过内部回报率这一单一衡量指标来衡量。如前所述，一些私募股权公司也将侧重于一项额外衡量指标，即货币乘数（或在交易寿命内收到的股权价值和现金流）除以在整个寿命内投入的权益资本。请注意，该指标未就时间价值做出调整。

⊖ Damodaran (2005b), pp. 339–395.

| 第 32 章 |

杠杆收购模型假设

就某桩交易向投资者提供咨询意见的私募股权公司和投资银行会运用杠杆收购模型来分析杠杆收购的吸引力。金融分析师运用类似模型来筛选出潜在杠杆收购候选标的。简单、切合实际且可帮助投资者获得洞见的估值模型就是构建良好的模型。杠杆收购模型与其他任何模型一样，也是以简化性假设为基础。为对潜在杠杆收购交易的吸引力建模，必须做出若干假设：

（1）交易价值和控制权溢价。寻求收购具有吸引力的标的公司的私募股权公司，会同其他金融投资者和战略投资者展开竞争。收购方公司通常必须支付一个高于当前市场价格的溢价，才能取得对标的公司的控制权。表 32-1 反映了历史上全球最大型的并购交易所支付的交易溢价。

表 32-1 全球创纪录的最大规模并购交易一览

	公告日期	标的名称	收购方名称	公布总价值（百万美元）	付款类型	交易溢价（%）
1	2000年1月10日	原时代华纳公司	时代华纳	186 236	股票	81.13
2	1999年11月14日	沃达丰控股股份有限公司	沃达丰集团	185 066	股票和负债	104.63
3	1999年11月4日	华纳·兰伯特公司	辉瑞公司	87 319	股票	30.18
4	2007年3月26日	大众汽车股份公司	保时捷股份公司～优先股	85 750	现金	0.16
5	2006年3月5日	贝尔南方公司	美国电话电报公司	83 105	股票	19.45
6	1998年12月1日	美孚公司	埃克森美孚公司	80 338	股票	26.23
7	2004年10月28日	壳牌运输贸易公司	荷兰皇家壳牌公司	80 138	股票	
8	2001年7月9日	康卡斯特有线通信	康卡斯特公司～A类	76 057	股票	
9	2006年1月21日	恩德萨公司	意昂集团	75 404	现金	79.26
10	2004年1月26日	安万特股份公司	赛诺菲·安万特	72 704	现金和股票	21.68
11	2000年1月17日	史克必成公司	葛兰素史克公司	72 445	股票	−0.61
12	1998年7月28日	通用电话与电子设备公司	威瑞森电信公司	71 127	股票	3.84
13	1998年4月6日	花旗公司	花旗集团	69 892	股票	8.06
14	1998年5月11日	亚美达科通信（特拉华）公司	美国电话电报公司	68 219	股票	23.05
15	2002年7月15日	法玛西亚公司	辉瑞公司	64 264	股票	31.51
16	2007年1月31日	卡夫食品公司～A类	股东	62 014	股票	
17	1998年4月13日	美国银行（旧称）	美国银行集团	57 466	股票	−2.61
18	1999年1月5日	沃达丰美亚股份有限公司	沃达丰集团	57 355	现金和股票	38.97
19	2005年1月28日	吉列公司	宝洁公司～S类	57 279	股票	20.67
20	2000年4月11日	北电网络公司	股东	56 029	股票	
21	1998年8月11日	阿莫科公司	英国石油公司	55 947	股票	32.17
22	2006年2月27日	苏伊士集团	法国燃气集团	55 754	股票	−11.49
23	1999年4月22日	康卡斯特第一媒体集团	美国电话电报集团	55 422	现金、股票和负债	24.25
24	2004年1月14日	第一银行公司	摩根大通银行	55 066	股票	8.28
25	1999年7月5日	埃尔夫·阿奎坦	道达尔公司	52 297	股票	29.98

注：初始“交易溢价”系“基于公告日期前20日平均交易价格计算得出”(彭博社并购榜单术语定义)。

资料来源：彭博社，2007年3月31日。

收购方可提供现金、股票、负债或一个金融工具的组合来向卖方股东收购。2000 年 1 月 10 日（星期一），美国在线正式宣布将收购时代华纳。当时，美国在线（后更名为时代华纳公司）的市值约为 1640 亿美元，而时代华纳的市值仅为 830 亿美元。据彭博社报道，美国在线为每股时代华纳（原时代华纳公司）股份配送 1.5 股其自家公司股份，这相当于“交易溢价”为 81.13%。[⊖]最近，德国跑车制造商保时捷为每股大众汽车普通股股票开出了 100.92 欧元 / 股的要约价，为大众汽车优先股股票开出了 65.45 欧元 / 股的要约价。当保时捷将大众汽车的股份比例增加至 30.94% 时，触发了强制要约。2007 年 3 月 23 日（即公告前一天），保时捷的最高出价比市场价值低 16%。[⊜]这两个例子表明，各潜在收购方的要约控制权溢价可能会大相径庭。收购与行业交易（如这两个例子）之间的一个关键区别在于，买方的估值参考了经营水平提升和杠杆影响，且不大可能依赖于行业协同效应。表 32-2 反映了 2007 年第一季度的一些大规模私募股权交易的交易溢价。

以 2007 年第一季度宣布的 61 桩私募股权交易为基础，我们计算出平均交易溢价为 18.38%，标准差为 13.88%。这一数据很重要，杠杆收购模型的输出结果对假设的交易价格高度敏感。金融分析师通常用“当前市值 ×（1 + 为一组近期收到收购竞价的可比同行公司 p 提供或支付的历史交易溢价 $DP_{p,\text{hist}}$）+（净）负债 $D_{j,0}$”来为杠杆收购中支付的预期交易价值进行建模。下列等式展示了金融分析师对杠杆收购标的公司 j 的预期交易价值或企业价值建模的常用方法：

$$EV_{j,0}=(P_{j,0}\times S_{j,0})\times(1+DP_{p,\text{hist}})+D_{j,0}$$

P、S 和 D 分别代表潜在杠杆收购候选标的的当前市场价格、当前流通股股数以及当前负债和被视为负债的金额。金融分析师通常会用“EBITDA × 近期杠杆收购交易中所支付的历史 EBITDA 乘数”来检查所假设的交易价格是否切合实际：

⊖ 有关美国在线对时代华纳的收购，见 Munk (2004)。

⊜ Bloomberg (2007a) .

表 32-2 2007 年第一季度私募股权交易～交易溢价

	公告日期	标的名称	收购方名称	公布总价值（百万美元）	交易溢价（%）
1	2007 年 2 月 26 日	得克萨斯公共事业公司	多家联合收购	43 218	23.89
2	2007 年 3 月 9 日	英国联合博姿公司	KKR 集团	21 500	29.37
3	2007 年 3 月 20 日	联盟计算机服务有限公司	博龙资产管理有限公司	8 244	14.07
4	2007 年 3 月 12 日	美国达乐公司	KKR 集团	7 321	28.33
5	2007 年 3 月 19 日	服务大师公司	克杜瑞公司	5 071	15.71
6	2007 年 1 月 26 日	墨尼克医疗用品有限公司	多家联合收购	3 680	
7	2007 年 2 月 8 日	埃德加联合公司	贝恩资本公司	3 673	17.38
8	2007 年 1 月 29 日	罗瑞特教育集团	多家联合收购	3 402	18.43
9	2007 年 3 月 13 日	精神金融集团	雷德福控股有限公司	3 312	11.62
10	2007 年 3 月 23 日	依斯塔	查特豪斯资本	3 190	
11	2007 年 3 月 20 日	克莱尔百货股份有限公司	阿波罗管理有限合伙公司	2 846	2.38
12	2007 年 3 月 13 日	水印社区公司	多家联合收购	2 845	2.94
13	2007 年 2 月 12 日	品尼高食品集团	黑石集团	2 160	
14	2007 年 3 月 12 日	维特斯住宅物业股份有限公司	多家联合收购	2 110	
15	2007 年 3 月 5 日	杜莎集团	黑石集团	1 977	
16	2007 年 1 月 25 日	APN 新闻与媒体有限公司	多家联合收购	1 937	0.93
17	2007 年 3 月 23 日	克罗诺斯公司	赫尔曼 & 弗里德曼	1 726	33.50
18	2007 年 3 月 20 日	英吉利缇控股公司	阿波罗管理有限合伙公司	1 682	14.41
19	2007 年 2 月 9 日	健安喜母婴营销集团	多家联合收购	1 650	
20	2007 年 2 月 26 日	枢纽国际有限公司	多家联合收购	1 643	25.00

资料来源：彭博社，2007 年 3 月 31 日。

12个月的过往营收和息税折旧及摊销前利润率通常被用来计算EBITDA。对于潜在的杠杆收购候选标的和一组同行公司 p，通常仅当它们在同一行业（和国家）内经营，且具有可比息税折旧及摊销前利润率时，才会具有可比性。

（2）金融杠杆和负债成本。私募股权投资者通常运用大额优先债、第二留置权负债、夹层负债和垃圾债券来为交易价款进行融资。金融分析师在对杠杆收购交易进行建模时，必须就潜在杠杆收购候选标的可能带来的初始负债的金额做出假设。私募股权公司通常会物色那些拥有未动用借贷能力且拥有可用以偿还负债的可预见、稳定高现金流的公司。产生稳定现金流并因此产生最大杠杆潜力的能力，取决于各种业务风险因素，如：

- 营收的可见性和周期性；
- 产品等级与地域多元化；
- 经营性杠杆金额；
- 资本支出的弹性；
- 市场结构，如集中度、准入壁垒；
- 监管风险。

例如，在高周期性行业中经营的公司，通常比对经济周期不太敏感的公司有更少的负债。为简单起见，金融分析师通常应用财务比率来确定杠杆收购候选标的的杠杆潜力。例如，高盛的金融分析师就是运用“行业特定的‘负债 /EBITDA’”来确定初始负债水平的。[⊖]他们在德意志银行的同僚应用“利息偿付比率”来确定一家公司可能带来的最大负债金额。[⊜]摩根士丹利的金融分析师只需假设私募股权公司 30% 股权、70% 负债来

⊖ 高盛分析了历史上的杠杆收购交易的“负债 /EBITDA”乘数，并为每一行业分配了一个特定的行业“负债 /EBITDA”乘数。例如，高盛对“食品”行业和“钢铁”行业指定的基本情形“负债 /EBITDA”乘数分别为 6.5 倍和 4.5 倍。由于钢铁行业对经济周期的敏感度较高，钢铁公司的杠杆潜力通常低于食品公司的杠杆潜力。此外，高盛分析师按利息偿付比率的 2 倍或企业价值的 80% 来作为负债的上限值。Goldman Sachs (2007), pp. 21–26.

⊜ Deutsche Bank (2007), p. 12.

为杠杆收购交易进行融资。[一]瑞银运用“行业特定的‘负债/EBITDA’”和利息偿付比率（但是是经过调整了的）来得出可接受的长期负债偿还时间表和交易规模。[二]这3项指标均可能不稳定，且由市场决定。

不同公司需要不同的资本结构，并无一种适用于所有杠杆收购的通用资本结构。[三]金融分析师对杠杆收购进行建模时，不仅要对杠杆程度做出假设，还要对负债成本做出假设。作为其标准化杠杆收购模式的基本案例，高盛假设：60%的负债是普通银行负债，按伦敦同业拆出利息率（LOBOR）加250个基点计息；30%是优先债，按LOBOR加375个基点计息；10%是次级负债，按LOBOR加500个基点计息。[四]

（3）经营假设。“……只要有能力支付足够的钱，任何一个傻瓜都能买下一家公司。[五]我们工作中艰巨而重要的部分，就是我们一旦收购了一家公司之后就须为了创造股东价值而对该公司所做的事情……”（KKR集团联合创始人亨利·R. 克拉维斯）。[六]私募股权投资者收购了标的公司之后，通常会建立新的管理层、削减浪费性支出、对经营业务进行重组、剥离非核心资产，以增加自由现金流。杠杆收购成功与否，很大程度上取决于管理层的重组执行力度如何。代理理论认为，公司的所有者和管理者之间会由于利益转移而产生冲突。[七]这一问题也被称为“委托–代理问题”。金融投资发起人通常会通过授予股权、股票期权及其他激励计划来使管理层的利益与他们自身利益保持一致。例如，在由KKR集团发起的杠杆收购交易中，管理层通常持有公司10%～20%的股份。[八]在第一部分中我们曾讲到，公司的自由现金流是一个由营收增速、营业利润率、

[一] Morgan Stanley (2003), p. 3.

[二] UBS (2006), p. 22.

[三] Kohlberg Kravis Roberts & Co. (1989), p. 65.

[四] Goldman Sachs (2007), pp. 24f.

[五] Credit Suisse (2007b), p. 5, Goldman Sachs (2007), pp. 24f.

[六] Kravis (2007).

[七] Loos (2005), pp. 17–19.

[八] Kohlberg Kravis Roberts & Co. (1989), p. 65.

税率、资本支出和净营运资本变动所构成的函数。企业自由现金流可定义为息税、折旧及摊销前利润减去现金税负 T、资本支出和净流动资本变动 ΔNWC：

$$\begin{aligned}\text{FCFF}_t &= \text{EBITDA}_t - T_t - \text{CAPEX}_t - \Delta\text{NWC}_t \pm \text{调整项} \\ &= \text{Rev}_{t-1}(1+g_t)\left(\frac{\text{EBITDA}}{\text{Rev}}\right)_t - T_t - \text{CAPEX}_t - \Delta\text{NWC}_t \pm \text{调整项}\end{aligned}$$

金融分析师在为潜在的杠杆收购候选标的的企业自由现金流进行建模时，通常会对营收的增速和息税、折旧及摊销前利润率做出假设。投资后的自由现金流，可用以偿还负债或派付股利。杠杆收购模型的结果对预期营收增速、营业利润率和投资需求高度敏感。收购完成后，管理层通常会尝试采取各种行动来创造股东价值，如：[⊖]

- 投资于新产品和销售队伍，以增加销售额；
- 削减成本，如消除低效率、精简人员、外包、将经营业务转移至劳动力成本较低的国家；
- 减轻税负，如将经营业务转移至避税天堂；
- 改善存货以及应收账款与应付账款管理；
- 剥离或重新配置表现不佳的资产；
- 以更高效的设备替换过时的设备和人工；
- 重新评估资本支出计划及相关收益；
- 向新的所有者分配超额现金；
- 一般通过不同于公开市场上的管理及治理结构来为企业上下设定更具有雄心的扩张目标。

值得一提的是，有些负债（特别是更优先的负债）连同其契约一起将对企业的管理方式产生一些影响。这可能包括现金流契约、股利及收购限制。

金融分析师在对杠杆收购进行建模时，必须就收购后公司的盈利能力水平和效率水平做出假设。

⊖ Damodaran (2005a), pp. 10–16.

（4）运用自由现金流和过渡期长度。针对杠杆收购的批评意见通常认为，私募股权公司不仅投入的资本极少，而且令公司背上了沉重的负债，还会在公司最终将其转售给新投资者之前榨取其资金。事实上，私募股权公司经常从其投资组合公司中获得股利、管理费和交易费。一些金融投资发起人将对杠杆收购公司进行资本重组，并额外借入资金来派付股利。为简单起见，金融分析师大都会假设所有的自由现金流都用以偿还负债，且于过渡期间不向私募股权投资者支付任何股利。于退出日期，负债金额 D_T 等于初始负债 D_0 减去用以偿还负债的所有现金 DR 的总和：

$$D_T = D_0 - \sum_{t=1}^{T} \mathrm{DR}_t$$

偿还负债会增加金融投资者在该企业中的股权。表 32-3 显示了金融分析师对未偿还负债进行建模的方法。在我们的简化性示例中，我们假设总负债悉数由高级负债组成。当然，收购实际上并非完全通过优先债来进行融资，但在过去几年中，用以为收购提供资金的优先债和次级负债的金额均已大幅增加。今天，越来越多的所谓“第二留置权”贷款被用来为以有形或无形资产形式担保的杠杆收购提供资金。如果发生违约，在“从强制性资产出售所得款项中收回资金”的优先顺序中，第二留置权持有人就将仅次于“第一留置权”持有人，排在第二位，但排在无担保债券持有人的前面。表 32-3 中的模板表明，私募股权投资者可选择各类不同的负债工具，包括无担保负债、次级夹层负债、高收益垃圾债券[⊖]以及实物支付[⊜]、票据。为了便于说明，我们假设公司每年偿还 10 亿欧元的负债。实际上，偿还负债的能力取决于所产生的自由现金流，从而取决于上述经营假设。金融分析师通常会计算各种杠杆率和偿付比率，以检查他们的假设是否切合实际。

⊖ “夹层债务”一词通常是指次级、无担保、高收益率的债务或优先股。夹层债务通常只是股东权益的优先债，故其比用以弥补更高信用风险的优先担保债务成本更高。夹层债务通常由专门的出借方（如愿意承担高信用风险的夹层基金）提供。夹层债务出借方通常会从前期安排费、利息支付（及 / 或实物支付）以及担保中来产生高回报率。

⊜ 债券通常以票息支付的形式支付现金利息。在金融学中，“实物支付”一词是指非现金支付。实物支付通常会随着时间推移而累积，令到期日应付本金增加。

表 32-3 未偿还负债和负债偿还：模板 （单位：百万欧元）

	第 0 年	第 1 年	第 2 年	第 3 年	第 4 年	第 5 年	第 6 年	第 7 年	第 8 年	第 9 年	第 10 年
未偿清优先债 A	14 000	13 000	12 000	11 000	10 000	9 000	8 000	7 000	6 000	5 000	4 000
优先债 A 偿还		−1 000	−1 000	−1 000	−1 000	−1 000	−1 000	−1 000	−1 000	−1 000	−1 000
优先债 B											
优先债 C											
总优先债	**14 000**	**13 000**	**12 000**	**11 000**	**10 000**	**9 000**	**8 000**	**7 000**	**6 000**	**5 000**	**4 000**
夹层											
高收益											
总负债	**14 000**	**13 000**	**12 000**	**11 000**	**10 000**	**9 000**	**8 000**	**7 000**	**6 000**	**5 000**	**4 000**
实物支付											
总负债 + 实物支付	**14 000**	**13 000**	**12 000**	**11 000**	**10 000**	**9 000**	**8 000**	**7 000**	**6 000**	**5 000**	**4 000**
杠杆率和偿付比率											
总优先债 /EBITDA											
总负债 /EBITDA											
EBITDA / 利息费用											

如果假设在过渡期会向私募股权投资者支付股利，可以将上述计算修改。当然，分配现金意味着负债削减速度减慢。[一]德意志银行和瑞银[二]的金融分析师认为，为日常业务经营所不需要的超额现金可立即用来偿还债务。[三]为简单起见，通常假设整家企业于期间 T 内售出。在实操中，金融投资者通常会在一段时间内分若干步骤来对其企业的股权进行出售。各私募股权投资者对其投资持有的期限差异很大。一些金融投资者会在几个月后就退出，也有一些金融投资者会在其投资组合中持有这些公司长达数年之久。金融分析师在对杠杆收购进行建模时，通常会假设私募股权投资者会于 5 年后退出，并相应地计算 5 年期内部收益率。[四]如下所示，瑞银以 3 ～ 5 年为期限来展开分析工作，而 4 年期被当作基本情形。

（5）最终现金流和退出乘数：私募股权投资者通常通过将公司出售给新的投资者或于几年后通过 IPO 来退出投资。私募股权发起人的最终现金流等于退出企业价值减去退出年度 T 的净负债。金融分析师大都会运用一组同类可比公司 p 的“平均企业价值 / EBITDA 退出”乘数来确定潜在收购候选标的 j 的事前未知的退出日期 T 当日的企业价值 $\mathrm{EV}_{T,j}$：[五]

$$\mathrm{EV}_{T,j}=\left(\frac{\mathrm{EV}}{\mathrm{EBITDA}}\right)_{T,p}\times \mathrm{EBITDA}_{T,j}$$

表 32-4 提供了近期从私募股权投资者收到的杠杆收购要约的公司的“企业价值 /EBITDA”乘数。退出乘数的选择高度主观。与其他估值乘数一样，“企业价值 /EBITDA”乘数会随着时间推移而变大或变小。有些金融分析师采用“长期历史平均企业价值 /EBITDA”乘数，也有一些金融分析师采用“当前乘数”来计算退出企业价值。金融分析师可采用公司

[一] Goldman Sachs (2007), p. 24.

[二] UBS (2006), p. 26.

[三] Deutsche Bank (2007), p. 14.

[四] Morgan Stanley (2007), p. 3, Goldman Sachs (2007), p. 24, Deutsche Bank (2007), p. 12.

[五] Goldman Sachs (2007), p. 26, Morgan Stanley (2003), p. 3, Deutsche Bank (2007), p. 13, UBS (2006), p. 22.

特定或行业特定的退出乘数。要计算属于私募股权投资者的股权价值 E_T，必须从退出日期 T 的企业价值 EV_T 中减去（净）负债 D_T：

$$E_{T,j} = EV_{T,j} - D_{T,j}$$

表 32-4 2007 年第一季度私募股权交易："企业价值 / EBITDA" 乘数

	公告日期	标的名称	收购方名称	公布总价值（百万美元）	EBITDA 乘数
1	2007 年 2 月 26 日	得克萨斯公共事业公司	多家联合收购	43 218	8.08 倍
2	2007 年 3 月 9 日	英国联合博姿公司	KKR 集团	21 500	28.33 倍
3	2007 年 3 月 20 日	联盟计算机服务有限公司	博龙资产管理有限公司	8 244	
4	2007 年 3 月 12 日	美国达乐公司	KKR 集团	7 321	12.30 倍
5	2007 年 3 月 19 日	服务大师公司	克杜瑞公司	5 071	
6	2007 年 1 月 26 日	墨尼克医疗用品有限公司	多家联合收购	3 680	
7	2007 年 2 月 8 日	埃德加联合公司	贝恩资本公司	3 673	9.55 倍
8	2007 年 1 月 29 日	罗瑞特教育集团	多家联合收购	3 402	16.97 倍
9	2007 年 3 月 13 日	精神金融集团	雷德福控股有限公司	3 312	19.32 倍
10	2007 年 3 月 23 日	依斯塔	查特豪斯资本	3 190	
11	2007 年 3 月 20 日	克莱尔百货股份有限公司	阿波罗管理有限合伙公司	2 846	9.58 倍
12	2007 年 3 月 13 日	水印社区公司	多家联合收购	2 845	37.16 倍
13	2007 年 2 月 12 日	品尼高食品集团	黑石集团	2 160	
14	2007 年 3 月 12 日	维特斯住宅物业股份有限公司	多家联合收购	2 110	
15	2007 年 3 月 5 日	杜莎集团	黑石集团	1 977	
16	2007 年 1 月 25 日	APN 新闻与媒体有限公司	多家联合收购	1 937	10.97 倍
17	2007 年 3 月 23 日	克罗诺斯公司	赫尔曼 & 弗里德曼	1 726	16.28 倍
18	2007 年 3 月 20 日	英吉利缇控股公司	阿波罗管理有限合伙公司	1 682	13.02 倍
19	2007 年 2 月 9 日	健安喜母婴营销集团	多家联合收购	1 650	
20	2007 年 2 月 26 日	枢纽国际有限公司	多家联合收购	1 643	12.82 倍

注：彭博社 EBITDA 乘数的计算方法为"……EBITDA 乘数等于彭博社并购榜单公布交易总价值除以潜在标的的基本价值。EBITDA 是一个 12 个月期往绩数值"（彭博社并购榜单术语定义）。请注意：杠杆收购分析通常依赖于往绩数值而非期间 $t+1$ 乘数。

资料来源：彭博社，2007 年 4 月 1 日。

确定（净）负债也需做出几个主观假设。资产负债表中所报的负债通常不能反映公司的真实负债负担。从经济（而非会计）角度看，金融投资者大都可以将养老金负债、租赁负债及其他资产负债表外负债视为负债，但是当对大量潜在杠杆收购候选标的运行杠杆收购筛选时，金融分析师通常大都只会对所报的负债（若有）做一些调整。

在下一章中，我们将以德国大陆集团为例，来展示杠杆收购的估值方法。

| 第 33 章 |

案例：

德国大陆集团

在对德国大陆集团进行杠杆收购分析之前，我们有必要为公司 2006 年 7 月下旬的情况做一些背景设定。提供了一些背景信息后，我们将探讨关键的杠杆收购参量，并带你分步走完德国大陆集团杠杆收购分析的全过程。

33.1 背景

德国大陆集团是当今世界领先的汽车行业供应商之一，其业务经营范围广泛，涵盖橡胶、轮胎、制动技术、行驶动力学控制、电子、传感器系统和远程信息处理。

2006 年 9 月 19 日，德国大陆集团宣布，一家私募股权投资者已就公司竞价事宜与其进行了接触，但磋商于早期阶段就终止了。同日，英国《金融时报》报道称，一家由贝恩资本牵头的财团以优厚的溢价与该公司就收购问题进行了接触。9 月 27 日，德国大陆集团在巴黎车展上向市场透露称，一家身份不明的私募股权公司为公司做出了一个“合理”的要约价。公司管理层已确定，这家公司并没有拆分德国大陆集团的计划，且战略计划与德国大陆集团管理层的战略计划保持一致，但磋商在股价上涨了约 11% 之后于双方进行讨论的那一周就结束了。鉴于当时的股价走势（见图 33-1），瑞银认为磋商发生于 7 月的第 2 ～ 3 周。假设该期间股价主要波动范围为 72 ～ 74.5 欧元，溢价范围为 20% ～ 25%，建议收购价格为 86 ～ 93 欧元 / 股。我们的任务是建立杠杆收购估值，并确定能让私募股权投资者“产生兴趣”的股价水平。有人将这一最低估值称为“私募股权看跌”，即一个将股票收益状况转变为不对称的、只会涨不会跌的下限。

图 33-1 德国大陆集团 2006 年 4 月～ 2007 年 4 月股价

德国大陆集团行业领先的营业利润率和具有吸引力的经营自由现金流（EBITDA - 资本支出）利润率本会吸引潜在买家。其一部分股利由其针对同行所做的产品定位产生；另一部分股利归功于其规模和效率。在重组方面，可以说德国大陆集团也遥遥领先于许多同行公司。根据行业标准来看，德国大陆集团由经营活动所产生的自由现金流利润率也很强劲，这表明其经营性杠杆率更低，这正是杠杆收购买家渴望见到的情形。德国大陆集团可以说是杠杆严重不足。我们的预测数据表明，该集团到 2007 年末时将无任何负债。

33.2 杠杆收购建模方法（适度详尽）

任何杠杆收购分析的关键，都是对可能需要的详细程度做出决策。

这取决于预期将会运行的情景，即须考量销售额、利润率、资本支出和营运资本、税收、备选融资结构和潜在处置的变化。所分析公司的结构和可通过公开渠道获得的数据也同样关键。[一]2007 年第三季度收购沃达丰之前，德国大陆集团主要有汽车系统、乘用车和轻型卡车轮胎、商务车轮胎和康迪泰克（ContiTech）四大主要业务部门。

当时，德国大陆集团首席执行官温纳默博士和首席财务官希普博士表示，董事会很可能不会将满足某些特定条件的收购拒之门外。除了价格，似乎还有两个条件：第一，出价人将不会拆分公司；第二，公司原有战略维持不变。该策略的一个明确部分是希望于收购次年进行另一次收购。相应地，我们选择在集团层面而非部门层面[二]建模，且不对任何处置进行建模。[三]

33.3 杠杆收购关键参量

在本节中，我们将探讨杠杆收购模型的关键参量。我们所用的模型是传统的行业杠杆收购模型，其不同于基础设施收购模型，后者通常被用来评估长期现金流期限的基础设施类企业的收购。[四]该模型的关键构建模块如下：

[一] 已被授予尽职调查权并可获得非公开信息的投资银行顾问和私募股权投资者很可能会制定更详尽的财务模型。这些模型也很可能会对拟议的备选杠杆收购融资结构构建相当详细的模型。我们所提供的例子属于一种依赖于对在中国上市的公司进行杠杆收购估值的实际模型。

[二] 进一步的分析可能涉及了对各单个部门（包括被我们认为至少是这些部门的“核心”的康迪泰克的潜在处置）分别建模以及分析表现相对较差的美国轮胎业务的转机或处置。这会令分析师重新调整预测，以剔除已被处置的业务，且美国轮胎业务的好转势头好于基本情况数据。

[三] 我们知道，其他人正在对涉及康迪泰克处置的杠杆收购进行建模。

[四] 主要区别在于：基础设施收购旨在长期维持最高的杠杆水平，并相应对融资进行结构化。此类交易的内部回报率目标范围很可能为 8% ～ 12%。

- **股票的市场价格和收购溢价** 历史分析表明，应采用一个接近20%的数值。[⊖]评估处于其寿命早期的杠杆收购机会，金融投资发起人通常会采用一个介于20%与30%之间的数值。一家公司受到私募股权买家评估的消息传入公众耳中后，其股价立马飙升10%以上的情形并不少见。可将当前市场价格加上一个溢价代入该模型，并看看会出现何种水平的内部回报率（具体视经营及资本结构假设而定）。此外，我们感兴趣的是，为确保金融买家能预期达到一个充分的内部回报率目标，隐含或必需的价格将会是多少。
- **交易的目标内部回报率或预期内部回报率** 着重点是内部回报率而非前述"货币乘数"。我们运用一个介于15%与20%之间的内部回报率区间。在这一范围内，内部回报率在部分程度上是一个关于感知到的、加了杠杆的企业的风险的函数。要是德国大陆集团出现重大重组情形，那么，内部回报率很可能就需要至少达到20%。私募股权投资者期望其资本仅在一个有限的期间（通常为3～5年）投给公司使用，因此，我们倾向于在3～6年期的时间窗口内来对内部回报率进行建模。
- **进入乘数和退出乘数** 乘数反映了金融投资发起人为企业支付的估值价款和退出时实现的价值。杠杆收购从业者在评估这两项时，通常会运用过往12个月及当前年度预测乘数而非远期乘数。这在一定程度上源于一个事实，即提供杠杆融资的银行将倾向于以过往12个月或当前年度为基础来进行贷款。虽然还有其他诸如"企业价值/销售额"、市盈率和自由现金流收益率等乘数，但"企业价值/EBITDA"是一个常用乘数。假设的进入乘数与退出乘数之间的关系至关重要。以一个优于进入乘数的价格退出的假设是激

⊖ 历史上并购交易和私募股权交易中支付的交易溢价相关数据，分别见表32-1和表32-2。

进的，这无异于将即时二次估值构建到本次估值之中。[1]终值退出乘数也应于同行估值和公司及其同行的历史交易估值的背景下设定。须对退出乘数谨慎的另一个原因是，退出可能是通过 IPO 而非股权转让或二次收购的方式进行，故可能不会纳入收购交易中隐含的控制权溢价。

- **资本结构** “净负债 /EBITDA”乘数、收购资本结构中的股权占比、固定费用偿付比率这 3 项互补性指标对此做出了有用的界定。固定费用偿付比率是指免息后现金流与利息成本之比。私募股权发起人和杠杆收购融资提供者认为适当的每一级别都会因行业和交易而异，但可以公平地讲，交易规模越大，资本结构中的股权占比反而越低。在一个活跃的信贷环境中，50 亿欧元以上规模的交易并不少见，其中购买企业价值的 20% 由股权构成。就整个欧洲而言，2007 年该项数值为 32.5%。[2]
- **负债资本结构和清偿** 我们的模型广泛地反映出了典型收购的融资，也就是说，其系由三层优先债（A 级、B 级和 C 级）、一层次级高收益（垃圾）负债和一层收益率更高、更次级的夹层负债组成。尽管在信用危机持续期间为 A 级贷款推出一发式偿还计划的情形越来越普遍，但传统而言，A 级具有摊销性。通常，A 级、B 级和 C 级的到期期限分别为 7 年、8 年和 9 年。过去 2 年中的收购越来越多地利用了一层第二留置权负债（其因从属于对信贷资产具有第一留置权的三层优先债而得名）。我们通过将资金从这一层分配到更高级别的优先债发现，其分析力并未因此而受到减损。同样，我们将 B 级和 C 级作为摊销来进行建模，此举会提供一些缓冲，因为在实操中偿还可能是一发式的。所涉到期期限需要 10 年

[1] 这并不是说，过去的乘数增大不是杠杆收购中价值创造的驱动因素。塞拉尼斯在德国进行的收购以及随后在美国的 IPO 均受益于此类“乘数套利”。

[2] 标准普尔对 2007 年欧洲杠杆收购的评估。

以上的现金流预测。

- **夹层负债和高收益率负债** 传统而言，高收益率负债和夹层负债市场提供的流动性远不及优先债市场，它们在有任何筹资缺口时大面积填补了这些缺口。夹层负债的成本远高于高收益债券的成本（见下文），其反映出其对高收益债券持有人的从属关系。夹层负债通常为一半实物支付，一半现金支付。
- **私募股权所有权的经营性影响** 我们以瑞银的汽车板块研究团队所做的预测作为切入点，并在此种情形下集体性地对资本支出和营运资本投资做出一些（通常很小的）调整，以得出一个居中情形的经营性情景。虽然私募股权通常能够成功地改善关键业绩和现金流指标，但我们还是会努力地让人们相信，收购经济不会依赖于非常重大的经营性影响。

在探讨了我们模型的关键参量之后，在下一节中，我们将探讨我们对潜在的德国大陆集团收购的内部回报率进行计算的方法。

33.4 带你分步走完杠杆收购模型全过程

在本节中，我们将分步探讨我们对德国大陆集团杠杆收购的分析。如前所述，目标是弄清对应于可接受的内部回报率范围的价格区间是什么。本分析为我们提供了一种关于私募股权买家的支付能力的识别力。

交易详情

在表 33-1 中，我们展示了与时间、价格和总价值相关的关键假设。为了使建模易于处理，我们假设交易日期为最近的未来年度末（2006 年 12 月 31 日），股价为 87 欧元 / 股，收购溢价为 20%，股数为 1.455 亿股，则其收购股权价值为 152 亿欧元。加上净负债、国际财务报告准则规定的养老金亏空以及一个假设的少数股东权益收购成本，则其收购企业价值为 177 亿欧元。然后通过一个假设出售少量外围资产来降低这一数值，以得出 175 亿欧元的收购企业价值。

表 33-2 显示了这些收购价值中隐含的估值乘数。我们展示了当前年度（定义为收购年度）乘数和一年期预期乘数。鉴于德国大陆集团的业务经营质量（同类最佳利润率）以及汽车零部件同行的交易价格，我们觉得，潜在买家[⊖]将能够证明这些乘数的合理性。

表 33-1 交易详情：假设

交易详情	
交易日期	2006 年 12 月 31 日
流通股（百万股）	145.5
现价（欧元）	87.00
溢价	20%
价格（欧元）	104.40
（百万欧元）	
股权价值	15 185
净负债（现金）	927
养老金准备金	1 111
收购少数股东权益	221
费用（1.5%）	228
企业价值	17 671
非核心 / 外围资产	−127
核心企业价值	17 544

表 33-2 杠杆收购估值乘数：假设

	2006 年	2007 年
企业价值 / 销售额	1.2	1.1
企业价值（核心）/EBITDA	7.1	6.8
企业价值（核心）/EBITA	10.2	9.8
市盈率	13.3	12.7
自由现金流收益率	4.9%	6.7%

⊖ 从潜在交易的规模来看，其很显然会牵涉到一个买方联盟财团。

表 33-3 列出了假设的收购资本结构。首先，将 177 亿欧元的收购企业价值的融资分成负债和股权两部分。总资本结构中 58% 的负债（显示于隐含债务负担表中）对应 2006 年末“净负债 /EBITDA”为 4.1。这一数值低于欧洲杠杆收购融资的平均乘数 6.0。重要的是，2006 年末的预计固定费用偿付比率仅为 1.2，这一数值实际上设定了潜在负债负担金额上限。如下文所述，这一点将由预测负债偿还状况来做进一步佐证。

表 33-3c（负债拆分）显示了假设的负债资本结构。我们设 A 级的优先债为 1.5 倍 EBITDA，而 B 级代表一笔额外的金额（即额外的 1.0 倍 EBITDA）以使该两部分的累计杠杆率为 2.5（=1.5 + 1.0）倍。第 3 层（即 C 级）作为一个额外的部分来进行建模。鉴于我们认为在那个时间点上高收益率市场可以支持约 10 亿欧元的德国大陆集团票据，所以，我们将余下的 15% 的收购负债资本拆分为 10% 的高收益率负债和 5% 的夹层负债。

表 33-4 展示了以市场利率为基础的初始利息成本计算。该表也显示出混合总负债成本为 7.0%。

表 33-3 融资结构：假设 （单位：百万欧元）

a）融资结构

负债占比（%）		**58%**
股权占比（%）		42%
负债		10 249
股权		7 422
合计		17 671

b）

隐含负债负担	58%
净负债合计	10 249
净负债 /EBITDA：2006 年末	4.1 倍
优先债 / EBITDA：2006 年末	3.5 倍
EBITDA 利息偿付比率：2006 年末	3.5 倍
固定费用偿付比率：2006 年末	1.2 倍

（续）

c)		
负债拆分	拆分比例	金额
银行负债 A	36.2%	3 714
银行负债 B	24.2%	2 476
银行负债 C	24.2%	2 476
高收益率	10.0%	1 025
夹层	5.4%	558
合计	100%	10 249

表 33-4 利息成本：假设

	利率	差幅	成本（百万欧元）
欧元银行同业拆借利率（Euribor）	3.8%		
银行负债 A	6.1%	225 个基点	225
银行负债 B	6.6%	275 个基点	162
银行负债 C	7.1%	325 个基点	175
高收益率	8.5%		87
夹层	12.0%		67
合计			716
平均负债成本	7.0%		

财务报表摘要

表 33-5 为一份利润摘要表，表 33-6 为杠杆收购前现金流量表摘要。我们展示了 2005 ～ 2011 年期间和 2015 年的数据。如前所述，这些报表可替换为更详尽的、具有按业务部门分的驱动因素的报表。我们选择用合并企业驱动因素来代表这些驱动因素的指标。表 33-5 显示出，我们假设了营收于 2008 年增速放缓且其后将于 2011 年进一步放缓。2006 年预测值略有增长之后，我们也对来自 2007 年的部分息税前利润率侵蚀情况构建模型。

从现金流来看，我们认为，私募股权将做出一致的尝试，并成功遏制净营运资本流出，以及微幅降低资本密集度，但我们保留了重大金额的年度重组成本。不过，我们假设未做出任何收购，且认为通过额外的收购融通工具可为收购德国大陆集团的战略创造一些空间。

表 33-5 杠杆收购前销售额和利润假设 （单位：百万欧元）

	2005 年	2006 年	2007 年	2008 年	2009 年	2010 年	2011 年	2015 年
总销售额	13 837	14 709	15 721	16 350	17 004	17 684	18 126	20 008
营收变动百分比		6.3%	6.9%	4.0%	4.0%	4.0%	2.5%	2.5%
息税前利润率	11.2%	11.7%	11.4%	11.0%	11.0%	11.0%	11.0%	11.0%
息税前利润	1 545	1 716	1 794	1 798	1 870	1 945	1 994	2 201
折旧	742	760	800	899	935	973	997	1 000
销售额百分比	5.4%	5.2%	5.1%	5.5%	5.5%	5.5%	5.5%	5.0%
息税、折旧及摊销前利润率	17%	17%	16%	17%	17%	17%	17%	16%
息税、折旧及摊销前利润	2 287	2 476	2 594	2 698	2 806	2 918	2 991	3 201
息税前利润	1 545	1 716	1 794	1 798	1 870	1 945	1 994	2 201
利润率	11.2%	11.7%	11.4%	11.0%	11.0%	11.0%	11.0%	11.0%

表 33-6 杠杆收购前现金流 （单位：百万欧元）

	2005 年	2006 年	2007 年	2008 年	2009 年	2010 年	2011 年	2015 年
息税、折旧及摊销前利润	2 287	2 476	2 594	2 698	2 806	2 918	2 991	3 201
资本支出	−872	−890	−890	−899	−935	−973	−997	−1 100
资本支出于销售额中占比	6.3%	6.1%	5.7%	5.5%	5.5%	5.5%	5.5%	5.5%
净营运资本变动	−185	−200	−20	−50	−50	−50	−20	−20
利息	−104	−86	−80	−28	29	91	159	470
税费	−432	−489	−514	−531	−570	−611	−646	−801
重组成本	−69	−74	−79	−82	−85	−88	−91	−100
自由现金流	624	737	1 011	1 107	1 195	1 287	1 396	1 649

在表 33-7 中，我们展示了用于杠杆收购融资的（预估性）现金流量表。这一影响可从 2007 年（收购后的第一年）的税收和利息费用中看出。我们正是在这里计算可用以削减负债的现金的。我们的融资结构于第一年留下了约 6.4 亿欧元来偿债，到 2010 年，这一留下来用于偿债的金额增加至 8.3 亿欧元。[⊖]杠杆收购前现金流和杠杆收购后现金流（见表 33-6 和表 33-7）的两个主要差别在于利息和税费。杠杆收购前利息栏显示应收净利息并反映出资产负债表杠杆缺乏的情况并不少见。同时，杠杆效益（利息成本税收减免）将会在杠杆收购后现金流量表中得到明显体现。此外，杠杆收购分析过程的一个重要部分，是对潜在的经营改善（是由于所有权从公共市场转移到收购集团手中和随之而来的管理层的物质激励，以及对盈利能力和现金流的高度关注）进行预测和建模。同时，在现金流预测中反映了处置所得款项，因为收购集团致力于削减过剩资本并产生现金来用以偿债。

表 33-7 杠杆收购后现金流 （单位：百万欧元）

	2005 年	2006 年	2007 年	2008 年	2009 年	2010 年	2011 年	2015 年
息税、折旧及摊销前利润	2 287	2 476	2 594	2 698	2 806	2 918	2 991	3 201
资本支出	−872	−890	−890	−899	−935	−973	−997	−1 100
净营运资本变动	−185	−200	−20	−50	−50	−50	−20	−20
税费	−432	−489	−329	−343	−377	−414	−444	−592
重组成本	−69	−74	−79	−82	−85	−88	−91	−100
自由现金流	728	823	1 276	1 324	1 358	1 393	1 439	1 388
处置	0	0	64	0	0	0	0	0
利息	−104	−86	−696	−656	−614	−566	−513	−226
用以削减负债的现金	624	737	643	668	745	827	926	1 162
税率（%）	30%	30%	30%	30%	30%	30%	30%	30%

表 33-8 显示了我们的一项负债偿还计划摘要。应当显而易见的是，

⊖ 我们已经见到大量我们原本预计会有吸引力但因缺乏去杠杆化而使内部回报率不达标的杠杆收购运作。

2007 年预测净负债 96 亿欧元低于杠杆收购中由可用以偿还负债的现金金额承担的初始负债。这类现金流用以清偿 A 级高级负债，直至其全额偿清；A 级高级负债全额偿清时，现金流就会被用来清偿 B 级高级负债；B 级高级负债全额偿清后，现金流又将被用来清偿 C 级高级负债。高收益率负债部分和夹层负债部分被作为一次性偿还建模。这一负债偿还计划非常重要，因为其非常重视负债能力且是一种由市场决定的现象。我们的分析是基于如下观点：德国大陆集团的杠杆融资提供商将渴望为涉及德国大陆集团的、可能会涉及一定程度的再融资风险（即不能全额偿还优先债）的交易进行融资。下面的分析表明，到 2011 年能偿还 44% 的优先债，到 2015 年能偿还 95% 的高级负债，将是大概率事件。

表 33-8 负债部分还款 （单位：百万欧元）

	2007 年	2008 年	2009 年	2010 年	2011 年	2015 年
银行负债 A	3 071	2 403	1 658	832	0	0
银行负债 B	2 476	2 476	2 476	2 476	2 381	0
银行负债 C	2 476	2 476	2 476	2 476	2 476	441
高收益率	1 025	1 025	1 025	1 025	1 025	1 025
夹层	558	558	558	558	558	558
合计	9 606	8 938	8 194	7 367	6 441	2 024
已还期初负债占比（%）	6%	13%	20%	28%	37%	80%
净负债 /EBITDA	3.7 倍	3.3 倍	2.9 倍	2.5 倍	2.2 倍	0.6 倍
已偿还优先债占比（%）	7%	15%	24%	33%	44%	95%

结果

表 33-9（内部回报率）为本次分析得出的关键“输出”。其显示了 3 个不同退出乘数和 4 个潜在退出年份（2009 ～ 2012 年）的内部回报率区间。乘数 7.1 的中点对应当前年份的进入乘数。⊖突出显示的单元格为我们的中心参考点，其与居中乘数退出假设以及为 4 年的居中假设持有期相关。虽然 16.3% 低于传统而言私募股权渴望达到的或被设为目标的

⊖ 其隐含假设是，收购方最终能赚回前期所支付的控制权溢价。

内部回报率，但我们觉得，这对私募股权买方及其出借方而言是可以接受的，部分原因在于市场配置资金的压力增加、德国大陆集团的企业质量与稀缺价值，甚至可能包括其作为一家达克斯（DAX）30 指数成分公司的地位的组合。㊀至于不同金融买家认为其可接受的准确内部回报率为多少，我们并不确定，因此，我们运用了一个含有一个居中数值的估值区间。

表 33-9 内部回报率矩阵

"退出企业价值 /EBITDA"乘数（倍）	退出年份			
	2009 年	2010 年	2011 年	2012 年
6.6 倍	12.4%	13.1%	12.8%	12.5%
7.1 倍	17.2%	16.3%	15.2%	14.4%
7.6 倍	21.6%	19.4%	17.4%	16.1%

表 33-10 显示了假设满 4 年按 7.1 倍 EBITDA 退出的居中情形，内部回报率为 16.3%。该交易开始时的股权投资为 74.2 亿欧元，这相当于杠杆收购发生时企业价值的 42%。假设通过处置非核心投资筹集到少量资金（6400 万欧元），否则，唯一的现金流即为退出该企业时所获得的现金流。㊁按 7.1 倍的往绩退出乘数退出（由此得出企业价值为 208.6 亿欧元），则剩余负债 73.7 亿欧元意味着退出股权价值为 134.9 亿欧元。由此得出的内部回报率为 16.3%。

表 33-10 居中情形 4 年内部回报率及其他退出年份内部回报率计算

（单位：百万欧元）

交易乘数（倍） 7.1

	2006 年	2007 年	2008 年	2009 年	2010 年
企业价值		18 542	19 286	20 057	20 860
初期负债		10 249	9 606	8 938	8 194
部分还款额		−643	−668	−745	−827
末期负债		9 606	8 938	8 194	7 367

㊀ 我们感觉到，私募股权界对完成一桩标的为一家达克斯 30 指数成分公司的杠杆收购兴趣浓厚。

㊁ 在实践中，退出可能无法完全实现，而是部分出售或首次公开发行（IPO）。

（续）

	2006 年	2007 年	2008 年	2009 年	2010 年
退出股权		8 936	10 348	11 864	13 493
处置所得款项		64			
流向股权流量					
2007 年退出	（7 422）	8 999			
2008 年退出	（7 422）	64	10 348		
2009 年退出	（7 422）	64	0	11 864	
2010 年退出	（7 422）	64	0	0	13 493
2011 年退出	（7 422）	64	0	0	0
2012 年退出	（7 422）	64	0	0	0
内部回报率		21.3%	18.5%	17.2%	16.3%

回顾表 33-1，内部回报率 16.3% 所对应的股价为 87 欧元 / 股。该内部回报率应被视为金融投资发起人所设定的目标回报率中的较低水平，因此，本分析表明，如果股票交易价低于 87 欧元 / 股，那么，私募股权就可能会保持浓厚兴趣并可能对其出价。值得指出的是，所假设的收购溢价是一个复杂的因素。如上文的股价图表所示：德国大陆集团的股价从 2006 年 7 月中旬的 71.57 欧元 / 股㊀的低位开始大幅上涨；而在披露私募股权公司就收购事宜同该公司进行接触一事之后的一个月里，该股票的每股交易价格为 88 ～ 92 欧元。我们认为，为了获得德国大陆集团董事会关于同意被收购的推荐并为其股东所接受，则需另加一个 20% 的溢价，因此，这（包括溢价在内）就意味着收购价格须达到 104 ～ 106 欧元 / 股。

如表 33-9 所示，内部回报率矩阵表明了一种直觉，即内部回报率对假设的退出乘数高度敏感，但该表无法表明，私募股权所有者能否“选择”在出现具有吸引力的市场估值及同行估值的情况下，提前退出或在估值不具有吸引力的情况下推迟退出。

敏感度分析

表 33-11 显示了以备选的“净负债 / 收购企业价值”比率水平为基

㊀ 德国大陆集团股票 2006 年 7 月 18 日收盘价。

础的隐含内部回报率（即收购资本结构中的杠杆率）。该表的第一列是我们觉得可由该企业支持的最高杠杆水平。另一个变量是收购价格或与当前市场价格对应的溢价。内部回报率假设了居中情形退出乘数并假设于2010 年退出。内部回报率 16.3%（当“净负债 / 企业价值”为 58%，溢价为 20% 时）可与表 33-9 交叉参考。考虑到围绕潜在可接受溢价的不确定性，该矩阵很有价值。我们对表格中的内部回报率感到满意，该内部回报率是用我们的收购价格 87 ～ 88 欧元 / 股加上一个 20% 的溢价而得出的。

备选经营业绩情景对内部回报率和负债偿付比率以及清偿指标的影响，是对上述内容进行补充的至关重要的敏感度分析（见表 33-11）。

表 33-11　内部回报率对负债支付款占比和已付溢价占比的敏感度

	95.7 欧元	100.05 欧元	104.4 欧元	108.75 欧元	113.1 欧元
	10%	15.0%	20.0%	25.0%	30.0%
58%	20.7%	18.5%	16.3%	14.2%	12.1%
53%	19.5%	17.5%	15.5%	13.6%	11.7%
48%	17.3%	15.6%	14.0%	12.4%	10.9%

注：2010 年退出；退出乘数为 7.1。

总之，上述分析是在一个非常有利的信贷环境中进行的，而且私募股权发起人对展开一次德国大规模私有化交易非常热衷，该分析简单又充分切合实际地代表了一种备选建模方法和杠杆收购情形。通过这种做法，其产生了对德国大陆集团的估值，即——得出价格、溢价、收购价格、退出乘数和预测现金流到内部回报率。通过此做法，其表明股价水平很可能会引起私募股权公司的浓厚兴趣。截止本节撰写之日，直到收购西门子的沃达丰业务之前，德国大陆集团的股价尚不曾低于 87 欧元 / 股，并且未出现任何私募股权出价。有人说，对沃达丰的收购会让德国大陆集团获得另一个好处，即降低出现进一步收购接触的概率。

| 第34章 |

告诫提醒

从收购公司的金融投资发起人的角度看，杠杆收购模型会对其财务结构进行资本重组以及对业务进行重组，以提高盈利能力和资本效率。现金流贴现和杠杆收购两种模型结合运用就可以更全面地了解竞争激烈的金融市场中的公司估值方法。从私募股权投资者的角度看，控制一家公司可能价值重大。因为私募股权投资者通常必须提供一个控制权溢价才能将上市公司私有化，所以，上市公司的投资者可因杠杆收购而获益。研究杠杆收购模型有助于投资专业人士、学生及其他任何对股票估值感兴趣的人了解日益重要的投资者群体对股权进行估值的方法。

瑞银、德意志银行、摩根士丹利、高盛和瑞士信贷等头部投资银行的金融分析师运用杠杆收购模型来识别出那些未来杠杆收购候选标的。杠杆收购模型与其他任何模型一样，也是以简化性假设为基础。投资者在对杠杆收购模型结果进行解释之前，应始终对其所做的假设（包括那些在已发表的研报中并不是立即被证明假设）进行审查。当然，在某些情形下，尤其当一桩交易变成更为详尽的模型时，金融投资者会在分析潜在杠杆收购时运用类似的杠杆收购模型。然而，未直接参与杠杆收购交易的金融分析师所获知的信息，通常不如那些计划特定交易的金融投资发起人以及了解行业及企业具体情况的潜在管理团队知道得那样深。我们强烈建议投资者在根据杠杆收购模型结果做出投资决策之前进行不同的情景分析。

上文我们详细地讲解了瑞银投资研究部的金融分析师对潜在杠杆收购候选标的进行估值的方法。我们选用了德国大陆集团为例。众所周知，许多汽车公司都被私募股权公司视为具有吸引力的收购标的。[⊖]虽然私募股权投资者完全有可能收购与重组汽车资产，但我们并不知道当前德国大陆集团为私募股权投资者的一个收购标的。该例子只是为了展示围绕历史情形所展开的杠杆收购分析。

在很长一段时期内，学者们一直告诫称，内部回报率的使用存在重大理论缺陷。最重要的是，如果在过渡期间向金融投资发起人支付了现金流且真实再投资比率远低于内部回报率，则内部回报率实际上会严重高估潜在杠杆收购的吸引力。我们所见到的所有头部投资银行的杠杆收购模型都是基于内部回报率计算得出的，主要有两大原因：一是构建良好的杠杆收购模型切实反映了杠杆收购交易机制；二是它们避免了耗时的股权 β 二次杠杆过程，股权 β 二次杠杆通常被用来将金融杠杆的影响纳入现金流贴现模型。我们认为投资者在解释杠杆收购模型的结果时应非常谨慎还有其他原因：

（1）低利率和已公布的 IPO。毫无疑问，私募股权投资者的保险柜里满是等待投资的现金。高盛私募股权公司拥有 3000 亿美元的未投资股权资本，可为高达 1.3 万亿美元的杠杆收购提供资金。[⊜]最后一波杠杆收购是由投资者资金大量流入杠杆收购基金、低利率和金融机构的激进放贷做法所驱动的。由于机构投资者不愿继续买入大量构成杠杆收购融资基岩的杠杆贷款，所以，最近一波杠杆收购活动戛然而止。同时，对风险的厌恶令可应用于潜在收购的杠杆水平显著降低。截至 2006 年 9 月 30

⊖ Merrill Lynch (2007), p. 4.

⊜ Goldman Sachs (2007) ,p. 1.

日，堡垒投资集团（一家另类资产管理公司）的私募股权管理资产为175亿美元，其对冲基金资产管理规模为94亿美元，其他另类投资工具资产为30亿美元。2007年2月，该公司正式挂牌上市。其IPO按价格区间的上限18.50美元/股进行定价。由于投资者需求旺盛，堡垒投资集团的股票以35美元/股的价格开盘，盘中高点达到37美元/股，于2007年2月的首个交易日，其股票以31美元/股的价格收盘。堡垒投资集团截至2006年9月30日的9个月总营收略高于10亿美元，其当前市值约为120亿美元，这样的规模对资产管理公司提出了很高的要求。[⊖]由于受到堡垒投资集团IPO告捷的吸引，其他另类资产管理公司（如黑石集团）也已宣布将通过IPO来让其股份上市交易。[⊜]IPO接二连三，通常是某一特定板块被疯狂炒作的显著标志。不幸的是，投资者通常只会在泡沫破裂之后才会意识到那是泡沫。

（2）不要只依赖于内部回报率计算。在杠杆收购筛选过程中发现了高内部回报率标的，并不能保证公司的现有所有者会将其出售给金融投资者。本书的其中一位作者曾于最近同德国南部一家汽车零部件生产公司的管理层碰过面。这家公司产生高额现金流，且拥有大量未动用的负债能力。在一次管理层会议期间，我们偶然间问其首席执行官最近可曾收到了收购要约。该首席执行官微笑着回应称，过去私募股权公司已多次向这家公司发出收购要约，但收购发生的概率极低。这家上市公司的股权主要为一个极其富裕的家族所拥有。每当首席执行官向其家族所有者转发新的收购要约时，他们都会直接忽略。对他们而言，对“他们的”公司进行控制的能力比私募股权投资者开出一个高的要约收购价格更重要。这一传闻表明，如果大股东很可能会遏制最具吸引力的收购要约，那么仅仅筛选出内部回报率高的标的是不够的。有时，双重股票类别及其他法律结构会将公司的经济利益和控制权分离开来。如果多数股东或

⊖ Fortress Investment Group (2007).

⊜ Bloomberg (2007b).

其他控股股东的主要目标不是为了将回报率最大化，而是为了保持对公司的控制权，那么，收购发生的概率就会降低。

作为对 20 世纪 80 年代恶意收购浪潮的回应，公司律师开发出了各种防御策略来避免遭到收购。最常见的“毒丸”[⊖]形式是股东权利发行，如果第三方试图取得对公司的控制权，就可将这些股东权利转换为股票。另一类防御策略是授予员工股票期权，这些股票期权可在第三方收购公司时立即兑现。此类防御策略及其他防御策略会令恶意收购的代价更加高昂，因此，有时收购在经济能力方面不具有可行性。优秀的金融分析师并不只是依赖其内部回报率计算，而且还会在建议客户购买潜在收购候选标的之前，过滤掉阻止股东和遏制收购的法律障碍。

⊖ “毒丸”一词是指目标公司用来防止或阻止收购公司潜在恶意收购的防御策略，使用这种策略是为了使它们对潜在收购者的吸引力降低。——译者注

第七部分

101 估值：方法与备选方法

阿斯沃思·达莫达兰[⊖]

⊖ 纽约大学斯特恩商学院教授。

| 第35章 |

内容介绍

近年来，迫于股东和激进型投资者的压力，管理者越来越多地将注意力转向了“如何才能提升公司价值”方面。投资银行公司和咨询公司已开发并推广了许多项互为竞争的衡量指标，每一指标都声称自己是价值创造的“最佳”方法。在本部分中，我们将考察四种基本估值法以及每一种估值法中价值提升的构架方式。首先，我们考察了现金流贴现模型及其变量（确定性等价、超额回报模型和调整现值法模型），并注意到为了提升价值，我们必须对它们的现金流或贴现率产生实际影响。其次，我们研究了会计估值模型（账面价值和清算价值），它的价值提升通常具有表面性，为了迎合会计惯例和考虑，长期来看对公司不是最有利的。再次，我们评估了相对估值模型（其资产定价是以市场对同类资产定价的方式为基础的），并考察了如何提升价值以满足市场需求。最后，我们考量了实物期权模型（在该模型中，价值可通过未来增加的弹性和潜在机会以及企业战略与金融在价值提升中的相互作用推演得出）。

长期以来，金融理论家一直认为，决策的目标应当是将公司价值最大化。管理者和从业者经常批评称，金融理论家一味追求价值最大化，而不考量更广泛的公司战略方面或其他利益相关者的利益，但在过去十年中，管理者似乎已认识到，价值最大化应至少为他们公司的首要目标（如果不是唯一目标的话）。这种转变的一部分原因是管理者对战略咨询及其失败感到沮丧，另一部分原因是公司的股权所有权增加，但主要是受到来自激进型投资者要求提升股价的压力。无论原因是什么，着重点转向价值最大化，为投资银行家和投资顾问提供了有关创造价值方式的建议。

为了利用这一机会，顾问和投资银行家提出了一些措施，声称这些措施可以为价值提升提供新的见解。在某些情形下，这些措施由于与传统方法相比需要更少的信息而得到推广；而在其他情况下，他们声称，运用这些新衡量指标可以更好地进行价值预估。在本部分中，我们会回顾基础知识。我们首先展示不同的估值方法，然后介绍了一种通用价值模型，在该模型中，我们将价值与预期未来现金流相关联，并考量公司所有可用以创造价值的潜在路径。在这一过程中，我们希望所有价值提升衡量指标皆为估值共同主题的变体。

| 第36章 |

估 值 概 述

金融分析师所运用的模型，类型非常广泛，无论是简单的还是复杂的，可谓应有尽有。这些模型通常会对决定价值的基本面做出截然不同的假设，但它们确实具有一些共同特征，且可以从更广泛的角度予以分类。这种分类有若干优点：模型适合用在哪里，为何它们提供的结果不同，以及产生错误结论的条件。

笼统而言，估值法有4种。①现金流贴现法估值：将某一资产价值与该资产的预期未来现金流现值相关联。②清算与会计估值法：一种围绕对公司现有资产进行估值而构建的方法，该模型通常将会计价值或账面价值预估用作切入点。③相对估值法：通过考察“可比”资产相比于盈利、现金流、账面价值或销售额等常见变量的定价来预估资产价值。④未定权益估值法：运用期权定价模型来衡量具有共同期权特征的资产的价值，这通常属于实物期权范畴。

在此讲述的每一种方法都有无数的子方法，这些子方法主题相同，但细节各异。现金流贴现法估值模型可表现为3种形式：①现金流模型：总现金流按风险调整利率进行贴现，以得出当前价值；②超额回报模型：超额回报与正常回报被分开来估值；③调整现值法模型：在此模型中，负债所产生的现金流的估值与经营活动所产生的现金流的估值无关。会计估值模型以会计账面价值为切入点来进行市场价值的预估，但在如何最好地调整账面价值方面有所分歧。相对估值模型围绕不同的乘数（盈利、账面价值和营收）进行构架，可用相似的公司、行业甚至整个市场进行估值。实物期权模型可围绕待推延投资的期权（对专利、许可和未开发自然资源储备金估值有用）、待扩展期权（对可能出现意外机会的成长型市场中的公司有用）以及待放弃期权进行构建。

| 第 37 章 |

现金流贴现法估值

在现金流贴现法估值中，资产价值是该资产预期现金流按风险贴现率进行贴现的现值。因为其具有最佳的理论依据，故而该方法在学术界发挥了极大作用。在本章中，我们将研究该方法的基础以及一些有关如何估算其输入参量的初步细节。

37.1 现金流贴现法估值的实质

我们购买资产，大都是因为我们预期这些资产会在将来为我们带来现金流。在现金流贴现法估值中，我们从一个简单的命题切入。资产价值不是某个人觉得它值多少钱，它就值多少钱，而是一个关于该资产预期现金流的函数。简言之，具有可预见的高现金流的资产的价值应高于现金流低且不稳定的资产的价值。

在某种意义上，采用现金流贴现模型是一种信仰行为。我们认为，每种资产都具有一个内在价值，而我们试图通过考察资产的基本面来预估这一内在价值。那何谓内在价值呢？不妨将其考虑成是拥有取得所有现有信息及完美估值模型通道的金融分析师为某一资产施加的价值。当然，这样的金融分析师并不存在，但我们渴望自己能尽可能接近这样完美的金融分析师。问题在于，我们无法看见资产的真正内在价值是什么，故无法知道现金流贴现法估值与目标值是否接近。

现金流贴现模型在实践中有 4 种变体，长期以来，关于每一种变体的优缺点，理论家们一直争论不休。在第 1 种估值法中，我们以风险调整后的贴现率对资产（或企业）的预期现金流进行贴现来得出资产价值；在第 2 种估值法中，我们用风险系数调整预期现金流，从而得到确定性等值现金流，然后用无风险利率对它进行贴现从而形成估值；在第 3 种估值法中，我们首先对企业进行估值（不计负债影响），然后考虑负债对价值的正面与负面边际效应。该方法被称为“调整现值法”；在第 4 种估值法中，我们根据企业投资产生的超额回报来对企业进行估值。在下一节中，我们将向你表明，存在将这些方法结合在一起的通用假设，但实际上，假设中存在一些变体，导致得出不同的值。

37.2 贴现率调整模型

在现金流贴现法估值中为风险进行调整的方法里，最常见的一种方法是用风险调整贴现率法，在该方法中，对较高风险的资产用较高的贴现率，而对安全的资产运用较低的贴现率。我们可通过两种方式来处理现金流贴现法估值。第一种方式是对整家企业或公司（包括现有资产和增长资产）进行估值，这一方法通常被称为“公司或企业估值”（见图 37-1）。

负债偿还之前和再投资需求之后的现金流被称为“企业自由现金流”，反映资本全部来源的综合融资成本的贴现率为资本成本。

第二种方式是仅对企业或公司中的股权进行估值，这种方法被称为“股权估值”（见图 37-2）。

扣除负债和再投资后的现金流被称为“股权自由现金流”，仅反映股权融资成本的贴现率为“股权成本”。

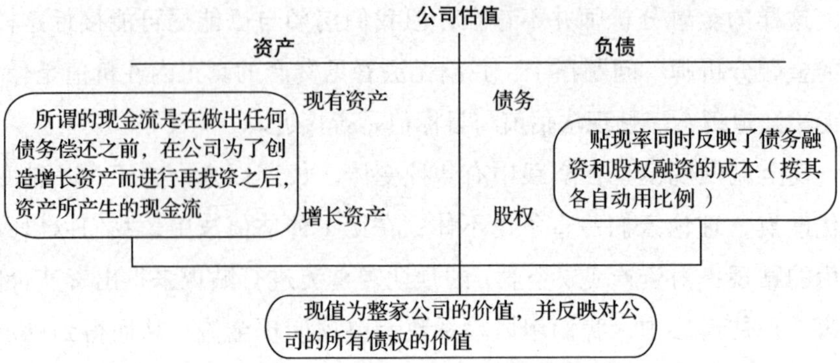

图 37-1 公司或企业估值

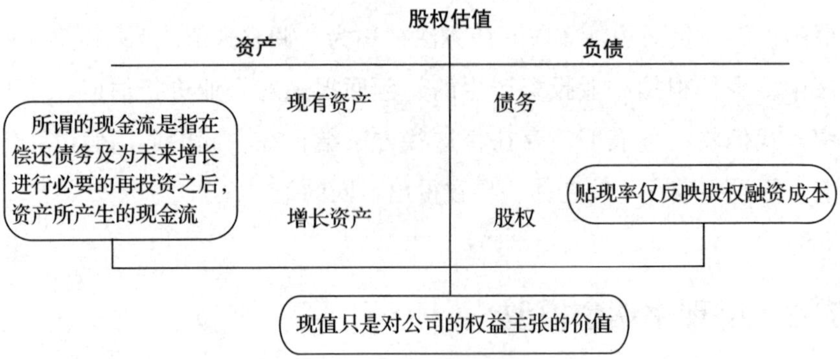

图 37-2 股权估值

同时请注意，我们总可以通过从公司价值中扣除所有非股权性索偿权的方式，来实现前者（公司价值）得出后者（股权价值）。无论直接估值（按股权成本来对现金流进行贴现）还是间接估值（对公司估值并减去所有非股权性索偿权的价值），如果计算过程正确，则所得出的股权价值均应相同。

37.2.1 股权现金流贴现模型

在股权估值模型中，我们将注意力集中在企业中的股权投资者上，将投资者获得的现金流以适合公司股权风险的收益率进行贴现，从而完成股权估值。第 1 组模型严格考量了股权现金流且仅将股利视为股权现金流。这些股利贴现模型代表了现金流贴现模型的最早期变体。然后，我们考虑对权益现金流的更广泛定义：首先是将股票回购包含在股权现金流中，然后通过扩展分析以涵盖潜在的股利或股权现金流。

实际上，最古老的现金流贴现模型通常是股利贴现模型。当投资者买入上市公司的股票时，他们通常期望获得两种类型的现金流，即股票持有期间股利和持有期末预期价格。因为该预期价格本身系由未来股利所决定，所以股票价值为无限期股利现值。

$$\text{股票每股价值} = \sum_{t=1}^{t=\infty} \frac{E(\text{DPS}_t)}{(1+k_e)^t}$$

式中 $E(\text{DPS}_t)$ ——期间 t 内的每股股利的预期值；

k_e——股权成本。

该模型的基本原理在于现值规则，即任何资产的价值都是按合适的贴现率进行贴现的预期未来现金流现值。该模型有两个基本输入参量：预期股利和股权成本。为得出预期股利，我们会对盈利和股利支付率的未来增速做出假设。对股票要求的回报率，取决于这只股票的风险，而这类风险在不同的模型中以不同的方式进行衡量：在资本资产定价模型中用市场 β 衡量，而在套利模型和多因子模型中用 β 因子衡量。该模型足够灵活，其允许根据时间变化而采用不同的贴现率。在该模型中，时间变化由预期利率或风险随着时间推移而变化所导致。

股权自由现金流模型并不代表对传统股利贴现模型的彻底背离。事实上，一种对股权自由现金流模型进行描述的方式为：在该模型中我们对潜在股利进行贴现，而不是对实际股利贴现。

$$\text{股票每股价值} = \sum_{t=1}^{t=\infty} \frac{\text{FCFE}_t}{(1+k_e)^t}$$

达莫达兰（Damodaran, 1994）提供了股权自由现金流衡量方法，它反映了扣除所有再投资需求和负债偿还之后余下的现金流：

股权自由现金流 = 净收益 + 折旧 − 资本支出 −
非现金营运资本变动 −（新债务发行 − 债务偿还）

用股权自由现金流替代股利来对股权估值时，我们不仅是用一种现金流来替代另一种现金流，而且还假设将股权自由现金流派付给股东。其结果有两种：

- 公司将不会有未来现金积累，因为在扣除负债偿还和再投资需求之后的可用现金已于每一期间都派付给了股东。
- 股权自由现金流的预期增长包括经营收入的增长，而不是有价证券的增长。

股权自由现金流模型将上市公司股东视同私营企业所有者。后者能在税费、负债偿还和再投资需求得到清偿之后对企业中剩余的所有现金流提出权益要求。由于股权自由现金流为上市公司衡量同样的指标，因此我们假设，即使管理者并不选择向股东派付现金流，股东也有权获得这些现金流。本质上，当股权自由现金流模型用于上市公司时，其隐含地假设了公司有一套强大的公司治理体系。即使股东不能强迫管理者将股权自由现金流以股利的形式返给他们，他们也可以向管理者施压，以确保未派付现金不会被浪费。

37.2.2 企业现金流贴现模型

股权估值的备选方法是对整家企业进行估值。公司价值系通过按加权平均资本成本来对企业自由现金流进行贴现得出。从该预估值中扣除非股权性索偿权的市场价值，即得出公司股权价值。资本成本法中隐含的假设是，资本成本同时包括借款的税收优惠和预期破产成本。贴现的现金流是流向企业的现金流，计算时假设企业没有负债，也没有利息支出的税收优惠。虽然对预期税后经营性现金流有不同定义，但最常见的一个定义是企业自由现金流，其定义如下：

$$企业自由现金流 = 税后营业利润 - (资本支出 - 折旧) - 非现金营运资本变动$$

实质上，这是再投资之后、负债偿还之前的税后现金流，因此，它与股权自由现金流正好相反。

关于该模型，需注意两点。首先，这个模型具有足够的通用性，与公司的融资状况无关。换言之，尽管资本成本随着负债比率变化而变化，但是公司的价值仍然是税后经营性现金流的现值。其次，虽然普遍认为，资本成本法需要假设一个恒定的负债比率，但是，这种方法须足够灵活，要允许负债比率随着时间推移而变化。事实上，该模型的最大优势之一，就是可以通过贴现率而非现金流来将融资组合变动纳入估值。公司估值背后最具革命性和最反直觉的观点是，股权投资者和公司的出借方最终都是为公司提供资金并分享公司成功的合伙人。公司估值模型中股权持有人和债权持有人之间的主要区别在于其现金流权益的性质：出借方获得对固定现金流的优先索偿权，而股权投资者获得对剩余现金流的剩余索偿权。

37.3 确定等价模型

在现金流贴现法估值中，大多数分析师会根据风险调整贴现率，但也有一些人倾向于根据风险调整现金流。在此过程中，他们用确定性的现金流替换不确定的预期现金流，方法是使用类似用于调整贴现率的风险调整过程，然后按无风险利率进行贴现。我们在本节中将探讨如何将不确定的预期现金流转换为确定性现金流。

- 计算确定性等价的第一种（也是最早的）方法为植根于个人的效用函数。例如，个人以对数函数要求风险赌注的确定性等价为 93.30

美元，其中赢得100美元的可能性为90%，一无所获的可能性为10%。

来自赌博的效用 = 0.90 ln（100）+0.10 ln（50）= 4.535 9

确定性等价 = $\exp^{4.535\,9}$ = 93.30（美元）

- 风险与回报模型提供了一种将不确定的现金流转换为确定性等价的更实用的方法。事实上，我们将使用与计算风险调整贴现率时相同的方法来估计风险溢价，但我们会运用溢价来预估确定性等价。

确定性等价现金流 = 预期现金流 /（1+ 经风险调整贴现率中的风险溢价）

- 调整现金流以应对不确定性的一种更为常见的方法是从主观上“削减”不确定的现金流。因此，金融分析师在面对不确定性时，会采用保守或低报的预估值取代不确定的现金流。对于那些被迫对不同风险等级的项目运用相同的贴现率甚至想要公平竞争的金融分析师而言，这是一个常用的武器。他们将削减风险较高项目的现金流，以降低风险，从而弥补未能调整额外风险的贴现率。

为了风险而调整贴现率或用确定现金流替换不确定的预期现金流，是为风险进行调整的备选方法，但它们是否会产生不同的值？如果会，哪一个值更为准确呢？答案在于我们如何计算确定性等价。如果我们运用风险和回报模型的风险溢价来计算确定性等价，用这两种方法得出的值就会相同。毕竟，运用确定性等价调整现金流而后按无风险利率对现金流进行贴现，与用风险调整后的贴现率进行贴现等效。

37.4 超额回报模型

在超额回报估值法中，我们将现金流分为超额回报现金流和正常回报现金流。所赚取的经风险调整的所需回报（资本成本或股权成本）被视为正常回报现金流，任何高于或低于此数值的现金流都被归类为超额回报，因此，超额回报可正可负。有了超额回报估值框架，企业价值可列式为两个组成部分相加之和：

企业价值 = 今天投资于公司的资本 + 由现有和未来项目所产生的超额回报现金流现值

如果我们假设投入资本的会计衡量指标（资本账面价值）是一个衡量今天投资于资产的资本的很好指标，那么，该方法就意味着，赚得正超额回报现金流的公司将按高于其账面价值的市场价值进行交易，而对于那些获得负超额回报现金流的公司，情形正好相反。

超额回报模型植根于资本预算和净现值规则。实际上，无论企业表面上看起来是多么地赚钱，只有当其净现值为正时，投资才会使该企业增加价值。这也意味着，盈利和现金流增长只有在伴有超额回报即超出股权（资本）成本的股本（资本）回报率回报的情况下才会有价值。超额回报模型将这一结论带到逻辑上的下一个步骤，并将公司价值作为一个关于预期超额回报的函数进行计算。

如果你对增长和再投资的假设保持一致，就表明公司的现金流贴现价值应与超额回报模型得出的价值相匹配。尤其是，超额回报模型是围绕再投资和增长构建的；换言之，企业只有通过再投资于新资产或更有效地利用现有资产，才能在将来产生更高的盈利。贴现现金流模型通常不会使这种联系变得明确，尽管你可以辩称该模型应该如此。因此，金融分析师会将增长和再投资作为单独的输入参量来进行预估，而非在这两者之间建立明确的关联。

37.5 调整现值法模型

在调整现值法中，我们将负债价值与企业资产价值分开。与传统方法中的贴现率反映负债融资相反，调整现值法试图将债务收益和成本的预期价值从经营性资产价值中分离出来进行单独预估。

在调整现值法中，我们从无负债公司的价值切入。当我们向公司添加负债时，我们通过同时考量借款优惠和成本来考量其对价值的净影响。一般而言，运用负债为公司的经营业务提供资金，从正面来说会产生税收优惠（因为利息费用可减税），而从负面来说会增加破产风险（以及预期的破产成本）。企业价值可列式如下：

企业价值 = 100%通过股权进行融资的企业的价值 + 负债预期税收优惠现值 − 预期破产成本

最先尝试将来自借贷的税收优惠的影响单独列报的是米勒和莫迪利亚尼（Miller and Modigliani，1963），他们运用负债成本作为贴现率，并用永续法对负债减免现值进行估值。当前形式的调整现值法最先由迈尔斯（Myers，1974）于审查投资决策与融资决策间相互关系的背景下提出。

调整现值法的构建隐含了一个假设，即以绝对值而非按比例来计算负债的估值影响会更容易、更准确。有人认为，不要将目标负债作为（资本成本法所隐含的）市场价值比率进行列报，而应根据美元价值来进行列报。调整现值模型有大量变体，这些变体之间的主要差别在于用以计算负债的税收优惠现值的贴现率。该模型的原始版本采用了税前负债成本，但由鲁巴克和卡普兰（Ruback and Kaplan，1995）所开发的后续版本采用了未加杠杆的股权成本，后者被称为“压缩型调整现值模型”，且其产生的值与传统资本成本模型产生的值相同，但前者产生的值略高。

37.6 现金流贴现领域中的价值提升

虽然我们可以考察上文所列出的现金流贴现法估值模型的所有变化，但最简单的方法是在资本成本模型中考察价值提升。在本节中，我们将首先对现金流贴现模型中的价值决定因素进行一个快速回顾，并继而研究将价值提升拟合进模型。

37.6.1 价值的决定因素

在最完整版本的公司价值模型中，公司价值等于现有资产和未来投资所产生的现金流现值，因此，有 5 个关键输入参量会决定价值：

- 现有资产的现金流：再投资之后、偿还负债之前的税后剩余现金流。

  企业自由现金流 = 息税前利润 $(1-t)$(1− 再投资率)

  该现金流反映了公司管理资产的效率水平。

- 高速增长期的预期增速。公司价值是一个关于营业利润增速的函数。驱动增长的基本面因素很简单，而增长本身包含两部分。第一个组成部分是由新投资所产生的增长，这是公司再投资率的产物，也是再投资质量的体现（以资本回报率来进行衡量）即净资本支出和非现金营运资本的变化所占税后营业利润的比例。

  新投资预期增速 = 再投资率 × 资本回报率

  第二个组成部分是现有管理效率提高而产生的增长。这是通过对现有投资产生一个更高的资本回报率 ROC 而实现的额外增长，其可列式如下：

  $$效率增速 = (\mathrm{ROC}_{t,\,现有投资} - \mathrm{ROC}_{t-1,\,现有投资}) / \mathrm{ROC}_{t-1,\,现有投资}$$

  如果现有投资的资本回报率经过多年之后得到改善，那么，这一增速就必须在该期间内摊开分配。[⊖]增长的两个组成部分之间的关键差异在于可持续性。从长远来看，只要公司继续按指定的

⊖ 例如，若资本回报率在 5 年内翻倍，则每年的增速可预估如下：年增速为 $[1+(\mathrm{ROC}_t-\mathrm{ROC}_{t-1})/\mathrm{ROC}_{t-1}]^{1/n}-1=[1+(0.10-0.05)/0.05]^{1/5}-1=0.148\ 7$，年均复合增长率为 14.87%。

资本回报率进行再投资，则由新投资所产生的增长就可持续。因为现有资产的利用效率有限，所以，由现有资产所产生的增长只能在短期内发生。

- 高速增长期的长度。鉴于无法预估现金流，我们一般假设终值年份之后的现金流将永远以一个恒定的增速增长（这一假设允许我们对终值进行预估）。在现金流贴现法估值中，我们需就稳定增长做出两个关键假设。第一个假设与我们所估值的公司（如果其尚非稳定增长公司）成为一家稳定增长公司所需的时间相关，后者很大程度上取决于公司所拥有的竞争优势的规模及可持续性。第二个假设与从资本回报率和资本成本来看公司稳定增长过程将会出现的特征相关。稳定增长公司通常超额回报很小，甚至可以忽略，而且具有平均风险。
- 资金成本。预期现金流需按一个反映这些资产的融资成本的贴现率进行贴现。现扼要重述一下第37.2节内容：资本成本是一个同时反映了负债成本和股权成本及其在融资结构中的相对权重的综合性融资成本。股权成本代表了公司股权投资者所要求的回报率，而负债成本衡量为借款的税收优惠做出调整的当前借贷成本。公司的资本成本，将取决于其所选用的负债与股权的组合以及负债是否反映公司的资产；长期资产应通过长期负债来提供资金，而短期资产应当用短期负债来提供资金。运用负债和股权的次优组合来为其投资提供资金，或是为资产错配负债，都可能会导致资本成本增加和公司价值降低。
- 现金、交叉持股及其他非经营性资产。一旦对经营性资产做出估值，我们通常会另外加上现金、交叉持股以及由公司所拥有的其他资产的价值。虽然传统观点认为持有现金是中性的，但有证据表明，至少对于部分公司而言，持有现金被视为是一种破坏价值的做法。对于在其他公司交叉持股，也可以这么讲。

总之，要对任何公司进行估值，我们要预估高速增长期的长短、该期间的增速水平高低以及该期间内的现金流；我们以预估终值并将所有现金流（包括终值）贴现来预估公司经营性资产价值。加回现金、交叉持股和非经营性资产的价值，就能得出公司价值。图 37-3 汇总了公司价值的计算过程和决定因素。

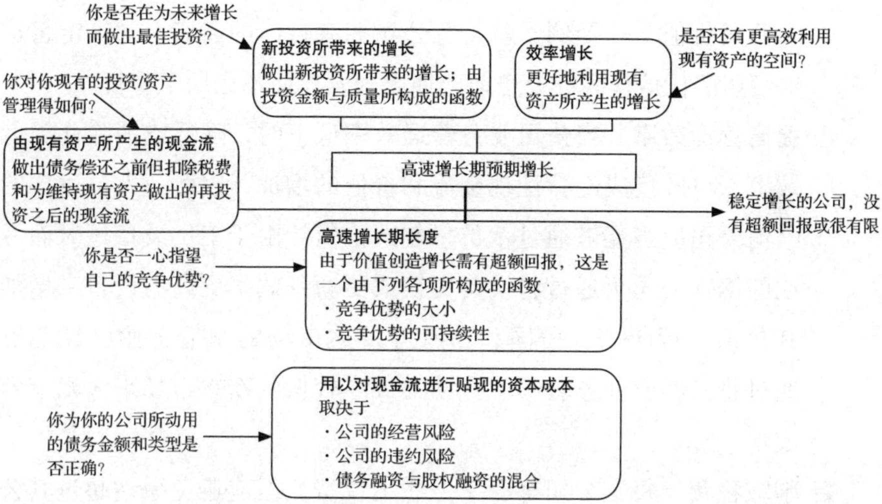

图 37-3 公司价值的决定因素

37.6.2 增加价值的方式

企业可通过增加经营业务现金流、增加预期增速和高速增长期、降低综合融资成本来增加其价值，[⊖]但实际上这些都不易实现，这些调整与很多因素有关，包括管理质量、品牌的知名度、战略决策和良好的营销等，我们经常忽略了这些因素。

增加现有资产所产生的现金流

现有资产是价值产生的第一来源。资产反映公司为获取经营收入而

⊖ 实际上，该公司必须通过债务或股权抑或同时通过这两种方式来筹集外部融资资金，以满足超额再投资的资金需求。

进行的投资。如果这些投资所挣收入低于资本成本，或盈利低于其本来所能达到的水平，通过管理优化可能创造价值。一般而言，为增加现有现金流而采取的行动可分为以下几类：

- **资产重新部署** 资产投资严重不足时，可通过剥离表现不佳的资产[⊖]或将资产从其现有用途转移至更高价值的资产来增加现金流和公司价值。一个例子就是，公司拥有自己的商店，并决定将这些商店的价值作为商业房地产加以开发，而不是用于零售。
- **提高营运效率** 当公司业务营运效率低下时，降低或消除此类低效率，将转换成经营性现金流和价值的增加，因此，人员过多的电信公司应当能够通过裁员来创造价值。由于工厂设备过时而亏钱的钢铁公司可通过将设备更换成更新、效率更高的设备来增加其价值。近年来，美国和西欧等发达市场的制造企业已经能够通过将其经营业务转移至劳动力成本较低的新兴市场来大幅节省成本。
- **削减税负** 每家公司都有义务缴纳税费，但应避免缴纳超过其公允份额的税费。公司应该尽其所能地、合法地削减税负。一家跨国公司可将其更多的经营业务（及其保底盈利）转移至低税费区域来降低其税费。风险管理可以通过平滑一段时间内的收益来减少税费，收入猛增可能使公司承担更高的税费。
- **削减维护和营运资本投资** 税后营业利润中的很大一部分通常都会重新投资于公司，此举不会产生未来增长，而是维持现有经营业务。这种再投资包括维护资本（用以维护和更换现有资产的资本支出）和存货或应收账款投资。由于资产会逐渐老化，且公司需要营运资本来产生销售额，大部分再投资可能无法避免，但有

⊖ 乍一看，剥离回报不佳或亏钱的业务似乎是创造价值的途径，但真正的考验是剥离价值是否会超过持续经营价值，如果超过，剥离就有意义。毕竟，当企业获得的回报不佳时，潜在买家不大可能为其支付溢价。

些公司可能有储蓄的潜力（特别是在营运资本方面）。如果零售公司的库存平均值为销售额的 10%，而该行业的平均水平仅为 5%，则可以将库存水平降低至行业标准，从而大幅增加现金流。

增加预期增长

一家公司如果能在高速增长期内快速增长，那么，即使其现金流较低，也依然可能具有较高价值。如前所述，更高的增速可来自于新投资或对现有资产的更高效利用。

- 在有新投资的情况下，更高的增速只能来自更高的再投资率或更高的新投入资本回报率，或两者兼而有之。因为增速影响可通过估值中其他地方的变化来予以抵消，较高的增速并不总是能转换成更高的价值，所以，较高的再投资率通常会导致较高的预期增速，但会导致较低的现金流，因为至少在短期内更多的再投资会减少自由现金流。[⊖]如果新投资的资本回报率高于（低于）资本成本，公司价值就会随再投资率的上升而增加。同样，较高的资本回报率也会导致预期增速上升，但是，如果新投资是对风险较高的企业做出，且当资本成本增加超过一定比例时，其价值就会下降。
- 对于现有资产，影响更加明确，将更高的资本回报率转换成更高的增速和更高的价值。能够在未来 5 年内将现有资产的资本回报率从 2% 提高至 8% 的公司，将会获得良好的增长和更高的价值。

在这两种途径中，哪一种最有希望创造价值？答案取决于公司本身。对于资本回报率较低（尤其是当其低于资本成本时）的成熟企业，提高现有资产所产生的增长，很可能会更快地产生结果，至少在短期内如此。

⊖ 收购必须被视为再投资资本支出的一部分，因此，企业提高再投资率相对容易，但这些企业在这样做的同时很难维持高资本回报率。

对于现有资产相对较少的小型公司，要产生合理的回报率，增长只能是来自产生健康回报率的新投资。

延长高速增长期的时间长度

如前所述，在未来的某个时间点上，每家公司都将成为一家稳定增长公司，其增速等于或低于其经营所在地的经济体的增速。此外，仅当投资回报率超过资本成本时，增长才会创造价值。显然，在其他因素保持不变的情况下，高增速和超额回报率持续时间越长，公司价值就越高。但请注意，在竞争激烈的产品市场中，因为竞争对手会被超额回报吸引到该业务中来，没有任何一家公司能在任何长度的期间内赚得超额回报，所以，在高增速与超额回报相关的假设中也隐含了另一假设，即存在进入壁垒，它会阻止企业在较长时间内获得超额回报。

考虑到企业能够以高于平均水平的速度增长的时间与存在的进入壁垒之间存在这种关系，企业增加价值的一种方法是提高现有的壁垒并引入新的壁垒。换句话说，须注意，赚得超额回报的公司具有显著的竞争优势，发挥这些优势可以增加价值。

削减融资成本

公司的资本成本的定义是负债融资和股权融资的综合成本。随着时间推移而产生的现金流，按资本成本贴现成今天的价值。在保持现金流不变的情况下，削减资本成本将会增加公司价值。企业可通过四种方式来降低其资本成本，或更一般地讲，企业可通过同时改变融资组合和类型来增加其企业价值：

- **削弱对产品或服务的自由支配权** 公司的经营风险直接取决于其所提供的产品或服务，以及客户对这些产品或服务的自由支配程度。产品或服务的自主决定权越大，公司所面临的经营风险也就越大。如此一来，企业可通过削弱其产品和服务的自主决定权来降低其经营风险。显然，广告能扮演这样的角色，但构想出产品或服务的新用途，则可能是另一个角色。

- **降低经营性杠杆** 公司的经营性杠杆衡量其固定成本占比。在其他条件相同的情况下，公司的固定成本比例越大，其盈利波动就越大，其股本成本 / 资本比率也就越高。降低固定成本占比将使公司风险降低，并降低其资本成本。[⊖]
- **改变融资组合** 负债融资始终要比股权融资廉价，一部分原因是出借人所担风险低于股权投资者所担风险，另一部分原因是归因于负债相关的税收优势。抵消这一优势的是“借款同时增加了负债（通过增加破产的概率）和股权（通过使股权投资者的盈利波动更大）的风险和成本”这一事实。如果公司承担更多负债，就将决定资本成本会增加还是减少。一个确定最优融资组合的方法就是将其定义为资本成本被最小化后的组合。
- **使融资力度与资产规模相称** 设计公司融资的基本原则是确保负债现金流与资产的现金流相匹配。公司（因运用短期负债来为长期资产融资，或以一种货币的负债来为不同币种的资产进行融资，或以浮动利率负债来为现金流通常受到通胀上升的不利影响的资产进行融资而造成的）负债现金流和资产现金流不匹配，将会导致违约风险上升、资本成本上升和公司价值下降。如果公司能够利用衍生工具和掉期来减少这些不匹配的话，公司的价值就会增加。

管理非经营性资产

在价值创造的前四个组成部分中，我们的侧重点是公司通过增加经营性资产而增值。公司价值中很大一部分可能来自其非经营性资产：现

⊖ 外包和更具有弹性的工资合同这两种现象在过去 10 年中曾被广泛报道，其可视为企业为降低固定成本所做出的尝试。

金和有价证券、持有其他公司股票和养老基金资产（和负债）。

现金和有价证券

在传统估值中，我们假设公司持有的现金和有价证券被加进经营性资产，从而得出公司价值。我们隐含地假设现金和有价证券属于中性投资（零净现值投资），在考虑了投资风险的情况下，会获得一个公允的回报率。例如，投资于美国国库券和商业票据的20亿美元现金余额可能会获得较低的回报率，但这种回报率满足预期。

但是在两种情况下，大量现金余额可能不会保持价值中立，从而提供了增值的机会。第一种情况是按低于市场利率的回报率投资了现金。在无息支票账户中持有20亿美元现金余额的公司，这显然是在伤害其股东。第二种情况是当投资者担心管理层将滥用现金来做出不良投资（或收购）时。在这种情况下，将对现金进行贴现，以反映管理层将滥用现金的可能性以及此类滥用的后果。回到有20亿美元现金的公司的例子，假设投资者认为这笔现金有25%的可能性被用于收购，并假设公司在收购中多付5亿美元，则这家公司的现金价值可预估如下：

$$
\begin{aligned}
\text{现金价值} &= \text{列报的现金余额} - \text{不良投资发生概率} \times \text{不良投资的成本} \\
&= 20\text{亿美元} - 0.25 \times 5\text{亿美元} \\
&= 18.75\text{亿美元}
\end{aligned}
$$

在上述任一情景中，如果以股利或股票回购的形式将部分或全部此类现金回报给股东，会对股东更有利。

持股其他公司

当公司收购其他公司的股权时，这些股权的价值将被加到经营性资产的价值中以得出公司股权价值。传统估值中，这些持股会再次对价值产生中性影响。与现金一样，此类交叉持股存在可能会导致市场对其（相比于其真实价值）低估的问题。交叉持股很难估值，特别是当风险和增长状况不同于母公司的子公司交叉持股时，估值尤其困难。在不同企业中，拥有大量交叉持股的公司，经常发现这类持股被市场低估的情形也就不足为奇了。在某些情形下，这种低估可归咎于因未能将关于交叉持股的增长、风险和现金流的重要细节传达给市场所导致的信息不对称。在其他情况下，低估可能反映出市场对母公司管理其交叉持股组合的能力持怀疑态度，可视其为一种企业集团折价。[⊖]如果此类折价适用，那么，要增加价值，方法就会非常简单。分拆或剥离交叉持股，并因此显露出其真实价值，对母公司的股东应当更有利。

养老基金负债（和负债）

公司大都有大额养老金负债及与之相匹配的养老金资产。如果负债和资产随着时间推移而增长，那么它们既带来威胁，又提供机会。对养老基金资产管理不善的公司，它们可能会发现自己有一笔无资金来源的、会降低其股权价值的养老金负债；另外，因养老金资产产生超预期回报的公司，最终可能会出现养老金计划资金过剩和股权价值上升。

有多种方法可以从养老基金投资中创造价值，尽管从道德角度来看，有些方法比其他方法更具疑问。第一种方法是对养老基金资产进行更好的再投资，为股东带来更高的经风险调整回报和更高的价值。第二种方法（也是更值得怀疑的方法）是通过与雇员重新谈判或将义务转嫁给其他实体（例如政府），同时保留养老基金资产来减少养老基金的负债。

⊖ 对企业集团进行研究所得出的结论是：企业集团按其各组成部分价值的5%～10%的折价进行交易。

| 第 38 章 |

清算与会计估值

现金流贴现框架中的资产价值是预期资产将会产生的现金流现值。将这一命题扩展到企业估值领域就可以认为，公司价值是由该企业所拥有的各单项资产的价值的总和。虽然这从技术上讲或然正确，但是对一个资产集合估值和对一家企业估值之间存在着一个关键的差异。企业或公司是一个持续存在的实体，拥有现有资产并且有望在未来进行新的投资。当我们查看图 38-1 中一家持续经营公司的财务平衡表（与会计资产负债表正好相反）时，这一点就可以看得很明白。

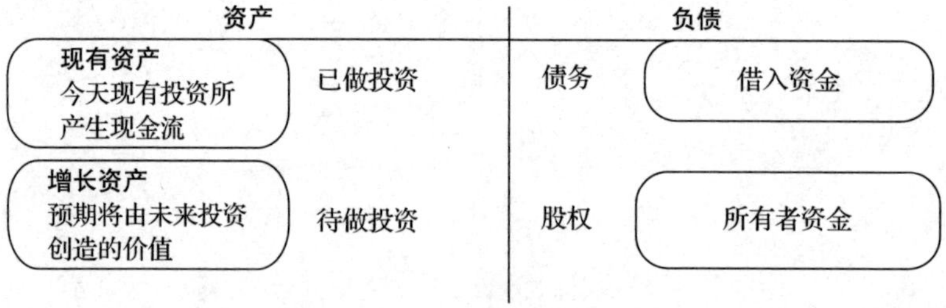

图 38-1　一个关于公司的简单观点

请注意，已做投资被归类为资产，但我们预期企业将于未来做出的投资（待做投资）是增长资产。

财务平衡表提供了一个良好的框架，可以反映将企业定义为资产集合与持续经营的差异。在持续经营的估值中，我们不仅要对现有投资做出最佳判断，还要对预期未来投资和盈利能力做出最佳判断。虽然这看似是蛮干，但成长型公司的很大一部分市场价值都由其增长资产产生。在资产集合的估值中，我们主要着眼于现有资产，并分别预估每项资产的价值。将各项资产价值加在一起，即得出企业价值。对于拥有赚钱的增长机会的公司而言，以资产为基础的估值将得出低于持续经营企业估值的价值。

38.1 基于账面价值的估值

有些人认为，以资产和资产负债表上的资产和股权的账面价值体现的企业价值的会计估计，比以对未来的不稳定假设为基础的估值模型所代表的价值评估更为可靠。在本节中，我们将账面价值作为衡量持续经营价值的一种方法，然后将分析范围扩展到基于账面价值的估值模型，该模型也使用预测收益来估算价值。在本节的最后，我们将对公允价值会计进行简短讨论，这是最近几年获得了迅猛发展的一项活动。

38.1.1 账面价值

会计报表的最初设想是：利润表可以衡量企业的真实盈利潜力，资产负债表可以对企业资产和权益的价值做出可靠的估计。例如，丹尼尔斯（Daniels，1934）就如此阐述了这样的理想：

> 简言之，财务报表的非专业读者通常会认为，资产负债表的总资产数值表示公司价值，且这也正是其本意。非专业读者可能将这一“价值”理解为企业的售出价格，即市场价值——经典的买卖双方之间的思想交汇。⊖

⊖ Daniels（1934），p. 114.

在那之后的几年里，会计师们一直在努力解决如何将这一理想付诸实践的问题。在这一过程中，他们必须权衡资产的历史成本相比于其今天的预估价值的重要程度如何，并按不同的规则进行结算。对于固定资产，他们得出了一个基本结论：账面价值应反映资产的原始成本以及后续的资产耗损与添置。对于流动资产，他们更愿意考量市场价值的其他方案。最终，他们发现了新的资产类别，例如品牌名称，它的原始成本或当前值都无法轻易获得。

尽管很少有会计师仍然认为公司的账面价值可以很好地衡量其市值，但这并不能阻止一些投资者隐含地做出这一假设。实际上，如果市场价格跌破其账面价值，股票就会被低估的观念在投资中已经深深扎根。这是本·格雷厄姆（Ben Graham，1949）提出的寻找被低估股票的筛选标准之一，且仍然是一个“价值投资”的粗略代表性指标。[⊖]通过提供低市账率股票所赚收益确实高于市场上其他股票的证据，学术界已接受了这一信条（Fama and French，1992）。

账面价值可否成为公司真实价值的合理指标？对于主要有固定资产、增长机会很少或没有增长机会且没有超额回报潜力的成熟型公司而言，资产的账面价值可以合理衡量这些公司的真实价值。对于在可以产生超额回报的业务方面具有显著增长机会的公司而言，其账面价值将与其真实价值出入很大。

38.1.2 账面价值加上盈利

在股权估值模型的背景下，我们考量近年来（主要是在会计界）已开发出的以盈利为基础的模型。这些模型大都构建于账面价值和预期未来盈利的组合之上，并将它们的前身回溯到奥尔森（Ohlson，1995）以及费

⊖ 晨星研究公司（https：//www.morningstar.com）基于各共同基金所投股票的类型将共同基金分类成增长型基金和价值型基金。投资低市账率股票的基金被归入价值型基金。

尔塔姆和奥尔森（Feltham and Ohlson，1995）的模型。奥尔森的基本模型将股权的真实价值表示为一个由其股票账面价值和公司未来可能产生的超额股本回报率所构成的函数。如此一来，该模型被称为“剩余收入模型”，且可从一种简单的股利贴现模型推演出：

$$股权价值=\sum_{t=1}^{t=\infty}\frac{预期值(股利_t)}{(1+股权成本)^t}$$

现在，我们将某一期间的期初股权账面值与净利润及股利所构成的函数（净剩余关系）代入股权账面价值完整方程：

$$股权的账面价值_t=股权的账面价值_{t-1}+净收益_t-股利_t$$

代入回股利贴现模型，我们得出

$$股权价值=\sum_{t=1}^{t=\infty}\frac{(净收益_t-股权成本_t\times 股权账面价值_{t-1})}{(1+股权成本_t)^t}$$

因此，公司股权价值为当前股权账面价值与用永续法计算出的股权投资者的预期超额回报现值之和。实际上，这是一种按股权而非按公司来进行构建的超额回报模型。

38.1.3 公允价值

过去十年，会计规则制定者和监管机构都在大力推动“公允价值会计”。这种推动的动力，很可能是回归最初的理想，即资产负债表中的资产账面价值以及由此得出的公司净值，是衡量这些资产和股权的公允价值的良好指标。

即使是在会计界，这一公允价值会计举措也未受到普遍欢迎。一方面，有一部分人认为，这是一种积极的发展，增加了会计报表与价值的联系，并为金融市场提供了有用的信息（Barth *et al.*, 2001）；同时，也有其他一部分人认为，公允价值会计增加了会计操纵的可能性，因此，财务报表的信息量会减少（Holthausen and Watts, 2001）。事实上，1934 年之前，美国的公司过去常常以公允市场价值来对其资产进行重新估值，但在 1934 年之后，美国证券交易委员会就不再鼓励这一做法，以防止当时盛行的操纵（Fabricant, 1938）。尽管争论日益激烈，但会计准则委员会采用了一些支持公允价值会计的规则，要求资产负债表中的更多资产须按市价计算。

然后，这一问题就成了一个经验性问题。会计师做出的公允价值判断是会向金融市场提供信息，还是只是将清水搅浑？我们认为，公允价值会计充其量只会延迟反映市场上所要发生的事。换言之，市场价值下降之后，商誉将被减值（正如 2000 ～ 2001 年许多科技公司的情形那样），公允价值调整将向金融市场传达出的信息即使有的话也很少。如果在按市价计算的过程中，现在提供给投资者的一些原始数据被替换或隐瞒，则我们最终会得到的会计报表既不会反映市场价值也不会反映投入资本。

38.2 清算估值

一个以资产估值为基础的特例就是清算估值。在此类估值中，我们基于资本现在必须被出售的假设来对资产进行估值。从理论上讲，这应当等于从单项资产的现金流贴现法估值中得出的价值，但清算资产相关紧迫性可能很快就会导致对价值进行折价。折价幅度取决于资产的潜在买家家数、资产特征及经济状况。

清算价值研究可分为两组：第一组研究审查清算价值与资产账面价值之间的关系；而第二组研究则将清算价值偏差与现金流贴现价值分开，并直接解决当必须清算资产而非出售一家持续经营企业时你需要承担多少成本的问题。

虽然假设清算价值等于或接近账面价值的做法看似天真，但大量清算的经验法则均系围绕账面价值而构建。例如，金融分析师假设清算价值将是一个账面价值的特定百分比的情形并不罕见。清算与现金流贴现价值之间的关系更难辨别。按理说，清算价值应显著低于现金流贴现价值，部分原因是后者反映了预期增长潜力的价值，而前者却通常没有。此外，清算相关的紧迫性可能会对清算所得款项产生影响，因为对于那些急于剥离其资产的卖家而言，对价值的折价幅度可能会相当大。

总之，当明显违背传统现金流贴现法估值中的持续经营假设时，清算估值就很可能会为陷入困境的公司产生更切合实际的估值。对于具有显著增长机会的健康公司而言，清算估值将太过保守。

38.3 会计领域里的价值提升

如果接受“价值由价值或清算价值的会计衡量指标决定”的概念，那么我们对价值提升的看法就会相应地改变。一般而言，我们创造价值的方式将根据会计规则和惯例而非现金流和基本面。作为一个极端的例子，不妨考量一个资产账面价值被视为企业价值的最佳衡量指标的领域，公司所做的一切，都将被引向提高资产账面价值方面（即使此举并无经济意义）。相反，如果价值系由会计回报所驱动（股本回报率和投入资本回报率是两项运用广泛的衡量指标），那么，增加这些回报的行动就会被视为会提升价值的行动。例如，20 世纪 90 年代，归因于希望降低资本账面价值（和提高资本回报率）的动机，对投入资本回报率的重点关注导致出现了大量的股票回购（连那些无力担负这类回购的公司也不例外）。

虽然迎合会计惯例的概念听起来是错误的，但实际上大量被认为是价值提升的科目就是围绕这一概念而构建的。请注意，价值提升衡量指标大都围绕关键会计指标或依据会计数值，即投入资本和经济增加值投资回报率以及固定资产总投资（现金流投资回报率）。同时，公司通常愿意耗费一大笔资金来获得会计处理资格（而这要么增加所报盈利，要么降低资本的账面价值）。

| 第 39 章 |

相对估值

在相对估值中，我们根据同类资产在市场中的定价来对资产进行估值。一名潜在的购房者会通过考察附近的同类房屋的价格来决定支付多少房款。棒球卡收藏家通过检查其他米奇 · 曼托新秀卡的交易价格来判断为米奇 · 曼托新秀卡支付多少费用。同样，某只股票的潜在投资者试图通过考察“同类”股票的市场定价来预估这只股票的价值。

39.1 相对估值步骤

本描述中包含了相对估值中的三个基本步骤。第一步是找到市场定价的可比资产，这一任务用棒球卡和房屋等真实资产比用股票更容易实现。金融分析师经常将同行业的其他公司用作可比公司，将一家软件公司与其他软件公司进行比较，或将一家公用事业公司与其他公用事业公司进行比较，但我们将在本部分后面讨论这种做法是否真的产生了类似公司。第二步是将市场价格调整到一个共同变量来产生可比标准化价格。虽然对同类资产（米奇 · 曼托新秀卡）进行比较可能并无必要，但对规模或单位不同的资产进行比较就有必要了。在其他条件相同的情况下，较小的房屋或公寓应以低于较大住宅的价格进行交易。对于股票而言，这种均等化通常需要将股权或公司的市场价值转换为盈利、账面价值或营收的乘数。第三步（也是最后一步）是在对标准化值进行比较时调整资产之间的差异。再次以房屋为例，一套拥有更新设施的新房子，其价格应高于一套差不多大小但需要翻新的旧房子。对于股票而言，股票间的价格差异可归因于我们在现金流贴现法估值中谈到的所有基本面。例如，在同一行业中，高成长公司的交易市盈率应低于低成长公司。许多金融分析师会为这些差异做定性调整，使每次相对估值都成为一次讲故事的体验；有更好和更可信的故事的金融分析师，会因其更佳的估值而受赞誉。

39.2 方法的依据

现金流贴现法估值与相对估值之间存在显著的哲学差异。在现金流贴现法估值中，我们试图以产生未来现金流的能力为基础来预估资产的内在价值。在相对估值中，我们通过考察市场为同类资产的支付价格来判断某一资产值多少钱。如果平均而言，从市场对资产的定价方式来看，市场是正确的，那么，现金流贴现法估值和相对估值就可能会趋同，但是，如果市场系统性地对一组资产或某个行业定价过高或过低，现金流贴现法估值就可能会偏离相对估值。

回到前面关于现金流贴现法估值的探讨，我们认为，现金流贴现法估值是一种对内在价值的探求（尽管尚未实现）。在相对估值中，我们已经放弃了对内在价值的估计，而基本上相信市场会正确估值，至少在平均水平上是如此。可以说，大多数估值都是相对估值。达莫达兰（Damodaran，2002）指出，几乎 90%的股权估值和 50%的收购估值都运用了乘数与可比公司的组合，因而属于相对估值。

39.3 标准化价值与乘数

在对同类资产进行比较时，我们可以对这些资产的价格进行比较，因此，可将蒂芬妮灯的价格或米奇·曼托新秀卡的价格与在市场上购买或出售同样商品的价格进行比较，但是，对不完全类似的资产进行比较可能是一种挑战。毕竟，股票的每股价格是一个由公司股权价值和公司流通股股数所构成的函数，因此，令单位数量翻倍的拆股将使股价几乎腰斩。为了比较市场中“同类”公司的价值，我们需要通过将价值调整为共同变量来以某种方式对价值进行标准化。一般而言，价值可以相对于公司产生的盈利、本身的账面价值或重置价值、营收、特定于某个行业的公司衡量标准进行标准化。

- 对任何资产进行估值的一种直观方法是把它作为一个盈利的乘数。买入股票时，通常会将所付价格作为公司产生的每股盈利的乘数来进行考察。市盈率可运用当前每股盈利预估，得出当前市盈率、过去四个季度的盈利，从而得出往绩市盈率或次年预期每股盈利，并进而提供远期市盈率。在购买一家企业时，与只是购买企业的股权正好相反，通常会将公司价值视为一个营业利润或EBITDA的乘数。虽然作为股权或公司的买方，乘数低比乘数较高要好，但这些乘数将受被收购公司的增长潜力与风险影响。
- 虽然金融市场提供了一个对企业价值的预估，但会计师对同一家企业的价值预估通常差异很大。如前所述，投资者通常会将他们为股票支付的价格与股票的账面价值（或净值）之间的关系作为衡量股票价值被高估或低估的程度的指标来进行考察；所产生的市账率可能因行业而异（具体视每家企业各自的增长潜力与投资质量而定）。在对企业进行估值时，我们运用公司价值和所有资产或资本的账面价值（而非只是股权）来预估这一比率。对于那些认为账面价值并非很好的资产真实价值衡量指标的人而言，另一种方法是运用资产的重置成本，公司价值/重置成本比率被称为“托宾Q比率”。

- 盈利和账面价值都是会计衡量指标，且由会计规则和准则确定。另一种受会计选择影响要小很多的方法是运用企业价值/企业所产生的营收比率。对于股权投资者而言，该比率是“价格/销售额”，其中股权的市场价值被除以公司产生的营收。对于公司价值，可将该比率改成“企业价值/销售额”，其中分子成了公司经营性资产的市场价值。各板块的这一比率之间也存在很大差异，其主要是作为一个关于每一行业的利润率的函数，但是，运用营收乘数的优势在于，对不同市场中具有不同会计制度的公司做比较，要比对盈利或账面价值乘数做比较更为容易。
- 虽然盈利、账面价值乘数和营收乘数可以在任何行业和整个市场的公司计算出来，但有些乘数是特定行业才有的。例如，当20世纪90年代后期互联网公司首次在市场上亮相时，它们的盈利为负，其营收和账面价值可忽略不计。寻求得出某一乘数的金融分析师会用每一家此类公司的市场价值除以该公司网站产生的点击量来计算这一乘数。每个客户的市场价值较低的那些公司会被认为被低估了。最近，有线电视公司根据每个有线电视用户的市场价值来进行评判，而不管拥有这些用户的时间长短和盈利能力如何。虽然具有可证明行业特定乘数的合理性的条件，但这样的行业特定乘数很危险，原因有二。第一，因为无法为其他行业或整个市场计算行业特定乘数，所以，行业特定乘数可能导致某一行业的特定乘数相比于市场上其他行业的特定乘数被持续高估或低估的情形，因此，那些永远不会考虑为公司支付80倍营收的投资者，可能不会对为每次网页点击支付2000美元有着同样的疑虑，这主要是因为他们对这一衡量指标的高值、低值或平均值毫无概念。第二，对行业特定乘数与基本面进行关联要困难得多，而对行业特定乘数与基本面进行关联是用好乘数的一个重要因素。例如，公司网站的访问者是否会被转换成更高的营收和利润？答案不仅因公司而异，而且也很难对未来做出预估。

39.4 乘数的决定因素

在关于现金流贴现法估值的内容介绍中，我们观察到，公司价值是一个由三个变量所构成的函数，即其产生现金流的能力、这些现金流的预期增长和与这些现金流相关的不确定性。每一乘数（无论是盈利乘数、营收乘数还是账面价值乘数）都同样是一个由三个变量即风险、增速和现金流产生潜力所构成的函数。直观地讲，具有较高增速、较低风险和较大现金流产生潜力的公司，应以高于增速较低、风险较高且现金流潜力较小的公司的乘数来进行交易。

所用具体增速、风险和现金流产生潜力的衡量指标，将因乘数不同而不同。为了弄清（譬如说）真实的股票和公司价值乘数，我们可以回到相当简单的股权和公司价值现金流贴现模型，并运用它们来推演得出这些乘数。在最简单的股权现金流贴现模型（一种稳定增长股利贴现模型）中，股权价值为：

$$\text{股权价值} = P_0 = \frac{\text{DPS}_1}{k_e - g_n}$$

式中，P_0 为当前股价，DPS_1 为次年的预期每股股利，k_e 为股权成本，g_n 为预期稳定增速。两边同时除以盈利，我们就得到指定稳定增长公司市盈率的现金流贴现方程：

$$\frac{P_0}{\text{EPS}_0} = \text{市盈率} = \frac{\text{派息率} \times (1 + g_n)}{k_e - g_n}$$

市盈率的关键决定因素为每股盈利的预期增速 g、股权成本 k_e 和股利支付率。在其他条件相同的情况下，我们预期增速较高、风险较低和股利支付率较高的公司会以高于不具备这些特征的公司的乘数来进行交易。

将稳定增长型股利贴现模型的两边同时除以股权账面价值，我们就可以预估稳定增长公司的市账率：

$$\frac{P_0}{\mathrm{BV}_0}=\mathrm{PBV}=\frac{\mathrm{ROE}\times 股利支付率\times(1+g_n)}{k_{\mathrm{e}}-g_n}$$

式中，ROE 为股本回报率，也是除了确定影响市账率的市盈率的 3 个变量（增速 g、股本成本 k_{e} 和股利支付率）之外的唯一变量。最后，将股利贴现模型的两边同时除以每股营收，稳定增长公司的价格 / 销售额比率可作为一个由其利润率、股利支付率、风险和预期增速所构成的函数来进行预估：

$$\frac{P_0}{销售额_0}=\mathrm{PS}=\frac{利润率\times 股利支付率\times(1+g_n)}{k_{\mathrm{e}}-g_n}$$

净利润率是加进这一计算过程的新变量。虽然所有这些计算，都是以稳定增长型股利贴现模型为基础，但即使是在我们考察具有高增长潜力的公司及其他股权估值模型时，我们也会得出这一结论。

我们可进行类似的分析来推演得出公司价值乘数。一个稳定增长的公司的价值可列式为：

$$公司价值=V_0=\frac{\mathrm{FCFF}_1}{k_c-g_n}$$

将两边同时除以预期企业自由现金流来得出“稳定增长公司价值 / 企业自由现金流”乘数：

$$\frac{V_0}{\mathrm{FCFF}_1}=\frac{1}{k_c-g_n}$$

一家公司可获得的企业自由现金流乘数，将取决于两个变量：资本成本和预期稳定增速。因为企业自由现金流是扣除公司净资本支出和营运资本后的税后营业利润，所以，EBIT 乘数、税后 EBIT 乘数和 EBITDA 乘数，也可用类似的方法来进行预估。

简言之，乘数取决于构成现金流贴现法估值的基础的相同变量及假设。不同之处在于：虽然后者中假设是明确的，但其通常隐含在对前者的运用之中。

39.5 可比公司

当运用乘数时，人们倾向于将乘数和可比公司一起运用，以确定公司或其股权的价值，但什么样的公司才是可比公司呢？可比公司是具有与被估值公司类似的现金流、增长潜力和风险的公司。最理想的是，我们能够通过研究一家在风险、增速和现金流方面完全相同的公司的定价方式来对公司进行估值。在该定义中，没有任何一个组成部分与公司所属行业相关，因此，如果一家电信公司与一家软件公司在现金流、增速和风险方面相同，就可对这两者进行比较，但在大多数分析中，金融分析师将可比公司定义为所分析的公司所在业务领域的其他公司。如果某行业中有足够的公司允许被用来作为可比公司，就当用其他标准来对此类公司清单进行进一步精简，例如，只考量类似规模的公司。此处隐含了一个假设，即同一行业的公司具有相似的风险、增速和现金流状况，因而可令此类比较更具合理性。当某一行业的公司相对较少时，这种方法就会更难应用。在美国以外的大多数市场中，特定行业的上市公司的家数（特别是在狭义而言的话）很少。同样，如果某一行业的公司的风险、增速和现金流状况差异很大，从同一行业的公司中界定出可比公司就会难，所以，权衡取舍是一个简单的方法。更广泛地定义一个行业，能够增加可比公司的家数，但也会导致一组内的公司更多元化。

39.6 控制公司之间的差异

无论我们多么用心地构建可比公司清单，最终选出的公司都会与所估值公司不同。某些变量的差异可能很小，而其他一些变量的差异可能很大，我们必须在相对估值中对这些差异进行控制。控制这些差异的方法有三种：

- 主观判断。相对估值从分析中所运用的乘数，以及构成可比公司的那一组公司这两个选择切入。许多相对估值法都会计算每家可比公司的乘数并对这些乘数求平均值。对行业平均乘数进行主观调整时，会出现的一个问题是如何做出最佳的均值计算。为了评估一家公司，金融分析师会将交易时所用的乘数与计算出的平均乘数做比较，如果差异显著，金融分析师就对公司的个体特征（增速、风险或现金流）是否符合差异而做出主观判断。如果此类乘数差异经金融分析师判断无法用基本面来对之做出解释，公司就会被视为被高估（如果其乘数高于平均乘数）或被低估（如果其乘数低于平均乘数）。这种方法的弱点不在于要求金融分析师做出主观判断，而在于判断通常只是基于猜测。这些判断代表了他们对公司的偏见。
- 经修改乘数。本方法中，我们会修改乘数，以考虑确定乘数的最重要变量，即伴随变量。为了举例说明，为了比较不同增速的公司的市盈率，金融分析师通常将市盈率除以每股盈利的预期增速来确定被做出增速调整的市盈率或市盈率相对盈利增长比率。而后对具有不同增速的公司的这一比率进行比较，以找出被低估和被高估的公司。我们在运用这些经修改乘数时，做出了两个隐含假设。一个假设是这些公司（被控制的公司除外）在其他所有价值衡量指标方面具有可比性；换言之，当比较各公司的市盈率相对盈利增长比率时，我们会假设这些公司都具有相同的风险。如果某些公司风险要高于其他公司，你就会预期这些公司将以更低的市盈率相对盈利增长比率来进行交易。另一个假设是乘数和基本面之间呈线性关系。同样，采用市盈率相对盈利增长比率来表明这一点，我们假设市盈率会随着增速翻倍而翻倍。如果这个假设不成立，且市盈率增速与增长不成比例，那么，从市盈率相对盈利增长比率来看，增速高的公司看起来会很便宜。

- 统计技巧。当乘数与确定乘数的关系变得复杂时，就难以运用主观调整和经修改乘数了。当这种情况发生时，有一些统计技巧能为你带来希望。在回归中，我们会尝试通过运用影响因变量的自变量来对因变量进行解释。这反映了我们在相对估值中试图做的事情，我们会尝试运用基本面变量（如风险、增速和现金流）来解释公司间（市盈率、“企业价值/EBITDA”）的乘数差异。与主观法相比，回归具有三个优势：

  1）通过回归得出的输出向我们提供了一项衡量乘数和所用变量之间的关系强度的指标，因此，如果我们认为增速较高公司其市盈率也更高，回归就应当同时提供增速同市盈率相关联的方式（通过作为独立变量的增速系数）以及这种关系的强度（通过 t 统计量和 R^2）的线索。

  2）如果某一乘数与我们用来对其进行解释的基本面之间呈非线性关系，就可对回归进行修改，以允许实现线性关系。

  3）不同于经修改乘数法，我们只能为一个变量控制差异，可对回归进行扩展，以允许有多个变量，甚至允许实现这些变量之间的交叉影响。

一般而言，回归似乎特别适合于我们在相对估值中的任务，这些任务旨在弄清大量有时相互矛盾的数据的意义。

39.7 相对估值领域中的价值提升

如果我们从假设公司价值是以市场对同类公司估值为基础的方式切

入，价值提升就必须被引向市场会对什么（以及不会对什么）进行估值。特别是，如果市场似乎为高增长给予了高价值而未扣除多少风险，那么，即使风险很大，增长策略也会为企业创造价值。20世纪90年代技术繁荣期间就是这种情况，公司通过转向高风险、高增长战略来做出相应的反应。如上一节中所述，行业回归的一个有用的副产品是，我们可对价值的变量影响进行量化，因此，将银行的市净率与增长率和不良贷款准备金进行回归，可以让我们判断市场在多大程度上奖励了收益增长并惩罚了商业银行的高风险贷款，然后输出一个用于小银行的价值提升策略模板。制药公司的价格收益率相对于利润率和产品渠道的深度（衡量处于不同开发阶段的新药）的相似回归，可以让我们破译市场对这些公司当前利润和未来增长的重视程度。这可用以确定一家制药公司将投入多少研发费用。

为提升相对价值而采取的行动是否与以现金流贴现为基础的价值提升行动不谋而合呢？答案取决于我们构建现金流贴现模型的好坏程度以及市场对模型基本面定价的效率如何。在第一种情景下，市场高效且现金流贴现模型反映了基本面（尽管是一种不大可能出现的情景），为价值最大化所采取的行动在这两种方法中是相同的；在第二种情景下，现金流贴现模型存在严重缺陷且不完整，但市场合理高效，为提升相对价值而采取的行动将比为提升现金流贴现价值而采取的行动产生的影响更大、更久；在第三种情景下，市场价格短期内偏离内在价值，但长期来看趋同，为提高相对价值而采取的行动可能在短期内对股价有利，但从长远来看却会损害公司。

| 第40章 |

实物期权估值

或许，估值方面最重要且最具革命性的发展是（至少在某些情形下）认同如下观点：如果现金流取决于某一事件的发生与否，资产价值就可能不会大于预期现金流现值。这种认同的发生很大程度上归因于期权定价模型的发展。虽然这些模型最初是对所交易的期权进行估值，但近年来一直试图将这些模型的适用范围扩展到更传统的估值领域。有许多人辩称，专利或未开发储备资源等资产其实是期权，且应被当作期权来进行估值，而非用传统的现金流贴现模型进行估值。

40.1 方法的依据

如果标的资产的价值超过某一看涨期权的预先指定价值或低于某一看跌期权的预先指定价值，或有索取权或期权仅在发生某些或然事项时才会予以偿清。过去20年，我们在开发期权估值模型方面做了大量工作，这些期权定价模型可用来对任何具有类似期权特征的资产进行估值。

图40-1将看涨期权和看跌期权的回报作为某一潜在资产的价值相关的函数来进行了阐释。

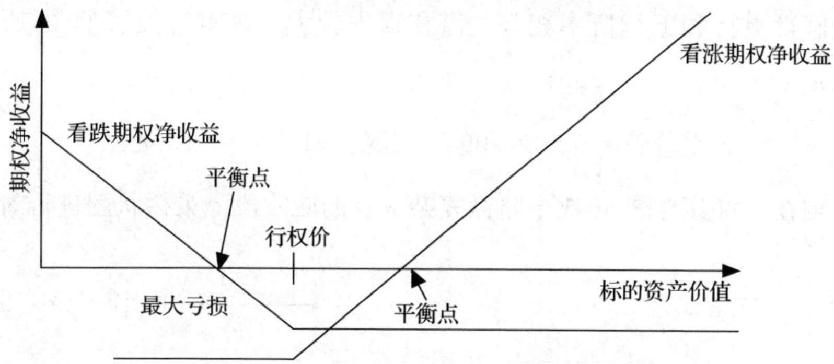

图 40-1 看涨期权和看跌期权回报示意图

期权可被作为一个由以下变量所构成的函数来进行估值：当前价值、潜在资产的价值差异、行权价、期权到期时间及无风险利率。这一主张由布莱克和斯科尔斯（Black and Scholes，1973）首次提出，且在许多变体中进行了扩展和提炼。虽然布莱克－斯科尔斯期权定价模型忽略了股利，并假设期权不会被过早行权，但使用者可对其进行修改，以允许在两者之间自由选择。离散时间变量和二项式期权定价模型也被开发出来，以对期权进行定价。

如果回报是资产价值的函数，就可将资产作为期权来进行估值。如果回报取决于资产价值超过预先指定水平，就可将其作为看涨期权来进行估值。当潜在资产的价值降至预先指定的价值水平以下时，回报增加，则可将其作为看跌期权来进行估值。

40.2 实物期权的实质

要理解实物期权主张的依据及其具有诱惑力的原因，最简单的方法就是运用一种不同的风险评估工具，即决策树状图。考虑一个非常简单的决策树状图示例，如图 40-2 所示。

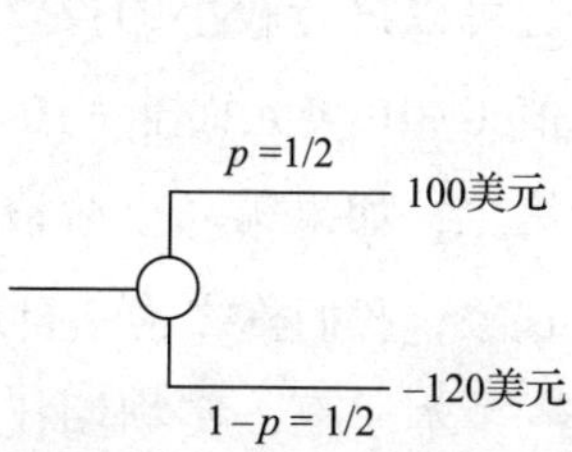

图 40-2 简单决策树状图

假设上行和下行概率相等，潜在损失较大，则本笔投资的预期价值为负：

$$预期价值 = 0.50\times100 + 0.5\times（-120）= -10 美元$$

现在，将其与图 40-3 中略微复杂一点的两阶段决策树状图进行对比。

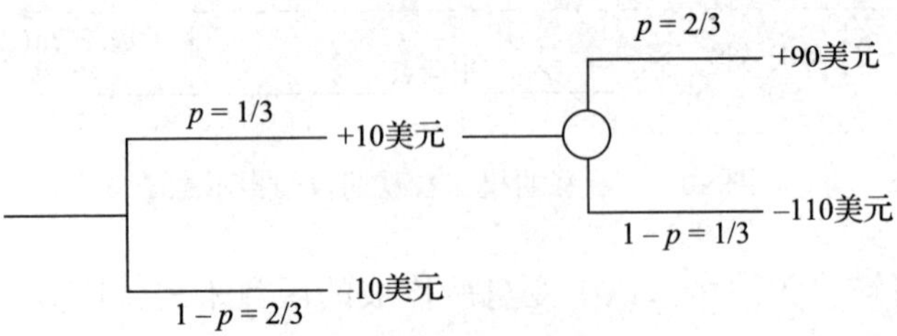

图 40-3 两阶段决策树状图

请注意，树状图中两个阶段的潜在总损益与图 40-2 中简单树状图的损益相同，总收益为 100 美元，总损失为 120 美元；另需注意，成功和失败的累积概率仍然是我们在简单树状图中所用概率的 50%，但当我们计算该树状图的预期值时，其结果会发生变化：

$$预期价值 =（2/3）\times（-10）+1/3\times[10+（2/3）\times（90）+（1/3）\times（-110）] = 4.44 美元$$

究竟是什么令第二个决策树状图从（第一个决策树状图中的）潜在不良投资变成（第二个决策树状图中的）一笔好投资呢？我们将这一改变归因于两个因素：第一，通过允许您在初期阶段就可以观察到现金流，并且可以进行较小的投资尝试，因此，在第一个阶段得到一个不好的结果值（–10 美元而非 +10 美元）会表明投资整体上更可能是亏钱而非赚钱；第二，如果第一个阶段取得的结果为负，你就会放弃投资来学习，这一现象，我们称之为“自适应行为”。

本质上，实物期权的价值源于这样的一个事实：当投资于风险资产时，我们可以从观察现实世界中发生的事情中学习，并通过调整自己的行为来增加潜在的投资潜力并减少可能的不利因素。实物期权框架中，在降低危险的同时，我们可运用更新的知识或信息来扩大机会。如果是风险性投资，则可以这些更新的知识为基础采取三种可能的行动：第一种行动是，你要靠好运来增加你的潜在利润，即待扩大期权，例如，一项表明消费者对某款新产品的接受程度远超你预期的市场测试，可用作扩大项目规模和加快向市场交付的依据；第二种行动是，在你收到的信息包含利空时缩减甚至放弃投资，即待放弃期权（其可以让你减少损失）；第三种行动是，如果你收到的信息表明对未来前景存在矛盾心理，则推迟做出进一步投资，即待推延期权或观望性期权。从某种意义上讲，你是在为投资争取时间，希望产品和市场发展能够在未来令其变得具有吸引力。

我们会在该组合中添加最后一个部分（该部分常被遗忘，但从对实物期权论点所做贡献来看，其与学习和自适应行为组成部分同样重要）。当你（且只有你）进行此类学习并可按所学行动时，学习的价值才会最大。毕竟，任何人都可以据其行事的公开知识信息的预期价值近乎为零。我们将该第四个条件称为“排他性”，并用其来审查实物期权何时才具有最大价值。

40.3 实物期权实例

有许多资产通常不被视为期权，但仍然具有若干期权特征。我们可运用上节所述三种期权类型来对这些资产进行分类：

（1）待推延期权。投资通常根据分析时的预期现金流和贴现率进行分析，在此基础上计算的净现值是当时的价值和可接受的度量。用到的规则很简单，即负净现值投资会破坏价值，不应被接受，但是，预期现金流和贴现率会随着时间推移而变化，而净现值也会随着时间推移而变化，因此，现在净现值为负的项目可能会在未来净现值为正。在竞争激烈的环境中，各家公司在取得项目过程中并无相对于竞争对手的特殊优势。这似乎并不重要，但在一个（归因于对手的法律限制或其他准入壁垒）项目只能由一家公司取得的环境中，项目价值随时间推移而变化使其具有看涨期权的特征。估值中至少有三个潜在领域与此相关。第一个领域是公司具有开发专利（但并非义务）的期权。其命题是，从现金流贴现的角度看，某些专利可能并不具有多大价值（负净现值），但它们仍然可以为其所有者创造期权价值。第二个领域及相关的要点是从期权的角度看，某项技术的专属权即使其并不可实施，也都是有价值的。第三个领域是未开发的石油、黄金或任何自然资源储备可给予其所有者一种期权，即使这类储备今天并不能实施开发，但自然资源价格的波动也会给予它们作为期权的价值。

（2）待扩展期权。在某些情形下，公司将进行一笔投资，因为此举会让其能在未来做出其他投资或进入其他市场。在此种情形下，可以认为初始投资为公司提供了待扩展期权，因此，公司应愿意为此类期权支付一个价格。如此一来，公司可能愿意在首笔投资上出现亏损，因为其觉得待扩展期权会有足够大的价值来弥补其初期损失。将此类期权扩展进估值中可能意义重大。投资于如中国和印度等大型新兴市场的公司，通过这些投资获得的价值可能远高于用传统现金流贴现法得出的价值。制造或销售商品的独家或专属许可的价值可能高于用现金流贴现法得出的价值，因为它们允许公司在这些市场中进行扩展。在极端情况下，这一论点被用来证明"为高增长和科技公司支付高于贴现现金流价值的溢价"的合理性，其推理逻辑是，这些公司可能有意想不到的好运或能够抓住增加价值的机会。

（3）待放弃期权。那些保留退出风险性投资的弹性的公司，在这些投资不能带来回报的情况下，应该将待放弃期权构建到其公司价值中。

40.4 实物期权领域的价值提升

金融类教科书或会计衡量指标很少会提及为提高实物期权领域的公司价值而应采取什么行动，因为它们的重点要么是提高对危机做出响应的灵活性，要么是保持开拓未来机会的可能性。事实上，某一行动完全有可能在现金流贴现模型中破坏价值，而在实物期权框架中提升价值。冒着过度简化的风险，以下是一些可提升公司实物期权价值的方式：

- 发挥优势。期权模型不同于其他估值模型，因为风险被视为盟友而非对手，期权价值会随着方差的增加而增加。在保持这一关联关系的过程中，实物期权框架中的价值提升会更适合于利用风险，而非规避风险，因此，一家制药公司将通过将其研究重新定向到那些冷门领域而非热门领域来增加其价值，冷门领域产生的专利价值将高于热门领域的专利价值。
- 增加弹性。如果在实物期权框架中有个关键词的话，那就是“弹性”。通过保留这些公司必须在未来扩大或放弃投资的期权，维持或增加财务与经营弹性的行动将为公司创造价值。在遵循这一主张的前提下，企业应尝试分阶段做出大型投资（允许在每一阶段停止和重新评估投资），除非它们具有显著的经济效益，否则，不要做出长期投资承诺。
- 对战略考量因素估值。在金融领域，人们对战略考量因素持怀疑态度，因为该术语几乎总是被用来取代金融分析。如此一来，出于战略考量，企业会进行负净现值投资，并在收购中支付一个超过预估价值的溢价。虽然仍然值得持怀疑态度，但至少在一些情景中，这些战略考量因素是指公司可能因负净现值投资或收购而获得的实物期权。
- 追求排他性。实物期权通过排他性机会通道（或尽可能接近此类

> 通道）来获得价值。企业为增加这种排他性所采取的任何措施均将获得更高的价值回报。虽然部分这类排他性可通过合法来源（专利、商标等）获得，但这种排他性中很大一部分的来源都是公司随着时间推移而在其竞争优势中获得的。

实物期权框架中的价值提升要求我们让战略和财务考量因素发挥作用。如此一来，可能难以对价值提升进行量化和衡量，但潜在回报却可能很大。

| 第 41 章 |

关于价值提升的总结性思考

价值提升可有诸多形式，其在很大程度上取决于我们的估值处理方式。对于现金流贴现法估值，其重点是驱动价值的基本面，即现金流、增速和风险。对于一项为创造价值而采取的行动，其必须能影响一个或多个此类价值杠杆。基于会计的估值模型的侧重点是会计盈利和账面价值。价值提升适合于改变这类衡量指标中的一两个，其与内在价值有着微妙的联系，这一点并不足为奇。对于相对估值，其侧重点转向乘数和市场为一组同行公司或某一行业定价的方式。如此一来，价值提升更能迎合市场情绪和觉察力（即使这类看法可能与基本面并不相关）。实物期权估值不是备选方法，而是对常规估值模型的补益，并考量通过提高弹性和获得机会来增加的价值。该框架中的价值提升具有很重的战略成分，其益处常常不大可能在常规估值模型中体现出来。

那你应当选择哪种价值提升方法呢？答案取决于诸多因素。如果你认为市场有效，那么，你的选择就会变得更容易，因为相对估值法和现金流贴现估值法趋同。如果市场无效，你就需要做出一个基本决定，即重点是价格提升还是价值提升。如果重点是价格提升，那么你用相对估值衡量指标的概率更大，因为你将迎合市场当下想要什么和看中什么，比如更高的每股盈利或更高的增速，等等；如果你打算增加价值，你就应当考量运用现金流贴现衡量指标，因为它们考虑了决定长期价值的基本面，并希望市场至少会做出长期调整。侧重于基于会计的衡量指标几乎从来都不是一个可取的策略，因为它既不会让市场满意，也不会带来更高的价值。最后，基于期权的价值提升衡量指标可用作对现金流贴现模型的补充，但仅限于在利用机会时具有排他性的公司。

显然，今天许多管理者都在考量价值提升。他们研究各种价值提升方法时应考量一些事实。第一个事实是，除非管理者承诺将价值最大化作为其首要目标，否则，任何价值提升机制都无法产生价值。如果管理者首先考量其他目标，那么所有价值提升机制都不会管用；相反，如果管理者真正关心价值最大化，那么他们就可使几乎任何价值提升机制都对他们有利。第二个事实是，虽然对你所选择的任何价值提升衡量指标进行关联是合理的，但这样也有一个不好的方面，即随着时间推移，管理者会倾向于将其注意力集中到使他们按这一衡量指标看起来更好的这一方面（即使此举仅能通过削减公司价值才能实现）。最后一个事实是，创造价值并无灵丹妙药。在竞争激烈的市场中，价值创造是一件苦差事，且几乎都会牵涉到成本和效益之间的权衡。每个人都在价值创造中扮演了一个角色，而这当然并非金融分析师唯一的研究领域。事实上，金融工程师创造的价值比好的战略、营销、生产或人事部门创造的价值更小、更不重要。

第八部分

关于估值的最后一点思考[一]

阿明·瓦玛[二]、托尔斯滕·波迪格[三]、简·菲比希[四]

[一] 德意志投资股份有限公司，© 2008 年简·菲比希。

[二] 不来梅大学研究员，金融主席。

[三] 不来梅大学金融学教授。

[四] 德意志投资股份有限公司董事总经理。

| 第42章 |

内容介绍

本书旨在向读者讲解头部投资银行的投资组合经理和金融分析师分析公司的方法。本书中介绍的模型无不植根于20世纪60年代早期由默顿·米勒和弗兰科·莫迪利亚尼所创的股权估值现值框架。⊖

在本部分（也是最后一部分）中，我们从理论的角度探讨了估值模型背后的理论。各模型都是以简化性假设为基础。我们认为，充分理解估值模型的基本假设将有助于投资者在解释其结果时避免犯下代价高昂的错误。好的估值模型必定非常简单，这样才有助于投资者在一个复杂和充满着不确定性的世界中做出明智的决策。简化性、适用性和低成本是从业者构建和应用估值模型的重要标准。估值模型宜从简（但不宜过简），以便用户可以轻松地理解它，预估其输入参量并对其结果进行解释和交流。对一种模型的效益和成本进行权衡是必要的。任何的估值模型使用人都应知悉它可能存在的理论缺陷，并应熟悉备选方案，然后由用户自己决定是接受还是拒绝或使用更复杂的方法，这些方法的缺点是简化性、适用性丧失和成本更高。

公司价值取决于其管理者增加销售额、降低成本、控制资本以及最

⊖ Miller and Modigliani (1961).

终产生超过其索偿权的现金流的能力。投资组合经理和金融分析师应用现金流贴现模型将现金流换算成内在价值或公允价值。在第 43 章中，我们探讨了三种将风险纳入现金流贴现框架的备选方案。专业投资者大都（但并非全部）会应用资本资产定价模型来预估经风险调整贴现率。在文献中，确定性等价和风险中性概率被提议用作考量不确定性的备选方案。尽管如今这些模型很少被投资人士采用，但它们对教学、实践和进一步研究均有影响。

回顾文献，我们不得不承认，估值和资产配置并未被很好地整合。它们通常看起来彼此孤立，对选股和资产配置进行整合的方式并不总是显而易见的。在第 44 章中，我们向读者介绍了多资产估值，并说明了如何在实践中将资产分配与现金流贴现联系起来。在本部分结尾，读者将熟悉学术文献中的重要估值概念。

| 第 43 章 |

理论估值：

单项资产估值

43.1 确定性现金流

本节分析的切入点是这样一个前提：某只证券的价值可以从投资者通过拥有这只证券而获得的现金流推演得出。让我们假设投资者在某个期间持有股票且于期末获得股利 D_1。在期间 1 向股东支付的现金流是股利支付 D_1 和于期间 1 期末售出股票所得款项 P_1。[1]在确定的情形下，目前（$t = 0$）证券的公允价值 P_0 等于以无风险利率 i_f 贴现给股东的现金流 CF_t 的总和。

$$P_0 = \frac{D_1}{(1+i_\mathrm{f})^1} + \frac{P_1}{(1+i_\mathrm{f})^1} = \frac{CF_1}{(1+i_\mathrm{f})^1}$$

由于期间 1 期末的股价 P_1 现值等于第 2 年支付股利 D_2 的贴现值和期间 2 的价格的贴现值 P_2，因此，我们可列式为：[2]

$$PV(P_1) = \frac{D_2}{(1+i_\mathrm{f})^2} + \frac{P_2}{(1+i_\mathrm{f})^2}$$

因此

---

[1] Elton *et al*. (2003), pp. 445–447.

[2] Levy (2002), pp. 254–257.

$$P_0 = \frac{D_1}{(1+i_f)^1} + \frac{D_2}{(1+i_f)^2} + \frac{P_2}{(1+i_f)^2}$$

为期间 $t = 1$，⋯，∞ 运用同样的技巧，我们可在确定性下推演出一个通用的现金流贴现公式。由于股价 P 的现值在无限期内（$T \to \infty$）接近 0，我们可停止对遥远未来的 T 期间的未来价格进行贴现：㊀

$$P_0 \approx \frac{D_1}{(1+i_f)^1} + \frac{D_2}{(1+i_f)^2} + \frac{D_3}{(1+i_f)^3} + \cdots + \frac{D_T}{(1+i_f)^T}$$

确定性条件下的通用现金流贴现公式表达出，任何证券的价值都是未来净现金流按无风险利率进行贴现的现值。

现值法做出了完全竞争和无套利定价的假设。根据一价定律，在竞争市场中具有相同现金流的金融工具必须具有相同的价格。如果两项相同的资产不以相同的价格进行交易，那么，套利者就可通过买入较便宜的资产并卖空更昂贵但其他方面都一样的资产来产生无风险利润。如果没有套利机会（无套利定价），市场就会处于均衡状态。在完善的金融市场中，投资者可根据客观标准（如净现值规则）做出投资决策，而无须考量主观偏好（费雪分离定理）。如果投资者无法以相同的无风险利率 i_f 借入和出借，净现值规则就不成立。㊁

根据上文的通用现金流贴现公式，如果做适当的假设，我们就可推演出大量现金流贴现模型的变体。例如，若我们假设股利 D 在期间 $t = 1$，⋯，∞ 以恒定增速 g 增长，则公允价值 P_0 等于：

$$P_0 = \sum_{t=1}^{\infty} \frac{D_0(1+g)^t}{(1+i_f)^t} = D_0 \sum_{t=1}^{\infty} \frac{(1+g)^t}{(1+i_f)^t}$$

对于 $i_f > g$ 的情形，我们可运用几何序列的属性来推演得出为人们所熟悉的股利增长模型：

㊀ Elton *et al*. (2003), p. 446, Levy (2002), p. 255.

㊁ Copeland *et al*. (2005), pp. 3–14.

$$P_0 = D_0 \frac{1+g}{i_f - g} = \frac{D_1}{i_f - g} \quad \Bigg| \quad \text{注：} \sum_{t=1}^{\infty} \frac{(1+g)^t}{(1+i_f)^t} = \frac{1+g}{i_f - g}$$

虽然如果做出适当假设的话，现金流贴现模型的其他变体就可从通用现金流贴现公式推演出来，但在本部分中，用通用现金流贴现公式就足够了。

43.2 不确定性现金流

在本章中，我们将证明，确定性下的通用现金流贴现公式并不适用于一个充满不确定性的世界。此外，我们还将探讨各种将不确定性纳入估值模型的方法。不确定性意味着某一未来现金流在任何时间点上都可能有多个结果或实现情形。在文献中，学者们探讨了将不确定性纳入估值模型的若干概念。[⊖]最突出的方法运用了数学和统计学中为人们所熟悉的预期价值。预期价值法要求投资者能够事先确定时间点 t 上所有可能的结果（现金流）及其各自的概率。[⊜]本部分的目的不是探讨预估未来现金流的方法，而是探讨将不确定性（风险）纳入股票估值框架的备选概念。为简单起见，我们假设投资者能够确定未来结果和概率（即预期现金流）。

设 $cf(t, s)$ 为时间点 t 上的状态 s 的（不确定）现金流，并设 $\pi(t, s)$ 为时间点 t 上状态 s 的概率。不确定性下对股票估值的最吸引人的方法是应用确定的现金流贴现公式，并将确定性现金流 CF_t 替换为预期现金流 $E(cf(t, s))$：

$$P_0 = \sum_{t=1}^{T} \frac{E(cf(t,s))}{(1+i_f)^t} \qquad \text{其中：} E(cf(t,s)) = \sum_{s} \pi(t,s) \cdot cf(t,s)$$

⊖ 下列各段中，我们将讨论三种允许投资者将风险纳入估值框架的方法。现金流预估不受经风险调整方法选择的影响。

⊜ Judge *et al*. (1988), pp. 11–36.

下列例子表明，如果投资者厌恶风险，仅将确定的现金流替换为预期现金流是不管用的。假设股票现价为 82 欧元 / 股，不派付股利，在某一单个期间估值年限结束时有可能会发生两种情形：$cf(t, 1)$= 80 欧元和 $cf(t, 2)$= 100 欧元，概率为 $\pi(t, 1)=\pi(t, 2)$= 0.5。则该股票的预期现金流为 90 欧元（即 80 欧元 ×0.5 + 100 欧元 ×0.5）。若无风险利率为 6%，则预期未来现金流现值为 84.906 欧元：

$$P_0 = \frac{90}{(1+0.06)} = 84.906$$

这是否表明该股票 82 欧元 / 股的当前市场价格被低估了呢？丝毫没有！对风险厌恶型投资者而言，只有在他们预期会因其承担风险而得到补偿时才会愿意投资于风险资产，因此，风险资产的价格必须低于无风险但其他方面都相同的资产的价格，但风险价格为多少才合适呢？风险可通过调整分母或分子来纳入通用现金流贴现公式。[⊖]

经风险调整分母（贴现率） 如果加上风险溢价 rp，投资者通常通过用（1 + 无风险利率 i_f）来对现金流 cf 的预期值 $E(cf)$ 进行贴现，以将风险纳入估值框架。下列方程表明，当风险溢价增加（减少）时，公允价值 P_0 会减少（增加）：

$$P_0 = \sum_{t=1}^{T} \frac{E(cf(t,s))}{(1+i_f+rp)^t}$$

经风险调整分子（现金流） 可通过应用基于效用的估值方法或风险中性概率估值方法来调整分子。

基于效用的估值方法 代表特定投资者偏好的效用函数 f，被用来将预期现金流 $E(cf)$ 转换为预期现金流价值。而后将其按无风险利率 i_f 进行贴现，以得出特定投资者的公允价值 P_0。

$$P_0 = \sum_{t=1}^{T} \frac{f(cf(t,s))}{(1+i_f)^t}$$

⊖ Kruschwitz and Löffler (2006), pp. 20-30.

风险中性概率法 不是运用未来结果的概率来作为权重因数，而是应用所谓的风险中性概率（或 π^*）来计算预期值 E。

$$P_0=\sum_{t=1}^{T}\frac{\sum_{s=1}^{S}\pi^*(t,s)\cdot cf(t,s)}{(1+i_{\mathrm{f}})^t}=\sum_{t=1}^{T}\frac{E^*(cf(t,s))}{(1+i_{\mathrm{f}})^t}$$

风险中性预期值 $E^*(cf(t,s))$ 不是投资者特定的。以下各章中，我们将更详尽地探讨这三种方法及其假设和缺点。请注意，这些方法对现金流贴现公式做了修改，以将风险纳入估值。

43.3 风险溢价

实际上，目前在实践中运用的每一个成熟的估值模型都是现金流贴现模型。最常见的方法是按风险调整贴现率对预期现金流进行贴现。风险调整贴现率由无风险利率和充分反映了投资风险的风险溢价组成。⊖因为风险厌恶型投资者只会在他们因承担风险而获得正溢价形式的补偿的情况下才会愿意投资于风险资产，所以，经风险调整利率始终高于无风险利率。下列例子展示了市场隐含风险溢价的推演方法。让我们再次假设：一只股票的当前交易价格为 82 欧元 / 股，下一期间的预期现金流为 90 欧元，无风险利率为 6%（见上文所举例子）。如果我们对风险溢价现值 rp 公式进行求解，我们就会得出，市场隐含风险溢价为 3.756%：

$$82=\frac{0.5\times80+0.5\times100}{1+0.06+rp}\Leftrightarrow rp=0.037\ 56$$

但我们如何才能预估出实际应用中的风险溢价呢？在金融市场中不易观察到股票和股票风险溢价的未来成本，因此，金融经济学家制定了

⊖ 见本书第一部分第 2 章菲比希和波迪格所述的内容。

广泛的可用以预估股权成本的模型。[㊀]

归因于其简化性，投资者大都运用资本资产定价模型来预估股权成本。第一部分中，菲比希和波迪格已表明，资本资产定价模型可通过逻辑从一些假设推演得出。[㊁]根据资本资产定价模型，资产的预期回报率 r_i 是一个由无风险利率 i_f 和市场投资组合 M 超出无风险利率部分的超额回报所构成的线性函数：

$$r_i = i_\text{f} + \beta_i(r_M - i_\text{f})$$

式中，r_i、r_M 和 β_i 分别代表股票 i 的经风险调整的所要求的回报率、市场投资组合 M 的预期回报率和股票 i 的回报率对市场投资组合 M 的回报率的敏感度。项 $\beta_i(r_M - i_\text{f})$ 为风险溢价。根据资本资产定价模型，投资者仅因其承担了市场的系统风险而获得补偿。

乍一看，在现金流贴现框架中应用资本资产定价模型来预估股权成本似乎是可取的。下列公式表明，我们可直接通过资本资产定价模型推演出单个期间经风险调整的现金流贴现法估值模型：

$$E\left(\frac{cf(t)_i - P_0}{P_0}\right) = i_\text{f} + \beta_i(r_M - i_\text{f}) \Leftrightarrow$$

$$P_0 = \frac{E(cf(t)_i)}{1 + i_\text{f} + \beta_i(r_M - i_\text{f})} \Leftrightarrow$$

$$P_0 = \frac{E(cf(t)_i)}{1 + r_i}$$

式中，$E(cf(t)_i)$ 是时间点 1 的预期股票价值。如果所采用输入参量一致，标准资本资产定价模型方程和“现金流贴现 / 资本资产定价模型”法所产生的结果就会相同，但资本资产定价模型是一种单个期间模型。仅当做出大量限制性假设时，才能直接通过资本资产定价模型推演出多期间估值现金流贴现模型。这些假设包括但不限于：β、风险溢价 rp 和无

㊀ 在文献中，资本资产定价模型最突出的备选方案是罗斯的资本资产定价套利理论和法玛 – 弗伦奇模型。Ross (1976b), Fama and French (1992, 1995).

㊁ 见本书第一部分 3.3.3 节菲比希和波迪格所述的内容。

风险利率 i_f 随着时间的推移保持不变；预期回报率不会自动具有相关性；投资者偏好不依赖于状态[一]。[二]

大量实证研究表明，β 和风险溢价 rp 不会随着时间的推移而保持不变。[三]安德鲁·安格和刘军教授（Ang and Liu，2004）发现：随着时间的变化而变化的 β、股票风险溢价和无风险利率对估值模型结果影响很大。[四]尽管有充分的证据，但从业者通常忽略了 β、股票风险溢价和无风险利率会随着时间的推移而变化。情景分析和随机变量模拟可用来构建更切合实际的估值模型。在本书第二部分中，菲比希和波迪格探讨了可用以为随机变量和经济变量建立更切合实际的模型的蒙特卡罗模拟。

投资者通过考察单个期间内的预期回报率和标准差来评估投资组合的假设，并不是资本资产定价模型背后的唯一假设。[五]资本资产定价模型框架中的资本市场被假设是具有竞争性的资本市场且始终处于均衡状态。资本资产定价模型还进一步假设，投资者具有齐次预期值，且能以相同的无风险利率借入和出借。在资本资产定价模型的领域中，税费和交易成本无关紧要。资本资产定价模型表明，所要求的回报率是一个由无风险利率和股票风险溢价（证券市场线）所构成的线性函数。金融经济学家已表明，如果放宽资本资产定价模型的限制性假设，这种线性关系通常就不成立。例如，罗斯（1976a）分析了禁止无风险借贷和卖空的可能影响之后表明：如果同时放宽这些假设，就无法得到一个简单的、通用的均衡状态。从业者应牢记，当被用以预估股权成本时，资本资产定价模型是一种均衡状态模型。

[一] 若一个过程的结果不依赖于其他可能的未来状态中的某一特定未来状态，则该过程被称为“非状态依赖型”过程。

[二] Brennan (1973), Bogue and Roll (1974), Fama (1977), Myers and Turnbull (1983), Brennan (1997), Ang and Liu (2004), 等等。

[三] Ferson and Harvey (1991), pp. 50–54, Evans (1994), pp. 660–675, DeSantis and Gérard (1997), pp. 1892–1909.

[四] Ang and Liu (2004), p. 2775.

[五] Elton *et al*. (2003), pp. 309–328.

对于从业者而言更重要的是一种模型能否产生准确的预测，而非其假设是否切合实际。[一]不幸的是，罗尔（1977）阐明，由于线性“回报率 /β”关系和市场投资组合有效的假设在数学上是等价的，因此，如果不了解完整的市场投资组合，就不可能检验资本资产定价模型。[二]理查德·罗尔在对资本资产定价模型的著名批评中引述了波西格（1974）的观点：“如果报警器发出报警声，而机械师却断定整个电气系统还在运行，那么，其就会深陷麻烦之中……”[三]对资本资产定价模型的检验会受到“真实”市场投资组合选择的严重影响。从业者通常运用市场指数（如标准普尔 500 指数等）来作为市场投资组合的代表性指标。指数选择和 β 预估所选时期可能会对 β 预估值产生重大影响。实证证据表明，除了股票风险溢价，其他经济变量如规模（市值）和市账率也对平均股本回报率变化做出了部分解释。[四]

在文献中，有若干其他方法被提议用来预估经风险调整的所要求的回报率 r_i。其中一种方法是运用现金流贴现模型本身来预估 r_i。其结果是一个隐含风险调整后的股票市场回报率。还有一种方法是计算股票的历史平均回报率。[五]在本书第四部分中，哈里斯等认为，预估准确资本成本的尝试将是徒劳，并建议运用高于政府债券收益率 3%～4%的所要求的股本回报率作为切入点。经验丰富的金融分析师会仔细分析其目标价格对股权成本变化的敏感度。

43.4 确定性等价与基于效用的估值

确定性等价概念与预期效用理论和基于效用的估值框架密切相关。

[一] Sharpe and Alexendar (1990), p. 195.

[二] Roll (1977).

[三] Roll (1977), p. 129.

[四] Fama and French（1992，1995）.

[五] 见 Levy（2002），pp. 286–288。

其基本思想最先由伯努利提出（1954 年再版）。冯·诺依曼和摩根斯坦（von Neumann and Morgenstern，1944）基于伯努利（1954 年再版）和一套公理开发出了预期效用理论。预期效用理论成为经济学中的重要内容，并被认为是一个关键的（新古典）经济学概念。

一个效用函数可将现金流 $cf(t, s)$ 等不同状态的结果转换成这些结果的投资者特定效用值 $U(cf(t, s))$。预期效用 $E(U)$ 等于用结果 $\pi(t, s)$ 的概率进行加权后的效用值 U 的总和：

$$E(U)=\sum_{s}^{S}\pi(t,s)U(cf(t,s))$$

确定性等价法表明，投资者不是基于预期值，而是基于预期效用来做出决策的。基于效用的估值，要求定义出一组效用公理。核心的效用公理有 5 个：可比性、传递性、强独立性、可衡量性和排序。㊀

新古典经济理论假设投资者总会基于这些公理做出理性决策。如果效用公理成立，且投资者更青睐高效用而非低效用，那么，投资者就可将预期效用最大化。如果我们接受上述 5 个公理，就可通过逻辑推演出预期效用最大化的准则。预期效用最大化是新古典经济学中的一个关键概念；几乎（新古典）经济学中的所有重要理论都会假定个体效用最大化。

效用理论要求投资者指定其相关效用函数类型，这些函数可对可衡

㊀ 见 von Neumann and Morgenstern (2004), pp. 24–29 and 73–78。马科维茨（Markowitz，1998）提出了一种更直观的方法，见第 228 ～ 256 页。可比性意味着：对于一组不确定的备选方案而言，投资者可表达出结果 x 是否优于结果 y（$x \succ y$），或结果 y 是否优于结果 x（$y \succ x$），或它们并无不同（$x \sim y$）。传递性会表达出：若一名投资者对 x 的青睐度高于 y，且对 y 的青睐度高于 z，则 x 优于 z（若 $x \succ y$ 且 $y \succ z$，则 $x \succ z$）。强独立性会假设：若在一次投机 G 中收到一个结果 x 的概率为 α 并且收到结果 y 的概率等于 $1-\alpha$，则我们可以写 $G(x, y: \alpha)$。强独立性意味着：若 x 和 z 对于投资者无差异，则 $G(x, y: \alpha)$ 和 $G(z, y: \alpha)$ 对其也无差异。可衡量性意味着：若 $x \succ y \succ z$，则存在一个独特的概率 α 来得出 $y \sim G(x, z: \alpha)$。为了解释优先顺序排序，假设备选方案 z 和 u 都排在 x 和 y 之间。进一步假设：① z 和一次概率为 α 的 x 与 y 之间的投机与② u 和一次概率为 β 的 x 与 y 之间的投机对投资者无差异。若 $\alpha >$ β，则 z 优于 u。

量效用中的不同结果进行转换，并表达出他们的风险厌恶程度。效用函数必须至少具有两个属性：①其必须保持顺序（即若 $x > y$，则从结果向效用的转换须保留 $U(x) > U(y)$ 的顺序）；以及②预期效用 $E(U)$ 可用来对其他风险替代选择进行排序。[㊀]在效用理论的背景下，风险厌恶通常以风险溢价的形式来进行描述，风险溢价是未来现金流和确定性等价的预期值之间的差值（下文我们将详细讲解）。请勿将效用理论中的风险溢价与根据资本资产定价模型得出的风险溢价混为一谈。

风险溢价为正，则表示投资者厌恶风险（和一个严格凹形的效用函数）；风险溢价为负，则表示投资者寻求风险（和一个严格凸形的效用函数）；风险溢价为零，则表示投资者的风险偏好呈中性（线性效用函数）。

在文献中，探讨了大量不同的预估风险厌恶的效用函数和方法。[㊁]效用理论是一种规范理论。其描述了投资者做出理性决策的方法，而非投资者真实的决策方法。来自行为金融领域的实证研究的证据表明，投资者并非总是理性的。例如，德邦特和塞勒（DeBondt and Thaler，1985）的开创性实证分析表明，投资者大都易于对意外的和戏剧性的新闻事件“反应过度”。这与效用理论的假设形成了对比。行为金融的调查发现不应被曲解。这些调查发现并不能抵消预期效用最大化原则背后的合理性。任何投资者只要想做出合理决策，就应当这样做，但是，如果投资者行为不理性，就很难指定投资者特定的效用函数。

如果应用基于效用的估值，那么，所有值均将是投资者特定的。考量下列效用函数：

$$U(cf(t,s)) = \exp\left(\frac{cf(t,s)}{\lambda}\right)$$

和

$$E(U) = E(U(cf(t,s)))$$

㊀ 有关任何效用函数的此类性质的证明，见 Copeland *et al.* (2005), p. 48。

㊁ Copeland *et al.* (2005), pp. 52–56.

则我们可列式为：

$$\mathrm{CEQ} = U^{-1}(E\,(U))$$

式中，CEQ 是确定性等价，λ 是表示投资者特定的风险厌恶（风险厌恶参量）的权重因数。让我们假设股票当前交易价格为 82 欧元 / 股。一个期间之后，预期股票价值将为 $cf(t, 1)$= 100 欧元或 $cf(t, 2)$= 80 欧元。假设两种结果的概率均为 0.5，则预期现金流价值为 90 欧元，无风险利率为 6%。假设权重因数 λ=1.141，则根据上文的效用函数，确定性等价为 86.9199。

$$U(100) = \exp\left(\frac{100}{1.141}\right)$$

$$U(80) = \exp\left(\frac{80}{1.141}\right)$$

$$E(U) = \sum_{s=1}^{S} p_s \cdot U_s = 0.5 \cdot U(100) + 0.5 \cdot U(80) = 5.608 \times 10^{37}$$

$$\mathrm{CEQ} = U^{-1}(E\,(U)) = \ln(E\,(U)) = 86.919\,9$$

风险厌恶参量 λ 为 1.141 时的特殊投资者的股票价值 P_0 为：

$$P_0 = \frac{\mathrm{CEQ}}{1+i_{\mathrm{f}}} = \frac{86.919\,9}{1.06} = 82$$

如前所述，估值过程是投资者特定的。对于具有不同风险厌恶参量的其他投资者，其结果也会不同。从理论的角度看，值得注意的是，我们不做出均衡状态的假设。

有关一种用以确定投资组合优化中的风险厌恶的流行方法的探讨，见格林诺德和卡恩（2000）。夏普等人（1995）描述了一种更通用的预估风险厌恶参量的方法。⊖

乍一看，对不确定性下选择的理论的探讨似乎对从业者而言价值甚

⊖ Grinold and Kahn (2000), pp. 96–98，and Sharpe and Alexander (1995), pp. 883–887.

微甚至毫无价值。基于效用的估值在本质上是主观的和武断的，经常被批评称其对“现实世界”中的估值无用，并未广泛运用于实践。每位与真实客户打交道的人都知道，衡量客户的“风险厌恶”何其困难，但上文探讨的确定性等价框架强调了两个要点：第一个要点是，标准现金流贴现模型不会就投资者的个人风险厌恶做出调整。某笔投资是否适合某一特定客户，取决于其风险厌恶；第二个要点是，风险厌恶是驱动股票需求的一个重要因素。投资者风险厌恶的切换可能会导致金融市场出现大幅反弹和回调。投资者如果在未仔细分析投资者风险厌恶（“投资者情绪”）的情况下就机械地对企业盈利进行折价，就可能会遗漏影响股价的重要因素。

43.5 风险中性概率

将不确定性纳入估值框架的第三种方法是运用风险中性概率。风险中性概率估值法与时间状态偏好模型和期权定价理论密切相关。[⊖]在风险中性概率方法中，经风险调整预期值 E^* 的定义是：

$$E^*(cf(t)) = \sum_{s=1}^{S} \pi^*(t,s) \cdot cf(t,s)$$

式中，$\pi^*(t, s)$ 是风险中性概率。风险中性概率介于 0 ～ 1 之间，总计为 1。“风险中性概率”这一名称具有误导性。风险中性概率不是真实概率，其是风险性现金流的权重因数。风险中性概率框架会做出无套利市场的假设。

套利是利用在金融市场上定价不同的同类资产之间的价差的一种做法。完善资本市场中的套利投资组合对任何风险因素都不敏感，因此，预期回报率为正。套利投资组合会在未来某些状态中提供现金流入，但不需要任何净现金流出。套利者会寻求套利机会来产生无风险利润。

⊖ 见 Cox and Ross (1976)。

这些要点可能通过一个例子来予以澄清。假设有两种不同的资产。一名投资者预期从现在开始的一个期间内的不同状态 s 的未来现金流 $cf(s, 1)$:

表 43-1 所列“市场”并非无套利市场。聪明的投资者可执行套利策略来产生无风险利润。根据一价定律，两种具有相同未来现金流的商品必须具有相同的价格。

$$1 \cdot A = 2 \cdot B \Leftrightarrow$$

$$1 \cdot A - 2 \cdot B = 0$$

但在我们的这一例子中，一价定律不成立：

$$1 \cdot A + (-2) \cdot B = 82 - 86 = -4$$

表 43-1 一个有套利机会的资本市场

资产	cf（1，1）	cf（2，1）	P_0
A	80	100	82
B	40	50	43

投资者可同时卖空两股 B 股票并买进一股 A 股票。套利投资组合不需要任何投资，无风险且预期回报率为正。卖空两股 B 股票的所得款项为 86 欧元。投资者可从这些所得款项中拿出 82 欧元买进一股 A 股票。套利交易就产生了 4 欧元的利润，且无风险。如果状态 1 发生，那么净现金流为 0 欧元（即 2 × 40 欧元 −80 欧元）；如果状态 2 发生，那么，套利投资组合的净现金流也为 0 欧元（即 2 × 50 欧元 −100 欧元）。我们的套利投资组合得到了完美对冲。

现假设投资者识别出了这类套利机会，买进 A 股票并卖空 B 股票，则这些交易的结果是，A 股票价值增加，而 B 股票价值减少。套利过程会持续，直至达到均衡状态（即两股 B 股票等于一股 A 股票）为止。

对证券进行估值的一个重要原则被称为“风险中性估值”。在一个风险中性的世界里，根据定义，投资者对风险无动于衷，且不要求风险补偿，所有资产的预期回报率均为无风险利率。[⊖]在一个风险中性的世界里，资产价值是其按无风险利率进行贴现的未来现金流的总和。风险中性概率 $\pi^*(t, s)$ 可用于经风险调整现金流。调整因子 $\pi^*(t, s)$ 将风险性现金流转换成“无风险”现金流。

根据经风险调整预期现金流 $E^*(cf(t, s))$ 的定义，我们可推演出下列估值公式：[⊖]

$$P_0 = \sum_{t=1}^{T} \frac{E^*(cf(t))}{(1+i_f)^t}$$

该公式可用来评估多期间现金流量流。对于风险中性概率法的实操运用和实证运用而言，有必要确定风险中性概率 $\pi^*(t, s)$。如果当前价格无套利空间，那么，风险中性概率可直接通过市场价格推演得出。为了阐明风险中性概率法，让我们运用上述两只股票所处市场无套利且无风险利率为 6%时的例子。在我们的例子中，A 股票的风险中性概率（权重因数）π^* 可通过下列方程推演得出：

$$84 = \frac{\pi^*(1,1)\times 80 + \pi^*(2,1)\times 100}{1+0.06} = \frac{\pi^*(1,1)\times 80 + (1-\pi^*(1,1))\times 100}{1+0.06}$$

我们可重列方程并求解 $\pi^*(1, 1)$：

$$84\times 1.06 = \pi^*(1,1)\times 80 + 100 - \pi^*(1,1)\times 100 \Leftrightarrow$$

$$\pi^*(1,1) = \frac{84\times 1.06 - 100}{80-100} = 0.548$$

求解项 $\pi^*(1, 1)$，我们得出，状态 1 的风险中性概率为 0.548，经风险调整预期值 $E^*(cf(t))$ 等于 89.04 欧元。按无风险利率对经风险调整预期值进行贴现就会得出公允价值等于 84 欧元。在我们的例子中，公允价值

⊖ Hull (2003), pp. 200–205. 使用风险中性概率进行估值并不与风险厌恶型投资者广泛接受的假设相反。风险中性概率将“真实”世界的估值和“实际”概率转换为一个会考虑风险厌恶型投资者的风险中性世界。只要市场上不存在套利空间，风险中性概率就会反映现实世界的风险厌恶。类似于数学，人们可以想到“真实”世界与风险中性世界之间存在“同构”关系。

⊖ Grinold and Kahn (2000), p. 205.

等于假设市场价格。风险中性概率可解释为调整因子。由于我们仅假设了无套利定价，所以，风险中性概率既非投资者特定的，亦非股票特定的。风险中性概率可直接通过市场数据来进行预估。

在我们的例子中，我们假设了两种未来状态：状态 1 和状态 2。请注意，我们并未假设投资者事先知道状态特定的概率。不是预估未来状态，而是预估回报率产生过程，比如可应用随机走向或期权价格来预估风险中性概率。[㊀]如果回报生成过程或期权价格被用来预估风险中性概率，那么，风险中性概率预估过程的基本思想维持不变，但是，预估过程更趋复杂，且需运用复杂的参量模型和非参量模型。在实际中应用这些模型是非常困难的，但经济学家已制定出成熟的模型来预估风险中性概率。[㊁]对这类模型的探讨，已超出本文范围。[㊂]

㊀ 金融分析师通常会按多年多期间未来现金流进行贴现。不幸的是，对于大多数股票而言，没有要很长时间才会到期的流动期权能够用以按多年多期间进行风险中性概率预估。

㊁ 罗斯（1976a）表明：在一个完整的资本市场中，风险中性分布可以通过一系列欧式看涨期权价格获得。休恩等（2002）、哈德尔和郑术专（2002）等应用非参量回归来预估风险中性概率，而克莱门特等（2000）应用参量法来预估风险中性概率。此外，巴克希和陈志武（2005）使用风险中性概率方法开发了股票估值模型并使其生效。施瓦兹和穆恩（2000）于 1999 年底应用该方法来评估一家互联网初创公司（亚马逊公司）。

㊂ 风险中性估值是期权定价的一个重要原则。

| 第 44 章 |

展望：

多资产估值与分配情形

现金流贴现模型是以投资者应将未来现金流现值最大化的准则为基础的。现金流贴现模型有助于熟练的投资者识别出那些有吸引力的证券，但运用现金流贴现模型并不能确保投资组合具有投资者想要的风险与回报特征。马科维茨指出：

> "…… 必须拒绝接受投资者做出真的会（或应当）对经贴现回报率进行最大化的假设（或公理）。如果我们忽视市场并不完善的这一事实，上述准则就永远不会意味着存在比所有非多元化投资组合更受青睐的多元化投资组合。多元化既是可观察到的，也是可取的；一个并不意味着多元化更佳的行为准则，必须被作为一种假设和公理予以拒绝。"[⊖]

根据马科维茨（1998）的观点，投资者应通过考察投资组合 p 的预期回报率 r_p 和方差（或标准差）来对投资组合 p 进行评估，并寻求将其效用 U 最大化。一个广泛运用的效用函数指出：

⊖ Markowitz (1952), pp. 77–78.

$$E(r_p)-\lambda \cdot \mathrm{Var}(r_p) \rightarrow \text{最大值}$$

式中，$E(r_p)$ 和 $\mathrm{Var}(r_p)$ 分别是预期回报率和某一投资组合 p 的未来方差。λ 代表某一投资者的风险厌恶参量。[㊀]根据马科维茨（1952）的观点，投资组合的选择方法可以表述为一个优化问题。如果 $\boldsymbol{w}$ 是这些资产权重的向量，那么，投资者特定的效用函数就可表达为一个客观函数：

$$\boldsymbol{w}^{\mathrm{T}}\boldsymbol{r}-\lambda \cdot \boldsymbol{w}^{\mathrm{T}}\boldsymbol{V}\boldsymbol{w} \rightarrow \text{最大值}$$

受约束于

$$\boldsymbol{e}^{\mathrm{T}}\boldsymbol{w}=1$$

$$\boldsymbol{w} \geqslant \boldsymbol{0}$$

式中，$\boldsymbol{w}^{\mathrm{T}}$ 表示资产权重的转置向量，λ 为风险厌恶参数，$\boldsymbol{r}$ 和 $\boldsymbol{V}$ 分别表示预期回报率和未来协方差矩阵的向量。$\boldsymbol{e}$ 表示为 1 的向量。在上文的例子中，优化问题须遵守 $\boldsymbol{e}^{\mathrm{T}}\boldsymbol{w}=1$ 的预算限制和不允许做空的限制（$\boldsymbol{w} \geqslant 0$）。

基于回报率的分析可用来预估预期回报率：[㊁]

$$r_i=\alpha_i+\sum_{j=1}^{N}\beta_{ij}F_j+\varepsilon_i$$

式中，r_i 是股票 i 的回报率，α_i 是一个被称为"自主资产回报率"的常数项，F_j 是风险因子 j 的值，$\boldsymbol{\beta}_{ij}$ 是股票回报率 i 对因子 j 的敏感度，ε_i 是一个随机误差项，N 是因子数量。（$\alpha_i+\varepsilon_i=\hat{r}_i$）通常被称为"公司特定的剩余回报率"。稍后我们将为由基准主导的投资组合优化运用剩余回报率。基于回报率的因子模型可用于横截面和时间序列回归分析。该估值法代表了一种多因子资产定价模型。

㊀ 有关风险厌恶参量的预估方法的描述，见格林诺德和卡恩（2000），第 96 ～ 98 页；夏普和亚历山大（1995），第 883 ～ 887 页。

㊁ Elton *et al*. (2003), pp. 130–174, Sharpe and Alexander (1995), pp. 293–315, Grinold and Kahn (2000), pp. 248–254.

该模型假设了证券回报率对一个或多个系统风险因素变动敏感。基于回报率的分析会审视过往回报率，并将这些回报率归因于公司特定的变量或宏观经济风险因素。通常，不同类型的风险因素（如宏观经济指标、公司特定数据或综合因素）被用作基于回报率的变量。在最简单的单一指数模型中，只有一个风险因素会影响资产 i 的回报率。单一指数模型类似于资本资产定价模型的结构。[一]

我们可运用基于回报率的估值方法的结果来预估马科维茨投资组合和优化模型的输入参量，即预期回报率 r_i、方差 σ_i 和协方差 σ_k：[二]

$$r_i = \alpha_i + \sum_{j=1}^{N} \beta_{ij} E(F_j)$$

$$\sigma_i^2 = \sum_{j=1}^{N} \beta_{ij} \mathrm{Var}(F_j) + \mathrm{Var}(\varepsilon_i)$$

$$\sigma_{ik} = \sum_{j=1}^{N} \beta_{ij} \beta_{kj} \mathrm{Var}(F_j)$$

不幸的是，资产定价理论并未明确界定哪些经济因素 $F_j\ (j = 1, \cdots, N)$ 会影响资产回报率。连解释因子的数量都还不清楚。多因子模型可用来解释股票历史回报率和预测未来回报率。[三]实证研究表明，影响历史回报率的普遍因素可能不止一个。[四]一种广泛运用的模型为由巴拉（BARRA）咨询公司所开发的基于回报率的估值模型。[五]

标准马科维茨投资组合优化模型系基于绝对回报率的预估值。由于预估的最优投资组合权重 $\boldsymbol{w}$ 对预期回报率变化非常敏感，“绝对型”投资组合优化过程并未广泛运用于实践。马科维茨投资组合优化缺乏稳健性，导致最优投资组合重新调整频繁，从而造成交易成本高。马科维茨投资

[一] Sharpe and Alexander (1995), pp. 314–315.

[二] Elton *et al*. (2003), pp. 176–177.

[三] Sharpe (1995), pp. 298–3003.

[四] Chen *et al*. (1986), Aprem (1989), Fama and French (1992), Ferson and Harvey (1997), Ferson and Harvey (1999).

[五] 详情请访问 http://www.barra.com。BARRA 现为 MSCI-BARRA 的一部分。

组合优化法倾向于产生一种不平衡的投资组合结构，而该结构几乎不会对任何一笔投资使用高（“极端”）投资组合权重。极端投资组合权重问题不能归咎于马科维茨投资组合优化，而应归咎于对资产回报率的预测不准确。㊀

投资者可通过偏离基准投资组合来尝试产生卓越（主动）回报率。主动回报率描述了投资组合回报率与基准投资组合回报率之间的差异。假设回报率产生的过程是线性的，则一个相对投资组合优化过程的客观函数为

$$\alpha_P - \lambda\omega_P^2 \rightarrow \text{最大值}$$

式中，α_P 代表预期主动回报率，而 ω_P^2 是投资组合 P 的主动风险。为找出最佳投资组合，我们必须解决以下优化问题：㊁

$$\boldsymbol{w}_P^{\mathrm{T}}\boldsymbol{\alpha} - \lambda(\boldsymbol{w}_A^{\mathrm{T}}\mathbf{V}\boldsymbol{w}_A) \rightarrow \text{最大值}$$

受约束于

$$\boldsymbol{e}^{\mathrm{T}}\boldsymbol{w}_P = 1$$

$$\boldsymbol{w}_P^{\mathrm{T}} \geqslant 0$$

$$\boldsymbol{w}_P^{\mathrm{T}}\boldsymbol{\beta}=1$$

式中，$\boldsymbol{\alpha}$ 是资产 α 的向量，$\boldsymbol{w}_P$ 是投资组合权重的向量，$\boldsymbol{w}_A$ 是 $\boldsymbol{w}_A = \boldsymbol{w}_P - \boldsymbol{w}_B$ 的主动投资组合权重的向量。$\boldsymbol{w}_B$ 代表基准投资组合权重的向量，$\boldsymbol{V}$ 是未来协方差矩阵资产回报率。投资者所面临的挑战是事先预估资产 $\boldsymbol{\alpha}$ 和未来协方差矩阵 $\boldsymbol{V}$。我们可应用上文提到的多因子模型来预估 $\boldsymbol{V}$。对于 $\boldsymbol{\alpha}$ 的预估，至少存在两种求解方法：第一种，可运用多因子模型；第二种，可应用由格林诺德和卡恩所提出的 $\boldsymbol{\alpha}$ 提炼法，见格林诺德（1994）以及格林诺德和卡恩（2000）。我们可运用第 43 章中所述现金流贴现模型结果来计算未来 $\boldsymbol{\alpha}$。根据格林诺德（1994）的观点，α_i 可按如下方法进行预

㊀ Scherer (2002), pp. 98–99.

㊁ 优化问题中的投资组合 β（相对于基准）为 1（β 呈中性，无基准时间点）的限制是不必要的，但在实际应用中经常是必需的。

估：

$$\alpha_i = IC_i \cdot \text{Vola}_i \cdot \text{Score}\ (i)$$

式中，IC_i 是信息系数，Vola_i 的定义是 $\text{Var}(\hat{r}_i)^{1/2}$，$\hat{r}_i$ 是剩余回报率，而 Score（*i*）是表示资产 *i* 的相对合意度的标准化衡量指标。投入资本 IC_i 的定义是

$$\text{IC}_i = \frac{\text{Cov}(\hat{r}_i^{\text{预测}}, \hat{r}_i^{\text{实现}})}{\text{标准}(\hat{r}_i^{\text{预测}}) \times \text{标准}(\hat{r}_i^{\text{实现}})}$$

并代表了预测剩余回报率 $\hat{r}_i^{\text{预测}}$ 和资产 *i* 的实现剩余回报率 $\hat{r}_i^{\text{实现}}$ 之间的相关系数。投入资本衡量资产管理人的预测技能。投入资本作为一个相关系数，其可取值介于 −1 ～ 1 之间。投入资本为 1 表示预测能力完美；投入资本为负表示预测出了系统性错误。⊖

格林诺德和卡恩（2000）指出，可运用简单的评分方案来确定 Score(*i*)，该评分方案会将资产分为五个序数类别："强荐买入"（2）、"买入"（1）、"持有"（0）、"卖出"（−1）、"强荐卖出"（−2）。在实操中，现金流贴现模型可用来生成股票得分。评分过程将现金流贴现法估值和资产分配相关联。

现代资产配置理论框架是以马科维茨的投资组合选择理论为基础。可通过应用多因子模型来预估马科维茨投资组合优化所需的输入参量，但归因于不同的实际困难，投资者通常更喜欢相对投资组合优化。如果应用相对投资组合优化，投资者就必须预估 **α** 参量。现金流贴现模型可用来确定资产特定的得分。应用一种简单的评分方案，从业者可简洁地将证券选择和资产分配相关联。

⊖ 格林诺德（1994）也提供了生成和使用经提炼 **α** 的说明性示例。

| 第45章 |

总 结

本部分的目的是从理论的角度对一些一般性的估值概念和原则做出简要概述。我们已表明，将不确定性纳入现金流贴现法估值框架有三种备选方案。备选方案一：可用经风险调整股权成本来对预期现金流进行贴现。从业者通常会应用资本资产定价模型来预估股权成本。上文中，我们曾提到，资本资产定价模型是以一些限制性假设为基础的。资本资产定价模型在实践中被广泛接受，很可能是由于这种模型是以基础经济模型的简化性为基础的。

备选方案二：可通过应用基于效用的估值来将风险纳入估值框架。基于效用的估值仅需对投资者的决策行为做一些假设，而无须对资本市场做假设。基于效用的估值框架要求投资者特定的效用函数具有可估性。由于在实操中充分地确定和汇总各个效用函数并预估风险厌恶参量几乎不可能，所以，从业者大都拒绝使用这一方法。备选方案三：可应用风险中性概率来将不确定性纳入估值框架。预估风险中性概率需运用复杂的经济模型。

尽管存在此类困难，但人们还是对风险中性概率估值做了大量的学术研究。此外，金融经济学家已制定了更复杂的因子模型，这些模型比资本资产定价模型更能解释股票的平均历史回报率。[⊖]关于从业者是否会运用这些方法来将风险纳入估值框架，未来将会向你证明。

现金流贴现模型的一个严重缺点就是内在决策规则（该规则指出，投资者应投资净现值最高的证券）。这一决策规则与现代金融理论的调查发现正好相反。不幸的是，选股和资产配置通常被认为是彼此孤立的。我们展示了投资者运用评分方案来将现金流贴现模型的结果纳入资产配置流程的方法。我们希望所列的参考文献对有兴趣学习更多估值理论相关知识的读者有用。

⊖ Fama and French (1992, 1995).

关于注册估值分析师（CVA）®认证考试

CVA 考试简介

注册估值分析师（Chartered Valuation Analyst，CVA）® 认证考试是由注册估值分析师协会（CNCVA）组织考核并提供资质认证的一门考试，旨在提高投融资和并购估值领域从业人员的实际分析与操作技能。本门考试对专业实务及实际估值建模等专业知识和岗位技能进行考核，主要涉及企业价值评估及项目投资决策（包括 PPP 项目投资）。考试分为实务基础知识和 Excel 案例建模两个科目，内容包括：会计与财务分析、公司金融、企业估值方法、并购分析、项目投资决策、私募股权投资、Excel 估值建模七个部分。考生可通过针对各科重点、难点内容的专题学习，掌握中外机构普遍使用的财务分析和企业估值方法，演练企业财务预测与估值建模、项目投资决策建模、私募股权投资、上市公司估值建模、并购与股权投资估值建模等实际分析操作案例，快速掌握投资估值基础知识和高效规范的建模技巧。

- ▶ 实务基础知识科目——专业综合知识考试，主要考查投融资及并购估值领域的理论与实践知识及岗位综合能力，考试范围包括会计与财务分析、公司金融与财务管理、企业估值方法、并购分析、项目投资决策、私募股权、信用分析这几部分内容。本科目由 120 道单项选择题组成，考试时长为 3 小时。
- ▶ Excel 案例建模科目——财务估值建模与分析考试，要求考生根据实际案例中企业历史财务数据和假设条件，运用 Excel 搭建出标准、可靠、实用、高效的财务模型，完成企业未来财务报表预测、企业估值和相应的敏感性分析。本科目为 Excel 财务建模形式，考试时长为 3 小时。

职业发展方向

注册估值分析师（CVA）资格获得者具备企业并购、项目投资决策等投资岗位实务知识、技能和高效规范的建模技巧，能够掌握中外机构普遍使用的财务分析和企业估值方法，并可以熟练进行企业财务预测与估值建模、项目投资决策建模、上市公司估值建模、并购与股权投资估值建模等实际分析操作。

注册估值分析师（CVA）的持证人可胜任企业集团投资发展部、并购基金、产业投资基金、私募股权投资、财务顾问、券商投行部门、银行信贷审批等金融投资相关机构的核心岗位工作。

证书优势

岗位实操分析能力优势——CVA 考试内容紧密联系实际案例，侧重于提高从业人员的实务技能并迅速应用到实际工作中，使 CVA 持证人达到高效、系统和专业的职业水平。

标准规范化的职业素质优势——CVA 资格认证旨在推动投融资估值行业的标准化与规范化，提高执业人员的从业水平。CVA 持证人在工作流程与方法中能够遵循标准化体系，提高效率与正确率。

国际同步知识体系优势——CVA 考试采用的教材均为注册估值分析师协会精选出版的国外及国内最实用的优秀教材。CVA 持证人将国际先进的知识体系与国内实践应用相结合，推行高效标准的建模方法。

配套专业实务型课程——注册估值分析师协会联合国内一流金融教育机构开展注册估值分析师的培训课程，邀请行业内资深专家进行现场或视频授课。课程内容侧重行业实务和技能实操，结合当前典型案例，选用注册估值分析师协会引进的国外优秀教材，帮助学员快速实现职业化、专业化和国际化，满足中国企业“走出去”进行海外并购的人才急需。

企业人才招聘及内训

注册估值分析师协会致力于协助企业系统培养国际型投资专业人才，掌握实用、系统、有效的专业知识。CVA 企业内训及考试内容紧密联系实际案例，侧重于提高从业人员的实务技能并迅速应用到实际工作中，使企业人才具备高效专业的职业素养和优秀系统的分析能力，具体表现为

- ▶ 协助投资企业筛选一流投资估值人才；
- ▶ 以客户为导向的人性化培训体验，独一无二的特别定制课程体系；
- ▶ 专业化投融资及并购估值方法相关的优质教学内容，行业经验丰富的超强师资；
- ▶ 课程采用国内外优秀教材，具备完善科学的培训测评与运作体系。

考试安排

CVA 考试每年于 4 月、11 月的第三个周日举行，具体考试时间安排及考前报名，请访问 CVA 协会官方网站 www.cncva.cn。

注册估值分析师协会简介

注册估值分析师协会（CNCVA）是全球性的非营利性专业机构，总部设在中国香港，致力于建立全球金融投资及并购估值的行业标准，负责在亚太地区主理 CVA 考试资格认证、企业人才内训、第三方估值服务、出版发行投融资专业书籍以及进行 CVA 协会事务运营和会员管理。

注册估值分析师协会于 2021 年起正式成为国际评估准则理事会（International Valuation Standards Council，以下简称 IVSC）的专业评估机构会员。注册估值分析师协会将依靠 IVSC 的权威影响力与专业支持实现自身更快更好的发展，同时遵照国际标准和专业精神，与其他成员开展广泛的交流与协作，共同推进全球估值行业的进步。

联系方式

官方网站：www.cncva.cn　　电话：4006-777-630　　E-mail：contactus@cncva.cn

新浪微博：注册估值分析师协会

协会官网二维码　　微信平台二维码

投资与估值丛书

书号	书名	定价
978-7-111-62862-0	估值:难点、解决方案及相关案例	149.00
978-7-111-57859-8	巴菲特的估值逻辑：20个投资案例深入复盘	59.00
978-7-111-51026-0	估值的艺术：110个解读案例	59.00
978-7-111-62724-1	并购估值：构建和衡量非上市公司价值（原书第3版）	89.00
978-7-111-55204-8	华尔街证券分析：股票分析与公司估值（原书第2版）	79.00
978-7-111-56838-4	无形资产估值：如何发现企业价值洼地	75.00
978-7-111-57253-4	财务报表分析与股票估值	69.00
978-7-111-59270-9	股权估值	99.00
978-7-111-47928-4	估值技术	99.00